"十三五"国家重点出版物出版规划项目
现代机械工程系列精品教材
普通高等教育汽车类系列教材

汽车车载网络技术

第 2 版

主　编　付百学
参　编　胡胜海　王永梅　季海成
　　　　陈英君　范智勇
主　审　于建国

机械工业出版社

本书介绍了车载网络技术的应用背景、功能和特点，网络技术在汽车上的应用情况及发展趋势，车载网络的结构与组成及其常用基本术语，汽车网络参考模型，车载网络分类和通信协议标准，CAN 协议，CAN 的基本组成和数据传输原理，CAN 主要部件的结构原理以及 CAN 设计基础知识，LIN、LAN、VAN、FlexRay、MOST、蓝牙的特点、结构原理、应用情况以及汽车光纤技术，典型汽车车载网络系统（包括大众/奥迪轿车、雪铁龙赛纳轿车、欧宝威达轿车、马自达 6 轿车、奔驰轿车等），车载网络系统的故障与检修知识（包括车载网络系统的故障状态、现象和类型，检修注意事项，自诊断功能，故障检修步骤与检测方法），以及车载网络系统案例分析等内容。

本书可作为高等院校汽车类相关专业的本科教材，也可作为高职高专院校汽车类相关专业的教材，还可供从事汽车专业的工程技术人员参考和阅读。

本书配有 PPT 课件，采用本书作为教材的教师，可以登录 www.cmpedu.com 注册下载，或向编辑（tian.lee9913@163.com）索取。

图书在版编目（CIP）数据

汽车车载网络技术/付百学主编．—2 版．—北京：机械工业出版社，2019.4（2025.1重印）

"十三五"国家重点出版物出版规划项目　现代机械工程系列精品教材　普通高等教育汽车类系列教材

ISBN 978-7-111-62356-4

Ⅰ.①汽…　Ⅱ.①付…　Ⅲ.①汽车—计算机网络—高等学校—教材　Ⅳ.①U463.67

中国版本图书馆 CIP 数据核字（2019）第 055737 号

机械工业出版社（北京市百万庄大街 22 号　邮政编码 100037）
策划编辑：宋学敏　责任编辑：宋学敏　张丹丹
责任校对：张　薇　封面设计：张　静
责任印制：常天培
北京机工印刷厂有限公司印刷
2025 年 1 月第 2 版第 10 次印刷
184mm×260mm · 21.75 印张 · 500 千字
标准书号：ISBN 978-7-111-62356-4
定价：56.00 元

电话服务　　　　　　　　网络服务
客服电话：010-88361066　机　工　官　网：www.cmpbook.com
　　　　　010-88379833　机　工　官　博：weibo.com/cmp1952
　　　　　010-68326294　金　书　网：www.golden-book.com
封底无防伪标均为盗版　机工教育服务网：www.cmpedu.com

第2版前言

当今，以电动化、智能化、网联化和共享化为基本推动力的"重新定义汽车、重新定义出行"的新赛道和新生态正在被塑造。智能网联汽车是搭载先进的车载传感器、控制器和执行器等装置，并融合现代通信与网络技术，实现车与路、人、云等智能信息交换和共享，具备复杂环境感知、智能决策和协同控制等功能的新一代汽车。这种新环境对汽车车载网络技术提出了新的要求。

汽车车载网络已成为汽车领域的最大热点，CAN、LIN、LAN、VAN、MOST、蓝牙技术和FlexRay等网络传输协议已成为现代汽车网络传输的关键技术。车载网络是汽车的一个重要组成部分，不了解车载网络技术，就不可能全面理解新一代汽车电子控制系统。车载网络正在被广泛地应用到汽车中，车载网络有其自身的特点，网络线路布置在汽车的隐蔽位置，线路不易损坏，车载网络系统出现故障可导致汽车电控单元之间不能相互通信，从而可能引发事故。从事汽车技术的人员必须尽快掌握车载网络技术。

本书在第1版的基础上，添加了LAN、VAN、MOST、蓝牙技术和FlexRay等相关新技术，修订了部分内容。本书介绍了车载网络技术的应用背景、功能和特点，网络技术在汽车上的应用情况及发展趋势，车载网络的结构与组成、常用基本术语、网络参考模型、车载网络分类和通信协议标准，CAN协议、CAN的基本组成和数据传输原理、CAN主要部件的结构原理以及CAN设计基础知识，LIN、LAN、VAN、FlexRay、MOST、蓝牙技术的特点、结构原理及应用情况以及汽车光纤技术，典型汽车车载网络系统（包括大众/奥迪轿车、雪铁龙赛纳轿车、欧宝威达轿车、马自达6轿车和奔驰轿车等），车载网络系统的故障与检修知识（包括车载网络系统的故障状态、现象和类型，检修注意事项，故障自诊断，读取测量数据块，车载网络系统的波形检测，车载网络系统主要部件故障的检测，车载网络系统案例分析等）。通过结构原理介绍与典型实例分析相结合，力争达到举一反三、触类旁通的效果。本书内容翔实、图文并茂、通俗易懂，反映最新汽车技术。

本书由黑龙江工程学院付百学教授担任主编，编写分工：胡胜海编写第一章，付百学编写第二章和第三章，季海成编写第四章，陈英君编写第五章，王永梅编写第六章，范智勇编写第七章。本书由东北林业大学博士生导师于建国教授主审。编写过程中参考了国内外同行的部分著作和汽车厂家的有关技术资料，在此向所有的作者和厂家表示衷心感谢。

由于编者水平有限，书中难免存在疏漏和不足，恳请读者提出宝贵意见和建议，以便进一步完善。

编　者

第1版前言

随着汽车工业的快速发展，电子控制装置在汽车上的使用越来越多，许多中高档轿车采用了十几个甚至几十个电控单元，每个电控单元连接着多个传感器和执行器，并且各电控单元之间也需要进行信息交换。如果每种信息都通过各自独立的数据线进行传输，势必导致电控单元插接器端子数增加，整个电控系统的线束和插接器增加，最终导致故障率增加。为了减少电气节点的数量和导线用量，简化布线，提高各电控单元之间的通信速度，降低故障频率和减少成本，实现信息共享，提高可靠性和可维护性，汽车车载网络技术应运而生。

汽车车载网络已成为汽车领域最大的热点，CAN、LIN、LAN、MOST、蓝牙技术等网络传输协议已成为现代汽车网络传输的关键技术。车载网络是汽车的一个重要组成部分，不了解车载网络技术，就不可能全面理解新一代汽车电子控制系统。车载网络有其自身的特点，网络线路布置在汽车的隐蔽位置，线路不易损坏，但车载网络系统若出现故障，可导致汽车电控单元之间不能相互通信，从而引发汽车故障。从事汽车技术的人员必须尽快掌握车载网络技术。

本书介绍了车载网络技术的应用背景、功能和特点，网络技术在汽车上的应用情况及发展趋势，车载网络的结构与组成及其常用基本术语，汽车网络参考模型，车载网络分类和通信协议标准，CAN协议，CAN的基本组成和数据传输原理，CAN主要部件的结构原理以及CAN设计基础知识，LIN、LAN、MOST、蓝牙技术的特点、结构原理、应用情况以及汽车光纤技术，典型汽车车载网络系统（包括宝来轿车、雪铁龙赛纳轿车、欧宝威达轿车、马自达6轿车、奔驰轿车等），车载网络系统的故障与检修知识（包括车载网络系统的故障状态、现象和类型，检修注意事项，自诊断功能，故障检修步骤与检测方法），以及车载网络系统案例分析等内容。本书内容翔实、图文并茂，将结构原理介绍与典型案例分析相结合，力求通过通俗易懂的语言反映最新的汽车车载网络技术，起到举一反三、触类旁通的作用。本书可作为高等院校汽车类相关专业的本科教材，也可作为高职高专院校汽车类相关专业的教材，还可供从事汽车专业的工程技术人员参考和阅读。

本书由黑龙江工程学院付百学教授和哈尔滨工程大学胡胜海教授主编，东北林业大学博士生导师于建国教授主审，其中第一章、第三章由付百学老师编写,第二章、第四章由胡胜海老师编写,第五章由阎岩老师编写,第六章由季海成老师编写,第七章由张锐老师编写。本书在编写的过程中参考了国内外同行的著作和相关汽车厂家的技术资料,在此向所有的作者和厂家表示衷心的感谢。由于编者水平有限,书中难免存在疏漏和不足,恳请读者提出宝贵意见和建议,以便进一步完善。

编　者

目 录

第 2 版前言
第 1 版前言

第一章　概述 …… 1
　第一节　车载网络技术的应用背景 …… 1
　第二节　车载网络的发展历程 …… 2
　第三节　车载网络系统的功能和特点 …… 4
　　一、车载网络系统的功能 …… 4
　　二、车载网络系统的特点 …… 5
　第四节　网络技术在汽车上的应用 …… 5
　第五节　车载网络的发展趋势 …… 7
　本章小结 …… 8
　复习思考题 …… 8

第二章　车载网络基础知识 …… 9
　第一节　现场总线 …… 9
　　一、功用 …… 10
　　二、特点 …… 10
　　三、现场总线的几种常见类型 …… 11
　第二节　车载网络的结构与组成 …… 13
　第三节　常用基本术语 …… 16
　第四节　汽车网络参考模型 …… 25
　第五节　车载网络分类和通信协议标准 …… 26
　　一、车载网络分类 …… 26
　　二、通信协议标准 …… 27
　第六节　汽车对通信网络的要求 …… 36
　本章小结 …… 37
　复习思考题 …… 37

第三章　控制器局域网 …… 38
　第一节　概述 …… 38
　　一、CAN 总线的特性 …… 38
　　二、CAN 总线的位数值表示 …… 39
　第二节　CAN 协议 …… 40
　　一、概述 …… 40
　　二、CAN 的分层结构 …… 41
　　三、不同版本通信协议与互联 …… 48

　第三节　CAN 的基本组成和数据传输
　　　　　原理 …… 56
　　一、CAN 的基本组成 …… 56
　　二、数据传输原理 …… 61
　　三、高速和低速 CAN 总线 …… 65
　第四节　CAN 主要部件的结构原理 …… 68
　　一、CAN 控制器 …… 68
　　二、CAN 收发器 …… 105
　第五节　CAN 设计基础 …… 114
　　一、CAN 智能节点设计 …… 114
　　二、CAN 网桥设计 …… 120
　本章小结 …… 126
　复习思考题 …… 126

第四章　局部连接网络 …… 127
　第一节　概述 …… 127
　　一、LIN 的含义 …… 127
　　二、LIN 标准 …… 127
　　三、LIN 的特点 …… 129
　　四、LIN 与 CAN 的比较 …… 129
　　五、LIN 的应用 …… 130
　第二节　LIN 总线的组成和工作原理 …… 132
　　一、LIN 总线的组成 …… 132
　　二、LIN 总线工作原理 …… 133
　本章小结 …… 161
　复习思考题 …… 161

第五章　其他车载网络技术 …… 162
　第一节　汽车车载局域网 …… 162
　　一、LAN 的结构和特点 …… 162
　　二、LAN 的传输介质 …… 163
　　三、LAN 的 MAC 协议 …… 163
　　四、LAN 的应用 …… 164
　第二节　VAN 总线 …… 171

一、概述 …………………………… 171
　　二、VAN 总线的组成 ……………… 171
　　三、VAN 总线的物理层 …………… 174
　　四、VAN 总线在汽车上的应用 …… 178
　第三节　FlexRay 总线 ………………… 179
　　一、FlexRay 总线的特点 ………… 179
　　二、FlexRay 总线的拓扑结构 …… 180
　　三、FlexRay 电控单元的结构原理 … 182
　　四、FlexRay 的协议操作控制 …… 183
　　五、FlexRay 的信息传输过程 …… 185
　　六、FlexRay 总线时钟同步 ……… 189
　第四节　MOST 总线 …………………… 191
　　一、MOST 总线的特点和类型 …… 191
　　二、MOST 的结构和控制原理 …… 194
　　三、MOST 在汽车上的应用 ……… 198
　第五节　蓝牙技术 ……………………… 200
　　一、蓝牙技术简介 ………………… 200
　　二、蓝牙技术的特点 ……………… 201
　　三、车载蓝牙系统的组成与原理 … 202
　　四、蓝牙技术在汽车上的应用 …… 203
　第六节　诊断总线 ……………………… 205
　　一、概述 …………………………… 205
　　二、诊断条件 ……………………… 206
　　三、诊断总线的地址格式扩展 …… 207
　第七节　汽车光纤技术 ………………… 207
　　一、光纤的类型和特点 …………… 207
　　二、光纤多路传输的组成与应用 … 208
　　三、光源光学星形网络的检测 …… 210
　本章小结 ………………………………… 215
　复习思考题 ……………………………… 216

第六章　典型汽车车载网络系统 ………… 217
　第一节　大众/奥迪轿车 ……………… 217
　　一、概述 …………………………… 217
　　二、动力 CAN 总线 ……………… 217
　　三、舒适/信息 CAN 总线 ………… 219
　　四、CAN 总线上的阻抗匹配 …… 220
　　五、CAN 总线的电磁兼容原理 …… 221
　　六、一汽宝来轿车 CAN 总线 …… 222
　　七、奥迪轿车车载网络技术 ……… 225
　第二节　东风雪铁龙赛纳轿车 ………… 239
　　一、多路传输 ……………………… 239
　　二、驾驶人信息系统 ……………… 240

　　三、灯光与信号系统 ……………… 246
　　四、刮水/清洗系统 ……………… 258
　　五、中央门锁系统 ………………… 263
　　六、防盗系统 ……………………… 266
　　七、安全气囊 ……………………… 268
　　八、空调 …………………………… 270
　　九、音响 …………………………… 281
　第三节　通用欧宝威达轿车 …………… 283
　　一、功率调节系统 ………………… 283
　　二、内部照明系统 ………………… 284
　　三、外部和危险照明系统 ………… 284
　　四、刮水/清洗系统 ……………… 284
　　五、车窗升降装置 ………………… 285
　　六、禁用设备 ……………………… 286
　　七、中央门锁系统 ………………… 287
　　八、防盗报警系统 ………………… 289
　　九、个性化系统 …………………… 289
　第四节　一汽马自达 6 轿车 …………… 290
　　一、CAN 总线的组成与功能 …… 290
　　二、CAN 总线的故障检修 ……… 295
　第五节　奔驰轿车光纤通信系统 ……… 298
　　一、DDB 光纤传输网络 ………… 298
　　二、DDB 的传输回路 …………… 299
　　三、DDB 光纤传输的优点 ……… 299
　　四、DDB 的工作原理和检测 …… 300
　本章小结 ………………………………… 303
　复习思考题 ……………………………… 303

第七章　车载网络系统的故障与检修 …… 304
　第一节　车载网络系统故障 …………… 304
　　一、故障状态 ……………………… 304
　　二、故障现象 ……………………… 305
　　三、故障类型 ……………………… 305
　第二节　车载网络系统的故障检修 …… 306
　　一、检修注意事项 ………………… 306
　　二、故障自诊断 …………………… 307
　　三、读取测量数据块 ……………… 311
　　四、数据总数的波形检测 ………… 313
　　五、车载网络主要部件故障的检测 … 316
　第三节　车载网络系统案例分析 ……… 322
　本章小结 ………………………………… 338
　复习思考题 ……………………………… 338

参考文献 ………………………………… 340

第一章

概 述

第一节 车载网络技术的应用背景

随着汽车技术的快速发展，汽车性能不断提高，汽车电控单元（ECU）在汽车上得到了广泛应用，如电子燃油喷射系统（EFI）、汽车防滑控制系统（ABS/ASR）、电控自动变速器（EAT）、安全气囊（SRS）、电子悬架（ECS）和电动助力转向系统（EPS）等；汽车上电控单元的数量越来越多，线路越来越复杂。传统的点到点布线方式使汽车上的导线数量成倍增加，线束更加庞大，使电气线路的故障率增加，降低了电器与电控装置的工作可靠性；故障查找困难，维修不便。此外，汽车电控单元的大量使用，有些数据信息需要在不同的控制系统中共享，大量的控制信号也需要实时交换，以提高系统资源的利用率和工作可靠性。为了简化线路，提高信息传输的速度和可靠性，降低故障频率，车载网络技术应运而生，如控制器局域网（CAN）、局部连接网络（LIN）、局域网（LAN）和FlexRay等。一辆汽车不管采用多少个电控单元，每个电控单元只需引出两条线共同接在两个节点上，这两条导线称作数据总线，也称为网线。采用车载网络可减小线束尺寸和质量，降低成本，减少插接器的数量，同一款车同等配置下，可以大大简化汽车线束；可以进行设备之间的通信，丰富功能；通过信息共享，减少传感器信号的重复数量；通过系统软件即可实现控制系统功能变化和系统升级；可为诊断提供通用的接口，利用多功能测试仪对数据进行测试与诊断，便于维护和故障检修。常规方法布线与采用总线方式布线如图1-1所示。

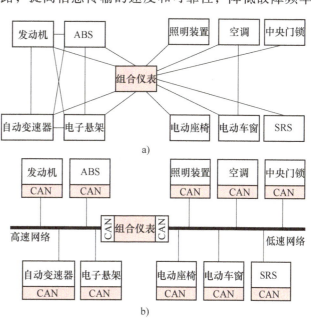

图1-1 常规方法布线与采用总线方式布线
a）常规布线 b）CAN总线布线

第二节 车载网络的发展历程

历史沿革

自1980年起，汽车上开始装用车载网络。

1983年，博世公司开发了汽车总线系统，即CAN。同年，丰田汽车公司在世纪牌汽车上采用了应用光缆的车门电控系统，实现了多个控制单元的连接通信。

1986—1989年，汽车车身电气系统装用了以铜导线作为网线连接的车载网络系统，如美国通用公司的车灯多路传输控制系统、日产公司的车门多路传输控制系统等。

1992年，奔驰汽车公司作为世界上第一个CAN总线技术的公司，将CAN总线装配在客车上。

1993年，ISO公布了CAN协议的国际标准ISO 11898以及ISO 11519。美国通过采用SAE J1850总线普及了数据共享系统，也通过了CAN标准。

2000年，欧洲以与CAN协议不同的思路提出了控制系统的新协议——基于时间触发的协议（TTP），并在X-by-Wire系统上开始应用。当对汽车引入智能交通系统时，需要与车外交换数据，在信息系统中将采用大容量的网络，于是出现了DDB协议、MOST及IEEE1394等。

由于大量数据需要交换，车载网络系统迫切需要频带更宽的总线。CAN总线将在一段时间内继续充当统治者的角色，采用LIN、CAN和FlexRay混合的协议方案正成为趋势，DDB协议、MOST、ByteFlight和IEEE1394将在信息娱乐网络和安全网络中占有一席之地。

随着车载电子控制、信息装置以及信息服务需求的不断增加，对更好、更快、更可靠的车载网络的需求不断增长，尤其是多媒体信息、电子地图和Internet网络信息等在汽车上的应用，车载网络已经很难满足带宽、信息传输形式的需求，为此支持多媒体以及高数据传输的车载网络技术开始出现，车载以太网则为典型代表。车载以太网继承了以太网（Ethernet）传输速度快、可扩展性强等优点，以太网已于2008年前后开始在车辆故障自诊断（OBD）方面实现了实用化，今后将在提高实时性、确保故障时安全性、降低成本以及提高数据传输速度方面进一步发展，同时，应用范围也将扩展到将车载A设备的影像传输（信息）系统、车身系统、控制系统、安全系统及信息系统等各系统的网关连接起来的主干网络。

汽车车载网络技术目前得到了较为广泛的应用，但尚没有满足成本低、性能非常可靠、具有容错能力、时间特性好（包括实时性和事件响应时间的可确定性）和可扩展性好的网络系统。由于车载网络应用的层次和目的变化很大，不同的层次或目的对网络性能的要求有很大差异。汽车本身对价格非常敏感，若用性能高的网络系统覆盖低层次的应用，则成本无法接受。汽车需要采用多个不同层次的网络标准，车载网络将是一个多层互联网结构。

主要车载网络的名称、概要、通信速度和组织/推动单位见表1-1,主要车载网络的开发年份、采用厂家与发表年份见表1-2,几种典型网络的成本比例与通信速度对比如图1-2所示。

表1-1 主要车载网络的名称、概要、通信速度和组织/推动单位

车载网络名称	概　　要	通信速度	组织/推动单位
CAN（Controller Area Network）	车身/动力与传动系统用 LAN 协议,最有可能成为世界标准的车用 LAN 协议	1Mbit/s	德国博世公司（开发）,ISO
VAN（Vehicle Area Network）	车身系统控制用 LAN 协议,以法国为中心	1Mbit/s	ISO
J1850	车身系统控制用 LAN 协议,以美国为中心	10.4kbit/s 41.6kbit/s	福特公司
LIN（Local Interconnect Network）	车身系统控制用 LAN 协议,液压组件专用	20kbit/s	LIN 协会
IDB-C（ITS Data Bus On CAN）	以 CAN 为基础的控制用 LAN 协议	250kbit/s	IDM 论坛
TTP/C（Time Triggered Protocol by CAN）	重视安全、按用途分类的控制用 LAN 协议,时分多路复用（TDMA）	2Mbit/s 25Mbit/s	TIT 计算机技术公司
TTCAN（Time Triggered CAN）	重视安全、按用途分类的控制用 LAN 协议,时间同步的 CAN	1Mbit/s	德国博世公司,CiA
ByteFlight	重视安全、按用途分类的控制用 LAN 协议,通用时分多路复用（FTDMA）	10Mbit/s	宝马公司
FlexRay	重视安全、按用途分类的控制用 LAN 协议	5Mbit/s	宝马公司,戴姆勒-克莱斯勒公司
DDB（Domestic Digital Bus）/Optical	音频系统通信协议,将 DDB 作为音频系统总线,采用光纤通信	5.6Mbit/s	C & C 公司
MOST（Media Oriented System Transport）	信息系统通信协议,以欧洲为中心,由克莱斯勒与宝马公司推出	22.5Mbit/s	MOST 合作组织
IEEE 1394	信息系统通信协议,有转化为 IDB 1394 的趋势	100Mbit/s	1394 工业协会

表1-2 主要车载网络的开发年份、采用厂家与发表年份

年份	车载网络	厂家/地区	说　　明
	DDB 开发	飞利浦公司	1986 年 2 月北美车采用 LAN
	CAN 开发	博世公司	1986 年 12 月欧洲车采用 LAN
1986	VNP 开发 CCD 开发	北美 北美	1987 年 12 月日本车采用 LAN
1988	MOST 开发 CCD 开发 VAN 开发	美国	
1991	CAN 开发	欧洲	

(续)

年份	车载网络	厂家/地区	说　明
1992	DDB DDB Optical 开发	日本	
1994	J1850 VAN	SAE 认可，ISO 批准	
1995	DDB	欧洲	以汽车厂为主对新 LAN 进行研究
2000	发表 LIN 发表 TTP 发表 ByteFlight 发表 TTCAN		推出了众多新的 LAN

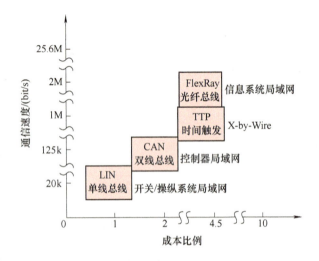

图 1-2　几种典型网络的成本比例与通信速度对比

第三节　车载网络系统的功能和特点

一、车载网络系统的功能

1. 多路传输功能

为了减少车辆电气线束的数量，多路传输通信系统可使部分数字信号通过共用传输线路进行传输。当系统工作时，由各个开关发送的输入信号通过中央处理器（CPU）转换成数字信号，该数字信号以串行信号方式从传感器传输给接收装置，发送的信号在接收装置处将被转换为开关信号，再由开关信号对有关元件进行控制。

2. "唤醒"和"休眠"功能

"唤醒"和"休眠"功能用于减少在关闭点火开关时蓄电池的额外能量消耗。当系统处于"休眠"状态时，多路传输通信系统将停止如信号传输和 CPU 控制等功能，以节约蓄电池的电能；当系统有人为操作时，处于"休眠"状态的有关控制装置立即开始工作，同时还将"唤醒"信号通过传输线路发送给其他控制装置。

3. 失效保护功能

失效保护功能包括硬件失效保护功能和软件失效保护功能。当系统的 CPU 发生故障时，硬件失效保护功能使其以固定的信号进行输出，以确保车辆能继续行驶；当系统某控制装置发生故障时，软件失效保护功能将不受来自有故障的控制装置的信号影响，以保证系统能继续工作。

4. 故障自诊断功能

故障自诊断功能包括多路传输通信系统的自诊断模式和各系统输入线路的故障自诊断模式，既能对自身的故障进行自诊断，又能对其他系统进行故障诊断。

二、车载网络系统的特点

汽车网络信息传输方式是利用数据总线将汽车上的各个功能模块（电控单元等）连接起来，形成汽车信息传输网络系统。发送数据和控制信号的功能模块将数据和控制信号以编码的方式发送到同一根总线上，接收数据或控制信号的功能模块通过解码获得相应的数据和控制命令（或某个开关动作）。总线每次只传送一个信息，多个信息分时逐个（串行）传输。其传输特点如下：

1）由于用一根总线替代了多根导线，减少了导线的数量和减小了线束的体积，简化了整车线束，线路成本和质量都有所下降。

2）由于减少了线路和节点，信号传输的可靠性得以提高，并提高了整车电气线路的工作可靠性。

3）改善了系统的灵活性，通过系统软件即可实现控制系统功能变化和系统升级。

4）网络结构将各控制系统紧密连接，达到数据共享的目的，各控制系统的协调性可进一步提高。

5）可为诊断提供通用的接口，利用多功能测试仪对数据进行测试与诊断，方便了维修人员对电子系统的维护和故障检修。

第四节 网络技术在汽车上的应用

网络技术在汽车上主要用于动力与传动系统、安全系统、车身系统和信息（娱乐）系统，其应用等级如图 1-3 所示。

1. 动力与传动系统

动力与传动系统利用网络将发动机舱内的电控单元连接起来，实现如车辆行驶、停车及转弯等功能，采用高速网络。动力与传动系统电控单元的固定位置比较集中，节点数量也有限制。

动力 CAN 总线连接 3 个电控单元，即发动机电控单元、ABS 电控单元及自动变速器电控单元（动力 CAN 总线实际还可以连接 SRS、四轮驱动与组合仪表等电控单元）。总线可以同时传递 10 组数据，即发动机电控单元 5 组、ABS 电控单元 3 组和自动变速器电控单元 2 组。数据总线以 500kbit/s 的速率传递数据，每一数据组传递大约需要 0.25ms，每一电控单元7~20ms发送一次数据。其顺序为ABS电控单元、发动机电控单元和自动变速器电控单元。

动力与传动系统中的数据传递应尽可能快，以便及时利用数据，所以需要一个高性能的发送器。高性能发送器会加快点火系统间的数据传递，使接收到的数据立即应用于下一个点火脉冲。CAN总线连接点通常置于电控单元外部的线束中，在特殊情况下，连接点也可能设在发动机电控单元内部。

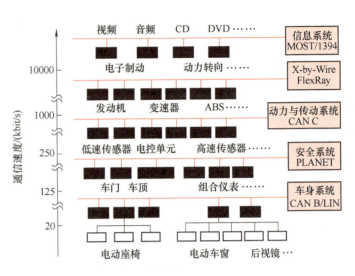

图1-3 车载网络的应用等级

2. 安全系统

SRS根据各种传感器信息进行工作，因此使用的节点数较多。对此要求系统成本低、通信速度快，且通信可靠性高。

3. 车身系统

与动力与传动系统相比，车上各处都配置有车身系统的部件。因此，线束变长，易受到干扰。应尽量减慢通信速度，以提高抗干扰能力。在车身系统中，与性能（通信速度）相比，更注重于成本，目前常采用直连总线及辅助总线。

舒适CAN总线连接5个电控单元，包括中央电控单元及4个车门电控单元，实现中央门锁、电动车窗、照明开关、后视镜加热及自诊断5种控制功能。电控单元的各条传输线以星状形式汇聚一点，如果一个电控单元发生故障，其他电控单元仍可发送各自的数据。

该系统使经过车门的导线数量减少，线路简单。如果线路中某处对搭铁短路、对正极短路或线路间短路，CAN会立即转为应急模式运行或转为单线模式运行。4个车门电控单元都由中央电控单元控制，只需较少的自诊断线。

数据总线以62.5kbit/s速率传递数据，每一组数据传递约需要1ms，每个电控单元20ms发送一次数据。优先权顺序为：中央电控单元、驾驶人侧车门电控单元、前排乘客侧车门电控单元、左后车门电控单元、右后车门电控单元。由于舒适系统中的数据可以用较低的速率传递，所以发送器性能比动力传动系统发送器的性能要求低。

4. 信息（娱乐）系统

信息（娱乐）系统通信总线应具有容量大、通信速度高等特点。因此，通信媒体逐渐使用光纤取代以往的铜线。

网络技术在汽车上除上述应用外，还有面向21世纪的控制系统、高速车身系统及主干网络等，因此会有不同的网络并存，要求网络之间可以互相连接，也可以断开。为了实现即插即用，将各种网络与总线相连，根据汽车平台选择并建立所需要的网络，典型的车载网络如图1-4所示。

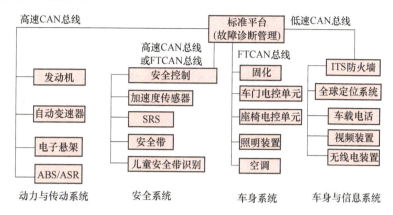

图1-4 典型的车载网络

第五节 车载网络的发展趋势

1. DDB Optical 光纤

DDB Optical 是一种光纤通信系统，使用者可以将娱乐及信息产品与中央控制系统整合，不会与中央控制系统相互抵触。DDB 光纤网络采用光纤以光波传输数据，数据按次序在光纤网络中传输，主要用于收音机、卫星导航、CD、音控放大器、移动电话和道路交通导航系统等。

采用 DDB 光纤网络可减少传输信号失真，线路无损耗。车辆其他用电设备产生高频干扰电流以及静电等对 DDB 光纤传输网络不构成干扰。

目前，DDB Optical 应用在车身网络上，特别是数字影音和导航系统，其特点在于激活时，即自我组态，且新、旧的 DDB Optical 装置都相融于车身网络。

2. COMMAND 网络

COMMAND 网络是一种独立的网络，用于连接交通状况记录模块与电视（TV）频道译码模块，资料由中央通信控制单元播放 TV 并结合卫星导航和地图系统，指示驾驶人如何避开交通拥塞道路。

3. CellPort Labs 移动电话网络

移动电话与 DDB 光纤永久连接，当移动电话使用 TMC/GSM 与交通信息中心连接时，移动电话通过移动电话网络与交通状况记录模块传递信息，进行导航指示，与汽车使用共通的接口，行车时也可同时打电话。

4. TOKEN BUS

TOKEN BUS 是一种通过网络到实体层寻找资料的方式。对加装与实时的配备而言，局域网不需要太多软件支持便能提供实体层、数据链路层和开放式相互连接系统的传输功能，如流量控制和硬件封包等。

5. OSEK 开放式标准化系统

开放式标准化系统兼容于车内的电子产品接口，将实时的操作系统、软件接口及管理网络与通信功能都规范化,在戴姆勒-克莱斯勒与 IBM 的协议下,该系统已成为车上的基本操作系统。

本 章 小 结

随着汽车技术的快速发展,车用电控单元的数量越来越多,线路更加复杂,线路故障率增加,电器与电控装置的工作可靠性降低,故障查找困难,维修不便;电控单元的大量使用,数据信息需要共享、实时交换,为此以 CAN、LIN 等为主的车载网络技术应运而生。

车载网络技术目前得到了广泛的应用,如动力与传动系统、车身系统、安全系统和信息系统等,但尚未满足成本低、性能可靠、具有容错能力、时间特性好和可扩展性好等要求。车载网络不同的应用层次或目的对网络性能要求差异很大,汽车需要采用多个不同层次的网络标准,车载网络将是一个多层互联网结构。

复习思考题

1. 简述车载网络技术应用的必要性。
2. 车载网络系统有哪些功能和特点?
3. 简述车载网络技术在汽车上的具体应用。
4. 简述车载网络的发展趋势。

第二章

车载网络基础知识

第一节 现场总线

计算机、控制器、通信和CRT显示技术的发展，尤其是微处理器技术和集成电路技术的飞速发展，使控制技术向高、精方向发展，汽车正在走向信息化。到目前为止，过程控制经历了模拟仪表控制系统、集中式数字控制系统、集散控制系统（Distributed Control System，DCS）和现场总线控制系统（Field Bus Control System，FCS）。信息技术的飞速发展引发了自动化领域的深刻变革，逐步形成了网络化、全开放的自动控制体系，现场总线控制技术就是这场变革中最核心的技术。其中，现场总线控制技术中的车载网络技术是汽车工业应用的成熟技术之一。

延伸阅读

不同控制系统的性能比较见表2-1。

表2-1 不同控制系统的性能比较

类型	优点	缺点	应用时间
模拟仪表控制系统	结构简单	模拟信号精度低，易受干扰	20世纪60和70年代
集中式数字控制系统	精度高，抗干扰能力强，易于根据全局情况进行控制计算和判断，可统筹选择控制方式和控制时机	对电控单元本身要求高，必须具有足够的处理能力和极高的可靠性，当系统任务增加时，控制器的效率和可靠性急剧下降	20世纪70和80年代
DCS	对电控单元无要求，采用集中管理和分散控制。上位机集中监视管理，下位机分散到现场实现分布式控制，上、下位机之间用网络互连实现信息传递	封闭专用的、不具有可互操作性的分布式控制系统，且造价昂贵	20世纪80和90年代
FCS	全数字化、全分散式、全开放、可互操作和开放式互联网络，成本低，可靠性高	进一步提高智能化程度	20世纪90年代以后

一、功用

总线即传输信息的公共通道,现场总线(Field Bus)是指安装在制造或过程区域的现场装置与控制室内的自动控制装置之间的数字式、串行、多点通信的数据总线。现场总线技术是一种全数字化、全分散式、可互操作和开放式互联网络的新一代控制技术,是计算机技术、通信技术和控制技术的综合与集成。

现场总线技术将专用微处理器置入传统的测量控制仪表,使其各自具有一定的计算和数字通信功能,成为能独立承担某种控制、通信的网络节点,并分别通过普通双绞线、同轴电缆和光纤等进行信息传输,形成以多个测量控制仪表和计算机等作为节点连接成的网络系统。计算机网络将人类引入到信息时代,而现场总线将自动控制系统与设备加入到信息系统的行列。现场总线技术的出现,标志着自动化新时代的开始。

二、特点

1. 总线式结构

一对传输线(总线)挂接多台现场仪器,双向传输多个信号,如图 2-1 所示。该结构接线简单,工程周期短,安装费用低,维护容易。若增加现场设备或现场仪器,只需并行挂接到电缆上,无须架设新的电缆。

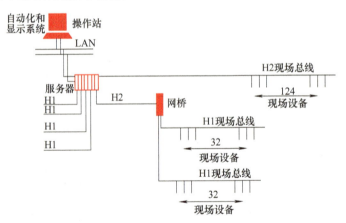

图 2-1 现场总线的结构

2. 彻底的分散控制

现场总线的分散控制如图 2-2 所示。现场总线将控制功能下放到作为网络节点的现场智能仪表和设备中,做到彻底的分散控制,提高了系统的灵活性、自治性和安全可靠性,减轻了分布式控制中电控单元的计算负担。

3. 开放性、互操作性和互换性

现场总线采用统一的协议标准,是开放式的互联网络。不同厂家的产品可以方便地接入同一网络,在同一控制系统中进行互操作;不同厂家性能类似的设备可实现相互代替,简化了系统集成。

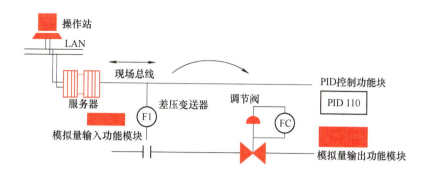

图 2-2　现场总线的分散控制

4. 多种传输介质和拓扑结构

由于采用数字通信方式,因此可用多种介质进行通信。根据控制系统中节点的空间分布情况,可应用多种网络拓扑结构。

5. 可靠性高

数字信号传输抗干扰能力强,精度高,成本低。

6. 综合功能

现场仪表既有检测、变换和补偿功能,又有控制和运算功能,实现了一表多用,不仅方便了用户,而且降低了成本。

三、现场总线的几种常见类型

现场总线技术发展迅速,目前已开发出 40 余种。常见的现场总线有基金会现场总线(FF)、过程现场总线(Profibus)、局部操作网络(LonWorks)、CAN、设备网(DeviceNet)和控制网(ControlNet),其性能比较见表 2-2。

表 2-2　常见现场总线性能比较

类型 特性	FF	Profibus	LonWorks	CAN	DeviceNet	ControlNet
开发公司	Fisher Rosemount	Siemens	Echelon	Bosch	Rockwell Automation	Rockwell Automation
OSI 网络层次	1、2、7、(8)	1、2、7	1~7	1、2、7	1、2、7	1、2、7
通信介质	双绞线、同轴电缆和光纤	双绞线和光纤	双绞线、同轴电缆、光纤、无线和电源线	双绞线	双绞线、同轴电缆和光纤	双绞线、同轴电缆和光纤
介质访问方式	令牌	令牌	可预测 P-坚持 CSMA(Predicitve P-Persistent CSMA)	带非破坏性逐位仲裁的载波侦听多路访问(CSMA/NBA)	带非破坏性逐位仲裁的载波侦听多路访问(CSMA/NBA)	隐性令牌
最大通信速率/(kbit/s)	31.25(H1) 100000(H2)	12000	1500	1000	500	5000

（续）

类型 特性	FF	Profibus	LonWorks	CAN	DeviceNet	ControlNet
最大节点数	32	127	2^{48}	110	64	99
优先级	有	有	有	有	有	有
本质安全性	是	是	是	是	是	是
开发工具	有	有	有	有	有	无

1. FF

FF 的体系结构参照 ISO/OSI 参考模型的第 1、2、7 层协议，即物理层、数据链路层和应用层。另外增加了用户层。FF 分为低速 H1 总线和高速 H2 总线两种。H1 为用于过程控制的低速总线，传输速率为 31.25kbit/s，传输距离分别为 200m、400m、1200m 和 1900m 四种，可挂接 2~32 个节点。物理传输介质可支持双绞线、同轴电缆和光纤，协议符合 IEC 1158—2 标准，可支持总线供电和本质安全防爆。高速 H2 总线的传输速率可达 100Mbit/s，甚至更高，大量使用了以太网技术。

2. Profibus

Profibus 有 3 种类型，即分散化的外围设备（Profibus-DP）、现场总线报文规范（Profibus-FMS）和过程自动化（Profibus-PA）。它采用开放系统 ISO/OSI 参考模型的物理层和数据链路层。分散化的外围设备隐去了第 3~7 层，而增加了直接数据连接拟合作为用户接口；现场总线报文规范只隐去了第 3~6 层，采用了应用层。其最大传输速率为 12Mbit/s，传输距离分别为 100m 和 400m，传输介质为双绞线或光纤，最多可挂接 127 个节点，可支持本质安全。

3. LonWorks

采用 ISO/OSI 参考模型的全部 7 层协议和面向对象的设计方法，通过网络变量将网络通信设计简化为参数设置，其最大传输速率为 1.5Mbit/s，传输距离为 2700m，传输介质为双绞线、光纤、同轴电缆、射频、红外线和电源线等，可支持总线供电和本质安全。采用的 LonTalk 协议被封装在 Neuron 芯片中，内含 3 个 8 位微处理器，分别用于负责媒体访问控制、网络处理和应用处理。通常将局部操作网络及其技术统称为 LonWorks 技术。

4. CAN

CAN 用于汽车内部测量与执行部件之间的数据通信。CAN 结构模型取 ISO/OSI 参考模型的第 1、2、7 层协议，即物理层、数据链路层和应用层。通信速率最高为 1Mbit/s，通信距离最远为 10000m。物理传输介质可支持双绞线，最多可挂接 110 个节点，可支持本质安全。CAN 采用短帧报文，抗干扰能力强，可靠性高。

5. DeviceNet

DeviceNet 是一种开放式的通信网络，将工业设备（如光电开关、操作员终端、电动机起动器、变频器和条形码读入器等）连接到网络。该网络虽然是工业控制的最底层网络，通信速率不高，传输数据量不大，但它采用了数据网络通信的新技术，如遵循控制及信息协议（CIP），具有低成本、高效率和高可靠性的特点。DeviceNet 遵从 ISO/OSI 参考模型，其网络结构分为物理层、数据链路层和应用层，物理层下面还定义了传输介质，其中物理层和数据链路层均采用 CAN 协议。传输介质可支持双绞线，最多可挂接 64 个节点。3 种可选数据传输速率为 125kbit/s、250kbit/s 和 500kbit/s，分别对应的传输距离为 500m、250m 和 100m。支持设备的热插拔，可带电更换网络节点，符合本质安全要求。

6. ControlNet

ControlNet 是一种高速、高确定性和可重复性的网络，特别适用于对时间有苛刻要求的复杂场合的信息传输。其总线上传输的信息一类是对时间有苛刻要求的控制信息和 I/O 数据，拥有最高的优先权，以保证不受其他信息的干扰，并具有确定性和可重复性；另一类是无时间苛求的信息，如上/下载程序、设备组态和诊断信息等。ControlNet 采用 ISO/OSI 参考模型的物理层、数据链路层及应用层，其中应用层采用 CIP。ControlNet 只支持 5Mbit/s 的通信速率，支持的传输介质为屏蔽双绞线、同轴电缆或光纤，并支持本质安全。

第二节　车载网络的结构与组成

典型汽车车载网络系统如图 2-3 所示，网络布置如图 2-4 所示。通常，车载网络结构采用多条不同速率的总线分别连接不同类型的节点，并使用网关服务器实现整车的信息共享和网络管理，网络数据传输如图 2-5 所示。奥迪轿车车载网络系统如图 2-6 所示。

动力与传动系统的受控对象直接关系到汽车的行驶状态，对通信实时性要求较高。因此使用高速的总线连接动力与传动系统。传感器的各种状态信息以广播的形式在高速总线上发布，各节点在同一时刻根据需要获取信息。数据交换网建立在优先权竞争的基础上，并且具备极高的通信速率。

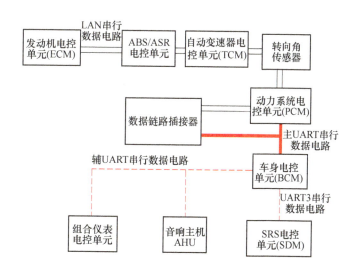

图 2-3　典型汽车车载网络系统

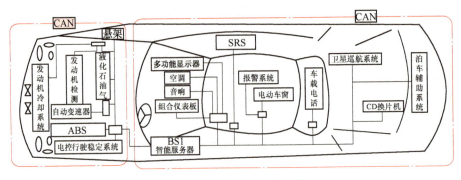

图 2-4　车载网络系统的布置

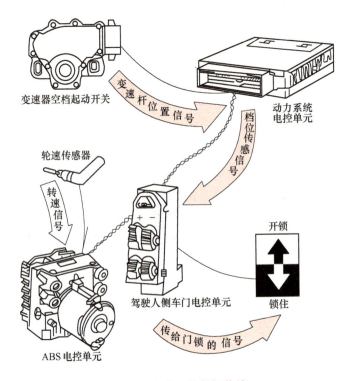

图 2-5　车载网络数据传输

车身系统电控单元对实时性要求低而数据量大。使用低速的总线连接车身系统电控单元，将其与汽车的驱动系统分开，有利于保证驱动系统通信的实时性。此外，采用低速总线还可增加传输距离，提高抗干扰能力以及降低硬件成本。

故障诊断系统是将车用诊断系统在通信网络上加以实现。

信息与车载媒体系统对于通信速率的要求更高，一般在 2Mbit/s 以上，故采用基于光纤通信的多媒体总线连接车载媒体，以保证带宽。

通过网关可以实现各条总线信息的共享，实现汽车内部的网络管理和故障诊断功能。上海别克荣御轿车网络系统的网关是动力系统接口电控单元，如图 2-7 所示。车载网络系统的主要附属装置如图 2-8 所示。

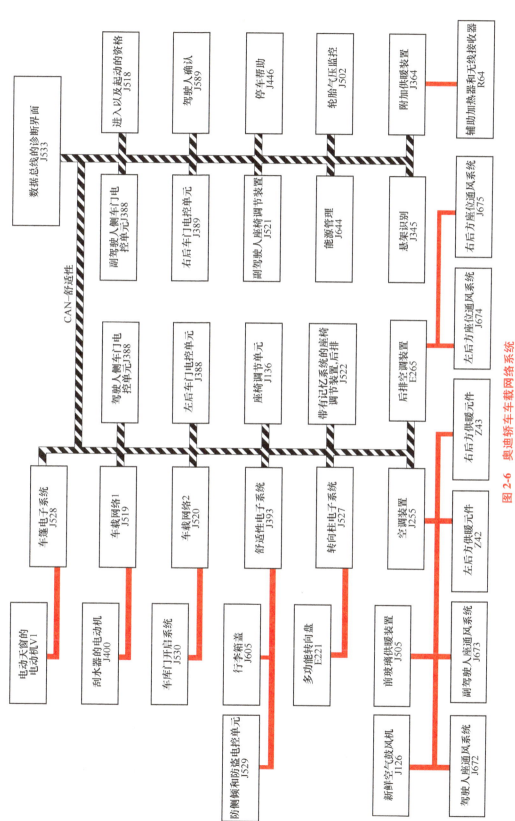

图 2-6 奥迪轿车车载网络系统

注：单粗线为 LIN 总线，斜纹线为 CAN 总线。

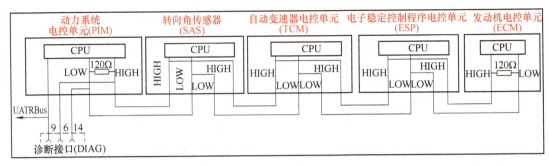

图 2-7 动力系统接口电控单元（网关）

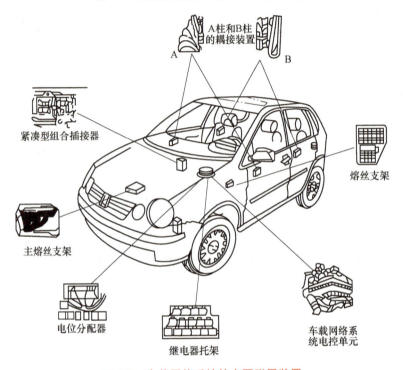

图 2-8 车载网络系统的主要附属装置

第三节　常用基本术语

汽车车载网络系统中有许多计算机专用术语，如数据总线、网络、通信协议、数据传输、报文、帧、网关、仲裁和终端电路等。

1. 数据总线

数据总线是电控单元之间传递数据的通道。数据总线可以实现在一条数据线上传递的信息能被多个系统（电控单元）共享的目的，从而最大限度地提高系统整体效率，充分利用有限的资源。如果系统可以发送和接收数据，则该数据总线称为双向数据总线。数据总线可分为单线式或双线式。双线式的其中一条导线不是用作额外的通道，而是用于数据通道一旦出现故障，使数据换向通过或在两条数据总线中未发生故障的部分通过。

为了抗电磁干扰，双线式数据总线的两条线扭结在一起。

各汽车制造商一直在设计各自的数据总线，如果不兼容，就称为专用数据总线。如果是按照某种国际标准设计的，则为非专用数据总线。为使不同厂家生产的零部件能在同一辆汽车上协调工作，必须制定标准。按照 ISO 有关标准，CAN 的拓扑结构为总线式，因此也称为 CAN 总线。

2. 网络

为了实现信息共享而将多条数据总线连在一起，或将数据总线和模块连接为一个系统，称为网络。计算机网络是在协议控制下，由一台或多台计算机、若干台终端设备、数据传输设备，以及便于终端和计算机之间或若干台计算机之间数据流动的通信控制处理机等所组成的系统集合。

局域网（又称为区域网）是在一个有限区域内连接的计算机网络。一般该区域具有特定的职能，通过网络实现系统内的资源共享和信息通信。连接到网络上的节点可以是计算机、基于微处理器的应用系统或智能装置。局域网的数据传输速度在 $10^2 \sim 10^5 \mathrm{kbit/s}$ 范围内，传输距离为 $100 \sim 250 \mathrm{m}$。网络是局域网与现场总线之间的一种结构，数据传输速度为 $10 \sim 10^3 \mathrm{kbit/s}$，传输距离在几十米范围内。汽车上许多电控单元和数据总线距离很近，因此被称为局域网。摩托罗拉公司设计的一种智能车身辅助装置网络，被称为局域互联网。CAN 是国际上广泛应用的汽车总线之一，可实现车载电控单元之间的信息交换，发动机电控单元、自动变速器电控单元和仪表装备等均可嵌入 CAN 控制装置。

新型雷克萨斯汽车多路传输网络如图 2-9 所示。几条数据总线间共有 29 个相互交换

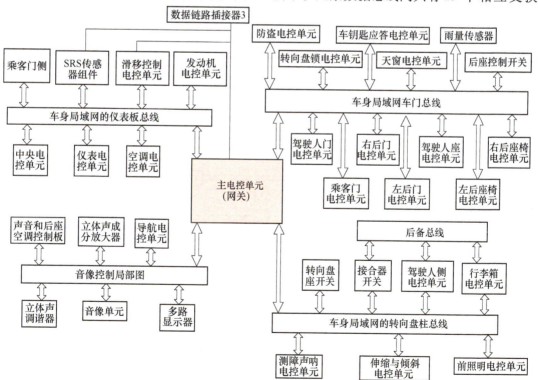

图 2-9　新型雷克萨斯汽车多路传输网络

信息的电控单元，总线连接到局域网上，共有 3 个接线盒电控单元，其中 2 个作为前端电控单元，1 个作为后端电控单元，用于提供诊断支持（包括接插方便的插接器及测试点）。

3. 网络拓扑结构

拓扑是研究与大小、形状无关的线和面的特性的方法。将计算机等网络单元抽象为点，网络中的通信媒体（如电缆）抽象为线，从而抽象出网络的拓扑结构。常见的局域网拓扑结构有总线型、环形和星形等，如图 2-10 所示。

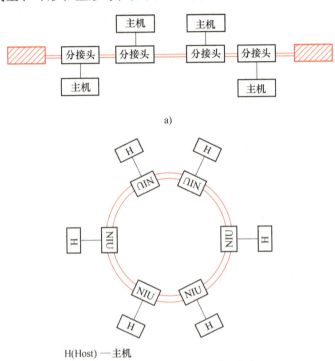

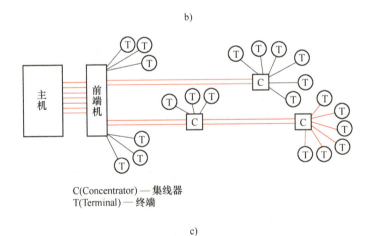

图 2-10 局域网拓扑结构

a）总线型　b）环形　c）星形

（1）总线型拓扑结构 将各个节点和一根总线相连，网络结构简单、灵活，可扩充性好，可靠性高，资源共享能力强。但由于同环形结构一样采用共享信道，因此需解决多站争用总线的问题。CAN 总线采用这种结构。

（2）环形拓扑结构 网络中各节点通过一条首尾相连的通信链路连接而成一个闭合环形结构网，数据在环上单向流动。由于各节点共享环路，因此需要采取措施（如令牌控制）来协调和控制各节点的发送。其优点是无信道选择问题；缺点是不便于扩充，系统响应延时长。

（3）星形拓扑结构 每个节点均以一条单独信道与中心节点相连，中心节点是通信控制中心。其优点是建网容易，控制简单；缺点是网络共享能力差，可靠性低，若中心节点出现故障，会导致全网瘫痪。

4. 网络互联

网络互联是指处于同一地域或不同地域的同类型或不同类型网络之间通过中间设备的互联，以实现网络资源共享。ISO 将其定义为中继系统。根据中继系统工作在 ISO/OSI/RM 的 7 层模型的层次不同，将互联划分为 4 层，即物理层、数据链路层、网络层和传输层及传输层以上，与之对应的网络互联设备分别是中继器（Repeater）、网桥（Bridge）、路由器（Router）和网关（Gateway）。

（1）中继器 中继器又称为转发器，在两个节点的物理层上按位传递信息，完成信号的复制、调整和放大，以此延长网络的长度。中继器由于不对信号进行校验等其他处理，因此即使是差错信号中继器，也可整形放大。中继器两端连接的传输介质可以相同，也可以不同。网络中加入中继器的个数受限制。

（2）网桥 网桥又称为桥接器，它在数据链路层上对帧进行存储转发。网桥接收一个整帧，并将其向上传送到数据链路层检测校验，再向下传送到物理层，通过传输介质送到另一个子网或网段。网桥通过对帧进行检测，能过滤出错帧。网络上适当使用网桥，可调整网络的负载，提高整个网络的传输性能。

（3）路由器 路由器在网络层上实现多个网络互联，对分组信息进行存储转发。路由器比网桥更复杂，管理功能更强，但更具灵活性，经常被用于多个局域网、局域网与广域网以及异构网络的互联。经过路由器的每个数据分组，按某种路由策略选择一条最佳路由，并将该数据分组转发出去。网络中的路由器能定时更新或动态更新，以保持路由信息有效。此外，路由器还具有协议转换、分组分段和组装、过滤、介质转换、流量控制和网络管理等功能。将网桥和路由器组合在一起称为桥路器，桥路器既可作为网桥使用，也可作为路由器使用。

（4）网关 一辆汽车可能采用多条不同的通信协议或不同传输速度的数据总线，模块之间不能完全实现信息共享，在两条总线之间进行数据转换时，需要采用网关来完成。网关又称为网间连接器和协议转换器，能将采用不同通信协议或不同传输速率的模块间的信息进行解码，重新编译，再将数据传输到不同的系统。网关好比铁路站台，如图 2-11 所示。在铁路站台 A，一辆载有数百名乘客的高速火车到达（驱动 CAN 总线，速率为 500kbit/s）；在铁路站台 B，轻轨列车在等候（舒适/信息 CAN 总线，速率为 100kbit/s），数名乘客从高速火车换乘轻轨列车，也有数名乘客由轻轨列车换乘高速火车。

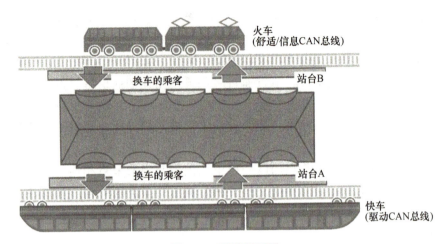

图 2-11 网关原理图

网关可以将局域网上的数据转变成可以识别的诊断数据语言,以便于诊断;可以实现低速网络和高速网络的信息共享;负责接收和发送信息;激活和监控局域网络的工作状态;实现汽车网络系统内数据的同步,对信息标识符进行翻译。

5. 数据传输

(1) **串行传输与并行传输** 串行传输的数据是一位一位地在设备间进行传输,在发送端需将并行数据位流变成串行数据位流,然后发送到传输信道上,在接收端要将从传输信道接收到的数据位流变换成并行数据位流,如图 2-12 所示。当并行传输时,多个位在设备间同时传输,串行传输的速度比并行传输要慢得多,但费用低,通常传输距离较远的数字通信系统多采用串行传输,而并行传输的速度高,但设备费用也高,适用于近距离传输,如图 2-13 所示。

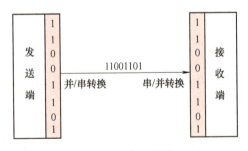

图 2-12 串行传输

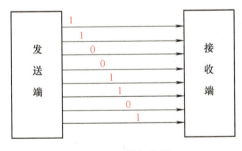

图 2-13 并行传输

(2) **同步传输与异步传输** 同步传输方式各字符没有起始位和结束位,采用按位同步的原则。位同步,即接收端接收的每一位数据信息都要和发送端准确地保持同步,如图 2-14 所示。异步传输要求发送端与接收端必须保持一个群内的同步,如图 2-15 所示。异步传输方式实现简单,但传输效率低。同步传输方式对发送端和接收端的要求较高,由于取消了每个字符的起始位和结束位,传输效率高于异步传输方式,适用于高速数据通信。

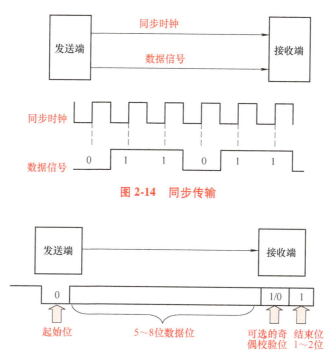

图 2-14 同步传输

图 2-15 异步传输

（3）多路传输 在同一条通信线路上，实现同时传送多路信号。多路传输系统（Smart Wiring System，SWS）又称为聪明线路系统或多路通信系统。

多路传输是在同一通道或线路上同时传输多条信息，如图 2-16 所示。其实，数据是依次传输的，但传输速度非常快，近似于同时传输。多路传输系统是完成某一特定功能的电路或装置。运用多路传输技术，可以使汽车省去许多连接接头，减小质量，节省空间，并提高可靠性。

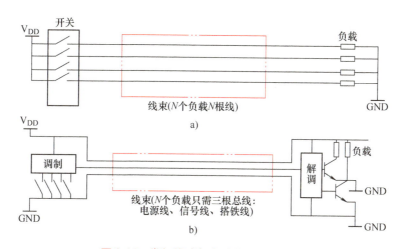

图 2-16 常规线路与多路传输线路对比
a）常规传输方式 b）多路传输系统

汽车多路传输系统可分为时分多路复用（TDM）、频分多路复用（FDM）和波分多路复用（WDM）3种类型。

1）时分多路复用是在传输时将时间分成小的时间段，每一时间段由复用的一路信号占用，各路信号在微观上串行传送，宏观上并行传送。汽车上采用的是单线制或双线制时分多路传输系统。

2）频分多路复用是将多路信号分别调制到互不交叠的频段进行传输，各路信号在微观上并行传送。缺点是各路信号之间易互相干扰，多用于模拟通信。

3）波分多路复用是在光波频率范围内，将不同波长的光波，按一定间隔排列在一根光纤中传送。

6. 链路（数据传输介质）

链路指网络数据传输的介质，是在通信的发送方和接收方之间传输电信号的物理介质，其性能影响到数据传输速率、通信距离、数据传输的可靠性、成本和安装维护的难易程度等。传输介质有双绞线、同轴电缆、光纤、微波、红外线和卫星等，其中双绞线、同轴电缆和光纤最常用。数据传输介质的特点见表2-3。

表2-3 数据传输介质的特点

媒体	信号类型	数据最大传输速度/（Mbit/s）	最大传输距离/km	联网设备数
双绞线	数字	1~2	0.1	几十
同轴电缆（50Ω）	数字	10	0.185	几百
同轴电缆（75Ω）	数字	50	1	几十
同轴电缆（75Ω）	模拟	20	10	几千
同轴电缆（75Ω）	单信道模拟	50	1	几十
光纤	模拟	100	1	几十

（1）**双绞线** 如图2-17所示，双绞线能传输模拟信号和数字信号，通信距离可达几到十几千米，当通信距离长时，要加放大器或中继器。双绞线电缆中封闭着一对或一对以上的双绞线，在其外面再包上硬的护套。每一对双绞线由两根绝缘铜导线按一定密度互相绞合在一起，以减少信号干扰。每根铜导线的绝缘层上分别涂以不同的颜色，以示区别。

图2-17 双绞线

（2）**同轴电缆** 如图2-18所示，同轴电缆由内导体铜芯线、绝缘层、网状编织的外导体屏蔽层及塑料保护层构成，铜芯线与网状导体同轴。同轴电缆的屏蔽性能和抗干扰性能优于双绞线，具有较高的带宽和较低的误码率。通常传输速率越高，传输距离越短。

（3）**光纤** 如图2-19所示，光纤没有网状屏蔽层，中心是光传播的玻璃芯。多条光纤组成一束构成光纤电缆。光纤传输信号不受电磁干扰影响，其传输频带非常宽、数据传输速率非常高、误码率很低、传输损耗小、中继距离长、抗电磁干扰性能强、保密性好、重量轻、体积小，因此光纤是数据传输中最有效、最有前途的一种传输介质。

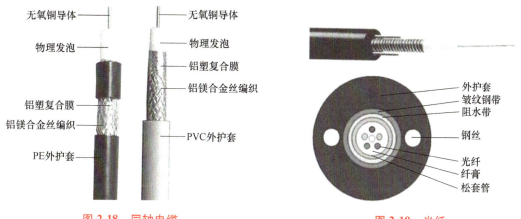

图 2-18　同轴电缆　　　　　　　　图 2-19　光纤

7. 报文及帧

若要在 CAN 局域网内有效、快速地传输信息，需将信息转化成适合 CAN 总线传输的格式。信息即称为报文（Messages），适合 CAN 总线传输的格式称为报文格式。

总线的信息以不同的固定报文格式发送，但长度受限。当总线空闲时，任何连接的单元都可以开始发送新报文。报文传输由数据帧、远程帧、过载帧和错误帧表示和控制。

为了可靠地传输数据，通常将原始数据分割成一定长度的数据单元，该数据单元称为帧。一帧内应包括同步信号（如帧起始和帧结束）、错误控制（各类检错码或纠错码，大多数采用检错重发的控制方式）、流量控制（协调发送方与协调方的速率）、控制信息、数据信息、寻址（在信道共享的情况下，保证每一帧都能正确地到达目的站，接收方也能知道信息来自何站）等。

帧有两种不同的帧格式：具有 11 位识别符的帧称为标准帧，具有 29 位识别符的帧称为扩展帧。帧按照携带的信息类型可分为以下 4 种帧格式：

（1）**数据帧**　　数据帧携带数据，将数据从发送器传输到接收器。

（2）**远程帧**　　远程帧由总线单元发送，用于请求发送具有相同识别符的数据帧。

（3）**过载帧**　　过载帧用于在先行和后续的数据帧（或远程帧）之间提供一附加的延时。

（4）**错误帧**　　任何单元检测到总线错误，就发出错误帧。

数据帧或远程帧通过帧间空间（Inferframe Space）与前述的各帧分开，无论其前面的帧为何种类型，过载帧与错误帧之前没有帧间空间，多个过载帧之间也不是由帧间空间隔离的。

8. 通信协议

要实现汽车内各电控单元之间的通信，必须制订规则保证通信双方能相互配合，其通信方法、通信时间和通信内容是通信双方同样能遵守、可接受的一组规定和规则，即通信协议——通信实体双方控制信息交换规则的集合。数据总线的通信协议采用优先权的处理机制。

9. 传输仲裁

当出现数个使用者同时申请利用总线发送信息时，会发生数据传输冲突，好比同时有两个或多个人想过独木桥一样。传输仲裁是为了避免数据传输冲突，保证信息按其重要程度发送。如图 2-20 所示，在总线空闲状态时，最先开始发送数据的模块获得发送权；当多个模块同时开始发送时，模块 1 和模块 2 从信息中包含的仲裁段的第一位开始进行仲裁。连续输出显示电平（即低电压，数值为 0）最多的模块 2 仲裁胜出，可减少发送信息。仲裁失利的模块 1 从下一位开始转为接收状态，等待模块 2 发送完信息后再重新发送信息。

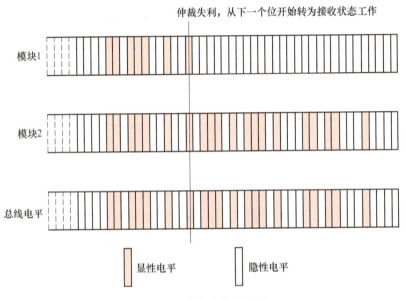

图 2-20 传输仲裁的过程

10. 架构

网络有特定的通信协议称为架构，架构在其输入端和输出端规定能进和能出的信息。架构通常包括 1~2 条线路，采用双线时数据的传输基于两条线的电位差，采用 1 条线传输数据时，对搭铁有个参考电压。

11. 模块/节点

模块即一种电子装置，如温度传感器、压力传感器或计算机（微处理器）等。在多路传输系统中一些简单的模块被称为节点。

12. 集线器

集线器（HUB）相当于一个有多个端口的中继器，随机选出某一端口，并独占全部带宽，与集线器的上连设备（如交换机、路由器或服务器）进行通信。集线器分为无源集线器、有源集线器、智能集线器和交换式集线器。无源集线器只将传输介质连接在一起，从一个端口接收数据，然后向所有端口广播。有源集线器具有支持多种传输介质、信号放大、检测和修复数据等功能。智能集线器除具有有源集线器的全部功能外，还有网络管理等智能化功能。交换式集线器可均衡网络负载和提高网络可用带宽。

13. 分总线
分总线是指从主总线分出至电控单元或传感器的线束。

14. 主总线
主总线是指总线（通信线路）中两个终端电路间的线束，是 CAN 通信系统的主总线。

15. 数据传递终端
数据传递终端是一个电阻器，可防止信号在传输线终端被反射，并以回波的形式返回，影响数据的正确传送。终端电阻安装在 CAN 总线的各个模块内，如图 2-21 所示。

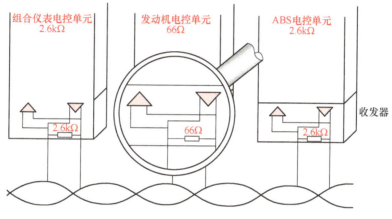

图 2-21　终端电阻

16. 终端电路
终端电路是将 CAN 通信电流转换成总线电压而设置的电路，由电阻器和电容器组成。在一条总线上需要两个终端电路。CAN J/C 是为 CAN 通信设计的插接器，用来存储终端电路。

第四节　汽车网络参考模型

为实现不同制造商的计算机相互通信，国际标准化组织（ISO）制定了"开放系统互联参考模型（ISO/OSI）"。1983 年正式成为国际标准，即 ISO 7498。我国相应的标准为 GB/T 9387.1—1998。ISO/OSI 参考模型分为 7 层，即物理层、数据链路层、网络层、传输层、会话层、表示层和应用层，如图 2-22 所示，其说明见表 2-4。

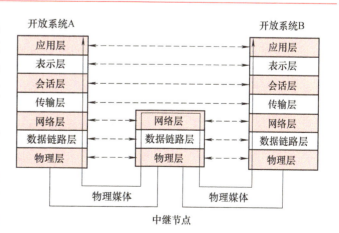

图 2-22　ISO/OSI 参考模型

表2-4 开放系统互联参考模型

ISO/OSI 参考模型			各层定义的主要项目
软件控制	7层	应用层	提供各种实际可应用的服务
	6层	表示层	对数据的表现形式进行变换，如文字调整、数据压缩与加密
	5层	会话层	为实现会话通信，按正确顺序控制数据的发送与接收
	4层	传输层	保证按顺序控制数据及更正错误等通信品质，如纠正错误、重新发送控制
	3层	网络层	选择数据的传输途径和中转，如电控单元之间的数据交换及地址管理
硬件控制	2层	数据链路层	将从物理层获得的信号（字符集）汇总成具有某种意义的数据，提供控制顺序，以便对控制传输错误等数据加以传输，如访问时的方法及数据形式、通信方式、连接控制方式、同步方式、错误检测方式、响应方式、通信方式、帧的构成、组帧方式
	1层	物理层	规定通信时所使用的电缆、插座等，媒体、信号的标准等，以实现设备之间的信号交换，如信号电平、发送与接收、电缆及插座等形式

第五节　车载网络分类和通信协议标准

一、车载网络分类

计算机互联网络的主要类型如图 2-23 所示。

目前汽车网络标准形式多样，其侧重的功能也有所不同，为方便研究和设计应用，SAE 车辆网络委员会按照系统的信息量、响应速度和可靠性等要求，将车载网络系统分为 A 类、B 类、C 类和 D 类。

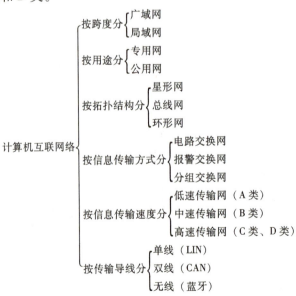

图 2-23　计算机互联网络的主要类型

通常，A 类网络系统不单独使用，而是与 B 类网络系统结合使用。满足 C 类网络要求的汽车控制器局域网只有 CAN 协议。每类网络功能均向下涵盖，即 B 类网络支持 A 类网络的功能，C 类网络能同时实现 B 类网络和 A 类网络的功能。

目前，车身和舒适性电控单元都连接到 CAN 总线上，并借助于 LIN 总线进行外围设备控制。而汽车高速控制系统，通常会使用高速 CAN 总线连接在一起。远程信息处理和多媒体连接需要高速互联，视频传输又需要同步数据流格式，这些都可由 DDB 或 MOST 协议来实现。无线通信则通过蓝牙（Bluetooth）技术加以实现。

但是，至今仍没有一个通信网络可以完全满足未来汽车的所有成本和性能要求。因此，汽车制造商和 OEM（Original Equipment Manufacture，原始委托制造）商仍将继续采用多种协议（包括 CAN、LIN、MOST 等），以实现汽车上的网络信息传递。

二、通信协议标准

1. 通信协议

（1）通信接口与实体 两个系统的设备或部件之间连接服务的数据流穿越的界面称为接口，汽车电控单元之间的通信接口由设备（部件）和有关规定说明组成，通常包括以下四个方面：

1）物理方面：指插接器的结构形式。
2）电气方面：指接口的电路信号电压及变化特征。
3）逻辑方面：指如何将数据位或字符变成字段，说明传输控制字符的功能和使用。通信接口逻辑说明是一种控制和实现穿越接口交换数据流的语言。
4）过程方面：指规定通信过程控制字符的顺序、各种字段法定内容，以及控制数据流穿越接口的命令和应答。如果将逻辑说明看成确定数据流穿越接口的语法，则过程说明即可作为语言。

在计算机网络内，不同系统中的实体需要通信。通常，将能够发送或接收信息的硬件或软件进程称为实体，如用户应用程序、文件传送程序包、进程、数据库管理系统、电子邮件设施及终端等。系统包含一个或多个实体，如计算机、终端设备和遥感装置等。

（2）协议的含义 两个实体若要成功地通信，则必须"说同样的语言"。在通信内容、通信方式以及通信时间等方面，两个实体要遵守相互可以接受的一组约定和规则，这些约定和规则的集合称为协议。

（3）协议的三要素

1）语法。确定通信双方之间"如何讲"，即由逻辑说明构成，要对信息或报文中各字段格式化，说明报头（或标题）字段、命令和应答的结构。
2）语义。确定通信双方之间"讲什么"，即由过程说明构成，要对发布请求、执行动作以及返回应答进行解释，并确定用于协调和差错处理的控制信息。
3）定时规则。指出事件的顺序以及速度匹配、排序。

（4）协议内容

1）在一个简单的通信协议中，电控单元不分主、从，根据优先规则，电控单元之间相互传递信息，并确定接收何种信息。

2）一个电控单元是主电控单元，其他则为从属电控单元。根据优先规则，主电控单元决定哪个从属电控单元发送信息以及何时发送信息。

3）电控单元像旋转木马上的骑马人，一个上面有"免费券"的挂环绕其旋转，任何一个需要该信息的电控单元都可以将其从挂环上取下。

4）通信协议中的仲裁系统按照每条信息的数字拼法及数据传输设定优先规则，如以1结尾的数字信息要比以0结尾的优先级高。

(5) 协议功能 控制两个实体的对话过程，检测对话过程中出现的差错，并确定处理策略。大多数协议都是专用的，用于特定的目的，所以各协议的功能不同，但一些公共功能是大多数协议都有的。

1）差错检测和纠正。面向通信传输的协议常使用"应答-重发"、循环冗余检验、软件检查等机制进行差错检测和纠正，而面向应用的协议常采用重新同步、恢复以及托付等更高级的方法进行差错的检测和纠正。通常，协议中对异常情况的处理说明要占很大的比例。

2）分块和重装。用协议控制进行传送的数据长度有一定限制，参加交换的数据要求有一定格式。因此，需要将实际应用中的数据进行加工处理，使之符合协议交换时的格式要求，从而应用协议进行数据交换。分块是将大的数据划分成若干小块，如将报文划分成几个报文分组；重装是将划分的小块数据重新组合复原，如将报文分组还原成报文。

3）排序。对发送出的数据进行编号，以标识其顺序，实现按序传递、信息流控制和差错控制等目的。

4）流量控制。通过限制发送的数据量或速率，防止在信道中出现堵塞现象。

(6) 协议类别 根据特性不同，协议可分为直接型/间接型、单体型/结构化型、对称型/不对称型、标准型/非标准型。

1）直接型/间接型。两个实体间的通信可以是直接的，也可以是间接的。例如，两个系统若共享一个"点-点"链路，则系统中的实体可直接通信，此时数据和控制信息直接在实体间传递，而无任何中间的信息处理装置，所需要的协议属于直接型。

如果系统经过转接式通信网或两个以上网络串接的通信网，两个实体要交换数据必须依赖于其他实体的功能，则属于间接通信。此时设计协议时，要考虑对中间系统了解的程度，因而较为复杂。

2）单体型/结构化型。在两个实体间通信任务比较简单的情况下，采用单一协议控制通信，该协议称为单体型协议。

计算机网络内实体间通信任务很复杂，以至于不能作为一个单体处理。面临复杂的情况，可采用结构化型协议，即以展示为层次或分层结构的协议集合来代替单体型协议。此时，较低层次或较低级别的功能在较低层次的实体上实现，并向较高层次的实体提供服务，即较高层次的实体依靠较低层次的实体交换数据。

3）对称型/不对称型。大部分的协议属于对称型，即在同等的实体之间通信。不对称的协议可能是为满足交换逻辑的要求（如一个"用户"进程和一个"服务"进程），或尽可能使实体或系统保持简单。

4）标准型/非标准型。一个部门或一个国家都希望制定标准协议，促进组建计算机网络和分布处理系统。非标准型协议一般都是发展中的产物，或者为特定通信环境所设计。

（7）常用通信协议 目前，汽车多路传输系统中采用的通信协议主要有8种，见表2-5。

表2-5 8种典型的通信协议

序号	协议名称	推荐或实施单位
1	CAN	奔驰、英特尔、博世、SAE、ISO/TC22/SC3/WG1
2	BASIC CAN	飞利浦、博世
3	ABUS	大众
4	VAN	雷诺、标致、雪铁龙、ISO/TC22/SC3/WG1
5	HBCC	福特、SAE J1850
6	PALMNET	马自达、SAE
7	DLCS	通用
8	CCD	克莱斯勒、SAE

除上述8种通信协议外，还有以下几种协议：
1）宝马公司1994年提出的DAN集中式网络协议。
2）阿尔法·罗密欧公司的DAN集中式网络协议。
3）卢卡斯（Lucas）公司的光学分布式星形耦合器系统。
4）日立公司的集中式光学单纤维双向通信。
5）飞利浦公司的DDR分布式网络协议。

到目前为止，世界上尚无一个可以兼容各大汽车公司通信协议的通用标准，因此，汽车上形成了多种类型的多路通信系统共存的局面。

2. 车载网络协议标准

各类典型汽车总线标准、协议特性和参数见表2-6。

表2-6 各类典型汽车总线标准、协议特性和参数

类别	A类	B类	C类				D类
			CAN	安全	X-by-Wire	诊断	多媒体
名称	LIN	ISO 11519—2	ISO 11898 SAE J1939	Safety Bus	FlexRay	ISO 15765	DDB（MOST）
所属机构	Motorola	ISO/SAE	ISO/TMC-ATA	Delphi	BMW&DC	ISO	Philips
用途	智能传感器	控制、诊断	控制、诊断	SRS	线控制	诊断	数据流控制
介质	单根线	双绞线	双绞线	双线	双线	双绞线	光纤
位编码	NRZ	NRZ-5	NRZ-5	RTZ	NRZ	NRZ	Biphase
媒体访问	主/从	竞争	竞争	主/从	FTDMA	Testenr/Slave	Tokenring
错误检测	8位CS	CRC	CRC	CRC	CRC	CRC	CRC
数据长度/B	8	0~8	8	24~39	12	0~8	—

（续）

类别	A类	B类	C类				D类
			CAN	安全	X-by-Wire	诊断	多媒体
传输速率/(bit/s)	20k	10~125k	250~1000k	5k~10M	5M	10~250k	12~400M
总线最长/m	40	40	40	未定	无限制	40	无限制
最多节点/个	16	32	32（STP）10（UTP）	64	64	32	24
成本	低	中	中	中	中	中	高

（1）A类总线协议标准 面向传感器和执行器控制的低速网络，数据传输速率通常只有1~10kbit/s。网络协议种类主要有LIN、UART（Universal Asynchronous Receiver/Transmitter）和CCP等，适用于对实时性要求不高的场合，主要应用于车身控制，如电动门窗、中央门锁、后视镜、座椅调节、灯光照明及早期的汽车故障诊断等。

A类网络通信大部分采用UART标准。UART使用简单且经济，但随着技术的发展，预计今后将会逐步在汽车通信系统中停止使用。丰田公司制定的通信协议BEAN（Body Electronics Area Network）目前仍在其多种车型中应用。

A类网络目前首选的标准是LIN总线。LIN总线是用于汽车分布式电控系统的一种新型低成本串行通信系统，是一种基于UART的数据格式，主从结构的单线12V的总线通信系统，主要用于智能传感器和执行器的串行通信，这是CAN总线的带宽和功能不要求的部分。由于目前尚未建立低端多路通信的汽车标准，因此LIN正试图发展成为低成本的串行通信的行业标准。

LIN标准简化了现有的基于多路解决方案的低端SCI（串行通信接口），同时将降低汽车电子装置的开发、生产和服务费用。LIN采用低成本的单线连接，传输速率最高可达20kbit/s，对于低端的大多数应用对象，该速度可以接受。其媒体访问采用单主/多从机制，无须进行仲裁，从节点不需要晶体振荡器即能进行自同步，极大地减少了硬件平台的成本。

A类总线及特征见表2-7。

（2）B类总线协议标准 面向独立电控单元之间数据共享的中速网络，传输速率一般为10~100kbit/s。主要应用于车辆电子信息中心、故障诊断、SRS和组合仪表等，以减少冗余的传感器和其他电子部件。网络协议种类主要有ISO 11898—1、J2284、VAN和J1850（OBD-Ⅱ）等。

B类网络的国际标准是CAN总线。CAN总线是德国博世公司从20世纪80年代初为解决现代汽车中众多的控制与测试仪器之间的数据交换问题而开发的一种串行数据通信协议，是一种多主总线，通信介质可以是双绞线或同轴电缆。CAN总线通信接口中集成了CAN协议的物理层和数据链路层功能，可完成对通信数据的成帧处理，包括位填充、数据块编码、循环冗余检验和优先级判别等工作。数据段长度最多为8个字节，不会占用总线时间过长，从而保证了通信的实时性。CAN协议采用CRC检验，并可提供相应的错误处理功能，保证了数据通信的可靠性。

表 2-7　A 类总线及特征

特征	名　称							
	UART	E&C	CCD	J1708	BEAN	ACP	SINEBUS	LIN
所属机构	通用汽车	通用汽车	克莱斯勒	SAE	丰田	福特	德特	摩托罗拉
用途	通用、诊断	通用	通用、诊断	控制、诊断	车身控制、诊断	音频、控制	音频	智能传感器
使用年限	至 2005 年	至 2002 年	至 2002 年	至 2002 年	1995 年起	至 2002 年	2000 年起	2003 年起
传输媒体	单线	单线	单线	双绞线	单线	双绞线	单线	单线
位编码	NRZ[①]	PWM[②]	NRZ[①]	NRZ[①]	NRZ[①]	NRZ[①]	—[③]	NRZ[①]
媒体访问	主从	竞争	主从	主从	竞争	主从	主从	主从
检错方式	检验和	奇偶校验	校验和	校验和	CRC[④]	校验和	无	校验和
头长度/B	16	11~12	8	16	25	12~24	2	2
数据长度/B	0~85	1~8	5	—	1~11	6~12	10~18	8
位速率/(bit/s)	8192	1k	7812.5	9.6k	10k	9.6k	66.6~200	2k
总线最长/m	—	20	—	—	—	40	10	40
最多节点/个	10	10	6	—	20	20	—	16
成本	低	低	低	中	低	低	低	低

① NRZ：不归零制（Non-Return to Zero）。
② PWM：脉宽调制（Pulse Width Modulation）。
③ —：不详或无明文规定。
④ CRC：循环冗余检验（Cyclic Redundancy Check）。

近年来，基于 ISO 11519—2 的容错 CAN 总线标准在欧洲的各种车型中得到广泛应用，ISO 11519—2 的容错低速 CAN 总线接口标准在轿车中得到普及，其物理层比 ISO 11898—1 要慢一些，同时成本较高，但其故障检测能力非常突出。与此同时，以往广泛应用于美国车型的 J1850 正逐步被基于 CAN 总线的标准和协议所取代。

B 类总线及特征见表 2-8。

表 2-8　B 类总线及特征

特征	名　称				
	CMLAN（SWC[①]）	ISO 11898—1 ISO 11519—2 ISO 11992、J2284	J1850、ISO 11519—4		
所属机构	通用汽车	ISO/SAE	通用汽车	福特	克莱斯勒
用途	诊断	控制、诊断	通用、诊断	通用、诊断	通用、诊断
使用年限	2002 年起	2001 年起	至 2002 年		
传输媒体	单线	双绞线	单线	双绞线	单线

（续）

特征	名 称				
	CMLAN（SWC[①]）	ISO 11898—1 ISO 11519—2 ISO 11992、J2284	J1850、ISO 11519—4		
位编码	NRZ-5	NRZ-5	VPW[②]	PWM	VPW
媒体访问	竞争	竞争	竞争	竞争	竞争
检错方法	CRC	CRC	CRC	CRC	CRC
头长度/B	11	11 或 29	32	32	8
数据长度/B	0~8	0~8	0~8	0~8	0~10
位速率/（kbit/s）	33.33	10~125	10.4	41.6	10.4
总线最长/m	30	40（典型）	35	35	35
最多节点/个	16	32	32	32	32
成本	低	中	低	低	低

① SWC：单线 CAN（Single-Wire CAN）。
② VPW：可改变脉宽调制（Variable Pulse Width Modulation）。

(3) C类总线协议标准　面向高速、实时闭环控制的多路传输，最高传输速率可达 1Mbit/s，主要用于发动机、ABS/ASR、悬架等控制。网络协议种类主要有 ISO 11898—1（高速 CAN）、TTP/C 和 FlexRay 等。随着汽车网络技术的发展，将会使用具有高速实时传输特性的一些总线标准和协议，包括采用时间触发通信的 X-by-Wire 系统总线标准和用于安全控制和诊断通信的总线标准、协议。

1）CAN 总线协议标准。欧洲汽车制造商基本上采用高速通信的 CAN 总线标准 ISO 11898，而 J1939 用于货车、大客车以及农业设备上的高速通信标准，支持分布在车辆各个不同位置的电控单元之间实现实时闭环控制功能，其数据传输速率为 250kbit/s。美国通用汽车公司已开始在所有的车型上使用其专属的 GM LAN 总线标准，它是一种基于 CAN 的传输速率为 500kbit/s 的通信标准。

ISO 11898 针对汽车电控单元之间，通信传输速率大于 125kbit/s，最高为 1Mbit/s 时，对使用 CAN 构建数字信息交换的相关特性进行了详细的规定。

CAN 总线及特征见表 2-9。

表 2-9　CAN 总线及特征

特征	名 称		
	ISO 11898—1	J2284、GMLAN（高速部分）	J1939
所属机构	ISO	SAE、通用汽车	SAE
用途	控制、诊断	控制、诊断	控制、诊断
使用年限	1992 年起	2002 年起	1994 年起
传输媒体	双绞线	双绞线	双绞线
位编码	NRZ-5	NRZ-5	NRZ-5
媒体访问	竞争	竞争	竞争

(续)

特 性	名 称		
	ISO 11898—1	J2284、GMLAN（高速部分）	J1939
检错方式	CRC	CRC	CRC
头长度/B	11 或 29	11 或 29	29
数据长度/B	0~8	0~8	8
位速率/(kbit/s)	1000	500	250
总线最长/m	40（典型）	30	40
最多节点/个	32	16	30（带屏蔽） 10（无屏蔽）
成本	低	中	中

2）安全总线和标准。安全总线主要是用于 SRS，以连接加速度传感器和碰撞传感器等，为被动安全提供保障。目前已有一些公司研制出相关的总线和协议，包括德尔福公司的 SafetyBus 和宝马公司的 Byteflight 等。

Byteflight 主要以宝马公司为中心制定。数据传输速率为 10Mbit/s，光纤长达 43m。Byteflight 不仅用于 SRS 的网络通信，还用于 X-by-Wire 系统的通信和控制。宝马公司推出的 BMW7 系列车型，采用 ISIS（Intelligent Safety Integrated System）的 SRS 控制系统，由 14 个传感器构成，利用 Byteflight 连接和收集前座 SRS、后座 SRS 以及膝部 SRS 等信号。在紧急情况下，中央电控单元能够更快、更准确地判定不同位置 SRS 的引爆范围与时机，发挥最佳的保护效果。

车用安全总线及特征见表 2-10。

表 2-10 车用安全总线及特征

特 征	名 称					
	SafetyBus	BOTE	PLANET	DSI	Byteflight	BSRS
所属机构	德尔福	博世	飞利浦	摩托罗拉	宝马	西门子
使用年限	2002 年起	2002 年起	2002 年起	2002 年起	2002 年起	2002 年起
传输媒体	双绞线	双绞线	双绞线	双绞线	双绞线或三线	双绞线或三线
媒体访问	主从	主从	主从	主从	主从	主从
检错方式	CRC	—	—	—	—	—
头长度/B	1				1	
数据长度/B	24~39	—			0~200	
位速率/(bit/s)	500k	31.25~125k	20~250k	5k	10M	250k
最多节点/个	64	12	64	16	—	—
成本	低	低	低	低	中	低

3）X-by-Wire 总线协议标准。X-by-Wire 称为线控技术，由于目前对汽车容错能力和通信系统的高可靠性的需求日益增长，X-by-Wire 开始应用于汽车电子控制领域。X-by-

Wire 技术将使传统的汽车机械系统（如制动和驾驶系统）变成通过高速容错通信总线与高性能 CPU 相连的电气系统。在一辆装备了综合驾驶辅助系统的汽车上，如 Steer-by-Wire、Brake-by-Wire 和电子节气门控制等特性将为驾驶人带来全新驾驶体验。为了提供这些系统之间的安全通信，需要一个高速、容错和时间触发的通信协议。目前，这一类总线标准主要有 TTP（时间触发协议）和 FlexRay。

时间触发系统和事件触发系统的工作原理大不相同，时间触发系统的控制信号起源于时间进程，事件触发系统的控制信号起源于事件的发生（如一次中断）。TTP 创立了大量汽车 X-by-Wire 控制系统，如驾驶控制和制动控制。TTP 是一个应用于分布式实时控制系统的完整的通信协议，能够支持多种的容错策略，提供了容错的时间同步以及广泛的错误检测机制，同时还提供了节点的恢复和再整合功能。其采用光纤，传输速度将达到 25Mbit/s。

FlexRay 是一种新的特别适合下一代汽车应用的网络通信系统，采用 FTDMA（Flexible Time Division Multiple Access）的确定性访问方式，具有容错功能和确定的消息传输时间，能够满足汽车控制系统的高速率通信要求。宝马、戴姆勒-克莱斯勒、摩托罗拉和德尔福联合开发和建立了 FlexRay 标准，通用汽车公司也加入了 FlexRay 联盟，成为其核心成员，共同致力于开发汽车分布式控制系统中高速总线系统的标准。该标准不仅提高了一致性、可靠性、竞争力和效率，而且简化了开发和使用，降低了成本。

车用 X-by-Wire 总线及特征见表 2-11。

表 2-11　车用 X-by-Wire 总线及特征

特征	名称			
	TTP	TTCAN	Byteflight	FlexRay
所属机构	维也纳大学	SAE	宝马	宝马、戴姆勒-克莱斯勒
传输媒体	单线或双线	双绞线	双绞线或三线	双绞线
检错方式	CRC	CRC	CRC	CRC
数据长度/B	16	8	12	12
位速率/(Mbit/s)	—	1	10	5
成本	中	中	中	中

4）诊断系统总线标准。故障诊断是现代汽车必不可少的一项功能，主要是为了满足 OBD-Ⅱ（On Board Diagnostics）、OBD-Ⅲ 或 E-OBD（European-On Board Diagnostics）标准。目前，许多汽车生产厂商都采用 ISO 14230（Keyword Protocol 2000）作为诊断系统的通信标准，它满足 OBD-Ⅱ 和 OBD-Ⅲ 的要求。在欧洲，以往诊断系统中使用的是 ISO 9141，是一种基于 UART 的诊断标准，满足 OBD-Ⅱ 的要求。美国的通用、福特和克莱斯勒汽车公司广泛使用 J1850（不含诊断协议）作为满足 OBD-Ⅱ 诊断系统的通信标准。但随着 CAN 总线的广泛应用，美国三大汽车公司将对乘用车采用基于 CAN 的 J2480 诊断系统通信标准，满足 OBD-Ⅲ 的通信要求。从 2000 年开始，欧洲汽车厂商已经开始使用一种基于 CAN 总线的诊断系统通信标准 ISO/DIS 15765，以满足 E-OBD 的通信要求。

目前，汽车的故障诊断主要是通过一种专用的诊断通信系统来形成一套较为独立的诊断网络，ISO 9141 和 ISO 14230 是该类技术较为成熟的诊断标准。而 ISO 15765 适用于将车用诊断系统在 CAN 总线上加以实现的场合，从而适应了现代汽车网络总线系统的发展趋势。ISO 15765 的网络服务符合基于 CAN 的车用网络系统的要求，是遵照 ISO 14230—3 及 ISO 15031—5 中有关诊断服务的内容制定的，因此，ISO 15765 对于 ISO 14230 应用层的服务和参数完全兼容，但并不限于只用在这些国际标准所规定的场合，因而有广泛的应用前景。

车用诊断总线及特性见表 2-12。

表 2-12 车用诊断总线及特性

特性	名 称						
	J1850、ISO 11519—4			J2480	ISO 9141	ISO 14230	ISO/DIS 15765
所属机构	通用汽车	福特	克莱斯勒	SAE	ISO		
用途	通用、诊断	通用、诊断	通用、诊断	诊断	诊断	诊断	诊断
使用年限	至 2002 年			2004 年起	1994 年起	2000 年起	2000 年起
传输媒体	单线	双绞线	单线	双绞线	K/L 线	K/L 线	双绞线
位编码	VPW	PWM	VPW	NRZ	NRZ	NRZ	NRZ
媒体访问	竞争	竞争	竞争	诊断测试仪为主站，其余为从属节点			
检错方式	CRC	CRC	CRC	CRC	奇偶校验	校验和	CRC
头长度/B	32	32	8	—	—	16	11 或 29
数据长度/B	0~8	0~8	0~10	0~255	0~85	0~4095	
位速率/(kbit/s)	10.4	41.6	10.4	—	小于 10.4	5~10.4	250、500
总线最长/m	35	35	35	—	—	—	40
最多节点/个	32	32	32	10	—	10	32
成本	低	低	低	低	低	低	高

（4）D 类总线协议标准 D 类网络称为智能数据总线（IDB），主要面向信息和多媒体系统等。D 类网络协议的速率为 250kbit/s~400Mbit/s。

D 类网络使用在信息多媒体系统中，多采用 DDB、MOST 光纤传输和 IDB-Wireless 无线通信技术，用于实时的音频和视频通信，如 MP3、DVD 和 CD 等。

DDB 是用于汽车多媒体和通信的分布式网络，通常使用光纤作为传输介质，可连接 CD 播放器、语音电控单元、电话和因特网。

MOST 是车辆内局域网的接口规格，用于连接车载导航器和无线设备等，数据传输速率为 24Mbit/s，其规格主要由德国 Oasis Silicon System 公司制定。

在无线通信方面，采用蓝牙规范，主要面向下一代汽车应用，如声音系统和信息通信等。目前已有一些公司研制出基于蓝牙技术的处理器，如美国德州仪器公司（TI）宣布推出一款新型基于 ROM 的蓝牙基带处理器，可用于通信及娱乐或 PC 外设等方面。

随着电子技术和大规模集成电路的迅速发展，网络技术在汽车上的广泛应用大大提高了汽车的动力性、操作稳定性和安全性，给汽车技术的发展注入了新的活力。

车用多媒体总线及特性见表 2-13。

表 2-13 车用多媒体总线及特性

特性	名称						
	IDB-C	IDB-M	MOST	DDB	MML	USB	IEEE 1394
所属机构	SAE	SAE	飞利浦	飞利浦	德尔科	—	IEEE
用途	通信、娱乐	通信、娱乐	数据流、控制	数据流、控制	数据流、控制	计算机设备	计算机设备
使用年限	2002年起	—	2002年起	1999年起	2004年起	1998年起	2000年起
传输媒体	双绞线	光纤	光纤	双绞线	光纤	屏蔽双绞线	屏蔽双绞线
位编码	NRZ	—	双相	PWM	双相	NRZ	NRZ
媒体访问	令牌槽	—	主从	主从	主从	竞争	竞争
检错方式	CRC	—	CRC	奇偶校验	CRC	CRC	CRC
头长度/B	11				1		
数据长度/B	8	—	—	—	0~200		
位速率/(bit/s)	250k	400M	25M	29.8k	12M	110M	12M
总线最长/m	—	—	不限	150	不限	10	—	72
节点最多/个	16	24	50	24	16	127	16
成本	低	高	高	高	高	中	中

第六节 汽车对通信网络的要求

连接到车载网络的各个电控单元按需要从总线上接收最新的信息，以驱动执行器，如匹配发动机转速传感器的电控单元，将发动机转速数据连续馈送至总线。另外，其他几个需要发动机转速数据的电控单元，只需从总线上接收发动机转速数据，接收到的最新数据为现行数据，并将其存储在 RAM 区，对这些数据按各自的类型赋值。因此，RAM 总有一个更新的数据复制并存储在其中，再通过应用，使电控单元获取最新的数据。

汽车电控单元之间的数据传输频率是变化的。在一个完善的汽车电子控制系统中，许多动态信息必须与车速同步。为了满足各子系统的实时性要求，有必要对汽车公共数据实行共享，如发动机转速、车轮转速和加速踏板位置等，但每个电控单元对实时性的要求因数据的更新速率和控制周期不同而不同。例如，一个 8 缸柴油机以 2400r/min 的转速运行，则电控单元控制两次喷射的时间间隔为 6.25ms。其中，喷射持续时间为 30°的曲轴转角（2ms），在剩余的 4.25ms 内需完成转速测量、油量测量、A-D 转换、工况计算和执行器的控制等一系列过程。这说明数据发送与接收必须在 1ms 内完成，才能达到发动机控制的实时性要求。

可见，数据交换网基于优先权竞争，且本身具有极高的通信速率。不同参数应具有不同的通信优先权，几种典型参数的允许响应时间见表 2-14。

表2-14 几种典型参数的允许响应时间

参　　数	允许响应时间
发动机喷油量	10ms
发动机转速	300ms
车轮转速	1～100s
进气温度	20s
冷却液温度	1min
燃油温度	10min

本 章 小 结

过程控制经历了模拟仪表控制系统、集中式数字控制系统、集散控制系统和现场总线控制系统四个阶段，现场总线技术的出现，标志着自动化新时代的开始。常见的现场总线有FF、Profibus、LonWorks、CAN、DeviceNet和ControlNet。

汽车网络标准形式多样，SAE将车载网络系统分为A类、B类、C类和D类。A类网络面向传感器和执行器控制的低速网络，如LIN总线；B类网络面向独立电控单元之间数据共享的中速网络，如CAN总线；C类网络面向高速、实时闭环控制的多路传输，如X-by-Wire系统总线；D类网络为智能数据总线，主要面向信息、多媒体系统等，如MOST、蓝牙等。

复习思考题

1. 简述现场总线的功用和特点。
2. 对常见的现场总线进行性能比较。
3. 简述车载网络的结构与组成。
4. 简述网络拓扑结构的类型和特点。
5. 简述网络互联设备的功能和特点。
6. 简述数据传输介质的类型和特点。
7. 数据传输终端有何作用？
8. 简述汽车网络参考模型各层定义的主要项目。
9. 车载网络如何分类？
10. 简述通信协议的三要素。
11. 简述通信协议的功能和类别。
12. 简述车载网络协议标准各种类型的特点和应用范围。
13. 汽车对通信网络有哪些要求？

第三章

控制器局域网

第一节 概 述

CAN 是控制器局域网（Controller Area Network）的缩写，是指电控单元通过车载网络交换数据。CAN 是德国博世公司为解决现代汽车中众多的控制与测试仪器之间的数据交换而开发的一种串行数据通信协议，取得了国际标准化组织（ISO 11898）的认证，被世界各大汽车公司广泛应用，是国际上应用最广泛的现场总线之一。

一、CAN 总线的特性

（1）**CAN 总线符合国际标准** 便于一辆车上不同生产厂家的电控单元间进行数据交换。

（2）**多主方式** CAN 为多主方式工作，网络上任意一节点均可在任意一时刻主动地向网络上其他节点发送信息，而不分主从。

（3）**标志符报文** 报文是网络中交换与传输的数据单元，即节点一次性要发送的数据块。为了解决 CAN 网络中多个节点在同一时刻向总线发送报文的先后顺序问题，通过在报文上加标志符，即可将 CAN 上的多个节点分成不同的优先级，满足不同的实时需要，优先级高的数据最多可在 $134\mu s$ 内得到传输。

（4）**总线仲裁技术** 当 CAN 网络中多个节点在同一时刻向总线发送报文产生冲突时，优先级较低的节点会主动退出发送，而最高优先级的节点不受影响继续传输数据，大大节省了总线冲突仲裁时间。即使网络负载很大，也不会使网络瘫痪。大部分 CAN 在丢失仲裁或出错时，具有信息自动重发功能。

（5）**数据传输方式** CAN 节点只需要通过对报文的标志符滤波即可实现点对点、一点对多点及全局广播等几种方式传送接收数据。

（6）**节点数** CAN 总线可同时连接多个节点，且节点总数理论上没有限制，但实际上受总线上的时间延迟及电气负载限制。减慢通信速度，可连接的节点数增加；提高通信速度，则可连接的节点数减少。CAN 总线上的节点数目前最多可达 110 个。

（7）**帧结构** 在 CAN 2.0B 的版本协议中有两种不同的帧格式，不同之处为标志符域的长度不同，含 11 位标志符的帧称为标准帧，含 29 位标志符的帧称为扩展帧。CAN 的报文采用短帧结构，传输时间短，实时性好，抗干扰能力强，确保数据出错率极低。

（8）**校验及检错** CAN 的每帧信息都有 CRC 校验及其他检错措施，错误检测校正能力强，系统可靠性高。CRC 即循环冗余校验码，是数据通信领域中最常用的一种差错校验码，其信息字段和校验字段的长度可任意选定。

（9）**通信介质** CAN通信介质可以为双绞线、同轴电缆或光纤，选择灵活。

（10）**传输线颜色** CAN总线基本颜色为橙色；CAN-L（低位）均为棕色；CAN-H（高位）、驱动系统传输线为黑色，舒适系统传输线为绿色，信息系统传输线为紫色。

（11）**故障封闭** CAN能判断暂时错误（如外部噪声等）和永久错误（如模块内部故障、驱动器故障和断线等）的节点，具有故障节点自动脱离功能。

（12）**电控单元实时监测** 对所连接的CAN总线进行实时监测，当出现故障时，该电控单元存储相应的故障码。网络使用数据链路接口（DLC）为解码器提供接口。由于所有系统信息可通过另一根（冗余）导线进行传递，当数据总线的一根导线损坏时，系统仍可继续工作。若两根导线损坏，会影响诊断功能。

（13）**组网自由，功能扩展能力强** 若系统需增加新功能，仅需软件升级即可。

（14）**传输速率与距离** CAN总线任意两节点之间的最大距离见表3-1，总线利用率高，数据传输距离长，可达10km；数据传输速率高，可达1Mbit/s。

表3-1 CAN总线任意两节点之间的最大距离

位速率/(kbit/s)	1000	500	250	125	100	50	20	10	5
最大距离/m	40	130	270	530	620	1300	3300	6700	10000

二、CAN总线的位数值表示

CAN总线分别用"显性"（Dominant）和"隐性"（Recessive）两个互补的逻辑值表示0和1。当总线上出现同时发送显性和隐性位时，总线数值为显性（即0与1的结果为0）。V_{CAN-H}和V_{CAN-L}为CAN总线收发器与总线之间的两接口端子电压，信号以两线之间的差分电压形式出现，如图3-1所示。在隐性状态，V_{CAN-H}和V_{CAN-L}被固定在平均电压附近，V_{diff}近似于0。在总线空闲或隐性位期间，发送隐性位。显性位以大于最小间值的差分电压表示。

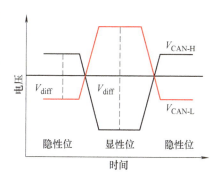

图3-1 总线位的数值表示

高速CAN电路简图和信号图如图3-2所示，主要用于发动机、变速器、ABS和转向助力等汽车动力系统的数据传输。高速CAN速率是所有CAN总线中最高的，达到500kbit/s。它采用终端电阻结构，其中心电阻为66Ω，并且CAN-H线和CAN-L线为环状结构，即任意一根数据线断路，则CAN总线无法工作。CAN-H线的高电平为3.5V，低电平为2.5V；CAN-L线的高电平为2.5V，低电平为1.5V。两者互为镜像。当CAN-H线为3.5V，CAN-L线为1.5V时，逻辑值为1；当CAN-H线为2.5V，CAN-L线为2.5V时，逻辑值为0。

低速CAN电路简图和信号图如图3-3所示，主要用于舒适性系统和车身系统等。低速CAN总线速率达到100kbit/s，没有终端电阻，且CAN-H线和CAN-L线分离，即任意一根数据线断路，CAN总线工作不受影响。信号图与高速CAN有很大区别，CAN-H线的

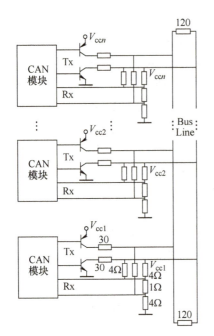
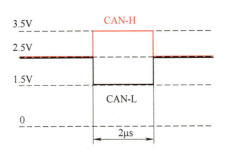

图 3-2 高速 CAN 电路简图和信号图

高电平为 3.6V，低电平为 0；CAN-L 线的高电平为 5V，低电平为 1.4V。两者互为镜像。当 CAN-H 线为 3.6V，CAN-L 线为 1.4V 时，逻辑值为 1；当 CAN-H 线为 0，CAN-L 线为 5V 时，逻辑值为 0。

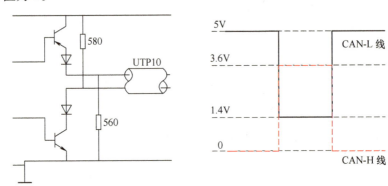

图 3-3 低速 CAN 电路简图和信号图

第二节　CAN 协议

一、概述

CAN 技术的应用推广，要求通信协议标准化。1991 年 9 月，博世公司制定并发布了 CAN 技术规范（Version 2.0），该技术规范包括 A 和 B 两部分。CAN 2.0A 给出了曾在

CAN 技术规范版本 1.2 中定义的 CAN 报文格式,而 CAN 2.0B 给出了标准的和可扩展的两种 CAN 报文格式。此后,1993 年 11 月,ISO 正式颁布了道路交通运输工具—数字交换—高速通信控制器局域网国际标准(ISO 11898—高速 CAN)以及低速标准(ISO 11519—低速 CAN)。美国汽车工程师学会等组织和团体也以 CAN 协议为基础颁布本组织的标准,见表 3-2,将汽车通信协议按通信速度进行分类,见表 3-3。

表 3-2 CAN 协议与相关标准

名称	位速率/(kbit/s)	规格	使用范围
SAE J1939—11	250	双线制,屏蔽式双绞线	载货汽车、大型客车
SAE J1939—12	250	双线制,屏蔽式双绞线,供给电压为 12V	农业机械
SAE J2284	500	双线制,双绞线(无屏蔽)	汽车(高速:动力传动系统)
SAE J2411	33.3、83.3	单线制	汽车(低速:车身系统)
NMEA-2000	62.5、125、250、500、1000	双线制,屏蔽式双绞线,供给电源,供给电压为 24V	船舶
Device Net	125、250、500	双线制,屏蔽式双绞线,供给电源,供给电压为 24V	工业设备
CANopen	10、20、50、125、250、500、800、1000	双线制,双绞线,选用(屏蔽,电源)	工业设备
SDS	50、125、500、1000	双线制,屏蔽式双绞线选用(电源)	工业设备

表 3-3 通信协议按速度分类

	等级	通信速率/(kbit/s)	用途	协议
电通信 ↑	A	0~10(车身系统)	照明装置、电动车窗、电动座椅、中央门锁等	低速 CAN(0~125kbit/s)、LIN
	B	10~125(状态信息系统)	组合仪表、驱动信息、自动空调、故障诊断	J1850、VAN
	C	125~1000(实时控制系统)	发动机、自动变速器、ABS、电子悬架等	高速 CAN(125~10000kbit/s)
↓ 光通信	D	50000(多媒体)	—	DDB 光纤通信、MOST、IEEE 1394

二、CAN 的分层结构

CAN 协议包括 ISO/OSI 参考模型中的数据链路层和物理层,如图 3-4 所示。物理层分为物理层信号(PLS)、物理媒体连接(PMA)和媒体从属接口(MDI),数据链路层分为逻辑链路控制(LLC)和媒体访问控制(MAC)。

MAC 层的运行借助于"故障界定实体"(FCE)进行监控。故障界定是使判别短暂干扰和永久性故障成为可能的一种自检机制。物理层可借助检测和管理物理媒体对故障实体进行监控（如总线短路或断路，总线故障管理）。LLC 和 MAC 两个同等的协议实体通过交换帧或协议数据单元（PDU）相互通信。CAN 协议的数据链路层由 N 层协议数据单元 NPDU、N 层服务数据单元 N-SDU 和 N 层指定的协议控制信息 N-PCI 构成。

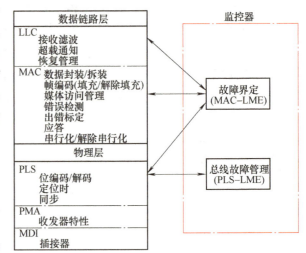

图 3-4　数据链路层和物理层功能框图

1. 数据链路层

（1）LLC

1）功能。LLC 层具有接收滤波、超载通知和恢复管理的功能。

① 接收滤波。在 LLC 层上开始的帧跃变是独立的，其自身操作与先前的帧跃变无关。帧内容由标识符命名。标识符并不能指明帧的目的地，但描述数据的含义，每个接收器通过帧接收滤波确定此帧与其是否有关。

② 超载通知。若接收器内部条件要求延迟下一个 LLC 数据帧或 LLC 远程帧，则通过 LLC 子层开始发送超载帧。最多可产生两个超载帧，以延迟下一个数据帧或远程帧。

③ 恢复管理。发送期间，对于丢失仲裁或被错误干扰的帧，LLC 子层具有自动重发送功能。在发送完成之前，帧发送服务不被用户认可。

2）LLC 帧结构。LLC 是等同 LLC 实体（LPDU）之间进行交换的数据单元。

① LLC 数据帧由三个位场，即标识符场、数据字长度码（DLC）场和数据场组成，如图 3-5 所示。

标识符场	DLC 场	数据场

图 3-5　LLC 数据帧的结构

标识符场：标识符长度为 11 位，其最高 7 位（ID-10~ID-4）不应全为"1"。

DLC 场：DLC 指出数据场字节个数。DLC 由 4 位构成，数据场长度可为 0，数据帧允许数据字节数为 0~8，表 3-4 中规定数值以外的其他数值不能使用。

表 3-4　由 DLC 表示的数据字节数编码

数据字节数	DLC			
	DLC3	DLC2	DLC1	DLC0
0	0	0	0	0
1	0	0	0	1
2	0	0	1	0
3	0	0	1	1
4	0	1	0	0

(续)

数据字节数	DLC			
	DLC3	DLC2	DLC1	DLC0
5	0	1	0	1
6	0	1	1	0
7	0	1	1	1
8	1	0	0	0

数据场：由数据帧内被发送的数据组成，包括0~8个字节，每个字节包括8位。

② LLC远程帧由标识符场和DLC场组成，如图3-6所示。LLC远程帧标识符格式与LLC数据帧标识符格式相同，只是不存在数据场。DLC的数值是独立的，此数据为对应数据帧的数据长度码。

图3-6　LLC远程帧

（2）媒体访问控制

1）功能模型。MAC层功能控制如图3-7所示，MAC层划分为完全独立工作的发送部分和接收部分。

① 发送部分功能。

发送数据封装：接收LLC帧及接口控制信息，通过向LLC帧附加帧起始（SOF）和远程发送请求（RTR）、保留位、CRC、应答（ACK）和帧结束（EOF），进行CRC。

发送媒体访问管理：确认总线空闲后，开始发送过程（通过帧间空间应答）；MAC帧串行化；插入填充位（位填充）；在丢失仲裁情况下，退出仲裁

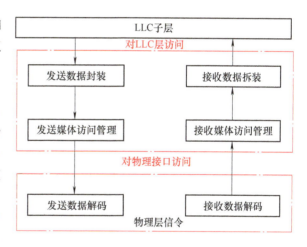

图3-7　MAC层功能控制

并转入接收方式；错误检测（监控、格式检验）；应答校验；确认超载条件；构造超载帧并开始发送；构造出错帧并开始发送；输出串行位流至物理层准备发送。

② 接收部分功能。

接收媒体访问管理：由物理层接收串行位流，解除串行结构并重新构建帧结构，检测填充位（解除位填充），错误检测（CRC、格式校验、填充规则校验），发送ACK，构造错误帧并开始发送，确认超载条件，重新激活超载帧结构并开始发送。

接收数据拆装：从接收帧中去除MAC信息，输出LLC帧和接口控制信息至LLC子层。

2）MAC帧结构。CAN数据在节点间发送和接收以4种不同类型的帧出现和控制，其

中数据帧将数据由发送器传至接收器；远程帧由节点发送，以请求发送具有相同标识符的数据帧；出错帧可由任何节点发出，以检验总线错误；而超载帧用于提供先前和后续数据帧或远程帧之间的附加延时。另外，数据帧和远程帧以帧间空间与先前帧隔开。

① 数据帧。MAC 数据帧由 7 个不同位场构成，即帧起始、仲裁场、控制场（两位保留位+DLC 场）、数据场、CRC 场、ACK 场和帧结束，如图 3-8 所示。

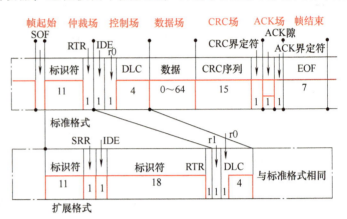

图 3-8 MAC 数据帧

帧起始（SOF）：标志数据帧和远程帧的起始，由单个"显性"位构成。当总线处于空闲状态时（处于隐性状态），一个由隐性到显性的变化沿表示一个帧起始的硬同步。

仲裁场：表明数据优先顺序的区域，由来自 LLC 层的标识符和 RTR 位构成。在 MAC 数据帧中，RTR 位数值为"0"。

控制场：表明预约位数和数据字节数的区域，由 6 位构成，包括两位用于 DLC 扩展的保留位。接收器接收"0"和"1"位，作为所有组合中的保留位。在定义保留位功能前，发送器只发送"0"位。

数据场：与 LLC 数据场格式相同。

CRC 场：表示循环冗余码区域，包括 CRC 序列，后随 CRC 界定符。CRC 循环冗余检验是将发送的数据看成高次多项式，用预先选定的生成多项式对其进行模 2 除运算后，将余数附加在数据位之后发送。接收方对送来的数据列用同一生成多项式进行模 2 除运算，没有余数则证明接收的数据正确。

ACK 场：ACK 场为两位，即 ACK 隙和 ACK 界定符。发送节点的 ACK 场中，送出两个"隐性"位。在 ACK 隙内，所有接收匹配 CRC 序列的节点，以"显性"位改用发送器的"隐性"位送出一个应答。ACK 界定符为 ACK 场的第二位，其必须是"隐性"位，因此，ACK 隙被两个"隐性"位（ACK 界定符和 CRC 界定符）所包围。

帧结束（EOF）：MAC 的每个数据帧和远程帧均由 7 个"隐性"位构成的标志序列界定。

② MAC 远程帧。激活为数据接收器的节点，可通过发送一个远程帧，启动源节点发送各自的数据。一个远程帧由 6 个不同位场构成，即 SOF、仲裁场、控制场（两位保留位+DLC 场）、CRC 场、ACK 场和 EOF，如图 3-9 所示。仲裁场由来自 LLC 层的标识符场和 RTR 位构成。在 MAC

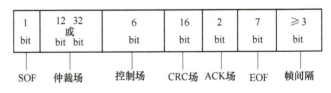

图 3-9 MAC 远程帧

数据帧中，RTR 位数值为"1"。SOF、控制场、CRC 场、ACK 场和 EOF 等位场均与 MAC 数据帧的相应位场相同。

③ 出错帧。由两个不同场构成，第一个由来自不同节点的错误标志叠加给出，第二个为错误界定符。

错误标志分为活动错误标志和认可错误标志，前者由 6 位连续的"显性"位组成，后者由 6 位连续的"隐性"位组成。认可错误标志部分或所有位由来自其他节点的"显性"位改写。

错误界定符由 8 位"隐性"位构成。发送错误标志后，每个节点送出"隐性"位，并监控总线，直至其检测到"隐性"位，然后开始发送剩余的 7 个"隐性"位。

④ 超载帧。存在两类具有相同格式的超载帧，即 LLC 要求的超载帧和重激活超载帧，前者为 LLC 层所要求，表明内部超载状态；后者由 MAC 层的一些出错条件而启动发送。

超载帧包括超载标志和超载界定符，超载标志的完整形式相应于活动错误标志。超载界定符与错误界定符具有相同的形式。超载标志由 6 个"显性"位构成，超载界定符由 8 位"隐性"位构成。

⑤ 帧间空间。数据帧和远程帧同前述的任何帧（数据帧、远程帧、出错帧、超载帧）均由称为帧间空间的位场隔开。相反，超载帧和出错帧前面不存在帧间空间，并且多个超载帧也不用帧间空间分隔。帧间空间包括间歇场和总线空闲场，对先前帧已发送"错误-认可"的节点还有暂停发送场，如图 3-10 所示。

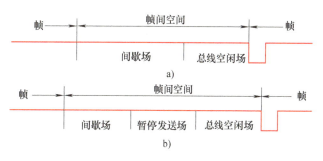

图 3-10 帧间空间
a) 非"错误-认可"或已收到先前帧节点的帧间空间
b) 先前帧已发送"错误-认可"节点的帧间空间

间歇场：由 3 个"隐性"位构成。间歇期间不允许节点开始发送数据帧或远程帧，仅起标注超载条件的作用。

总线空闲场：可以是任意长度，总线空闲时任何节点均可访问总线，以便发送。其他帧发送期间，等待发送的帧在紧随间歇场后的第一位启动。若在总线空闲期间检测到总线上"显性"位将被理解为帧起始。

暂停发送场："错误-认可"节点完成发送后，其在紧随间歇后，被允许发送下一帧前，送出 8 位"隐性"位。其间，若有发送启动（由其他节点引起），则节点变为该帧的接收器。

3) MAC 帧编码和发送/接收。SOF、仲裁场、控制场、数据场和 CRC 序列帧段均以位填充方法进行编码。当发送器在发送位流中检测到 5 个数值相同的连续位（包括填充位）时，在实际发送位流中，自动插入一个补码位。数据帧或远程帧的其余位场（CRC 界定符、ACK 场和 EOF）为固定形式，不进行位填充。出错帧和超载帧也为固定格式，同样不使用位填充方法进行编码。帧中的位流按照非归零方法编码，即在位总计时时间内产生的位电平为常数。一帧应由 SOF 场开始逐个位场进行发送，在一场内应首先发送最高位，如图 3-11 所示。对于发送器和接收器，一帧的有效时点不同。对于发送器，若在帧结束完成前不存在错误，则该帧为有效。若一帧被破坏，则进行恢复处理。对于接收器，若在帧结束最后一位前不存在错误，则该帧为有效。

图 3-11　位发送次序

4）媒体访问和仲裁。当检测到间歇场未被"显性"位中断后，认为总线被所有节点释放。总线一旦释放，"错误-活动"节点接收当前或先前的"错误-认可"节点都可以访问总线。当完成暂停发送，并且其间没有其他节点开始发送时，发送当前帧或已发送完先前帧的"错误-认可"节点可以访问总线。当允许节点访问总线时，MAC 数据帧和 MAC 远程帧可以起始发送。MAC 错误帧和 MAC 超载帧如按上述规定被发送，发送期间，发送数据帧或远程帧的每个节点均为总线主站。

当许多节点一起开始发送时，此时只有发送具有最高优先权帧的节点变为总线主站。这种解决总线访问冲突的机理是基于竞争的仲裁。仲裁期间，每个发送器将发送位电平与总线上监测到的电平进行比较。若相等，则节点可以继续发送。当送出一个"隐性"电平，而监测到"显性"电平时，表明节点丢失仲裁，不应再送更多位。当送出"显性"电平，而监测到"隐性"电平时，表明节点检测出位错误。

基于竞争的仲裁依靠标识符和紧随其后的 RTR 位完成。具有不同标识符的两帧中，优先权被标注于帧中，较高优先权的标识符具有较低的二进制数值。若具有相同标识符的数据帧和远程帧同时被初始化，数据帧较远程帧具有较高优先权，通过按照 RTR 位数值标志达到。

除仅当总线释放时，可以启动发送这一原则外，还存在解决冲突的下列原则：

① 在一个系统内，每条信息必须标以唯一的标识符。

② 具有给定标识符和非零 DLC 的数据帧仅可由一个节点启动。

③ 远程帧仅可由全系统内确定的 DLC 发送，该数据长度码为对应数据帧的 DLC。具有相同标识符和不同 DLC 远程帧的同时发送将导致不能解决的冲突。

5）错误检测。MAC 层具有检测、填充规则校验、帧校验、15 位循环冗余码校验和应答校验功能。

① 错误类型。

位错误：正在向总线发送一位的节点同时在检测总线。当检测到的位数值与送出的位数值不同时，则检验到位错误。但仲裁期间，当送出隐性信息位或 ACK 隙期间送出隐性位时，而检测到显性位不认为是位错误；送出认可错误标志，而检测到显性位的节点不将其确定为位错误。

填充错误：在使用位填充方法进行编码的帧场中，出现第六个连续相同电平的位时，则检测到填充错误。

CRC 错误：CRC 序列由发送器的 CRC 计算结果构成，接收器以发送器相同的方法计算 CRC。当计算的 CRC 序列不等于接收到的序列时，则检测到 CRC 错误。

形式错误：当固定格式位场含有一个或更多非法位时，则检测到形式错误。但接收器在帧结束的最后位检测到显性位时，不将其理解为形式错误。

应答错误：在发送 ACK 隙期间未检测到显性位时，则检测到一个应答错误。当检测到错误时，LLC 层即被通知，且 MAC 层启动发送错误标志。当任何节点检测到位错误、填充错误、形式错误或应答错误时，由各自节点在下一位启动发送错误标志。当检测到 CRC 错误时，错误帧在紧随 ACK 界定符后的那位起始发送，除非另一个错误条件的错误帧已经准备好启动。

② 错误界定规则。网络中的任何一个节点，根据其错误计数器数值，可能处于下列三种状态之一：

"错误激活"节点：可正常参与总线通信，并在检测到错误时，发出一个活动错误标志。活动错误标志由 6 个连续显性位组成，并遵守位填充规则和在规定帧中出现的所有固定格式。

"错误认可"节点：不应发送活动错误标志，并参与总线通信，但在检测到错误时，发送一个认可错误标志。认可错误标志由 6 个连续的隐性位组成。一个"错误认可"完成报文发送后，在间隙场送出 8 个隐性位作为"错误认可"节点，在开始进一步发送前将等待一段附加时间。

"总线脱离"节点：当一个节点由于请求故障界定实体而对总线处于关闭状态时，其处于"总线脱离"状态。在"总线脱离"状态下，节点既不发送，也不接收任何帧。只有应用户请求，节点才能解脱"总线脱离"状态。

为进行错误界定，在总线上的每个单元中都设置有两种计数器，即发送出错计数器和接收出错计数器。节点所处状态转换如图 3-12 所示。

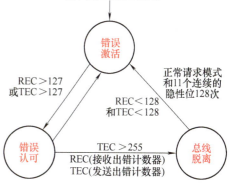

图 3-12 节点所处状态转换

若系统启动期间，仅有一个节点在线，该节点发送一些帧且得不到应答时，检测错误并重发帧。它可变为"错误认可"，但不会由此进入"总线脱离"状态。

关闭"总线脱离"的节点，必须通过启动子程序运行，以便在启动发送前，与已经有效的节点同步。当 11 个隐性位为应答界定符+帧结束+间歇或错误/超载界定符+已检测到间歇时，则可达到同步；若此期间不存在其他有效节点，则需等待未变为"总线脱离"的其他节点。

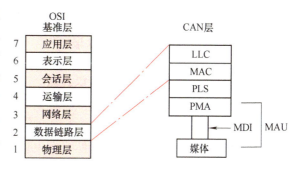

图 3-13 物理层的结构

2. 物理层

（1）物理层结构　物理层的结构如图 3-13 所示。

1）物理信令（PLS）用于实现与位表示、定时和同步相关的功能。

2）媒体访问单元（MAU）表示用于耦合节点至发送媒体的物理层的功能部分。MAU由物理媒体附属装置（PMA）和媒体相关接口（MDI）构成。PMA层实现总线发送/接收的功能电路，并提供总线故障检测方法。MDI实现物理媒体和MAU之间机械和电气接口。

(2) 位时间　位时间即一位的持续时间。在位时间框架内执行的总线管理功能，如电控单元同步状态、网络发送延迟补偿和采样点定位，均由CAN协议集成电路的可编程位定时逻辑确定。

理想发送器在无重同步情况下，以正常位速率给出每秒发送的位数。正常位时间可划分为分开的和不覆盖的时间段，即同步段（Sync-Seg）、传播段（Prop-Seg）、相位缓冲段1（Phase-Seg1）和相位缓冲段2（Phase-Seg2），如图3-14所示。

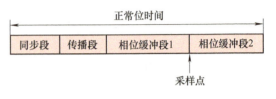

图3-14　正常位时间的组成

同步段用于同步总线上的各个节点或设备，在此段内等待一个跳变沿。传播段用于补偿网络内的物理延迟时间，包括总线上的信号传播时间和电控单元的内部延迟时间。相位缓冲段1和相位缓冲段2用于补偿沿相位误差，可通过重同步延长或缩短。

采样点用于读取总线电平，并转换为相应位数值，位于相位缓冲段1的结束处。信息处理时间始于采样点，被保留用作计算子序列电平的时间段。

位时间按时间量程进行编程，时间量程是由振荡器周期推导出的固定时间单位。当前可编程整数的预分刻度范围为1~32时，自时间份额最小值开始。

(3) 同步　同步包括重同步和硬同步，遵从下列规则：

1）在一个位时间内仅允许一种同步。

2）只有先前采样点检测到的数值（先前读总线数值）不同于边沿后即现的总线数值时，边沿才被用于同步。

3）总线空闲期间，当存在隐性至显性的跳变沿时，即完成硬同步。

4）所有满足规则1）和2）的其他隐性至显性的跳变沿和在低位速率情况下，选择的显性至隐性跳变沿将被用于重同步；若只有隐性至显性沿被用于重同步，由于具有正相位的隐性至显性跳变沿，发送器将不完成重同步。

三、不同版本通信协议与互联

1. B类通信协议与C类通信协议互联

不同版本的CAN可以通过网关取得互联，网关就是具备不同网络协议之间信息转换能力的单片机。如美国三大汽车公司采用网关，使B类通信协议SAE J1850网络与C类通信协议博世CAN网络之间进行互联，即Intel 16位87C169KR单片机。

两个CAN网络执行器是两个独立芯片，由CAN电控单元（单片机）作为网关，CAN执行器芯片如同随机存储器被网关写读，如图3-15所示。当收到信息时，网关执行接收CAN芯片的外部操作，然后按转换信息的逻辑指令执行外部操作，并对网络第二个CAN芯片编程传输。

CAN 2.0B 协议数据位速率可达 1Mbit/s，相当于可执行 SAE C 类高速数据速率的通信协议，故被称为 SAE J1939 规范。由于高速率串行链路的电子元件和相应硬件成本较高，因此某些控制系统不需要高速数据速率，如灯光、车内温度、中央门锁等可以采用中速（B 类）、低速（A 类）数据速率的通信网络。SAE J1850 是采用数据速率为 41.6kbit/s 的 B 类通信网络，利用网关将要求高速率 C 类通信的发动机控制互联。ABS 的 CAN 2.0B 网络用网关与 SAE J1850 网络实现互联，如图 3-16 所示。

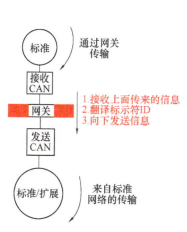

图 3-15 网关处理内容

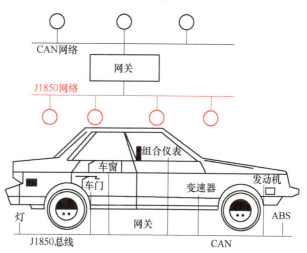

图 3-16 轿车 CAN 与 SAE J1850 网络互联

2. 通用工作负荷特性

为了合理分配通信速率，提高效率和降低成本，博世公司开发了供不同等级通信选用的通用工作负荷特性表，共有 90 项内容，可供 CAN 总线汽车使用或维修时参考。

延伸阅读

通用工作负荷特性表见表 3-5。

表 3-5 通用工作负荷特性表

信息标识	电子器件及项目	位	应用频率/Hz	等级	源于何种系统	信号类型	传输速率/(bit/s)
0	左前碰撞传感器	16	200	C	汽车安全系统	传感型	12800
1	右前碰撞传感器	16	200	C	汽车安全系统	传感型	12800
2	中央碰撞传感器	16	200	C	汽车安全系统	传感型	12800
3	火花塞输出正时信号	16	200	C	动力电控单元	传感型	12800
4	ABS 液压泵速度控制	16	200	C	汽车安全系统	监控型	12800
5	左前轮速传感器	16	200	C	汽车安全系统	传感型	12800
6	右前轮速传感器	16	200	C	汽车安全系统	传感型	12800

（续）

信息标识	电子器件及项目	位	应用频率/Hz	等级	源于何种系统	信号类型	传输速率/(bit/s)
7	左后轮速传感器	16	200	C	汽车安全系统	传感型	12800
8	右后轮速传感器	16	200	C	汽车安全系统	传感型	12800
9	转向角传感器	16	200	C	空气悬架/电子助力转向	传感型	12800
10	液压转向助力信号	16	200	C	电控助力转向系统	监控型	12800
11	车速控制信号	16	200	C	巡航控制系统	监控型	12800
12	离合器位置传感器	16	200	C	点火电控单元	传感型	12800
13	曲轴位置传感器	16	200	C	点火电控单元	传感型	12800
14	分布式点火拾波（器）	16	200	C	点火电控单元	监控型	12800
15	制动踏板位置传感器	16	200	C	汽车安全系统	传感型	12800
16	制动压力传感器	16	200	C	牵引力控制系统	传感型	12800
17	左后轮滑转传感器	16	100	C	汽车安全系统	传感型	6400
18	右后轮滑转传感器	16	100	C	汽车安全系统	传感型	6400
19	线性高度传感器	16	100	C	电子悬架	传感型	6400
20	变速器速度传感器	16	100	C	动力电控单元	传感型	6400
21	车速传感器	16	100	C	动力电控单元	传感型	6400
22	节气门位置传感器	16	100	C	牵引力控制系统	传感型	6400
23	变速器离合器管路压力	16	100	C	牵引力控制系统	传感型	6400
24	点火诊断监测器	16	50	B	点火电控单元	监控型	3200
25	凸轮轴位置传感器	16	50	B	动力电控单元	传感型	3200
26	手动控制杆位置	16	50	B	动力电控单元	传感型	3200
27	压力增量（电子）反馈	16	50	B	动力电控单元	传感型	3200
28	加热型氧传感器	16	50	B	动力电控单元	传感型	3200
29	空气流量传感器	16	50	B	动力电控单元	传感型	3200
30	节气门位置传感器	16	50	B	动力电控单元	传感型	3200
31	发动机转速信号	16	50	B	动力电控单元	传感型	3200
32	驻车制动位置传感器	16	10	B	组合仪表显示系统	传感型	640
33	在行驶和转向过程中的无线电控制	16	10	B	组合仪表显示系统	传感型	640
34	蓄电池电流	16	10	B	点火电控单元	传感型	640
35	蓄电池电压	16	10	B	点火电控单元	传感型	640
36	自动变速器空档启动开关（PRNDL）	16	10	B	点火电控单元	传感型	640
37	变速器油液温度	16	10	B	动力电控单元	传感型	640
38	空调压缩机离合器	16	10	B	动力电控单元	传感型	640

（续）

信息标识	电子器件及项目	位	应用频率/Hz	等级	源于何种系统	信号类型	传输速率/(bit/s)
39	发动机冷却液温度	16	10	B	动力电控单元	传感型	640
40	变速器油液压力	16	10	B	动力电控单元	传感型	640
41	进气温度	16	5	B	动力电控单元	传感型	320
42	悬架状态	16	1	A	电子悬架	监控型	64
43	车外温度	16	1	A	空调控制系统	传感型	64
44	蒸发器温度	16	1	A	空调控制系统	传感型	64
45	车内温度	16	1	A	空调控制系统	传感型	64
46	后窗除霜/雾	16	1	A	空调控制系统	传感型	64
47	风扇速度控制	16	1	A	空调控制系统	传感型	64
48	潮湿器（温度）控制	16	1	A	空调控制系统	监控型	64
49	加热/冷却控制	16	1	A	空调控制系统	监控型	64
50	设定/加速/恢复	16	1	A	巡航控制系统	传感型	64
51	巡航控制指示灯	16	1	A	巡航控制系统	监控型	64
52	前照灯传感器	16	1	A	组合仪表显示系统	传感型	64
53	点火开关位置	16	1	A	组合仪表显示系统	传感型	64
54	喇叭传感器	16	1	A	组合仪表显示系统	传感型	64
55	危险警告信号传感器	16	1	A	组合仪表显示系统	传感型	64
56	左右转向信号	16	1	A	组合仪表显示系统	传感型	64
57	音调调控标志	16	1	A	组合仪表显示系统	传感型	64
58	发动机润滑油压力	16	1	A	组合仪表显示系统	传感型	64
59	燃油液面高度传感器	16	1	A	点火电控单元	传感型	64
60	交流发电机警告灯	16	1	A	点火电控单元	监控型	64
61	辛烷值调节塞	16	1	A	动力电控单元	传感型	64
62	变速器控制开关（OD）	16	1	A	动力电控单元	传感型	64
63	发动机怠速	16	1	A	动力电控单元	传感型	64
64	发电机状况	16	1	A	动力电控单元	监控型	64
65	燃油流量/消耗量	16	1	A	动力电控单元	监控型	64
66	变速器控制指示灯	16	1	A	动力电控单元	监控型	64
67	废气再循环（EGR）真空调节器	16	1	A	动力电控单元	监控型	64
68	检修发动机指示灯	16	1	A	动力电控单元	监控型	64
69	ABS制动液液面高度传感器	16	1	A	汽车安全系统	传感型	64
70	制动主缸制动液面高度传感器	16	1	A	汽车安全系统	传感型	64
71	中央门锁	16	1	A	汽车安全系统	传感型	64
72	电动座椅	16	1	A	汽车安全系统	传感型	64

(续)

信息标识	电子器件及项目	位	应用频率/Hz	等级	源于何种系统	信号类型	传输速率/(bit/s)
73	电动车窗	16	1	A	汽车安全系统	传感型	64
74	移位禁止信号	16	1	A	汽车安全系统	传感型	64
75	移位连续信号	16	1	A	汽车安全系统	传感型	64
76	座椅安全带传感器	16	1	A	汽车安全系统	传感型	64
77	车门传感器1	16	1	A	汽车安全系统	传感型	64
78	车门传感器2	16	1	A	汽车安全系统	传感型	64
79	车门传感器3	16	1	A	汽车安全系统	传感型	64
80	车门传感器4	16	1	A	汽车安全系统	传感型	64
81	车门传感器5	16	1	A	汽车安全系统	传感型	64
82	防盗传感器	16	1	A	汽车安全系统	传感型	64
83	ABS状态灯	16	1	A	汽车安全系统	监控型	64
84	ABS制动灯	16	1	A	汽车安全系统	监控型	64
85	SRS指示灯	16	1	A	汽车安全系统	监控型	64
86	座椅安全带灯	16	1	A	汽车安全系统	监控型	64
87	门灯（ON/OFF）	16	1	A	汽车安全系统	监控型	64
88	SRS状况	16	1	A	汽车安全系统	监控型	64
89	洗涤液传感器	16	0.1	A	汽车安全系统	传感型	6.4

3. 低速车身控制系统实施高速的 CAN 协议

(1) 低速车身控制系统的含义 低速（小于 125kbit/s）车身控制系统主要指汽车灯光、刮水器、电动车窗、后视镜、中央门锁、空调以及其他低速数据的通信系统。低优先级和低通信量的低速车身控制信息，若采用高速数据总线结构，会使生产成本和维修费用提高。

近年来，用于车身控制系统的各种协议并不通用，且有一定的局限性。CAN 虽然是国际标准化组织推荐的汽车高速网络标准，当然也可用于低速的车身控制系统。若选用同类的 CAN 协议，则很容易从高速到低速网络或从低速到高速网络桥接数据。当 CAN 被配置于低速应用，若 CAN 的芯片仍然与高速应用的芯片相同则不经济。由沃威克大学先进技术中心与飞利浦公司开发的串行链路输入/输出控制器局域网（SLIOCAN）发展和改进了 CAN 技术，能以低成本满足低速车身控制系统的应用要求。

(2) SLIOCAN SLIOCAN 是用于完成简单输入/输出功能的低智能 CAN 芯片，其最简单的结构可以看作带有内部 CAN 控制器的 I/O 端口，具有 CAN 协议规定的全部特征和能力，并符合 CAN 2.0A 和 CAN 2.0B（无源）规格，具有 11 位 CAN 标识符和 29 位忽略标识符，不会使总线出错。

SLIOCAN 若扩展到低速应用，采用其内部振荡器，速率可达到 125kbit/s；如果采用外部晶体振荡器，速率可达到250kbit/s。通常，在无外部晶体时钟的条件下使用，以使SLIO接口简单且成本低。

标准的CAN与SLIOCAN相比，前者所有电控单元通过物理层连接到一根双绞总线上，后者用低智能的只带有内部CAN控制器的I/O端口（SLIOCAN）代替电控单元，即SLIOCAN只用一个电控单元。

由于SLIOCAN是一种低智能装置，要靠1个智能主节点编程和控制。智能主节点是一种含有电控单元的CAN节点，全部16个SLIO都受控于SLIOCAN总线上的一个主节点。由于各个SLIO中均有4个标识位，产生16个不同的标识符，见表3-6的P_0、P_1、P_2和P_3。考虑合并两个不同制造厂有不同标识符设定（如各不相同的ID）的SLIO，将会给出32个SLIO节点（如飞利浦和国家半导体公司各16个）。11位CAN标识符中的ID0指示的数据传输的方向有两种情况：当ID0为0时，信息方向从主控制器传送至SLIO；而当ID0为1时，信息传递方向相反。SLIOCAN的主控制器也能使用遥控帧从其节点进行查询。SLIOCAN的数据字节一直被制造厂固定为2个或3个字节。在数据字段（主存储器中保存数据记录的一个区域）中，第一数据字节起到命令寄存器和状态寄存器的功能，其余的数据字节与SLIO的输入/输出端子相适配（8位或16位）。各个SLIO端口可以单独编程。

表3-6 与CAN 11位标识符相关的SLIO标识符

11位CAN标识符	ID+0	ID9	ID8	ID7	ID6	ID5	ID4	ID3	ID2	ID1	ID0
SLIO标识符	0	1	P_3	1	0	P_2	P_1	P_0	1	0	Dir

注：Dir为SLIOCAN信息的方向位；$P_0 \sim P_3$为SLIO标识符设定点。

（3）SLIO的物理寻址方法 由于SLIO标识符为4位，SLIOCAN继承了由一特定标识符指定每个SLIOCAN节点的物理寻址方法。因此，通常不再采用CAN的功能寻址方法。例如，在车内的某一个SLIOCAN系统中，为了接通右转向信号灯，两个数据帧必须送到汽车的前、后SLIO分支点，如果采用了功能寻址，则被调作"转向信号"的功能帧将在网络上广播，全部对应的接收器将会接收和处理"转向"信息，由此会导致数据混乱。此外，SLIO还按虚拟主/从结构操作至一定的级别，SLIO主节点的相关情况如图3-17所示。

由于一根CAN总线上的全部16个SLIO由1个主节点控制，在某些情况下它们可分组，并受几个主控制器控制。但同一总线上的SLIO总数不能超过16（或32）个。而在多主机的条件下，仅需对一个主机

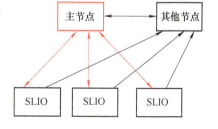

图3-17 SLIO主节点的相关情况

定标。由于CAN的广播方法，所有的其他CAN节点（主节点和SLIO节点）也能接收SLIO发送的信息。因此，SLIO物理寻址方法最重要的是确保其他智能节点（专用的主节点除外）不能对数据起作用，否则会导致数据混乱和差错。

（4）SLIOCAN的信息发送方式 为了使SLIO的内部振荡器同步，以供总线定时，主控制器需每隔3800位时间发送1条标定帧，只需标定SLIO节点，就能发送1条CAN

信息。

SLIO 的传输由内部 CAN 控制器硬件逻辑自动完成。在初始化过程中，SLIO 安排完成一定的功能，如事件捕获输入、输出或模-数转换。初始化是通过编程的 SLIO 节点，经 CAN 总线然后置电控单元主节点于启动状态。同样也只需标定 SLIO 节点就能传送一条 CAN 信息。在接收端，SLIO 具有只有该节点才有的标识符，将自动应答内部 CAN 控制器逻辑，如 ID644 被主节点送至 SLIO 节点，如果信息已被校正接收，则 SLIO 用 ID645 响应。应答帧由 SLIO 寄存器的现状态和现值组成，这将对主控制器发送的信息和 SLIO 的现状态进行一次校核。此外，SLIO 使用 CAN 中的应答时隙（空位），只响应标定帧，不发送应答帧。

如果新的 SLIO 节点添加到 SLIOCAN 网络中，该节点将会按自身对主控制器的已知量，在 8000 位时间内至少能检测 3 个帧。这种检验新节点存在的信息，可能会对总线或某一监视帧起到一定作用。新的 SLIO 将用一条有标记的信息应答主机，新的 SLIO 节点必须具有与现存的 CAN 节点不同的标识符。

（5）SLIOCAN 总线与 CAN 总线对比　SLIOCAN 缺少石英振荡器的精度，SLIO 的内部位计时逻辑是以最大的振荡器容限作为最佳选择条件，这要求缩短 CAN 总线的有效长度，作为抽样点的位时间必须尽量提前，进而限制传输线上允许的传播延迟时间。SLIOCAN 与 CAN 的总线长度对比见表 3-7，SLIOCAN 的总线长度较 CAN 总线缩短了几百甚至几千米。另外，SLIOCAN 中两个外主节点间的最大容许距离较短，但即使是最短的 80m，相应的总线长度也足以满足小型汽车的应用。

表 3-7　SLIOCAN 与 CAN 的总线长度对比

位速率/(kbit/s)	总线长度/m	
	P82C150（SLIOCAN）	P8XC592、PCA82C200（CAN）
125	80	530
100	120	620
50	300	1300
20	850	3300

（6）SLIOCAN 车身控制系统的布局　SLIOCAN 技术应用于汽车车身控制系统，一般可在 40kbit/s 位速率下操作，需要增速时也可扩展至 125kbit/s。除了每隔 3800 位时间标定恒定传输的信息外，所有的 CAN 传输都属于事件驱动（状态变化）。总线负载相当低，通过使用 CAN 总线分析器，在改进的系统中记录下的最大总线负载为 6.4%，其中包括转向信号灯接通，重复按压座椅位置开关和前照灯远光开关。SLIOCAN 的标定帧总数是总线负载的 1.8%。SLIOCAN 的这种"附加开销"与智能的 CAN 网络相比差别很大。

采用 SLIOCAN 的车身控制系统如图 3-18 所示，中央控制单元 P8XC592 由飞利浦公司生产，属于 8051 系列，其性能参数如下：RAM 256KB，ROM 16KB，端子 68，I/O 端子 48，全双工异步收发器 UART，定时/计数器 3，CAN 总线，10 位 A-D 转换，其中最主要的性能特点是具有多机通信和网络接口功能，即有 CAN 总线接口。

除了电动座椅和装在翼子板上的后视镜需进行 A-D 转换外，大多数车身电控单元只需进行数字通/断。另外，由于 SLIO 备有内部 A-D 转换器，将用数字记录电位差计的读数，故操作速度会增加一些。

（7）SLIOCAN 网络发生故障时的"对抗措施" 针对总线故障，SLIOCAN 与智能的 CAN 节点相同，即一旦 CAN 总线出现故障，各自独立的节点不能再与其主机或其他节点通信，此时系统按照预定义参数进入低效运行方式或缓复位。

由于 SLIO 有物理寻址能力，无大型软件辅助也能很容易地检测出故障部位。

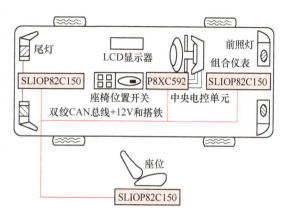

图 3-18 采用 SLIOCAN 的车身控制系统

监视计时器可以周期地检查所有节点的状况，确保系统的完好性。一旦某个节点发生故障，系统将采取妥当的"对抗措施"。

SLIOCAN 总线网络最大的特点之一是有较好的灵活性和适应性。在汽车设计和改装中，并不需要过多地改变原车身的主要线束。由于 SLIOCAN 内的电控单元已做了定时和延迟，因此，不存在继电器或定时器的磨损问题。高压开关灵敏半导体装置作为电源转换，这些装置与传统的熔断器相比，提供了更佳的回路保护。另外，还具有在零点几秒之内检测各种断路或短路的能力。这些故障状况可以反馈至中央控制单元，P8XC592 进一步对错误报警和采取妥当的"对抗措施"。

"对抗措施"包括接通制动灯作为后转向信号灯发生故障时的后备熔断器，或接通后雾灯作为制动灯发生故障时的后备熔断器等。SLIOCAN 网络采取"对抗措施"形成的"灯光混乱"，实际上是中央控制单元对故障报警和对回路补偿的安全措施之一。当与安全行车有紧密关系的制动灯或转向灯电路发生短路或断路时，点亮警告灯，对前方或后方的人和车做出"本车正在转弯或制动"的"补偿警告"，以减少行车事故。与此同时，警告驱动器驱动液晶显示器，提醒驾驶人尽快维修车辆。

当网络出现故障后，由于不存在维修继电器、定时器等部件，故需采用外接仪器进行诊断。SLIOCAN 很容易将故障诊断仪连接到数据总线上获取全部信息，也可补充使用数据登录器对汽车的非正常工况进行检测。另外，与诊断软件有关的知识也能进一步增强对汽车故障的诊断能力。

（8）SLIOCAN 车身控制系统的"即插即用"特性 目前的 SLIOCAN 车身控制系统如图 3-19 所示，由于带有较多的局部线束，整个系统的工作可靠性和电磁兼容性还并非最佳。因此，将灯群集器上的 SLIO、功率驱动器以及传感器或执行器（灯、螺线管、电动机等）组合制成单个的"即插即用"的标准组件，如图 3-20 所示。采用该模块化方法，再将各个标准组件按图 3-20 左边的五个框图直接连接 CAN 总线，可省去图 3-19 中的局部线束，还能提高整个系统的工作可靠性，并改善电磁兼容性。模块化设置对增加产品数量，提高产品质量和维修方便性非常有利。

4. 大型汽车中应用最广泛的应用层协议 SAE J1939

SAE J1939 由美国 SAE 组织维护和推广，其特点如下：

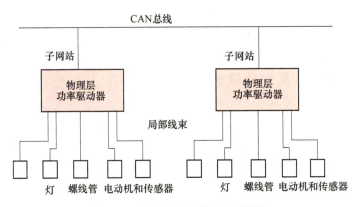

图 3-19　SLIOCAN 车身控制系统

1）以 CAN 2.0B 协议为基础，物理层标准与 ISO 11898 规范兼容，并采用符合该规范的 CAN 控制器和收发器。通信速率最高可达 250kbit/s。

2）采用协议数据单元（PDU）传送信息，每个 PDU 相当于 CAN 协议中的一帧。由于每个 CAN 帧最多可传输 8 个字节数据，因此 PDU 的传输具有很高的实时性。

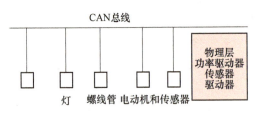

图 3-20　改进后的车身控制系统

3）利用 CAN 2.0B 扩展帧格式的 29 位标志符定义每一个 PDU 的含义以及 PDU 的优先级。

4）J1939 协议主要作为汽车中应用的通信协议，对汽车中应用到的各类参数都进行了规定，参数的规定符合 ISO 11992 标准。

第三节　CAN 的基本组成和数据传输原理

一、CAN 的基本组成

CAN 由每个电控单元内部的 CAN 控制器和收发器、每个电控单元外部连接的两条 CAN 总线和整个系统中的两个终端组成，如图 3-21 所示。

CAN 的接线如图 3-22 所示，中央电控单元（CEM）的 CAN 控制器具有双通道（CRX0、CTX0/CRX1、CTX1）的 CAN 接口，接到两个不同的 CAN 总线（CAN-H 和 CAN-L）上。各电控单元通过收发器与 CAN

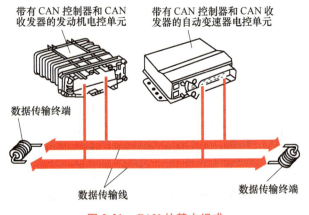

图 3-21　CAN 的基本组成

总线相连，相互交换数据。CAN 控制器根据两根线的电位差判断其总线的电平。总线的电平分为显性电平与隐性电平两种，二者必居其一。发送节点通过改变总线电平，将报文发送到接收节点。与总线相连的所有节点都可以发送报文，在两个以上的节点同时开始发送报文的情况下，具有优先级报文的节点获得发送权，其他所有节点转为接收状态。

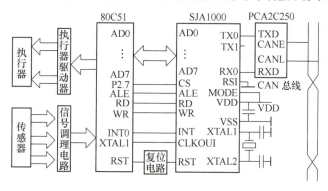

图 3-22　CAN 接线

80C51—单片机　SJA1000—CAN 控制器　PCA2C250—CAN 收发器

1. 电控单元

CAN 控制器接收来自传感器的信号，将其处理后再控制执行元件工作，同时根据需要将传感器信息通过 CAN 总线发送给其他电控单元，如图 3-23 所示。电控单元的主要构件有 CPU、CAN 控制器和 CAN 收发器，另外还有输入/输出存储器和程序存储器。

带有 CAN 收发功能的电控单元内部结构如图 3-24 所示。电控单元接收到的传感器信号（如发动机温度或转速）被定期按顺序存入输入存储器。电控单元按存储的程序处理输入值，处理结果存入相应的输出存储器，然后控制各执行元件工作。为了能够处理数据传输总线信息，各电控单元内还有一个数据传输总线存储区，用于容纳接收和发送的信息。

由于电控单元通过 CAN 控制器实现网络传输，因此，CAN 网络成为电控单元的输入信息来源，同时也是电控单元的信息输出对象。

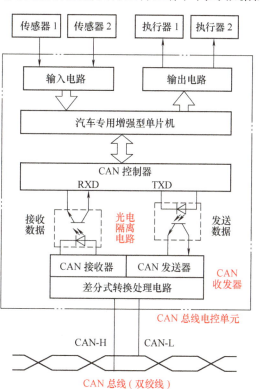

图 3-23　CAN 网络框架

2. CAN 控制器

CAN 控制器由一块可编程芯片上的逻

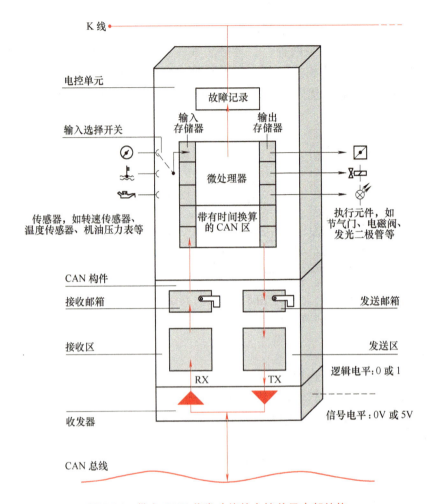

图 3-24 带有 CAN 收发功能的电控单元内部结构

辑电路组成，实现通信模型中物理层和数据链路层的功能，并对外提供与电控单元的物理接口。通过对 CAN 控制器编程，可设置其工作方式，控制其工作状态，进行数据发送和接收，以它为基础建立应用层。

目前，CAN 控制器可分为 CAN 独立控制器和 CAN 集成电控单元两种。CAN 独立控制器使用灵活，可与多种类型的单片机、微型计算机的各类标准总线进行接口组合。CAN 集成电控单元在许多特定情况下，使电路设计简化和紧凑，可靠性提高。

3. CAN 收发器

CAN 收发器提供了 CAN 控制器与物理总线之间的接口，是一个发送/接收放大器。其中，发送器将数据传输总线构件连续的比特流（逻辑电平）转换成电压值（线路传输电平），以适合铜导线上的数据传输；接收器将电压信号转换成连续的比特流，以适合 CPU 处理。

收发器通过 TX 线（发送导线）或 RX 线（接收导线）与数据传输总线构件相连，如图 3-25 所示。RX 线通过一个放大器直接与数据传输总线相连。

收发器是 TX 线与总线的耦合，耦合过程通过一个断路式集流器电路实现，总线出现两种工作状态，见表 3-8。

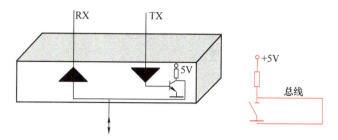

图 3-25　与 TX 线耦合的收发器

表 3-8　收发器的特点

状态	晶体管	是否有源	电阻状态	总线电平
1	截止状态（开关未接合）	无源	高	1
0	接通状态（开关接合）	有源	低	0

假设有 3 个收发器耦合在一根总线导线上，如图 3-26 所示，开关未接合表示 1（无源）；开关已接合表示 0（有源），则收发器 C 有源，收发器 A 和 B 无源。工作过程如下：

1）若某一开关已接合，则电阻上有电流流过，总线电压为 0V。

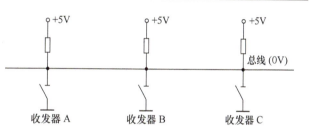

图 3-26　3 个收发器耦合于一根总线

2）若所有开关均未接合，则没有电流流过，电阻上没有电压降，总线电压为 5V。

上述 3 个收发器连接在 CAN 总线上的工作状态见表 3-9。

表 3-9　3 个收发器连接在 CAN 总线上的工作状态

收发器 A	收发器 B	收发器 C	总线电压
1	1	1	1（5V）
1	1	0	0（0V）
1	0	1	0（0V）
1	0	0	0（0V）
0	1	1	0（0V）
0	1	0	0（0V）
0	0	1	0（0V）
0	0	0	0（0V）

若总线处于状态 1（无源），可由某一个电控单元使用状态 0（有源）改写。将无源的总线电平称为隐性，有源的总线电平称为显性。

4. 数据传递终端

数据传递终端是一个电阻器，可避免数据传输终了反射回来，产生反射波而使数据遭到破坏。CAN 总线终端接法以及网络拓扑结构主要有以下 4 种：

（1）分离终端 分离终端不改变终端电缆 DC 特性，而能增强 EMC 性能，如图 3-27 所示。将单个终端电阻分成两个阻值相等的电阻，如将一个 124Ω 的电阻由两个 62Ω 电阻替换。可在两个分离终端的中间插头上得到共模信号（理想情况下共模信号为 DC 电压信号），并可通过一个 10nF 或 100nF 的电容将中间插头搭铁。

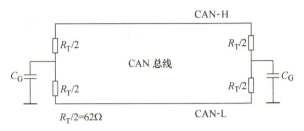

图 3-27 分离终端连接方式

分离终端的连接方法有两种，一种是将两个终端均采用分离形式单独搭铁，可优化高频性能，但两个终端电阻搭铁后，可能会通过搭铁电流形成干扰性电流；另一种是将一个终端电阻搭铁，在中频到低频的范围内，其特性更好，这种接法没有改变终端电缆的特性。

（2）多终端 多终端与分离终端接法组合使用，形成的网络拓扑不同于总线结构。具有多个分支的星形拓扑结构如图 3-28 所示，为了适应这种拓扑结构，可采用多终端接法。要求总的终端电阻（60Ω）被分成两个以上的电阻，但总的等效终端电阻不变。以具有 3 个分支的星形拓扑结构为例，将每个分支都视为一个终端，其终端电阻为总终端电阻的 3 倍（180Ω）。采用这种接法，总的等效终端电阻（所有电阻并联在一起）必须与总线驱动器的输出驱动能力相匹配。

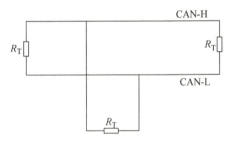

图 3-28 具有多个分支的星形拓扑结构

（3）单终端 在某些情况下，仅仅只有一个终端电阻（124Ω 或 62Ω）位于主节点中。从 CAN 位定时要求方面考虑，系统配置应确保安全。采用单终端接法的网络总线长度将小于正常终端接法总线长度的 50%。

（4）非匹配终端 非匹配终端接法使终端电阻与线路的特性阻抗不匹配，以减少对线路双绞的要求，在同等配置下可增加驱动能力或降低功耗。其终端电阻阻值高于电缆的特性阻抗值，要求系统配置能确保安全。与采用标准终端接法相比，当终端电阻增大时，相应的总线延时会急剧增加，位速率急剧降低。

不论何种情况，不同终端的等效电阻应小于 500Ω。例如，2×1kΩ 被认为是终端电阻的上限，与采用的位速率无关。双向总线的传输延迟时间与总线的时间常数有关，时间常数等于整个网络的电容值与等效放电电阻的乘积。

5. CAN 总线

数据没有指定接收器，数据通过数据总线发送给各电控单元，各电控单元接收后进行计算。为了防止外界电磁波干扰和向外辐射，CAN 总线采用两条线缠绕在一起，两条线上的电位相反，若一条线的电压为 5V，另一条线则为 0V，两条线的电压和总等于常值，如图 3-29 所示。通过此办法，CAN 总线免受外界电磁场干扰，同时 CAN 总线的向外辐射也保持中性，即无辐射。

大众汽车采用的 CAN 是一条现成的诊断通路，不必依靠 ISO 9141 中定义的 K 线，而仅依靠系统中的某一个电控单元作为诊断接口（或称为诊断界面）对电控单元进行故障诊断。

图 3-29　CAN 数据传输线

二、数据传输原理

以转速接收、传递和在仪表上显示过程为例，从接收到在转速表上显示的一个完整信息交换过程，可以看到数据传递的时间顺序以及 CAN 构件与电控单元之间的配合关系。

1. 信息格式转换与请求发送信息

发动机电子控制系统的曲轴位置传感器检测到转速信号，该信号以固定的周期（循环往复地）到达电控单元的输入存储器（送到发动机）。由于瞬时转速信号还用于其他电控单元，如组合仪表等，所以该信号应通过 CAN 总线传递。于是转速信号被复制到发动机电控单元的发送存储器内，然后从发送存储器进入 CAN 构件的发送邮箱内。若发送邮箱内有一个实时值，则该值由发送特征位（举起的小旗）显示出来，将发送任务委托给 CAN 构件。

发动机信息按协议被转换成 CAN 的特殊格式。CAN 特殊格式含有："标识"为 11 位，"信息内容"为 0～8 位，"CRC"为 16 位，"应答场"为 2 位。

标识=发动机_1（转速），信号内容=转速值。发动机信息也可包括其他值，如怠速和转矩等，如图 3-30 所示。

2. 发送开始（总线空闲判断）

当发送邮箱内有一个实时值，表明发动机准备向外发送信息，CAN 构件通过 RX 线检查总线是否有源（是否正在交换其他信息），必要时会等待，直至总线空闲为止。某一时间段内的总线电平一直为 1（无源），表示总线空闲，如图 3-31 所示。

3. 发送信息

若总线空闲，则预先存在发送存储器中的"发动机转速信息"被发送出去，如图 3-32 所示。

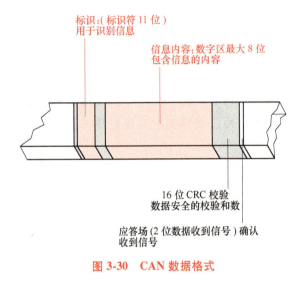

图 3-30　CAN 数据格式

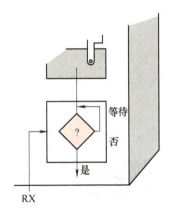

图 3-31　总线空闲判断

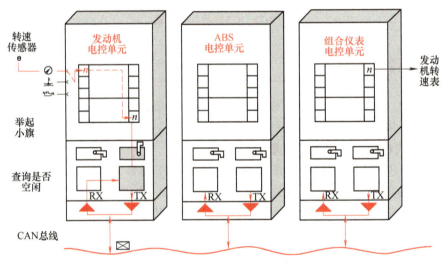

图 3-32　发送信息

4. 接收过程

接收过程分两步，如图 3-33 所示。

1）第一步：检查信息是否正确（监控层）。

连接的所有电控单元都可以接收发动机电控单元发送的信息，该信息通过 RX 线到达 CAN 构件各自的接收区。

接收器接收发动机电控单元发送的信息（广播），并在相应的监控层通过 CRC 校验和数，确定是否有传递错误。当发送每个信息时，所有数据位产生并传递一个 16 位的校验和数。接收器按同样的规则，从所有已经接收到的数据位中计算出校验和数。随后将接收到的校验和数与计算出的校验和数进行比较。

若确定无传递错误，则连接的所有电控单元给发射器一个确认回答，即"信息收到符号"（ACK），其位于校验和数之后，如图 3-34 所示。经监控层确认后的正确数据到达

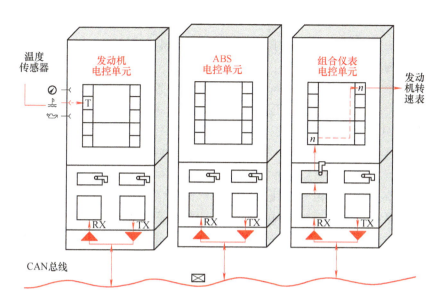

图 3-33 信息接收

CAN 构件的接收层，如图 3-35 所示。

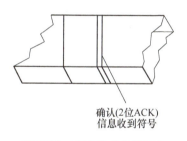

图 3-34 确认位（应答场）

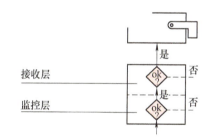

图 3-35 监控层工作原理图（所有电控单元）

2) 第二步：检查信息是否可用（接收层）。

接收到的正确信息到达相关 CAN 构件的接收层，在此决定该信息是否用于完成各电控单元的相应控制。若得到确认，该信息则进入相应的接收邮箱，否则该信息被拒收。如组合仪表工作过程需要发动机转速信号，发动机转速信息通过组合仪表的接收层检查，到达组合仪表的接收邮箱，并升起"接收旗"，以通知电控单元，如图3-36所示。

组合仪表根据升起的"接收旗"判定目前有一个信息（如转速）在排队等待处理，组合仪表调出该信息，将相应的值复制并输入存储器。

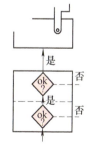

图 3-36 接收层工作原理图（组合仪表电控单元）

至此，通过 CAN 构件发送和接收信息的过程结束。在组合仪表内，转速经电控单元处理后到达执行元件，最后到达转速表。该信息交换过程按设定好的循环时间重复进行。

5. 位仲裁

当多个电控单元同时发送信息时,数据总线会发生数据冲突。为此,CAN 总线采用了仲裁方法加以解决。

(1) 位仲裁的特点　对数据进行实时处理时,必须快速传送数据,因此,要求数据的物理传输通路有较高的速度。在几个站同时需要发送数据时,要求快速地进行总线分配。CAN 总线以报文为单位进行数据传送,报文的优先级结合在 11 位标识符中,最低二进制数的标识符具有最高的优先级。这种优先级一旦在系统设计时被确定后,不再更改。数据总线发生数据冲突,可通过位仲裁解决。

CAN 具有较高的效率是由于总线仅仅被请求总线"悬而未决"的站利用,这些请求根据报文在整个系统中的重要性按顺序处理。当网络负载较大时,由于总线读取的优先级已被按顺序放在每个报文中,可保证在实时系统中有较少的个体隐伏时间。由于 CAN 协议执行非集中化总线控制,所有主要通信,包括总线读取(许可)控制,在系统中分几次完成,这是实现有较高可靠性通信的唯一方法。

(2) 位仲裁实施过程

1) 电控单元发送的每个信息都要分配优先权,且不同的信息量具有不同的优先权(优先权隐含在数据的标识符中),优先权高的信息优先发送。

2) 所有的电控单元都是通过各自的 RX 线跟踪总线的变化,并获知总线的状态。

3) 请求发送信息的电控单元,每个发射器将对 TX 线和 RX 线的状态一位一位地进行比较,可以不一致。

4) 若某个电控单元向外发送 1(TX 线为 1),但通过 RX 线在总线接到 0,则该电控单元退出对总线的发送信息控制,转为信息接收。

用标识符中位于前部的"0"的个数即可调整信息的重要程度,从而保证按重要程度不同顺序发送信息,标识符中的号码越小,表示该信息越重要,这一方法称为仲裁。

如现有 3 个电控单元,即发动机电控单元、ABS 电控单元和组合仪表电控单元,同时向外发送信息。其中发动机电控单元向外发送信息为 10101010,ABS 电控单元向外发送信息为 10101011,组合仪表电控单元向外发送信息为 10111111。

3 个电控单元向外发送信息的第 1 位、第 2 位、第 3 位都相同,此时不存在冲突,但 3 个电控单元向外发送第 4 位信息时,若组合仪表电控单元的第 4 位为 1,其他的两个电控单元的第 4 位为 0,则此时总线的状态为 0。对于组合仪表电控单元,向外发送 1(TX 状态 1),但接收到 0(RX 状态 0),根据仲裁原则,组合仪表电控单元停止发送信息,转为接收状态,该信息等待下一次发送周期,再次请求发送。

同理,发动机电控单元和 ABS 电控单元继续向外发送信息的第 5 位、第 6 位、第 7 位(101),且这 3 位的信息相同,不存在冲突。发送第 8 位时,发动机电控单元的第 8 位为 0,而 ABS 电控单元的第 8 位为 1,则此时总线的状态为 0。对于 ABS 电控单元,向外发送 1(TX 状态 1),但接收到 0(RX 状态 0),根据仲裁原则,ABS 电控单元停止发送信息,转为接收状态,该信息等待下一次发送周期,再次请求发送。

因此,发动机电控单元接管数据总线控制权,继续发送剩余的信息,最终数据总线的信息与发动机电控单元向外发送的信息相同,如图 3-37 所示。

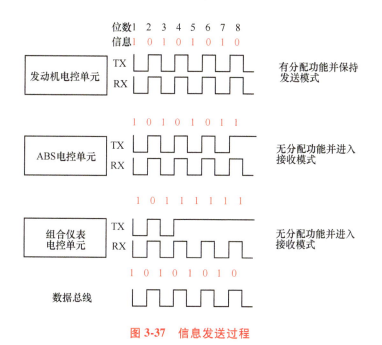

图 3-37 信息发送过程

信息与标识符见表 3-10，当多个电控单元需同时发送信息时，转向角传感器拥有最高的优先级别，其信息被优先发送。

说明：数字越小（前面的"0"多），优先级别越高。由于转向角传感器标识符数字最小，所以优先级最高，数字最先传递。

表 3-10 信息与标识符

标识符	十六进制	二进制
发动机-1	280	010 1000 0000
ABS	1A0	010 1010 0000
组合仪表	320	011 0010 0000
转向角传感器-1	0C2	000 1100 0010
自动变速器-1	440	100 0100 0000

三、高速和低速 CAN 总线

CAN 总线按数据传输速度分为两种，即高速 CAN 总线（传输速率为 250kbit/s～1Mbit/s）和低速 CAN 总线（传输速率不超过 125kbit/s），低速 CAN 总线具有容错功能。

1. 高速 CAN 总线

（1）**高速 CAN 总线的差分电压信号** 如图 3-38 所示，CAN-H 传送信号与 CAN-L 传送信号的相位相反。

（2）**高速 CAN 总线上节点的收发器** 如图 3-39 所示，其接收器为单一的差分放大器，电路简单，若出现故障，即时中断通信，没有容错功能和诊断电路。

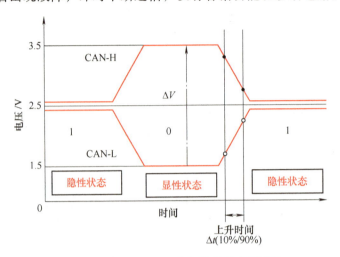

图 3-38 高速 CAN 总线上的差分电压信号

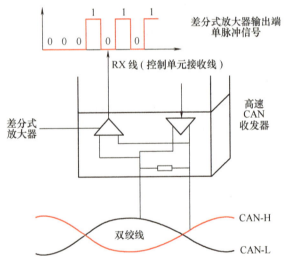

图 3-39 高速 CAN 总线上节点的收发器

收发器判断高速 CAN 总线的电平及逻辑信号见表 3-11。

表 3-11 收发器判断高速 CAN 总线的电平及逻辑信号

状态	CAN-H/V	CAN-L/V	差动输出信号电压/V	逻辑信号
显性	3.5	1.5	3.5−1.5=2	0
隐性	2.5	2.5	2.5−2.5=0	1

以下 7 种情况只有两种情况在物理层容错范围内，其他情况网络不能运行，且各个电控单元之间也不能实现通信。

1) CAN-H 与搭铁线短路，无法运行。
2) CAN-H 与电源正极短路，CAN-L 在物理层容错范围内，差分放大器可接收并放大信号,但数值变小,可降级运行。

3) CAN-L 与搭铁线短路,CAN-H 在物理层容错范围内,差分放大器可接收并放大信号,但数值变小,可降级运行。

4) CAN-L 与正极短路,无法运行。

5) CAN-H 断路,无法运行。

6) CAN-L 断路,无法运行。

7) CAN-H 与 CAN-L 短路,无法运行。

(3) 高速 CAN 总线的休眠与唤醒 高速 CAN 数据总线系统物理层将网络活动信息告知 RX 线,RX 线唤醒 CAN 控制器中的协议控制器,实现该过程只需要 CAN 线路接口有持续供电即可。当协议控制器被唤醒时,它将停止网络休眠,执行唤醒过程。

2. 低速 CAN 总线

(1) 低速 CAN 总线的信号 低速 CAN 总线的信号为增强抗干扰和减少电流消耗,低速 CAN 总线的 CAN-H 和 CAN-L 不通过电阻相连,彼此独立作为电压源工作。低速 CAN 总线的差分电压信号如图 3-40 所示,CAN-H 传送信号和 CAN-L 传送信号的相位相反,电压数值与高速 CAN 总线有区别。

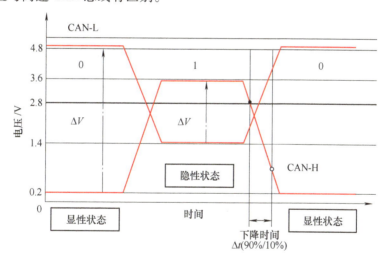

图 3-40 低速 CAN 总线的差分电压信号

(2) 低速 CAN 总线上节点的收发器 低速 CAN 总线上节点的收发器由差分信号放大器、CAN-H 信号放大器(同相放大器)、CAN-L 信号放大器(反相放大器)和故障逻辑电路组成,如图 3-41 所示。

收发器判断低速 CAN 总线的电平及逻辑信号见表 3-12,比较显性状态与隐性状态,差分输出信号电压变化高达 6.8V。

表 3-12 收发器判断低速 CAN 总线的电平及逻辑信号

状态	CAN-H/V	CAN-L/V	差动输出信号电压/V	逻辑信号
显性	3.6	1.4	3.6−1.4=2.2>2	1
隐性	0.2	4.8	0.2−4.8=−4.6<0	0

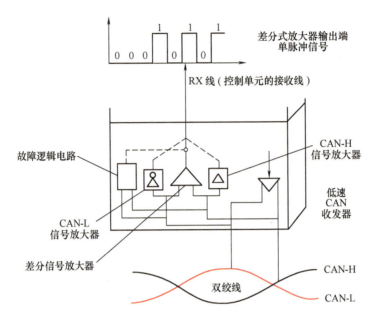

图 3-41　低速 CAN 总线上节点的收发器

故障逻辑电路判断总线的电平数值，可用以下容错功能维持数据信号传送。

1) 当低速 CAN 总线正常时，由差分信号放大器接收和放大总线信号，总线为双线工作模式。

2) 当低速 CAN-L 有故障（与搭铁线或电源正极短路、断路）时，故障逻辑电路接通 CAN-H 信号放大器，使用 CAN-H 信号，总线降级为单线工作模式。

3) 低速 CAN-H 有故障（与搭铁线或电源正极短路、断路）时，故障逻辑电路接通 CAN-L 信号放大器，使用 CAN-L 信号，总线降级为单线工作模式。

4) 当低速 CAN-H 和 CAN-L 相互短路时，故障逻辑电路将 CAN-L 自动切断，接通 CAN-H 信号放大器，使用 CAN-H 信号，总线降级为单线工作模式。

(3) 低速 CAN 总线的休眠与唤醒　通过低速 CAN 总线，系统物理层可对 CAN 总线系统的休眠与唤醒进行管理。如车辆解锁、操作车内电器等都可唤醒低速 CAN 总线系统。关闭发动机、锁住车门又可使低速 CAN 总线从工作状态转为休眠状态。

第四节　CAN 主要部件的结构原理

一、CAN 控制器

1. CAN 独立控制器 SJA1000

(1) SJA1000 的特点

1) 与 PCA82C200 独立的 CAN 控制器端子兼容、电气兼容，具有 PCA82C200 模式，即默认的BasicCAN模式。

2）扩展的接收缓冲器为64B，先进先出（FIFO）。

3）与CAN 2.0B协议兼容（PCA82C200兼容模式中的无源扩展结构），同时支持11位和29位识别码。

4）位速率可达1Mbit/s。

5）24MHz时钟频率。

6）对应不同电控单元的接口。

7）可编程的CAN收发器配置。

8）温度适应范围扩大（-40~125℃）。

9）PeliCAN模式扩展功能包括：可读写访问的错误计数器，可编程的错误报警限制寄存器，最近一次错误代码寄存器，对每一个CAN总线错误的中断，具体控制位控制的仲裁丢失中断，单次发送无重发，只听模式（无确认、无活动的出错标志），支持热插拔（软件位速率检测），接收过滤器扩展（4B代码、4B屏蔽）和自身报文接收（自接收请求）。

（2）**SJA1000的结构** SJA1000的结构如图3-42所示，SJA1000插接器端子布置如图3-43所示，插接器端子说明见表3-13。

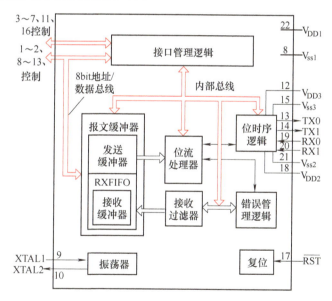

图3-42　SJA1000的结构

1）接口管理逻辑（IML）解释来自CPU的命令，控制CAN寄存器的寻址，向主控制器提供中断信息和状态信息。

2）发送缓冲器（TXB）是CPU和位流处理器（BSP）之间的接口，能够存储发送到CAN上的完整信息。缓冲器长为13B，由CPU写入，BSP读出。

3）接收缓冲器（RXB）是接收过滤器（ACF）和CPU之间的接口，用于存储从CAN接收的信息。接收缓冲器（RXB，13B）作为接收FIFO（RXFIFO，64B）的一个窗

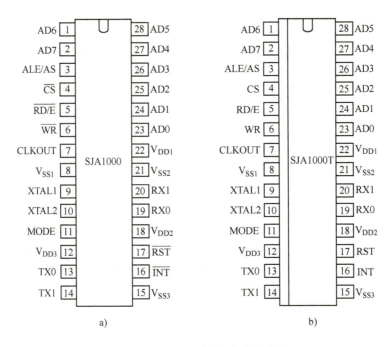

图 3-43 SJA1000 插接器端子布置
a) DIP28 b) SO28

口，可被 CPU 访问。CPU 在 FIFO 的支持下，可在处理信息时接收其他信息。

4）位流处理器是一个在发送缓冲器、RXFIFO 和 CAN 之间控制数据流的程序装置，还执行错误检测、仲裁、总线填充和错误处理。

5）接收过滤器将其中的数据和接收的识别码的内容进行比较，以决定是否接收信息。在接收测试过程中，所有的报文都保存在 RXFIFO 中。

6）位时序逻辑（BTL）监视串口的 CAN 总线和处理与总线有关的位时序，在信息传输出现从隐性到显性时，同步于 CAN 总线位流（硬同步），接收报文时再次同步下一次传送（软同步）。BTL 提供可编程的时间段补偿、传播延迟时间、相位转换和定义采样点以及每一位采样次数。

7）错误管理逻辑（EML）负责传送层中控制器的错误管制，接收 BSP 的出错报告，使 BSP 和 IML 进行错误统计。

表 3-13 SJA1000 插接器端子说明

符号	端子	说明
AD0~AD7	1、2、23~28	多路地址/数据总线
ALE/AS	3	ALE 输入信号（Intel 模式）、AS 输入信号（Motorola 模式）
$\overline{CS}$	4	片选输入，低电平允许访问 SJA1000
$\overline{RD}$/E	5	单片机的 $\overline{RD}$ 信号（Intel 模式）或 E 使能信号（Motorola 模式）

(续)

符号	端子	说 明
$\overline{WR}$	6	单片机的$\overline{WR}$信号（Intel 模式）或 RD/($\overline{WR}$) 信号（Motorola 模式）
CLKOUT	7	SJA1000 产生的提供给单片机的时钟输出信号，时钟信号来源于内部振荡器且通过编程驱动，时钟控制寄存器的时钟关闭位可禁止该端子
V_{SS1}	8	搭铁
XTAL1	9	输入到振荡器放大电路，外部振荡信号由此输入①
XTAL2	10	振荡放大电路输出，使用外部振荡信号时左断路输出①
MODE	11	模式选择输入：1 = Intel 模式；0 = Motorola 模式
V_{DD3}	12	输出驱动的 5V 电压源
TX0	13	从 CAN 输出驱动器 0 输出到物理线路上
TX1	14	从 CAN 输出驱动器 1 输出到物理线路上
V_{SS3}	15	输出驱动器搭铁
$\overline{INT}$	16	中断输出，用于中断单片机；$\overline{INT}$在内部中断寄存器各位都被置位时低电平有效；$\overline{INT}$是开漏输出，与系统中其他电子元件的$\overline{INT}$为线连接；此端子上的低电平可以把 IC 从睡眠模式中激活
$\overline{RST}$	17	复位输入，用于复位 CAN 接口（低电平有效）；把$\overline{RST}$端子通过电容连到V_{SS}，通过电阻连到V_{DD}，可自动上电复位（如 $C = 1\mu F$, $R = 50k\Omega$）
V_{DD2}	18	输入比较器的 5V 电压源
RX0、RX1	19、20	从物理的 CAN 总线输入到 SJA1000 的输入比较器；支配（控制）电平将会唤醒 SJA1000 的睡眠模式；如果 RX1 比 RX0 的电平高，就读支配（控制）电平，反之，读弱势电平；如果时钟分频寄存器的 CBP 位被置位，就旁路 CAN 输入比较器，以减少内部延时（此时连有外部收发电路），这种情况下只有 RX0 是激活的；弱势电平被认为是高，而支配电平被认为是低
V_{SS2}	21	输入比较器的搭铁端
V_{DD1}	22	逻辑电路的 5V 电压源

① XTAL1 和 XTAL2 端子必须通过 15pF 的电容连到 V_{SS1}。

SJA1000 位于单片机和收发器之间，通过 CAN 收发器连接到 CAN 总线，该控制器通常为一个集成电路，如图 3-44 所示。

(3) SJA1000 的工作模式 SJA1000 有两种工作模式，即 BasicCAN 模式（与 PCA82C200 兼容模式）和 PeliCAN 模式（扩展特性）。BasicCAN 模式执行 CAN 2.0A 协议，PeliCAN 模式执行 CAN 2.0B 协议（包括 29 位识别码）。CAN 工作模式采用时钟分频

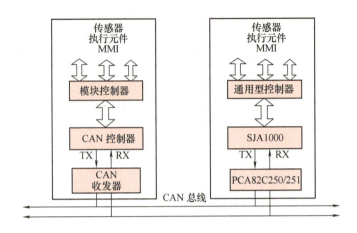

图 3-44　SJA1000 在 CAN 中的布置

寄存器选择，使用从 PCA82C200 保留下来的一位，写 0~7 之间一个值即可进入 BasicCAN 模式，默认状态是 12 分频的 Motorola 模式和 2 分频的 Intel 模式。保留的另一位补充了一些附加功能。CBP 位的置位使内部 RX 输入比较器被忽略，在使用外部传送电路时可减少内部延时，复位默认模式是 BasicCAN 模式。

CAN 控制器在上述每种模式中又都有两种状态模式，即工作模式和复位模式，处在这两种不同状态的模式中，对寄存器的访问操作功能是不同的。当硬件复位或 CAN 控制器进入总线关闭状态或检测到复位请求位为 1 时，控制器进入复位状态模式；当控制寄存器中的复位请求位为 0 时，控制器进入工作模式。

1）BasicCAN 模式。

① BasicCAN 地址分配。SJA1000 是一种具有 I/O 接口、基于内存编址的单片机。双设备的独立操作通过片内寄存器修正实现。

SJA1000 的地址区包括控制段和报文缓冲区。控制段的初始化载入是通过被编程配置通信参数（如位时序），单片机通过控制段控制 CAN 总线通信。初始化时，CLKOUT 信号被单片机编程指定一个值。

应发送的报文被写入发送缓冲器。成功接收报文后，单片机从接收缓冲器中读取接收的报文，然后释放空间用于下次使用。

单片机和 SJA1000 之间的状态、控制和命令信号的交换都在控制段完成。初始化写入后，验收代码、验收屏蔽、总线时序 0 和 1 以及输出控制均不能改变。只有控制寄存器的复位被置高位时，才可以访问这些寄存器。

BasicCAN 地址分配见表 3-14。

② 寄存器复位模式配置。检测到有复位请求后，将终止当前接收/发送的报文而进入复位模式。当向复位位传送了 "1-0" 的下降沿，CAN 控制器将返回工作模式。寄存器复位值见表 3-15。

表 3-14 BasicCAN 地址分配

地址	功能段	工作模式中的寄存器功能		复位模式中的寄存器功能	
		读	写	读	写
0	各类控制器	控制	控制	控制	控制
1		FFH①	命令	FFH①	命令
2		状态	—	状态	—
3		FFH	—	中断	—
4		FFH	—	验收代码	验收代码
5		FFH	—	验收屏蔽	验收屏蔽
6		FFH	—	总线定时 0	总线定时 0
7		FFH	—	总线定时 1	总线定时 1
8		FFH	—	输出控制	输出控制
9		测试	测试②	测试	测试②
10	发送缓存器	识别码 3~10	识别码 3~10	FFH	—
11		识别码 0~2 RTR 和 DLC	识别码 0~2 RTR 和 DLC	FFH	—
12~19		数据字节 1~8	数据字节 1~8	FFH	—
20	接收缓存器	识别码 3~10	识别码 3~10	识别码 3~10	识别码 3~10
21		识别码 0~2 RTR 和 DLC	识别码 0~2 RTR 和 DLC	识别码 0~2 RTR 和 DLC	识别码 0~2 RTR 和 DLC
22~29		数据字节 1~8	数据字节 1~8	数据字节 1~8	数据字节 1~8
30		FFH		FFH	
31	时钟分频器	时钟分频器	时钟分频器	时钟分频器③	时钟分频器

① 必须注明的是寄存器在高端 CAN 地址区被重复（CPU 8 位地址的最高位不参与解码，CAN 地址 32 是和 CAN 地址 0 连续的）。
② 测试寄存器只用于产品测试，正常操作中使用这个寄存器会导致设备不可预料的行为。
③ 许多位在复位模式中是只写的（CAN 模式和 CBP）。

表 3-15 寄存器复位值

寄存器	位域	位符号	位功能	值	
				硬件复位	软件或总线关闭复位 CR.0=1
控制	CR.7	—	保留	0	0
	CR.6	—	保留	×	×
	CR.5	—	保留	1	1
	CR.4	OIE	溢出中断使能	×	×
	CR.3	EIE	错误中断使能	×	×
	CR.2	TIE	发送中断使能	×	×
	CR.1	RIE	接收中断使能	×	×
	CR.0	RR	复位请求	1（复位模式）	1（复位模式）

（续）

寄存器	位 域	位 符 号	位 功 能	值	
				硬件复位	软件或总线关闭复位 CR.0=1
命令	CMR.5~CMR.7	—	保留	注①	注①
	CMR.4	GTS	睡眠		
	CMR.3	CDO	清除数据溢出		
	CMR.2	RRB	释放接收缓冲器		
	CMR.1	AT	终止传送		
	CMR.0	TR	发送请求		
状态	SR.7	BS	总线状态	0（总线开启）	×
	SR.6	ES	出错状态	0（OK）	×
	SR.5	TS	发送状态	0（空闲）	0（空闲）
	SR.4	RS	接收状态	0（空闲）	0（空闲）
	SR.3	TCS	发送完毕状态	1（完毕）	×
	SR.2	TBS	发送缓冲器状态	1（释放）	1（释放）
	SR.1	DOS	数据溢出状态	0（无溢出）	0（无溢出）
	SR.0	RBS	接收缓冲器状态	0（空）	0（空）
中断	IR.5~IR.7	—	保留	1	1
	IR.4	WUI	唤醒中断	0（复位）	0（复位）
	IR.3	DOI	数据溢出中断	0（复位）	0（复位）
	IR.2	EI	错误中断	0（复位）	×②
	IR.1	TI	发送中断	0（复位）	0（复位）
	IR.0	RI	接收中断	0（复位）	0（复位）
验收代码	AC.0~AC.7	AC	验收代码	×	×
验收屏蔽	AM.0~AM.7	AM	验收屏蔽	×	×
总线时序0	BTR0.7	SJW.1	同步跳转宽度1	×	×
	BTR0.6	SJW.0	同步跳转宽度0	×	×
	BTR0.5	BRP.5	波特率预设置5	×	×
	BTR0.4	BRP.4	波特率预设置4	×	×
	BTR0.3	BRP.3	波特率预设置3	×	×
	BTR0.2	BRP.2	波特率预设置2	×	×
	BTR0.1	BRP.1	波特率预设置1	×	×
	BTR0.0	BRP.0	波特率预设置0	×	×
总线时序1	BTR1.7	SAM	采样	×	×
	BTR1.6	TSEG2.2	时间段2.2	×	×
	BTR1.5	TSEG2.1	时间段2.1	×	×
	BTR1.4	TSEG2.0	时间段2.0	×	×

（续）

寄存器	位 域	位 符 号	位 功 能	值	
				硬件复位	软件或总线关闭复位 CR.0=1
总线时序1	BTR1.3	TSEG1.3	时间段1.3	×	×
	BTR1.2	TSEG1.2	时间段1.2	×	×
	BTR1.1	TSEG1.1	时间段1.1	×	×
	BTR1.0	TSEG1.0	时间段1.0	×	×
输出控制	OC.7	OCTP1	输出控制晶体管P1	×	×
	OC.6	OCTN1	输出控制晶体管N1	×	×
	OC.5	OCPOL1	输出控制极性1	×	×
	OC.4	OCTP0	输出控制晶体管P0	×	×
	OC.3	OCTN0	输出控制晶体管N0	×	×
	OC.2	OCPOL0	输出控制极性0	×	×
	OC.1	OCMODE1	输出控制模式1	×	×
	OC.0	OCMODE0	输出控制模式0	×	×
发送缓存器	—	TXB	发送缓冲器	×	×
接收缓存器	—	RXB	接收缓冲器	×[3]	×[3]
时钟分频器	—	CDR	时钟分频寄存器	00H（Intel）、05H（Motorola）	×

注：1. "×"表示这些寄存器或位的值不受影响。
　　2. 括号中是功能说明。
① 读命令寄存器的结果总是"1111 1111"。
② 总线关闭时错误中断位被置位（此中断被允许情况下）。
③ RXFIFO的内部读/写指针被设置成初始化值。连续地读RXB会得到一些未定义的数据（部分旧报文）。发送报文时，报文并行写入接收缓冲器，但不产生接收中断且接收缓冲区是不锁定的。所以，即使接收缓冲器是空的，最近一次发送的报文也可以接收缓冲器读出，直到它被下一条发送或接收的报文取代。

硬件复位时，RXFIFO的指针指到物理地址0的RAM单元。软件设置CR.0；或因为总线关闭，RXFIFO的指针被设置到当前有效FIFO的开始地址，该地址不同于物理的RAM地址0，而是第一次释放接收缓冲器命令后的有效起始地址。

③ 控制寄存器（CR）。CR的内容用于改变CAN控制器的行为，这些位被单片机设置或复制，并对CR进行读/写操作。CR各位的功能说明见表3-16。

表3-16　CR各位的功能说明（CAN地址0）

位	符号	名称	值	功　　能
CR.5~CR.7	—	—	—	保留①②③
CR.4	OIE	溢出中断使能	1	使能：若置位数据溢出位，单片机接收溢出中断信号（见状态寄存器）
			0	禁能：单片机不从SJA1000接收溢出中断信号
CR.3	EIE	错误中断使能	1	使能：如果出错或总线状态改变，单片机接收错误中断信号（见状态寄存器）
			0	禁能：单片机不从SJA1000接收错误中断信号

(续)

位	符号	名称	值	功能
CR.2	TIE	发送中断使能	1	使能：当报文被成功发送或发送缓冲器又被访问时（如终止发送命令后），单片机接收SJA1000发出的一个发送中断信号
			0	禁能：单片机不从SJA1000接收发送中断信号
CR.1	RIE	接收中断使能	1	使能：报文被无错接收时，SJA1000发出一个接收中断信号到单片机
			0	禁能：单片机不从SJA1000接收发送中断信号
CR.0	RR	复位请求④	1	当前：SJA1000检测到复位请求后，终止当前发送/接收的报文，进入复位模式
			0	空缺：复位请求位接收到一个下降沿后，SJA1000回到工作模式

① CR的任何写访问都将设置该位为逻辑0（复位）。
② 在PCA82C200中这一位是用来选择同步模式的。因为这种模式不再使用了，所以这一位的设置不会影响单片机。为了软件上兼容，这一位是可以被设置的。硬件或软件复位后不改变这一位。它只反映用户软件写入的值。
③ 读此位的值总是逻辑1。
④ 在硬复位或总线状态位设置为1（总线关闭）时，复位请求位被置为1（当前）。如果这些位被软件访问，其值将发生变化，而且会影响内部时钟的下一个上升沿（内部时钟的频率是外部晶振的1/2）。在外部复位期间，单片机不能把复位请求位置为0（空缺）。如果把复位请求位置为0，单片机就必须检查这一位，以保证外部复位引脚不保持为低。复位请求位的变化是同内部分频时钟同步的。读复位请求位能够反映出这种同步状态。复位请求位被置为0后，SJA1000将会等待。

④ 命令寄存器（CMR）。命令位初始化SJA1000传输层上的动作。CMR只写存储器，若读该地址，返回值为1111 1111。两条命令之间至少有一个内部时钟周期，内部时钟的频率是外部振荡频率的1/2。CMR各位的功能说明见表3-17。

⑤ 状态寄存器（SR）。SR的内容反映SJA1000的状态，为只读存储器。SR各位的功能说明见表3-18。

⑥ 中断寄存器（IR）。IR为只读存储器，允许中断源识别。当寄存器的一位或多位被置位时，$\overline{\text{INT}}$（低电平有效）端子被激活。寄存器被单片机读过之后，所有位复位，使$\overline{\text{INT}}$端子上的电平漂移。IR各位的功能说明见表3-19。

⑦ 发送缓冲区列表。发送缓冲区列表见表3-20。缓冲器用于存储单片机要SJA1000发送的信息，分为描述符区和数据区。发送缓冲器的读/写只能由单片机在工作状态模式下完成。在复位状态模式下读出的值总是"FFH"。

识别码（ID）：识别码有11位（ID.0~ID.10），ID.10是最高位，在仲裁过程中最先被发送到总线上。识别码在接收器的验收滤波器中被用到，也在仲裁过程中决定总线访问的优先级，其值越低，优先级越高。

远程发送请求（RTR）：若此位置为1，总线将以远程帧发送数据，说明此段中没有数据字节。需要与识别码相同的数据帧来识别正确的数据长度。如果RTR位没有被置位，数据将以数据长度码规定的长度传送。

数据长度码（DLC）：报文数据区的字节数根据数据长度码编制。在远程帧传送中，因为RTR被置位，数据长度码不被考虑，迫使发送/接收数据字节数为0。数据长度码必须正确设置，以免两个CAN控制器用同样的识别机制启动远程帧传送而发生总线错误。

第三章 控制器局域网

表3-17 CMR 各位的功能说明（CAN 地址1）

位	符号	名称	值	功 能
CMR.5~CMR.7	—	—	—	保留
CMR.4	GTS	睡眠①	1	睡眠：若无 CAN 中断待决，也无总线活动，SJA1000 进入睡眠模式
CMR.4	GTS	睡眠①	0	唤醒：SJA1000 进入正常工作模式
CMR.3	CDO	清除数据溢出②	1	清除：数据溢出状态位被清除
CMR.3	CDO	清除数据溢出②	0	无动作
CMR.2	RRB	释放接收缓冲器③	1	释放：接收缓冲器（RXFIFO）中载有报文的内存控制被释放
CMR.2	RRB	释放接收缓冲器③	0	无动作
CMR.1	AT	终止发送④	1	当前：如果不是正在处理，等待中的发送请求被取消
CMR.1	AT	终止发送④	0	空缺：无动作
CMR.0	TR	发送请求⑤	1	当前：报文被发送
CMR.0	TR	发送请求⑤	0	空缺：无动作

① 若睡眠位设置为1，SJA1000 将进入睡眠模式，这要求没有总线活动，也没有等待处理中断。当设置了位 GTS=1 时，只要上述两种情况之一出现，就会引起一个唤醒中断。设置成睡眠模式后，CLKOUT 信号持续至少15位的时间，使得以这个信号为时钟的单片机在 CLKOUT 信号变低之前进入待机模式。
如果前面提到的3种条件之一被破坏，即 GTS 位被设置为低后，总线加入活动或 $\overline{INT}$ 有效（低电平）时，SJA1000 将被唤醒。一旦唤醒，振荡器就将启动而且产生一个唤醒中断。若因为总线活动而唤醒，SJA1000 就要在检测到11个连续的隐性位（总线空闲序列位）才能够接收到这个报文。在复位模式中，GTS 位是不能被置位的。在清除复位请求后，且再一次检测到总线空闲，GTS 位才可以被置位。
② 这个命令位用于清除数据溢出位指出的数据溢出情况。如果数据溢出位被置位，则不会再产生数据溢出中断。在释放接收缓冲器命令的同时可以发出清除数据溢出命令。
③ 读接收缓冲器之后，CPU 可以通过设置释放接收缓冲器位为1来释放 RXFIFO 的存储空间。这样就会导致接收缓冲器内的另一条报文立即有效，因而再产生一次接收中断（使能条件下）。如果没有其他有效报文，就不会再产生接收中断，同时接收缓冲器状态位被清0。
④ 当 CPU 要求终止先前传送请求时使用终止传送位。例如，在要求传送一条紧急报文时，正在处理的传送是不停止的。要查看原报文是否成功发送，可以通过传送完毕状态位来检测。不过，应在发送缓冲器状态位置1、产生发送中断后（释放）或出现发送中断的情况下才能实现。
⑤ 如果前一条指令中发送请求被置为1，它不能通过设置发送请求位为0来取消，而应通过终止发送位为0来取消。

表3-18 状态寄存器各位的功能说明（CAN 地址2）

位	符号	名称	值	功 能
SR.7	BS	总线状态①	1	总线关闭：SJA1000 退出总线活动
SR.7	BS	总线状态①	0	总线开启：SJA1000 加入总线活动
SR.6	ES	出错状态②	1	出错：至少出现一个出错计数器满或超过 CPU 报警限制
SR.6	ES	出错状态②	0	正常：两个出错计数器都在报警限制以下
SR.5	TS	发送状态③	1	发送：SJA1000 正在传送报文
SR.5	TS	发送状态③	0	空闲：没有要发送的报文
SR.4	RS	接收状态③	1	接收：SJA1000 正在接收报文
SR.4	RS	接收状态③	0	空闲：没有正在接收的报文
SR.3	TCS	发送完毕状态④	1	完毕：最近一次发送请求被成功处理
SR.3	TCS	发送完毕状态④	0	未完毕：当前发送请求未处理完毕

（续）

位	符号	名称	值	功　能
SR.2	TBS	发送缓冲器状态⑤	1	释放：CPU 可以向发送缓冲器写报文
			0	锁定：CPU 不能访问发送缓冲器，有报文正在等待发送或正在发送
SR.1	DOS	数据溢出状态⑥	1	溢出：报文丢失，因为 RXFIFO 中没有足够空间存储它
			0	空缺：自从最后一次清除数据溢出命令执行，无数据溢出发生
SR.0	RBS	接收缓冲器状态⑦	1	满：RXFIFO 中有可用报文
			0	空：无可用报文

① 当传输出错计数器超过限制（255）（总线状态位置 1—总线关闭），CAN 控制器就会将复位请求位置 1（当前），在错误中断允许的情况下，会产生一个错误中断。这种状态会持续到 CPU 清除复位请求位。所有这些完成之后，CAN 控制器将会等待协议规定的最短时间（128 个总线空闲信号）。总线状态位被清除后（总线开启），错误状态位被置为 0（正常），出错计数器复位且产生一个错误中断（中断允许）。
② 根据 CAN 2.0B 协议说明，在接收或发送时检测到错误会影响错误计数。当至少一个出错计数器满或超出 CPU 警告限制（96）时，错误状态位被置位。在允许情况下，会产生错误中断。
③ 如果接收状态位和发送状态位都是 0，则 CAN 总线是空闲的。
④ 无论何时发送请求位被置为 1，发送完毕位都会被置为 0（未完毕）。发送完毕位的 0 会一直保持到报文被成功发送。
⑤ 如果 CPU 在发送缓冲器状态位是 0（锁定）时试图写发送缓冲器，则写入的字节被拒绝接收且会在无任何提示的情况下丢失。
⑥ 当要被接收的报文成功地通过验收滤波器后（如仲裁后之初），CAN 控制器需要在 RXFIFO 中用一些空间来存储这条报文的描述符。因此必须有足够的空间来存储接收的每一个数据字节。如果没有足够的空间存储报文，报文将会丢失且只向 CPU 提示数据溢出情况。如果这个接收到的报文除了最后一位之外都无错误，报文有效。
⑦ 在读 RXFIFO 中的报文并且用释放接收缓冲器命令来释放内存空间之后，这一位被清除。如果 FIFO 中还有可用报文，此位将会在下一位的时限内被重新设置。

表 3-19　IR 各位的功能说明（CAN 地址 3）

位	符号	名称	值	功　能
IR.5~IR.7	—	—	—	保留①
IR.4	WUI	唤醒中断②	1	置位：推出睡眠模式时此位被置位
			0	复位：单片机的任何访问都将清除此位
IR.3	DOI	数据溢出中断③	1	设置：当数据溢出中断使能位被置为 1 时，向数据溢出状态位 "0-1" 跳变，此位被置位
			0	复位：单片机的任何读访问都将清除此位
IR.2	EI	错误中断	1	置位：错误中断使能时，错误状态位或总线状态位的变化会置位此位
			0	复位：单片机的任何读访问都将清除此位
IR.1	TI	发送中断	1	置位：发送缓冲器状态从 0 变为 1（释放）和发送中断使能时，置位此位
			0	复位：单片机的任何读访问都将清除此位
IR.0	RI	接收中断④	1	置位：当接收 FIFO 不空和接收中断使能时置位此位
			0	复位：单片机的任何访问将清除此位

① 读这一位的值总是 1。
② 如果当 CAN 控制器参与总线活动或 CAN 中断正在等待时，CPU 试图进入睡眠模式，唤醒中断也会产生。
③ 溢出中断位（中断允许情况下）和溢出状态位同时被置位。
④ 接收中断位（中断允许时）和接收缓冲器状态位同时置位，接收中断位在读的时候被清除，即使 FIFO 中还有其他可用信息。一旦释放接收缓冲器命令执行后，接收缓冲器中还有其他有效报文，接收中断位（中断允许时）会在下一个 t_{SCL} 被重置。

表 3-20 发送缓冲区列表

CAN 地址	区	名 称	位							
			7	6	5	4	3	2	1	0
10	描述符	标识码字节 1	ID.10	ID.9	ID.8	ID.7	ID.6	ID.5	ID.4	ID.3
11		标识码字节 2	ID.2	ID.1	ID.0	RTR	DLC.3	DLC.2	DLC.1	DLC.0
12	数据	TX 数据 1	发送数据字节 1							
13		TX 数据 2	发送数据字节 2							
14		TX 数据 3	发送数据字节 3							
15		TX 数据 4	发送数据字节 4							
16		TX 数据 5	发送数据字节 5							
17		TX 数据 6	发送数据字节 6							
18		TX 数据 7	发送数据字节 7							
19		TX 数据 8	发送数据字节 8							

数据域：传送的数据字节数由数据长度码决定。发送的第一位是地址 12 单元的数据字节 1 的最高位。

⑧ 接收缓冲器。接收缓冲器是 RXFIFO 中可访问的部分，位于 CAN 地址的 20~29 之间，其全部列表与发送缓冲器类似。RXFIFO 共有 64B 的信息空间（接收缓冲器当前的可用信息是信息 1），如图 3-45 所示。在任何情况下，FIFO 中可存储的报文数取决于各条报文的长度。若 RXFIFO 中没有足够的空间存储新的报文，CAN 控制器会产生数据溢出。发生数据溢出时，已部分写入 RXFIFO 的当前报文将被删除。该信息将通过状态位或数据溢出中断发送到单片机。

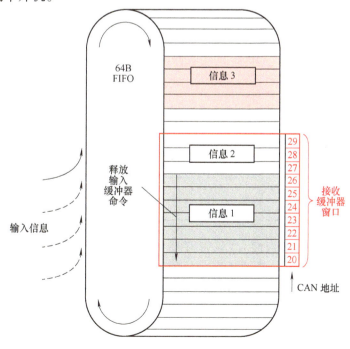

图 3-45 RXFIFO 中的报文存储

⑨ 验收滤波器。在验收滤波器的帮助下，CAN 控制器允许 RXFIFO 只接收与识别码和验收滤波器中预设值一致的信息。验收滤波器通过验收代码寄存器（ACR）和验收屏蔽寄存器（AMR）定义。

ACR 的位分配见表 3-21。

表 3-21 ACR 的位分配（CAN 地址 4）

BIT7	BIT6	BIT5	BIT4	BIT3	BIT2	BIT1	BIT0
AC.7	AC.6	AC.5	AC.4	AC.3	AC.2	AC.1	AC.0

当复位请求位被置高（当前）时，ACR 可访问（读/写）。如果一条信息通过验收滤波器测试，且接收缓冲器有空间，则描述符和数据将被按次序写入 RXFIFO。当信息被正确地接收完毕后，接收状态位置高（满），接收中断使能位置高（使能），接收中断位置高（产生中断）。

验收代码位（AC.0~AC.7）和信息识别码的高 8 位（ID.3~ID.10）相等，且与验收屏蔽位（AM.0~AM.7）的相应位或为 1，即如果满足下式，则被接收：

$$[ID.3 \sim ID.10 \equiv AC.0 \sim AC.7] \wedge [AM.0 \sim AM.7 \equiv 11111111]$$

举例说明（"×"符号表示任意的二进制值，报文标识码的最高 7 位不能全部为 1）如下：

【例 3-1】 设置某节点的 SJA1000 只接收报文标识码为"10101010×××"的信息，则 ACR 和 AMR 的设置如下：

$$ACR = 10101010, \quad AMR = 00000000$$

【例 3-2】 设置某节点的 SJA1000 只接收报文标识码为"111××××××××"的信息，则 ACR 和 AMR 的设置如下：

$$ACR = 111×××××, \quad AMR = 00011111$$

AMR 位配置见表 3-22。

表 3-22 AMR 位配置（CAN 地址 5）

BIT7	BIT6	BIT5	BIT4	BIT3	BIT2	BIT1	BIT0
AM.7	AM.6	AM.5	AM.4	AM.3	AM.2	AM.1	AM.0

如果复位请求位置高（当前），该寄存器可以被访问（读/写）；如果 AMR 位为 1，则对验收代码滤波器的相应位是"无影响的"（可为任意值）；如果验收代码寄存器位为 0，则只有相应的验收代码位（AC.0~AC.7）和报文标识码的高 8 位（ID.3~ID.10）相等的报文被接收。

2）PeliCAN 模式。

① PeliCAN 地址列表。CAN 控制寄存器的内部寄存器以外部寄存器的形式存在，而

作为片内内存使用。由于 CAN 控制器可工作在不同模式（工作/复位），因此必须区分不同的内部地址定义。从 CAN 地址 32 开始所有的内部 RAM80B 被映像为 CPU 的接口。PeliCAN 的地址分配见表 3-23。

表 3-23 PeliCAN 的地址分配

CAN 地址	工作模式		复位模式	
	读	写	读	写
0	模式	模式	模式	模式
1	00H	命令	00H	命令
2	状态	—	状态	—
3	中断	—	中断	—
4	中断使能	中断使能	中断使能	中断使能
5	保留（00H）	—	保留（00H）	—
6	总线定时 0	—	总线定时 0	总线定时 0
7	总线定时 1	—	总线定时 1	总线定时 1
8	输出控制	—	输出控制	输出控制
9	检测	检测①	检测	检测①
10	保留（00H）	—	保留（00H）	—
11	仲裁丢失捕捉	—	仲裁丢失捕捉	—
12	错误代码捕捉	—	错误代码捕捉	—
13	错误报警限制	—	错误报警限制	错误报警限制
14	RX 出错计数器	—	RX 出错计数器	RX 出错计数器
15	TX 出错计数器	—	TX 出错计数器	TX 出错计数器
16	RX 帧报文 SFF②	RX 帧报文 EFF③	TX 帧报文 SFF②	TX 帧报文 EFF③	验收代码 0	验收代码 0
17	RX 识别码 1	RX 识别码 1	TX 识别码 1	TX 识别码 1	验收代码 1	验收代码 1
18	RX 识别码 2	RX 识别码 2	TX 识别码 2	TX 识别码 2	验收代码 2	验收代码 2
19	RX 数据 1	RX 识别码 3	TX 数据 1	TX 识别码 3	验收代码 3	验收代码 3
20	RX 数据 2	RX 识别码 4	TX 数据 2	TX 识别码 4	验收屏蔽 0	验收屏蔽 0
21	RX 数据 3	RX 数据 1	TX 数据 3	TX 数据 1	验收屏蔽 1	验收屏蔽 1
22	RX 数据 4	RX 数据 2	TX 数据 4	TX 数据 2	验收屏蔽 2	验收屏蔽 2
23	RX 数据 5	RX 数据 3	TX 数据 5	TX 数据 3	验收屏蔽 3	验收屏蔽 3
24	RX 数据 6	RX 数据 4	TX 数据 6	TX 数据 4	保留（00H）	—
25	RX 数据 7	RX 数据 5	TX 数据 7	TX 数据 5	保留（00H）	—
26	RX 数据 8	RX 数据 6	TX 数据 8	TX 数据 6	保留（00H）	—
27	FIFO RAM④	RX 数据 7	—	TX 数据 7	保留（00H）	—
28	FIFO RAM④	RX 数据 8	—	TX 数据 8	保留（00H）	—
29	RX 报文计数器	—	RX 报文计数器	—
30	RX 缓冲器起始地址	—	RX 缓冲器起始地址	RX 缓冲器起始地址
31	时钟分频器	时钟分频器⑤	时钟分频器	时钟分频器

（续）

CAN 地址	工作模式		复位模式	
	读	写	读	写
32	内部 RAM 地址 0（FIFO）	—	内部 RAM 地址 0	内部 RAM 地址 0
33	内部 RAM 地址 1（FIFO）	—	内部 RAM 地址 1	内部 RAM 地址 1
⋮	⋮	⋮	⋮	⋮
95	内部 RAM 地址 63（FIFO）	—	内部 RAM 地址 63	内部 RAM 地址 63
96	内部 RAM 地址 64（TX 缓冲器）	—	内部 RAM 地址 64	内部 RAM 地址 64
⋮	⋮	⋮	⋮	⋮
108	内部 RAM 地址 76（TX 缓冲器）	—	内部 RAM 地址 76	内部 RAM 地址 76
109	内部 RAM 地址 77（空闲）	—	内部 RAM 地址 77	内部 RAM 地址 77
110	内部 RAM 地址 78（空闲）	—	内部 RAM 地址 78	内部 RAM 地址 78
111	内部 RAM 地址 79（空闲）	—	内部 RAM 地址 79	内部 RAM 地址 79
112	00H	—	00H	—
⋮	⋮	⋮	⋮	⋮
127	00H	—	00H	—

注：CAN 的高端地址区的寄存器是重复的（CPU 地址的高 8 位不参与解码，即 CAN 地址 128 和地址 0 是连续的）。

① 测试寄存器只用于产品测试。正常工作时使用这个寄存器会使设备产生不可预料的行为。
② SFF 指标准帧格式。
③ EFF 指扩展帧格式。
④ 这些地址分配反映当前报文之后的 FIFO RAM 空间。上电后的内容是随机的，并且包含了当前接收报文的下一条报文的开头。如果没有报文要接收，这里会有部分旧的报文。
⑤ 一些位在复位模式中是只写的（CAN 模式、CBP、RXINTEN 和时钟关闭）。

② 模式寄存器（MOD）。MOD 用于改变 CAN 控制器的行为方式，CPU 将控制寄存器作为读/写寄存器，可设置这些位，保留位读值为逻辑 0。

工作模式中的 MOD 各位的功能说明见表 3-24。

表 3-24 工作模式中的 MOD 各位的功能说明（CAN 地址 0）

位	符号	名 称	值	功 能
MOD. 5～MOD. 7	—	—	—	保留
MOD. 4	SM	睡眠模式①	1	睡眠：没有 CAN 中断待决和总线活动时，CAN 控制器进入睡眠模式
			0	唤醒：从睡眠状态唤醒
MOD. 3	AFM	验收滤波器模式②	1	单：选择单个验收滤波器（32 位长度）
			0	双：选择两个验收滤波器（每个有 16 位激活）
MOD. 2	STM	自检测模式②	1	自检测：此模式可以检测所有节点，没有任何活动的节点使用自接收命令；即使没有应答，CAN 控制器也会成功发送
			0	正常模式：成功发送时必须有应答信号

（续）

位	符号	名 称	值	功 能
MOD.1	LOM	只听模式②③	1	只听：在这种模式中，即使成功接收报文，CAN 控制器也不向总线发应答信号；出错计数器停止在当前值
			0	正常模式
MOD.0	RM	复位模式④	1	复位：检测到复位模式位被置位，终止当前正在接收/发送的信息，进入复位模式
			0	正常：复位模式位接收到"1—0"的跳变后，CAN 控制器回到工作模式

① 睡眠模式位设为 1（Sleep），SJA1000 将进入睡眠模式；没有总线活动和中断等待。至少破坏这两种情况之一时将会导致 SM 产生唤醒中断。设置为睡眠模式后，CLKOUT 信号持续至少 15 个位的时间，以允许主单片机 CLKOUT 信号电平变低而被锁住之前进入准备模式。当前面提到的 3 种条件之一被破坏时，SJA1000 将被唤醒：SM 电平设为低（唤醒）之后，总线进入活动状态或 $\overline{INT}$ 被激活（变低）。唤醒后，振荡器启动且产生一个唤醒中断。只有检测到 11 个连续的隐性位（总线空闲序列）后，总线才进入活动状态。注意，在复位模式中不能设置 SM。清除复位模式后，再一次检测到总线空闲时，SM 的设置才开始有效。

② 只有先进入复位模式，才可以写 MOD.1~MOD.3。

③ 这种工作模式使 CAN 控制器进入错误消极状态。此时不能传送信息。以软件驱动的位速检测和"热插"时可使用只听模式。所有其他功能都能像在正常工作模式中一样使用。

④ 在硬件复位或总线状态位为 1（总线关闭）时，复位模式位也被置为 1（当前）。如果通过软件访问这一位，值将发生变化，并且下一个内部时钟（频率为外部振荡器的1/2）的上升沿有效。在外部复位期间，单片机不能将复位模式位设置为 0（空闲）。因此，将复位模式位设为 1 后，单片机必须检查此位，以确保外部复位端子上不保持高。复位请求位的改变和内部分频时钟同步，读复位请求位能够反映出这种同步状态。复位模式位为 0 后，CAN 控制器会等待下列情况：如果上一次复位是硬件复位或 CPU 初始复位引起的，则会出现一个总线空闲信号（11 个隐性位）；如果上一次复位是 CAN 控制器在重新进入总线开启之前初始化复位引起的，则会出现 128 个总线空闲信号。

模式寄存器的复位值见表 3-25。

表 3-25 模式寄存器的复位值

位 符 号		MOD.7	SM	AFM	STM	LOM	RM
硬件复位	值	0（保留）	0（唤醒）	0（双向）	0（正常）	0（正常）	1（当前）
软件置 MOD.0=1 或总线关闭		0（保留）	0（唤醒）	×	×	×	1（当前）

注："×"表示寄存器或位的值不受任何影响。

③ CMR。CMR 是命令位初始化 CAN 控制器传输层的一个动作。CMR 是只写的，所有位的读出值都是逻辑 0。两条命令之间至少有一个内部时钟周期，其频率是外部振荡器的一半。

工作模式中的 CMR 各位的功能说明见表 3-26。

表 3-26 工作模式中的 CMR 各位的功能说明（地址 1）

位	符号	名 称	值	功 能
CMR.5~CMR.7	—	保留	—	—
CMR.4	SRR	自接收请求①②	1	当前：信息可以被同时发送和接收
			0	空缺
CMR.3	CDO	清除数据溢出③	1	清除：数据溢出状态位被清除
			0	无动作

（续）

位	符号	名称	值	功能
CMR.2	RR	释放接收缓冲器④	1	释放：接收缓冲器（RXFIFO）中当前呈现的报文的存储空间
			0	无动作
CMR.1	AT	终止发送⑤②	1	当前：如果不是正在处理，将取消等待中的发送请求
			0	空缺
CMR.0	TR	发送请求⑥⑤	1	当前：报文被发送
			0	空缺：无动作

① 如果验收滤波器已设置了相应的识别码，当发送自接收请求信息时同时开始接收。接收和发送中断对自接收是有效的（MOD 的自检测模式也有类似情况）。

② 设置命令位 CMR.0 和 CMR.1 会立即产生一次信息发送。当发生错误或仲裁丢失时不会重发（单次发送）。设置命令位 CMR.4 和 CMR.1 会立即产生一次自接收性质的信息发送。发生错误或仲裁丢失时不会重发。设置命令位 CMR.0、CMR.1 和 CMR.4 会立即产生一个信息发送。一旦 SR 的发送状态位被置位，内部发送请求就自动清除。同时，设置 CMR.0 和 CMR.4 会忽略 CMR.4 位。

③ 这个命令位用于清除数据溢出位指出的数据溢出情况。如果数据溢出位被置位就不会再有数据溢出中断产生。

④ 读接收缓冲器之后，CPU 可以通过设置释放接收缓冲器位为 1 来释放 RXFIFO 的内存空间，这样会导致接收缓冲器内的另一条信息立即有效。如果没有其他有用的信息，就复位接收中断。

⑤ 当 CPU 需要当前请求发送等待时，如先发送一条比较紧急的信息，当前正在处理的传送不停止。要想知道源信息是否成功发送，可以通过传送完毕状态位来查看，不过这应在发送缓冲器状态位置 1 或产生发送中断后。注意：即使因为发送缓冲器状态位变为"释放"而使信息被终止，也会产生发送中断。

⑥ 如果前一条指令中发送请求位被置为 1，它不能通过设置发送请求位为 0 来取消，而应通过终止发送位为 0 取消。

CMR 的复位值见表 3-27。

表 3-27　CMR 的复位值

位符号		MOD.7~5	SRR	CDO	RRB	AT	TR
硬件复位	值	0（保留）	0（空缺）	0（无动作）	0（无动作）	0（空缺）	0（空缺）
软件置 MOD.0=1 或总线关闭		0（保留）	0（空缺）	0（无动作）	0（无动作）	0（空缺）	0（空缺）

④ SR。反映控制器的状态，为只读内存。

工作模式中的 SR 各位的功能说明见表 3-28。

表 3-28　工作模式中的 SR 各位的功能说明（CAN 地址 2）

位	符号	名称	值	功能
SR.7	BS	总线状态①	1	总线关闭：CAN 控制器不参与总线活动
			0	总线开启：CAN 控制器参与总线活动
SR.6	ES	出错状态②	1	出错：至少出现一个出错计数器满或超过 CPU 报警限制寄存器（EWLR）定义的 CPU 报警限制
			0	正常：两个出错计数器都在报警限制以下
SR.5	TS	发送状态③	1	发送：CAN 控制器正在传送报文
			0	空闲
SR.4	RS	接收状态③	1	接收：CAN 控制器正在接收报文
			0	空闲

（续）

位	符号	名称	值	功 能
SR.3	TCS	发送完毕状态④	1	完毕：最近一次发送请求被成功处理
			0	未完：当前发送请求未处理完
SR.2	TBS	发送缓冲器状态⑤	1	释放：CPU可以向发送缓冲器写报文
			0	锁定：CPU不能访问发送缓冲器，有报文正在等待发送或正在发送
SR.1	DOS	数据溢出状态⑥	1	溢出：报文丢失，因为RXFIFO中没有足够的空间而丢失
			0	空缺：自从上一次清除数据溢出命令以来无数据溢出发生
SR.0	RBS	接收缓冲器状态⑦	1	满：RXFIFO中有可用报文
			0	空：无可用报文

① 当发送出错计数器超过限制255，总线状态位被置1（总线关闭）时，CAN控制器将设置复位模式位为1（当前），而且产生一个错误报警中断（相应的中断允许时）。发送出错计数器被置为127，接收出错计数器被清除。这种模式将会保持直到CPU将复位模式位清除。完成这些之后，CAN控制器将通过发送出错计数器的减1计数以等待协议规定的最少时间（128个总线空闲信号）。之后总线状态位被清除（总线开启），错误状态位被置为0（OK），出错计数器复位且产生一个错误报警中断（中断允许时）。这期间读TX出错计数器给出关于总线关闭修复的状态信息。

② 根据CAN 2.0B协议规定，在接收和发送期间检测到错误会影响出错计数器。至少有一个出错计数器满或超过CPU报警限制（EWLR）时，错误状态位被置位。中断允许时，会产生错误报警中断。EWLR硬件复位后的默认值是96。

③ 如果接收状态位和发送状态位都是0（空闲），则CAN总线空闲。如果这两位都是1，则控制器正在等待下一次空闲。硬件启动后，直到空闲状态到来必须检测到11个连续的隐性位。总线关闭后会产生128个11位的连续隐性位。

④ 一旦发送请求位或自接收请求位被置1，发送成功状态位就会被置0（不成功）。发送成功状态位会保持为0直到发送成功。

⑤ 如果CPU试图在发送缓冲器状态位是0（锁定）时向发送缓冲器写，写入的字节将不被接收且在没有任何提示的情况下丢失。

⑥ 当要接收的信息已经成功通过验收滤波器时，CAN控制器需要在RXFIFO中有足够的空间来存储信息描述符和每一个接收的数据字节。如果没有足够的空间来存储信息，信息就会丢失，在信息变为无效时向CPU提示数据溢出。如果信息没有被成功接收（如由于错误），就没有数据溢出情况提示。

⑦ 读出RXFIFO中的所有信息和用释放接收缓冲器命令释放它们的内存空间之后，此位被清除。

SR的复位值与含义见表3-29。

表3-29 SR的复位值与含义

位符号		BS	ES	TS	RS	TCS	TBS	DOS	RBS
硬件复位	值	0（总线开启）	0（OK）	1（等待空闲）	0（等待空闲）	1（完成）	1（释放）	0（空缺）	0（空）
软件置MOD.0=1或总线关闭		×	×	1（等待空闲）	0（等待空闲）	×	1（释放）	0（空缺）	0（空）

注："×"表示这些寄存器或位的值不受任何影响。

⑤ IR。IR用于识别中断源，为只读存储器。当寄存器的一位或多位被置1时，将CAN中断通知CPU，CPU将除接收中断位外的所有位复位。

工作模式中IR各位的功能说明见表3-30。

表 3-30 工作模式中 IR 各位的功能说明（CAN 地址 3）

位	符号	名称	值	功能
IR.7	BEI	总线错误中断	1	置位：当 CAN 控制器检测到总线错误且中断使能寄存器（IER）中的 BEIE 被置位时，此位被置位
			0	复位
IR.6	ALI	仲裁丢失中断	1	置位：当 CAN 控制器丢失仲裁，变为接收器和 IER 的 ALIE 位被置位时，此位被置位
			0	复位
IR.5	EPI	错误消极中断	1	置位：当 CAN 控制器到达消极状态（至少一个出错计数器的计数值超过协议规定的 127）或从错误消极状态又进入错误活动状态，以及 IR 的 EPIE 位被置位时，此位被置位
			0	复位
IR.4	WUI	唤醒中断①	1	置位：当 CAN 控制器在睡眠模式中检测到总线的活动，并且中断寄存器的 WUIE 位被置位 1 时，此位被置位
			0	复位
IR.3	DOI	数据溢出中断	1	置位：数据溢出状态位有"0—1"跳变且 IR 的 DOIE 位被置位时，此位被置 1
			0	复位
IR.2	EI	出错报警中断	1	置位：错误状态位和总线状态位的改变和 IR 的 EIE 位被置位时，此位被置 1
			0	复位
IR.1	TI	发送中断	1	置位：发送缓冲器状态从"0—1"（释放）跳变且 IR 的 TIE 位被置位时，此位被置 1
			0	复位
IR.0	RI	接收中断②	1	置位：接收 FIFO 不空且 IR 的 RIE 位被置位时，此位被置 1
			0	复位：RXFIFO 中无可用信息

① 在 CAN 控制器参与总线活动或 CAN 中断正在等待处理时，如果 CPU 试图置位睡眠模式位，也会产生唤醒中断。

② 除了 RI 取决于相应的中断使能位（RIE）之外，此位的行为和接收缓冲器状态位是等效的，所以读 IR 时接收中断位不被清除。释放接收缓冲器的命令可以临时清除 RI。如果执行释放命令后 FIFO 中还有可用信息，RI 被重新置位 1，否则 RI 保持清 0 状态。

EI 为出错报警中断位。在 IER 的出错报警中断使能位 EIE 置位 1 时，若出现总线关闭，则出错报警中断位置 1。其余 IR 各位无论是由于硬件，还是软件 MOD.0＝1，或总线关闭时的值都为 0。

⑥ IER。IER 使不同类型的中断源对 CPU 有效，为可读/写存储器。IER 各位的功能说明见表 3-31。

表 3-31 IER 各位的功能说明（CAN 地址 4）

位	符号	名称	值	功能
IER.7	BEIE	总线错误中断使能	1	使能：如果检测到总线错误，则 CAN 控制器请求相应的中断
			0	禁止总线错误中断
IER.6	ALIE	仲裁丢失中断使能	1	使能：如果 CAN 控制器已丢失了仲裁，则请求相应的中断
			0	禁止仲裁丢失中断

（续）

位	符号	名称	值	功　能
IER.5	EPIE	错误消极中断使能	1	使能：若CAN控制器的错误状态改变（从消极到活动或反之），则请求相应的中断
			0	禁止错误认可中断
IER.4	WUIE	唤醒中断使能	1	使能：若睡眠模式中的CAN控制器被唤醒，则请求相应的中断
			0	禁止唤醒中断
IER.3	DOIE	数据溢出中断使能	1	使能：若数据溢出状态位被置位（见SR），CAN控制器请求相应的中断
			0	禁止数据溢出中断
IER.2	EIE	错误报警中断使能	1	使能：如果错误或总线状态改变（见SR），CAN控制器请求相应的中断
			0	禁止出错报警中断
IER.1	TIE	发送中断使能	1	使能：当信息被成功发送或发送缓存器又可访问（如终止发送命令后）时，CAN控制器请求相应的中断
			0	禁止发送中断
IER.0	RIE	接收中断使能①	1	使能：当接收缓冲器状态为"满"时，CAN控制器请求相应的中断
			0	禁止接收中断

① 接收中断使能位对接收中断位和外部中断输出$\overline{INT}$有直接的影响。如果RIE被清零且没有其他中断被挂起，外部$\overline{INT}$端子电平会立即变高。另外，这里"当接收缓冲器状态为'满'时"应理解为"当接收缓冲器中'存在'有效报文时"，CAN控制器请求接收中断。

⑦ 仲裁丢失捕捉寄存器（ALC）。工作模式中的ALC仲裁丢失的位置信息，如图3-46所示。ALC为只读存储器，保留位的读值为0。ALC各位的功能说明见表3-32。

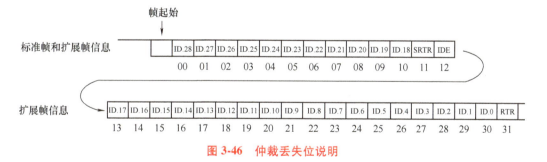

图3-46　仲裁丢失位说明

表3-32　ALC各位的功能说明（CAN地址11）

位	符号	名称	值与功能
ALC.5~ALC.7	—	保留	ALC.0~ALC.4，这5位的编码数值对应仲裁丢失的位置，如00010对应仲裁丢失在标识码的BIT3，01010对应仲裁丢失在标识码的BIT11
ALC.4	BITN04	第4位	
ALC.3	BITN03	第3位	
ALC.2	BITN02	第2位	
ALC.1	BITN01	第1位	
ALC.0	BITN00	第0位	

仲裁丢失时，会产生相应的仲裁丢失中断（中断允许）。同时，位流处理器的当前位置被捕捉送入 ALC。直到通过软件读该值，ALC 中的内容才改变，随后捕捉机制再次被激活。

读 IR 时，IR 中相应的中断标志位被清除。直到 ALC 被读一次之后，新的仲裁丢失中断才有效。

硬件复位后 ALC 各位为 0，软件设置 MOD.0 = 1 或总线关闭对各位无影响。

⑧ 错误代码捕捉寄存器（ECC）。工作模式中的 ECC 各位的功能说明见表 3-33。表 3-34 是各位的设置说明，反映了当前结构段的不同错误事件。

表 3-33 工作模式中的 ECC 各位的功能说明（CAN 地址 12）

位	符号	名称	值	功能
ECC.7	ERRC1	错误代码 1	—	—
ECC.6	ERRC0	错误代码 0	—	—
ECC.5	DIR	方向	1	RX：接收时发生的错误
			0	TX：发送时发生的错误
ECC.4	SEG.4	段 4		
ECC.3	SEG.3	段 3		
ECC.2	SEG.2	段 2	位 ECC.0 ~ ECC.4 组合编码具有不同的功能，见表 3-34	
ECC.1	SEG.1	段 1		
ECC.0	SEG.0	段 0		

表 3-34 ECC.0 ~ ECC.4 的功能说明

ECC.4	ECC.3	ECC.2	ECC.1	ECC.0	出错的位置及含义
0	0	0	1	1	帧开始
0	0	0	1	0	ID.21 ~ ID.28
0	0	1	1	0	ID.18 ~ ID.20
0	0	1	0	0	SRTR 位
0	0	1	0	1	IDE 位
0	0	1	1	1	ID.13 ~ ID.17
0	1	1	1	1	ID.5 ~ ID.12
0	1	1	1	0	ID.0 ~ ID.4
0	1	1	0	0	RTR 位
0	1	1	0	1	保留位 1
0	1	0	0	1	保留位 0
0	1	0	1	1	数据长度代码
0	1	0	1	0	数据区
0	1	0	0	0	CRC 序列
1	1	0	0	0	CRC 界定符
1	1	0	0	1	应答时间段
1	1	0	1	1	应答界定符
1	1	0	1	0	帧结束

（续）

ECC.4	ECC.3	ECC.2	ECC.1	ECC.0	出错的位置及含义
1	0	0	1	0	终止
1	0	0	0	1	激活错误标志
1	0	1	1	0	认可错误标志
1	0	0	1	1	显性位误差
1	0	1	1	1	错误界定符
1	1	1	0	0	溢出标志

当总线发生错误时，被迫产生相应的错误中断（中断允许时）。同时，位流处理器的当前位置被捕捉送入 ECC，其内容直到通过软件读出才改变。读出后，ECC 再次被激活。访问 IR 期间，IR 中相应的中断标志位被清除。新的总线中断直到 ECC 被读出一次才有效。

⑨ 错误报警限制寄存器（EMLR）。错误报警限制在这个寄存器中被定义，默认值（硬件复位时）是 96。复位模式中，此寄存器可读/写，工作模式中为只读。EMLR 各位的功能说明见表 3-35。

表 3-35　EMLR 各位的功能说明（CAN 地址 13）

BIT7	BIT6	BIT5	BIT4	BIT3	BIT2	BIT1	BIT0
EMLR.7	EMLR.6	EMLR.5	EMLR.4	EMLR.3	EMLR.2	EMLR.1	EMLR.0

只有之前进入复位模式，EMLR 才可能被改变。直到复位模式被再次取消后，EMLR 才可能发生错误状态改变和由新的寄存器内容引起的错误报警中断。

⑩ RX 出错计数寄存器（RXERR）。RXERR 接收出错计数器的当前值，其各位的功能说明见表 3-36。硬件复位后 RXERR 被初始化为 0。工作模式中，RXERR 为只读内存；复位模式中，可写访问。若发生总线关闭，RXERR 被初始化为 0。总线关闭期间，写 RXERR 无效。

表 3-36　RXERR 各位的功能说明（CAN 地址 14）

BIT7	BIT6	BIT5	BIT4	BIT3	BIT2	BIT1	BIT0
RXERR.7	RXERR.6	RXERR.5	RXERR.4	RXERR.3	RXERR.2	RXERR.1	RXERR.0

只有先进入复位模式，才能迫使出错计数器发生改变。取消复位模式后，错误状态的改变、错误报警和由新的寄存器内容引起的错误中断才有效。

⑪ TX 出错计数寄存器（TXERR）。TXERR 用于反映发送出错计数器发生的当前值，其各位的功能说明见表 3-37。工作模式中，TXERR 为只读内存；复位模式中，可写访问。硬件复位后，TXERR 被初始化为 0。若总线关闭，TXERR 被初始化为 127，以计算总线定义的最短时间（128 个总线空闲信号）。这段时间读 TXERR，将反映出总线关闭恢复的状态信息。

若总线关闭是激活的，写访问 TXERR 的 0~254 单元清除总线关闭标志，复位模式清除后控制器会等待一个 11 位的连续隐性位（总线空闲）。

表 3-37 TXERR 各位的功能说明（CAN 地址 15）

BIT7	BIT6	BIT5	BIT4	BIT3	BIT2	BIT1	BIT0
TXERR.7	TXERR.7	TXERR.7	TXERR.7	TXERR.7	TXERR.7	TXERR.7	TXERR.7

由于软件复位是 MOD.5＝1 引起的复位，因此对值无影响。

清除复位模式，会执行协议规定的总线关闭恢复序列（等待 128 个总线空闲信号）。如果在总线关闭恢复（TXERR＞0）之前又进入复位模式，总线关闭保持有效，并且 TXERR 被锁定。

⑫ 发送缓冲器（TXB）。TXB 的整体布局如图 3-47 所示，其分为标准帧格式（SFF）和扩展帧格式（EFF）配置。发送缓冲器允许定义长达 8B 的发送信息。

CAN 地址	
16	TX 帧信息
17	TX 识别码 1
18	TX 识别码 2
19	TX 数据字节 1
20	TX 数据字节 2
21	TX 数据字节 3
22	TX 数据字节 4
23	TX 数据字节 5
24	TX 数据字节 6
25	TX 数据字节 7
26	TX 数据字节 8
27	未使用
28	未使用

a)

CAN 地址	
16	TX 帧信息
17	TX 识别码 1
18	TX 识别码 2
19	TX 识别码 3
20	TX 识别码 4
21	TX 数据字节 1
22	TX 数据字节 2
23	TX 数据字节 3
24	TX 数据字节 4
25	TX 数据字节 5
26	TX 数据字节 6
27	TX 数据字节 7
28	TX 数据字节 8

b)

图 3-47 TXB 的整体布局
a）SFF　b）EFF

发送缓冲器列表：发送缓冲器分描述符区和数据区，描述符区的第一个字节是帧信息字节（帧信息），说明帧格式（SFF 或 EFF）、远程或数据帧和数据长度。SFF 有两个字节的识别码，EFF 有 4 个字节的识别码。数据区最长为 8 个字节。发送缓冲器共有 13B 的信息空间，在 CAN 地址的 16～28。

发送缓冲器的描述符区：发送缓冲器位的列表见表 3-38～表 3-45。给出的配置与接收缓冲器列表一致。表 3-46 是帧格式 FF 和远程发送请求 RTR 位设置功能。

表 3-38 TX 帧信息（SFF）（CAN 地址 16）

BIT7	BIT6	BIT5	BIT4	BIT3	BIT2	BIT1	BIT0
FF①	RTR②	×③	×③	DLC.3④	DLC.2④	DLC.1④	DLC.0④

① 帧结构格式，FF＝0 为 SFF，FF＝1 为 EFF。
② 远程发送请求。
③ 在使用自接收设备（自测）时与接收缓冲器（0）兼容。
④ 数据长度代码位。

表 3-39　TX 识别码 1（SFF）（CAN 地址 17）

BIT7	BIT6	BIT5	BIT4	BIT3	BIT2	BIT1	BIT0
ID. 28	ID. 27	ID. 26	ID. 25	ID. 24	ID. 23	ID. 22	ID. 21

注：ID.×表示识别码的×位。

表 3-40　TX 识别码 2（SFF）（CAN 地址 18）

BIT7	BIT6	BIT5	BIT4	BIT3	BIT2	BIT1	BIT0
ID. 20	ID. 19	ID. 18	×①	×②	×②	×②	×②

注：ID.×表示识别码的×位。
① 使用自接收设备（自测）时与接收缓冲器（RTR）兼容。
② 使用自接收设备（自测）时与接收缓冲器（0）兼容。

表 3-41　TX 帧信息（EFF）（CAN 地址 16）

BIT7	BIT6	BIT5	BIT4	BIT3	BIT2	BIT1	BIT0
FF①	RTR②	×③	×③	DLC. 3④	DLC. 2④	DLC. 1④	DLC. 0④

① 帧结构格式。
② 远程发送请求。
③ 使用自接收设备（自测）时与接收缓冲器（0）兼容。
④ 数据长度代码位。

表 3-42　TX 识别码 1（EFF）（CAN 地址 17）

BIT7	BIT6	BIT5	BIT4	BIT3	BIT2	BIT1	BIT0
ID. 28	ID. 27	ID. 26	ID. 25	ID. 24	ID. 23	ID. 22	ID. 21

注：ID.×表示识别码的×位。

表 3-43　TX 识别码 2（EFF）（CAN 地址 18）

BIT7	BIT6	BIT5	BIT4	BIT3	BIT2	BIT1	BIT0
ID. 20	ID. 19	ID. 18	ID. 17	ID. 16	ID. 15	ID. 14	ID. 13

注：ID.×表示识别码的×位。

表 3-44　TX 识别码 3（EFF）（CAN 地址 19）

BIT7	BIT6	BIT5	BIT4	BIT3	BIT2	BIT1	BIT0
ID. 12	ID. 11	ID. 10	ID. 9	ID. 8	ID. 7	ID. 6	ID. 5

注：ID.×表示识别码的×位。

表 3-45　TX 识别码 4（EFF）（CAN 地址 20）

BIT7	BIT6	BIT5	BIT4	BIT3	BIT2	BIT1	BIT0
ID. 4	ID. 3	ID. 2	ID. 1	ID. 0	×①	×②	×②

注：ID.×表示识别码的×位。
① 使用自接收设备（自测）时与接收缓冲器（RTR）兼容。
② 使用自接收设备（自测）时与接收缓冲器（0）兼容。

表 3-46　帧格式 FF 和远程发送请求 RTR 位设置功能

位	值	功　能
FF	1	EFF：CAN 控制器将发送扩展帧格式
	0	SFF：CAN 控制器将发送标准帧格式
RTR	1	远程：CAN 控制器将发送远程帧
	0	数据：CAN 控制器将发送数据帧

一条报文数据区的字节数由 DLC 表示。在远程帧发送开始时,由于 RTR 位被置位(远程),DLC 不用考虑,则接收/发送的数据字节数为 0。如果有两个 CAN 控制器使用同一个识别码同时启动远程帧传送,DLC 必须正确说明,以免出现总线错误。

数据字节长度为 0~8 的编码形式:

$$数据字节数 = 8 \times DLC.3 + 4 \times DLC.2 + 2 \times DLC.1 + DLC.0$$

为了兼容,字节数大于 8 的 DLC 不可用。若大于 8,以 8B 计。

识别码(ID):SFF 的识别码有 11 位(ID.18~ID.28),EFF 的识别码有 29 位(ID.0~ID.28)。ID.28 是最高位,在总线仲裁过程中最先发送到总线上。识别码用于验收滤波器,在仲裁过程中决定了总线访问的优先权。识别码的二进制值越低,优先权越高。

数据区:发送的字节数取决于 DLC。最先发送的是在 CAN 地址 19(SFF)或 21(EFF)的数据字节 1 的最高位。

TXB 的复位值:当硬件复位、由于软件设置 MOD.0 = 0 或总线关闭引起复位时,发送缓冲器的值不受影响。

⑬ 接收缓冲器。接收缓冲器的布局与发送缓冲器相似,是 RXFIFO 的可访问部分,位于 CAN 地址的 16 和 28。每条信息都分为描述符和数据区,如图 3-48 所示。

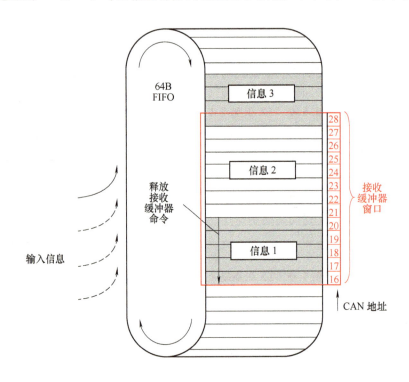

图 3-48 RXFIFO 中的信息存储

注:接收缓冲器中当前的可用信息是信息 1。

描述符区:接收缓冲器的位列表见表 3-47~表 3-54,所选配置与接收缓冲器列表相同。

表3-47 RX 帧信息（SFF）（CAN 地址 16）

BIT7	BIT6	BIT5	BIT4	BIT3	BIT2	BIT1	BIT0
FF①	RTR②	0	0	DLC.3③	DLC.2③	DLC.1③	DLC.0③

① 帧结构格式，FF=0 为 SFF，FF=1 为 EFF。
② 远程发送请求。
③ 数据长度代码。

表3-48 RX 识别码 1（SFF）（CAN 地址 17）

BIT7	BIT6	BIT5	BIT4	BIT3	BIT2	BIT1	BIT0
ID.28	ID.27	ID.26	ID.25	ID.24	ID.23	ID.22	ID.21

注：ID.×表示识别码的×位。

表3-49 RX 识别码 2（SFF）（CAN 地址 18）

BIT7	BIT6	BIT5	BIT4	BIT3	BIT2	BIT1	BIT0
ID.20	ID.19	ID.18	RTR①	0	0	0	0

注：ID.×表示识别码的×位。
① 远程发送请求。

表3-50 RX 帧信息（EFF）（CAN 地址 16）

BIT7	BIT6	BIT5	BIT4	BIT3	BIT2	BIT1	BIT0
FF①	RTR②	0	0	DLC.3③	DLC.2③	DLC.1③	DLC.0③

① 帧结构格式，FF=0 为 SFF，FF=1 为 EFF。
② 远程发送请求。
③ 数据长度代码。

表3-51 RX 识别码 1（EFF）（CAN 地址 17）

BIT7	BIT6	BIT5	BIT4	BIT3	BIT2	BIT1	BIT0
ID.28	ID.27	ID.26	ID.25	ID.24	ID.23	ID.22	ID.21

注：ID.×表示识别码的×位。

表3-52 RX 识别码 2（EFF）（CAN 地址 18）

BIT7	BIT6	BIT5	BIT4	BIT3	BIT2	BIT1	BIT0
ID.20	ID.19	ID.18	ID.17	ID.16	ID.15	ID.14	ID.13

注：ID.×表示识别码的×位。

表3-53 TX 识别码 3（EFF）（CAN 地址 19）

BIT7	BIT6	BIT5	BIT4	BIT3	BIT2	BIT1	BIT0
ID.12	ID.11	ID.10	ID.9	ID.8	ID.7	ID.6	ID.5

注：ID.×表示识别码的×位。

表3-54 TX 识别码 4（EFF）（CAN 地址 20）

BIT7	BIT6	BIT5	BIT4	BIT3	BIT2	BIT1	BIT0
ID.4	ID.3	ID.2	ID.1	ID.0	RTR①	0	0

注：ID.×表示识别码的×位。
① 远程发送请求位。

数据区：帧信息字节中的接收字节长度代码代表实际发送的数据长度码，可能大于 8（取决于发送器）。通常，最大接收数据字节数为 8。

RXFIFO 共有 64 个报文字节的空间，一次可存储的报文数取决于数据字节长度。如果 RXFIFO 中没有足够的空间存储新的报文，当此报文有效且通过验收检测（滤波）时，CAN 控制器会发生数据溢出。当发生数据溢出情况时，已部分写入 RXFIFO 的报文被删除，并通过 SR 和数据溢出中断（若中断允许时）反映到 CPU。

RXB 的复位值：RXFIFO 的内部读/写指针复位到初始化值。连续读取 RXB，会得到一些不确定值（部分是旧报文）。若有报文被发送，则被并行写入接收缓冲器。只有当传送自接收请求引起的报文才会产生接收中断。即使接收缓冲器是空的，最后一次发送的报文也可从接收缓冲器中读出，除非被下一条要发送或接收的报文覆盖。硬件复位时，RXFIFO 的指针指向物理 RAM 地址 0。通过软件设置 MOD.0 = 1 或总线关闭，使 RXFIFO 的指针指向当前有效 FIFO 的起始地址（RBSA，RX 缓冲器的起始地址寄存器），该地址不同于第一次释放接收缓冲器命令后的 RAM 地址 0。

⑭ 验收滤波器。在验收滤波器的作用下，只有当接收信息中的识别位和验收滤波器预定义的值相等时，CAN 控制器才允许将已接收的信息存入 RXFIFO。

验收滤波器由验收代码寄存器（ACRn）和验收屏蔽寄存器（AMRn）定义。要接收的信息的位模式在验收代码寄存器中定义。相应的验收屏蔽寄存器允许定义某些位为"无关"，即可为任意值。

在 MOD 中有两种不同的过滤模式可供选择（MOD.3，AFM），即单滤波器模式（AFM 位是 1）和双滤波器模式（AFM 位是 0）。

单滤波器配置：可定义一个长滤波器（4B），滤波器字节和信息字节之间位的对应关系取决于当前接收的帧格式。

若接收到 SFF 的信息，在验收滤波中只使用前两个数据字节存放包括 RTR 位的完整的识别码。若由于置位 RTR 位而导致没有数据字节，或因为设置相应的 DLC 而没有或只有一个数据字节，信息也被接收。对于成功接收的信息，经位比较后必须发出接收信号，如图 3-49 所示。图中 DB$X.Y$ 表示数据字节 X、位 Y，AMR1 和 AMR2 的低 4 位不可用。

若接收到 EFF 的信息，包括位的全部识别码将被接收过滤使用。为了成功接收信息，每个位经比较后都必须发出接收信号，如图 3-50 所示。AMR3 的最低两位和 ACR3 不可用。为了与将来产品兼容，这些位应通过置位 AMR3.1 和 AMR3.0 定义为"无关"。

双滤波器配置：可定义两个短滤波器，两个滤波器对接收的一条信息进行比较，决定是否放入接收缓冲器。滤波器字节和信息字节之间位的对应关系取决于当前接收的帧格式。

若接收到 SFF 的信息，定义的两个滤波器则不同。第一个滤波器比较包括 RTR 位的整个标准识别码和信息的第一个数据字节，第二个滤波器只比较包括 RTR 位的整个标准识别码，如图 3-51 所示。为了成功接收信息，所有单个位进行比较时，应至少有一个滤波器表示为"接收"。如果 RTR 位置位或 DLC 是 0 时，表示没有数据字节存在；然而只要从开始到 RTR 的各位比较结果都为"接收"，信息即可通过滤波器 1。如果没有数据字节向滤波器请求过滤，AMR1 和 AMR3 的低 4 位必须被置为 1（"无关"）。此时，两个滤波器的识别工作都是验证整个标准识别码以及 RTR 位。

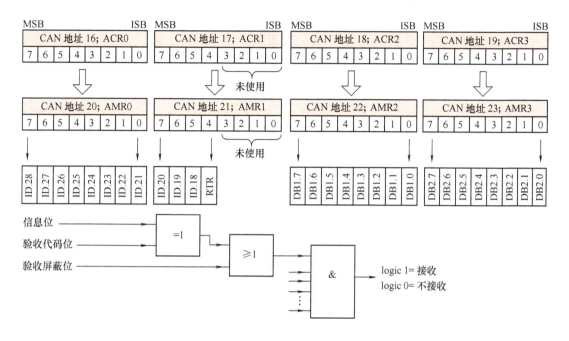

图 3-49　接收标准帧报文时的单个滤波器配置

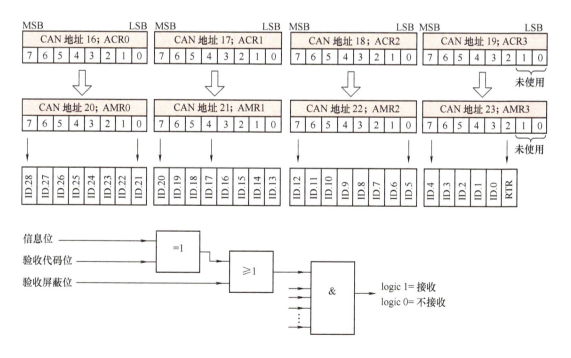

图 3-50　接收扩展帧报文时的单个滤波器配置

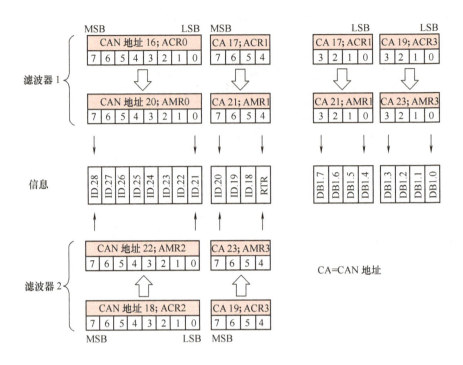

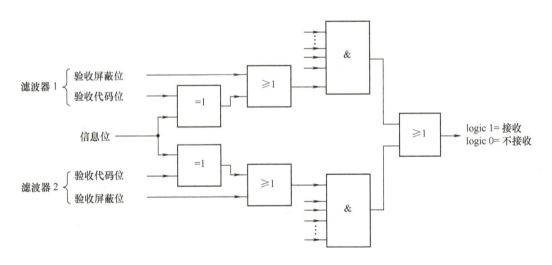

图 3-51　接收标准帧报文的双滤波器配置

若接收到 EFF 的信息，定义的两个滤波器相同。两个滤波器都只比较扩展识别码的前两个字节，如图 3-52 所示。为了能成功接收信息，所有单个位进行比较时至少有一个滤波器表示为"接收"。

⑮ RX 信息计数器（RMC）。RMC 反映了 RXFIFO 中可用的信息数目，其各位的功能说明见表 3-55。其值每次接收时加 1，每次释放接收缓冲器减 1。每次复位后，该计数器清 0。

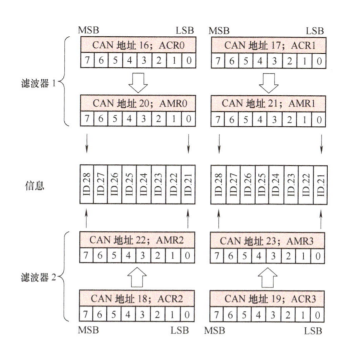

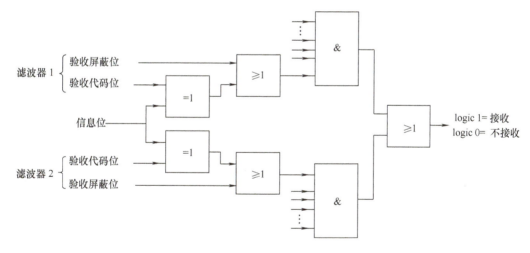

图 3-52 接收扩展帧报文的双滤波器配置

表 3-55 RX 信息计数器各位的功能说明

BIT7	BIT6	BIT5	BIT4	BIT3	BIT2	BIT1	BIT0
0[①]	0[①]	0[①]	RMC.4	RMC.3	RMC.2	RMC.1	RMC.0

① 此位不能被写，读该计数器时结果总为 0。

⑯ RX 缓冲器起始地址寄存器（RBSA）。RBSA 反映了当前可用来存储位于接收缓冲器窗口中信息的内部 RAM 地址，其各位的功能说明见表 3-56。信息可帮助说明 RAM 的内容，起始于 CAN 地址 32 的内部 RAM 地址区可被 CPU 读/写访问（复位模式只能写）。

表3-56 RBSA 各位的功能说明（CAN 地址 30）

BIT7	BIT6	BIT5	BIT4	BIT3	BIT2	BIT1	BIT0
0①	0①	RBSA.5	RBSA.4	RBSA.3	RBSA.2	RBSA.1	RBSA.0

① 此位不能被写，读该寄存器时结果总为 0。

> 【例3-3】 若 RBSA 被设置为 24（十进制），当前在接收缓冲器窗口中的可视信息被存储在 RAM 内部，起始地址为 24。由于 RAM 也被直接列入 CAN 地址空间（起始地址为32，等于 RAM 地址 0），因此该信息也可用 CAN 地址 56 及随后字节地址访问。
>
> $$CAN 地址 = RBSA + 32 = 24 + 32 = 56$$
>
> 如果信息超过 RAM 地址 63，会从地址 0 继续。

当 FIFO 中至少有一条可用信息时，执行释放接收缓冲器命令，RBSA 在下一条信息开始时更新。

硬件复位时，指针初始化为"00H"；软件复位（设置为复位模式）时，指针保持原值，但 FIFO 被清空。说明 RAM 的内容不变，但下一条接收的（或传送的）信息将会覆盖当前在接收缓冲器窗口中的可视信息。

RBSA 在工作模式中为只读，在复位模式中可读/写。注意：写访问 RBSA 首次有效是在下一个内部时钟频率的上升沿，内部时钟频率是外部振荡器的 1/2。

3）命令寄存器。

① 总线定时寄存器 0（BTR0）。BTR0 定义了波特率预设值（BRP）和同步跳转宽度（SJW）值，其各位的功能说明见表3-52。当复位模式有效时，BTR0 可以被访问（读/写）。若选择 PeliCAN 模式，则 BTR0 在工作模式中为只读；在 BasicCAN 模式中总是"FFH"。

表3-57 BTR0 各位的功能说明（CAN 地址 6）

BIT7	BIT6	BIT5	BIT4	BIT3	BIT2	BIT1	BIT0
SJW.1	SJW.0	BRP.5	BRP.4	BRP.3	BRP.2	BRP.1	BRP.0

$$BRP = 32 \times BRP.5 + 16 \times BRP.4 + 8 \times BRP.3 + 4 \times BRP.2 + 2 \times BRP.1 + BRP.0$$

CAN 时钟 t_{SCL} 的周期可编程，且决定了相应的位时序。t_{SCL} 计算公式如下

$$t_{SCL} = 2t_{CLK}(BRP+1) = 2(BRP+1)/f_{XTAL}$$

式中　t_{CLK}——XTAL 的频率周期（$1/f_{XTAL}$）；

　　　f_{XTAL}——晶振频率。

为了补偿在不同总线控制器的时钟振荡器之间的相位偏移，任何总线控制器必须在当前传送的相关信号边沿重新同步。同步跳转宽度 t_{SJW} 定义了每一位周期可以被重新同步缩短或延长的时钟周期的最大值。

$$t_{SJW} = t_{SCL}(2 \times SJW.1 + SJW.0 + 1)$$

② 总线定时寄存器 1（BTR1）。BTR1 定义了每个位周期的长度、采样点的位置和在每个采样点的采样数目，其各位的功能说明见表3-58。在复位模式中，BTR1 可被读/写

访问。在 PeliCAN 模式的工作模式中，BTR1 为只读；在 BasicCAN 模式中总是"FFH"。系统中所有的节点对于这两个总线定时器的设置必须相同，否则系统可能无法通信。

表 3-58　BTR1 各位的功能说明（CAN 地址 7）

BIT7	BIT6	BIT5	BIT4	BIT3	BIT2	BIT1	BIT0
SAM	TSEG2.2	TSEG2.1	TSEG2.0	TSEG1.3	TSEG1.2	TSEG1.1	TSEG1.0

采样位的功能说明见表 3-59。

表 3-59　采样位的功能说明

位	值	功　　能
SAM	1	3 倍：总线采样 3 次；使用低/中速总线（A 类和 B 类），有利于过滤总线上的毛刺波
	0	单倍：总线采样一次，用于高速总线（C 类）

时间段 1（TSEG1）和时间段 2（TSEG2）决定了每一位的时钟数目和采样的位置（见图 3-53），其中

$$t_{\text{SYNCSEG}} = t_{\text{SCL}}$$
$$t_{\text{TSEG1}} = t_{\text{SCL}}(8 \times \text{TSEG1.3} + 4 \times \text{TSEG1.2} + \text{TSEG1.1} + \text{TSEG1.0} + 1)$$
$$t_{\text{TSEG2}} = t_{\text{SCL}}(4 \times \text{TSEG2.2} + \text{TSEG2.1} + \text{TSEG2.0} + 1)$$

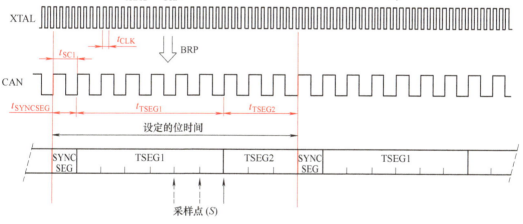

图 3-53　一个位周期的整体结构

③ SJA1000 的 BRP 计算。

1 个系统时钟

$$t_{\text{SCL}} = 2(\text{BRP} + 1)/f_{\text{XTAL}}$$

1 个位周期

$$t_{\text{BIT}} = t_{\text{SYNCSEG}} + t_{\text{TSEG1}} + t_{\text{TSEG2}}$$

则

$$\text{BRP} = 1/t_{\text{BIT}}$$

设置 BTR0 和 BTR1 参数后，实际传输的波特率范围为

$$\text{BRP}_{\max} = 1/(t_{\text{BIT}} - t_{\text{SJW}})$$

$$BRP_{min} = 1/(t_{BIT}+t_{SJW})$$

【例 3-4】 $f_{XTAL}=16\text{MHz}$，$BRP=9$，则

$$t_{SYNCSEG}=t_{SCL}（二者恒相等），\quad t_{SJW}=4t_{SCL}$$
$$t_{TSEG1}=4t_{SCL},\quad t_{TSEG2}=3t_{SCL}$$

计算波特率

$$t_{SCL}=2\times(9+1)/16\mu s=1.25\mu s$$
$$t_{BIT}=(1+4+3)\times1.25\mu s=10\mu s$$
$$BRP=1/t_{BIT}=100\text{kbit/s}$$

实际传输的波特率范围

$$BRP_{max}=1/(10-4\times1.25)\text{kbit/s}=200\text{kbit/s}$$
$$BRP_{min}=1/(10+4\times1.25)\text{kbit/s}=66.6\text{kbit/s}$$

BTR0 和 BTR1 的初始化值为

$$BTR0=0C9H\quad BTR1=0A3H$$

④ 输出控制寄存器（OCR）。OCR 实现了由软件控制建立不同输出驱动的配置输出控制寄存器，其各位的功能说明见表 3-60。收发器的输入/输出控制逻辑如图 3-54 所示。在复位模式中，OCR 可被读/写访问。在 PeliCAN 模式的工作模式中，OCR 为只读；在 BasicCAN 模式中总是"FFH"。

表 3-60 OCR 各位的功能说明（CAN 地址 8）

BIT7	BIT6	BIT5	BIT4	BIT3	BIT2	BIT1	BIT0
OCTP1	OCTN1	OCPOL1	OCTP0	OCTN0	OCPOL0	OCMODE1	OCMODE0

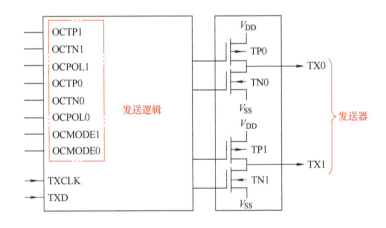

图 3-54 收发器的输入/输出控制逻辑

当 SJA1000 在休眠模式时，TX0 和 TX1 端子根据 OCR 的内容输出隐性电平。在复位状态（复位请求=1）或外部复位端子 RST 被拉低时，输出 TX0 和 TX1 悬空。

发送的输出阶段有不同的模式，OCMODE 位的说明见表 3-61。

表 3-61　OCMODE 位的说明

OCMODE1	OCMODE0	说　　明
0	0	双向输出模式
0	1	测试输出模式①
1	0	正常输出模式
1	1	时钟输出模式

① 检测输出模式中，TXn 在下一个系统时钟的上升沿反映在 RX 各端子检测到的位。TN1、TN0、TP1 和 TP0 配置与 OCR 相对应。

a. 正常输出模式。位序列（TXD）通过端子 TX0 和 TX1 输出，端子 TX0 和 TX1 的电平取决于被 OCTPx、OCTNx（悬空、上拉、下拉、推挽）编程的发送器的特性和被 OCPOLx 编程的输出端极性。

b. 时钟输出模式。端子 TX0 在该模式中和正常模式中相同，但 TX1 上的数据流被发送时钟（TXCLK）代替，如图 3-55 所示。发送时钟（不翻转）的上升沿标志着一位的开始，时钟脉冲宽度等于 t_{SCL}。

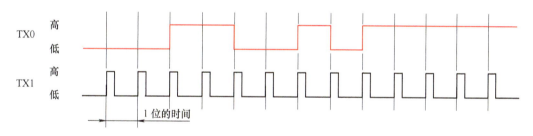

图 3-55　时钟输出模式

c. 双相输出模式。相对于正常输出模式，此位代表时间的变化与触发。若总线控制器被发送器从总线上电流退耦，则位流不允许含有直流成分。在隐性位期间，所有输出呈现"无效"（悬空），而显性位交替在 TX0 和 TX1 上发送，即第一位在 TX0 上发送，第二位在 TX1 上发送，第三位在 TX0 上发送等，以此类推。双相输出时序配置如图 3-56 所示。

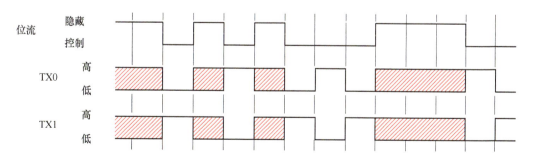

图 3-56　双相输出时序配置（输出控制寄存器为 F8H）

d. 测试输出模式。RX 的电平在下一个系统时钟的上升沿映射到 TXn，系统时钟（$f_{osc/2}$）与 OCR 中定义的极性相同。OCR 的位和输出端子 TX0 和 TX1 的关系见表 3-62。

表 3-62 OCR 的位和输出端子 TX0 和 TX1 的关系

驱动	TXD	OCTPX	OCTNX	OCPOLK	TPX[2]	TNX[3]	TXX[4]
悬空	×[1]	0	0	×[1]	关	关	悬空
上拉	0	0	1	0	关	开	低
	1	0	1	0	关	关	悬空
	0	0	1	1	关	关	悬空
	1	0	1	1	关	开	低
下拉	0	1	0	0	关	关	悬空
	1	1	0	0	开	关	高
	0	1	0	1	开	关	高
	1	1	0	1	关	关	悬空
上拉	0	1	1	0	关	开	低
	1	1	1	0	开	关	高
	0	1	1	1	开	关	高
	1	1	1	1	关	开	低

[1] ×=不影响。
[2] TPX 是片内输出发送器 X，连接 V_{DD}。
[3] TNX 是片内输出发送器 X，连接 V_{SS}。
[4] TXX 是在端子 TX0 或 TX1 上的串行输出电平。要求当 TXD=0 时，CAN 总线上的输出电平必须是显性；而当 TXD=1 时，这个输出电平是隐性。

⑤ 时钟分频寄存器（CDR）。CDR 用于控制输出给单片机的 CLKOUT 频率，可使 CLKOUT 端子失效，还用于控制 TX1 上的专用接收中断脉冲、接收比较器旁路和 BasicCAN 模式与 PeliCAN 模式的选择。硬件复位后，CDR 的默认状态为 Motorola 模式（0000 0101，12 分频）和 Intel 模式（0000 0000，2 分频）。软件复位（复位请求/复位模式）时，CDR 不受影响。保留位（CDR.4）总是 0，应用软件向此位写 0 以与将来可能使用此位的特性兼容。CDR 各位的功能说明见表 3-63。

表 3-63 CDR 各位的功能说明（CAN 地址 31）

BIT7	BIT6	BIT5	BIT4	BIT3	BIT2	BIT1	BIT0
CAN 模式	CBP	RXINTEN	0[1]	关闭时钟	CD.2	CD.1	CD.0

[1] 此位不能被写，读值总为 0。

位域 CD.0~CD.2 的定义：复位模式和工作模式相同，CD.0~CD.2 可随时访问。这些位用来定义外部 CLKOUT 端子上的频率，可选频率见表 3-64，其中 f_{osc} 为外部振荡器（XTAL）的频率。

表 3-64 频率选择

CD.2	CD.1	CD.0	时钟频率
0	0	0	$f_{osc}/2$
0	0	1	$f_{osc}/4$
0	1	0	$f_{osc}/6$
0	1	1	$f_{osc}/8$
1	0	0	$f_{osc}/10$
1	0	1	$f_{osc}/12$
1	1	0	$f_{osc}/14$
1	1	1	f_{osc}

关闭时钟：此位用于禁能 SJA1000 的外部 CLKOUT 端子，只有在复位模式中才可以写访问。如果置位此位，CLKOUT 端子在休眠模式中为低，而其他情况为高。

RXINTEN：此位允许 TX1 输出专用于接收中断输出。当一条已接收的信息成功地通过验收滤波器，一位时间长度的接收中断脉冲会在 TX1 端子输出（在帧的最后一位期间）。极性和输出驱动可通过输出控制寄存器编程。复位模式中只能写访问，在 BasicCAN 模式中复位请求位设置为 1。

置位 CBP：置位 CDR.6 可旁路 CAN 输入比较器，但只能在复位模式中设置，主要用于 SJA1000 外接发送接收电路。此时内部延时减少，将使总线长度增加。如果 CBP 被置位，只有 RX0 被激活。没有被使用的 RX1 输入应被连接到一个确定的电平（如 V_{SS}）。

CAN 工作模式：CDR.7 定义了 CAN 工作模式。如果 CDR.7 = 0，CAN 控制器工作于 BasicCAN 模式；否则，CAN 控制器工作于 PeliCAN 模式。只有在复位模式中可以写。

4）主要电气参数。SJA1000 的主要电气参数见表 3-65。

表 3-65 SJA1000 的主要电气参数

参 数	条件	最小值	最大值
电源电压 V_{DD}/V		4.5	5.5
除 TX0 和 TX1 之外所有端子的输入/输出电流（I_I/I_O）/mA		—	±4
TX0 和 TX1 共消耗电流 I_{OT}（Sink）/mA	①	—	30
TX0 和 TX1 源电流之和 I_{OT}（Souce）/mA	①	—	-20
操作环境温度 T_{amb}/℃		-40	125
存储温度 T_{atg}/℃		-65	150
总功耗 P_{tot}/W	②		1.0
各端子电压 V_{esd}/V	②	-1500	1500
	②	-200	200

① I_{OT} 在总线失败情况下也存在，因为此时 TX 输出在很短时间后（总线关闭状态）被自动关闭。正常操作时 I_{OT} 是一峰值电流，时间 t<100ms。每个 TX 平均输出电流不超过 10mA。

② 该值基于可允许的最大温度和封装热阻，而不是设备功耗。

2. CAN 集成电控单元 P8xC591

P8xC591 是一个典型的高性能集成电控单元，它从 80C51 电控单元派生而来，采用强大的 80C51 指令集，并包括 SJA1000 CAN 控制器的 PeliCAN 功能。全静态内核提供了扩展的节电方式，振荡器可停止和恢复而不丢失数据。P8xC591 组合了 P87C554 和 SJA1000 的功能，并具有增强功能，主要表现为增强的 CAN 接收中断、扩展的验收滤波器，验收滤波器可在运行中改变。

（1）硬件构成及其功能 P8xC591 的硬件构成及其功能框图如图 3-57 所示。

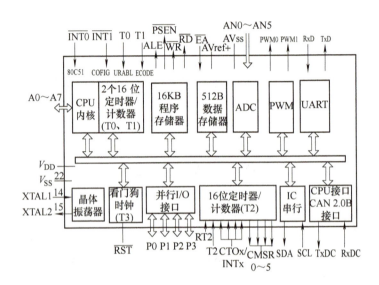

图 3-57　P8xC591 的硬件构成及其功能框图

（2）存储系统 P8xC591 有 3 个存储空间，即 16KB 内部程序存储器，可外部扩展到 64KB；512B 内部数据存储器，主、辅 RAM；最大 64KB 外部数据存储器（256B 位于内部辅助 RAM）。

1）程序存储器。P8xC591 包含 16KB 内部程序存储器，可使用外部存储器扩展到 64KB。当 $\overline{EA}$ 为高电平时，P8xC591 从内部 ROM 读取地址，除非地址超过 3FFFH。地址 4000H~FFFFH 取自外部程序存储器。$\overline{EA}$ 在复位时锁存，复位之后不用考虑。对于 ROM 和 EPROM 的 P8xC591，器件执行防范措施，以确保不会被非法的程序存储器读取。

2）数据存储器。分 4 个独立部分，即低 128B RAM（地址 00H~7FH，可直接和间接寻址）、高 128B RAM（地址 80H~FFH，为间接寻址）、128B 特殊功能寄存器（SFR，地址 80H~FFH，只能直接寻址）和 256B 辅助 AUX-RAM（地址 00H~FFH），通过 MOVX 间接寻址且 EXTRAM 位清零。

3）I/O 结构。P8xC591 包含 32 条 I/O 接口线，部分具有复用功能。I/O 在复位时保持高电平（异步，在振荡器运行之前）。P0~P3 具有下列可选功能：

① P0 与 80C51 电控单元功能相同。复位后，P0 口特殊功能寄存器为 FFH。P0 还提

供复用的低位地址和数据总线，用于扩展 P8xC591 的标准存储器和外围设备。

② P1 支持几种可选功能，具有不同的 I/O 状态。在复位后，P1.0 和 P1.1 为高电平，而 P1.2~P1.7 为高阻态（三态）。

③ P2 与 80C51 电控单元功能相同。复位后，P1 口特殊功能寄存器为 FFH；P2 还提供复用的高位地址和数据总线，用于扩展 P8xC591 电控单元功能的外部存储器和域外部数据存储器。

④ P3 与 80C51 电控单元功能相同。复位后，P3 口特殊功能寄存器为 FFH。

二、CAN 收发器

1. CAN 收发器 PCA82C250

PCA82C250 是 CAN 控制器与物理总线之间的接口，为汽车中的高速应用而设计。器件可提供对总线的差动发送和接收功能。

（1）PCA82C250 的主要特点

1）与 ISO 11898 标准完全兼容。

2）高速率（1Mbit/s）。

3）采用斜率控制，降低射频干扰（RFI）。

4）具有抗汽车环境下的瞬间干扰和保护总线的能力。

5）低电流待机模式。

6）在 24V 系统中防止电池对搭铁短路。

7）过热保护。

8）未上电时，节点不会干扰总线。

9）总线至少可连接 110 个节点。

（2）PCA82C250 的结构

PCA82C250 的结构如图 3-58 所示，其基本性能参数和端子功能见表 3-66 和表 3-67。

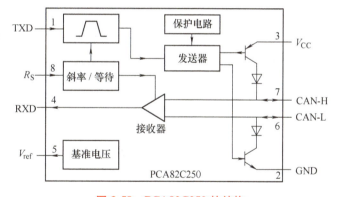

图 3-58　PCA82C250 的结构

表 3-66　PCA82C250 基本性能参数

参　　数	条　　件	最小值	典型值	最大值
电源电压 V_{CC}/V		4.5	—	5.5
电源电流 I_{CC}/mA	显性位，$V_1=1V$	—	—	70
	隐性位，$V_1=4V$	—	—	14
	待机模式	—	0.1	0.17

(续)

参　数	条　件	最小值	典型值	最大值
CAN-H、CAN-L 端子直流电压 V_{CAN}/V	$0<V_{CC}<5.5V$	−8	—	18
差动总线电压 ΔV/V	$V_1=1V$	1.5	—	3.0
差动输入电压（隐性值）$V_{diff(r)}$/V	非待机模式	−1.0	—	0.4
差动输入电压（显性值）$V_{diff(d)}$/V	非待机模式	1.0	—	5.0
传播延迟 T_d/ns	高速模式	—	—	50
工作环境温度 T_{amb}/℃		−40		120

表 3-67　PCA82C250 端子功能

符　号	端　子	功　能
TXD	1	发送数据输入
GND	2	搭铁
V_{CC}	3	电源电压
RXD	4	接收数据输入
V_{ref}	5	参考电压输出
CAN-L	6	低电平 CAN 电压输入/输出
CAN-H	7	高电平 CAN 电压输入/输出
R_S	8	斜率电阻输入

（3）PCA82C250 的工作原理　PCA82C250 驱动电路内部具有限流电路，可防止发送输出级对电源、搭铁或负载短路。当短路出现时功耗增加，可避免损坏输出级。若结温超过 160℃，则两个发送器输出端极限电流将减小。由于发送器是功耗的主要部分，因而限制了芯片的温升，器件的其他部分将继续工作。PCA82C250 采用双线差分驱动，有助于抑制汽车在恶劣电气环境下受到的瞬变干扰。

端子 R_S 用于选定 PCA82C250 的工作模式。有三种不同的工作模式可供选择，即高速、斜率控制和待机，具体内容见表 3-68。

表 3-68　端子 R_S 的用法

R_S 端子强制条件	模式	R_S 端子电压或电流
$V_{RS}>-0.75V_{CC}$	待机	$-I_{RS}<10\mu A$
$10\mu A<-I_{RS}<200\mu A$	斜率控制	$0.4V_{CC}<V_{RS}<0.6V_{CC}$
$V_{RS}<0.3V_{CC}$	高速	$-I_{RS}<500\mu A$

将端子 R_S 搭铁，可选择高速模式。该模式下，发送器输出级晶体管以最快的速度开、闭，不采取任何措施限制上升和下降的斜率。使用屏蔽电缆，可避免射频干扰。

斜率控制模式允许使用非屏蔽双绞线或平行线作为总线。为降低射频干扰，应限制上升和下降的斜率。上升和下降的斜率可通过由端子 R_S 接至搭铁的连接电阻进行控制，斜率正比于端子 R_S 的电流输出。

向端子 R_S 加高电平，则电路进入低电流待机模式。此时，发送器被关闭，接收器转至低电流。若在总线上检测到显性位（差动总线电压大于 0.9V），RXD 将变为低电平。单片机通过端子 R_S 将收发器切换至正常工作状态，对此信号做出响应。在待机模式下接收器为慢速，当位速率很高时，第一个报文将丢失。PCA82C250 真值见表 3-69。利用 PCA82C250 还可以方便地在 CAN 控制器与收发器之间建立光电隔离，以实现总线上各节点之间的电气隔离。

表 3-69　CAN 收发器 PCA82C250 真值

V_{CC}/V	TXD	CAN-H	CAN-L	总线状态	RXD
4.5~5.5	0	高	低	显性	0
4.5~5.5	1（或悬空）	悬空	悬空	隐性	1②
4.5~5.5	X①	若 $V_{RS}>0.75$，V_{CC} 则悬空	若 $V_{RS}>0.75$，V_{CC} 则悬空	悬空	1②
0~4.5	悬空	悬空	悬空	悬空	X①

① X 为任意值。
② 若其他总线节点正在发送一个显性位，则 RXD 为逻辑 0。

2. CAN 收发器 TJA1040

TJA1040 收发器提供了 CAN 协议控制器和物理总线之间的接口，实现发送和接收功能；还提供低功耗管理，支持远程唤醒。TJA1040 的功能框图如图 3-59 所示，其端子功能见表 3-70。

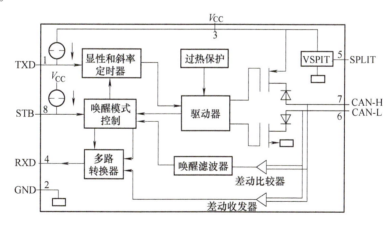

图 3-59　TJA1040 的功能框图

表 3-70　TJA1040 端子功能

符号	端子	功　能	符号	端子	功　能
TXD	1	发送数据输入	SPLIT	5	共模稳压输出
GND	2	搭铁	CAN-L	6	低电平 CAN 电压输入/输出
V_{CC}	3	电源电压	CAN-H	7	高电平 CAN 电压输入/输出
RXD	4	接收数据输出	STB	8	待机模式控制输入

（1）**正常模式** 收发器通过总线 CAN-H 和 CAN-L 发送和接收数据。差动收发器将总线上的模拟数据转换成数字数据，通过多路转换器（MUX）输出到 RXD。总线线路上输出信号的斜率固定，并进行优化，保证有很低的电磁辐射（EME）。

（2）**待机模式** 发送器和接收器都关闭，只用低功耗的差动收发器监控总线。V_{CC} 上的电流降到最低，但仍确保抗电磁干扰，并能识别出总线上的唤醒事件。在该模式中，总线搭铁，将电源电流 I_{CC} 降到最低。在 RXD 的高端驱动器上串联一个二极管，防止无电压时有反向电流从 RXD 流向 V_{CC}。在正常模式中，该二极管被旁路，但在待机模式中可减少电流消耗而不被旁路。

（3）**分解网络** 分解网络为 $0.5V_{CC}$ 的直流稳压源，只在正常模式中接通。待机模式时，端子 SPLIT 空，分解网络通过将端子 SPLIT 连接到分解终端的中心插头来稳定隐性共模电压（见图 3-59），若网络中存在不上电的收发器，则会在总线和搭铁之间漏电，使隐性总线电压小于 $0.5V_{CC}$，分解网络将该隐性电压稳定为 $0.5V_{CC}$。因此启动发送时，不会在共模信号上产生阶跃，从而保证电磁辐射性能。

（4）**唤醒** 在待机模式中，总线由低功耗的差动比较器监控。一旦低功耗的差动比较器检测到一个持续时间大于总线时间 t_{BUS} 的显性总线电平，端子 RXD 变为低电平。

（5）**过热检测** 收发器在过热时会受到保护。若实际连接点温度超过了 165℃，收发器会被禁止，直到实际连接点温度低于 165℃后，TXD 才会再一次变成隐性。因此，收发器的振幅不会受到温度漂移的影响。

（6）**TXD 显性超时功能** 当端子 TXD 由于硬件和/或软件程序的错误而被持续地置为低电平时，TXD 显性和斜率定时器电路可防止总线进入持续的显性状态（阻塞所有网络通信）。该定时器由端子 TXD 的负跳沿触发。若端子 TXD 的低电平持续时间超过内部定时器的值（J_{dom}），收发器被禁止，强制使总线进入隐性状态。

（7）**自动防故障功能** 端子 TXD 提供了一个向 V_{CC} 的上拉，当不使用端子 TXD 时，保持隐性电平。端子 STB 提供了一个向 V_{CC} 的上拉，当不使用端子 STB 时，使收发器进入待机模式。若 V_{CC} 断电，端子 TXD、STB 和 RXD 会变成悬空状态，以防止通过这些端子产生反向电流。

3. PCA82C250/251 与 TJA1040、TJA1050 的比较和升级

（1）**PCA82C250/251 与 TJA1040、TJA1050 的比较** TJA1040、TJA1050 和 PCA82C250/251 一样，都是遵从 ISO 11898 的高速 CAN 收发器。TJA1050 采用了先进的绝缘硅（SOI）技术进行处理，比 PCA82C250/251（使用分离终端）的抗电磁干扰性能提高了 20dB。TJA1050 不提供待机模式。TJA1040 以 TJA1050 的设计为基础。由于使用了相同的 SOI 技术，TJA1040 和 TJA1050 的 EMC 特性相同。TJA1040 与 PCA82C250/251 都有待机模式，可通过总线远程唤醒，TJA1040 可认为是 PCA82C250/251 的功能后继者。TJA1040 还具有与 PCA82C250/251 相同的收发器端子和功能，所以 TJA1040 可以与 PCA82C250/251 兼容，并简单地替代后者。TJA1040 首次提供在不上电环境下具有理想的无源特性。

TJA1040 比 PCA82C250/251 有以下改进：

1）若不上电，则总线上完全无源。

2）改良的抗电磁干扰（EMI）性能。

3）改良的防电磁辐射性能。

4）待机模式时，电流消耗非常低（最大15μA）。

5）SPLIT端子代替V_{ref}端子，有利于对总线的直流稳压。

TJA1040可以向下兼容PCA82C250/251，并在已有的PCA82C250/251中使用，而硬件和软件不需要进行任何修改。

PCA82C250/251、TJA1050和TJA1040之间的主要区别见表3-71。

表3-71　PCA82C250/251、TJA1050和TJA1040之间的主要区别

特　征	PCA82C250	PCA82C251	TJA1050	TJA1040
电压范围/V	4.5~5.5	4.5~5.5	4.75~5.25	4.75~5.25
总线端子（6、7）的最大直流电压/V	-8~18	-36~36	-27~40	-27~40
循环延迟（TXD→RXD）/ns	($R_S=0$) 190 ($R_S=24k\Omega$) 320	($R_S=0$) 190	250	255
有远程唤醒的待机模式/μA	小于170	小于275	不支持	小于15
斜率控制	可变	可变	EMC优化	EMC优化
没上电的无源特征（$V_{CC}=0$时的总线）/μA	小于1000 （$V_{CANH-L}=7V$）	小于2000 （$V_{CANH-L}=7V$）	小于0 （$V_{CANH-L}=5V$）	小于0 （$V_{CANH-L}=7V$）
共模电压的直流稳压性	无	无	无	有

（2）PCA82C250/251、TJA1050和TJA1040插接器的端子布置　PCA82C250/251、TJA1050和TJA1040插接器的端子布置如图3-60所示。除了两个重新命名的端子外，这三个总线触发器相同。

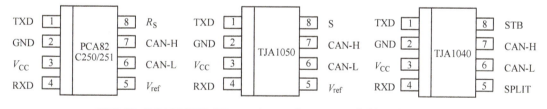

图3-60　PCA82C250/251、TJA1050和TJA1040插接器的端子布置

1）模式控制端子（端子8）。模式控制端子用于控制收发器的工作模式，该端子在TJA1040上的符号是STB，指待机模式；在PCA82C250/251上的符号是R_S，指斜率控制电阻；在TJA1050上的符号是S，指静音模式。虽然表示的符号不同，但模式控制相同，即普通模式或高速模式都是通过端子8置低电平进入。若将该端子置高电平，收发器进入待机（PCA82C250/251、TJA1040）或静音模式（TJA1050）。

2）参考电压端子（端子5）。该端子为CAN控制器的模拟比较器提供一个参考电压（$V_{CC}/2$），使比较器能准确地读出总线上的位流信号。PCA82C250/251和TJA1050端子5的符号都是V_{ref}。目前CAN控制器通常有一个RXD信号的数字式输入，因此端子V_{ref}使用得越来越少。

TJA1040端子5的符号是SPLIT，该端子提供了$V_{CC}/2$的电压，与其相关的低阻抗

（典型值为 600Ω）可将共模电压稳定到额定的 $V_{CC}/2$。端子 SPLIT 被连接到分离终端的中间分插头，即使由于未上电节点造成从总线到 GND 有很大的漏电电流，共模电压仍能够维持在接近额定值的 $V_{CC}/2$。

4. 工作模式

收发器的工作模式由端子 8 控制。相关的工作模式及端子 8 相应的设置见表 3-72。

表 3-72　工作模式及端子 8 相应的设置

工作模式	特 征	端子 8 的信号电平		
		TJA1040	PCA82C250/251	TJA1050
正常（高速）	发送功能 接收功能	低	低或悬空	低或悬空
待机	减小电流 远程唤醒 混串音保护	高或悬空	高	—
斜率控制	可变斜率	—	通过 $10k\Omega < R_S < 180k\Omega$ 连接 GND	—
静音	混串音保护 "只听"功能	—	—	高

TJA1040 提供了与 PCA82C250/251 相同的功能。由于 TJA1050 和 TJA1040 的 CAN 信号都有良好的对称性，所以不需要一个专门的斜率控制模式。

（1）**正常（高速）模式**　对于总线收发器，正常（高速）模式都相同。从 TXD 输入的数字位流被转换成相应的模拟总线信号，同时总线收发器监控总线，将模拟总线信号转换成相应的数字位流从 RXD 输出。

（2）**待机模式**　PCA82C250/251 和 TJA1040 提供了一个专用的待机模式，电流消耗减到最低（如 TJA1040 最大为 15μA，PCA82C250 最大为 170μA）。在待机模式中，TJA1040 和 PCA82C250/251 发送器完全禁能，TJA1040 和 PCA82C250/251 提供了与 Babbling Idiot 节点一致的静音功能。TJA1040 和 PCA82C250/251 在该模式下最大的区别是总线的偏压。PCA82C250/251 将总线偏压维持在 $V_{CC}/2$ 以上，而 TJA1040 将总线拉到 GND。因此，TJA1040 在低功耗工作环境下的电流消耗非常低。

（3）**斜率控制模式**　只有 PCA82C250/251 提供斜率控制模式。通过 R_S 端子和 GND 之间的电平连接电阻调整斜率。TJA1050 和 TJA1040 的抗电磁干扰性比 PCA82C250/251 提高了 20dB，可摆脱共模扼流圈。

（4）**静音模式**　TJA1050 提供一个专用的静音模式，发送器完全禁能，以确保没有信号能从 TXD 发送至总线。如同 TJA1040 待机模式，该静音模式可建立一个 Babbling Idiot 保护。静音模式中，接收器保持激活状态，可执行"只听"功能。

5. 互操作性

由于 PCA82C250/251、TJA1050、TJA1040 和 TJA1041 都符合 ISO 11898 标准，因此，在正常模式下具有互操作性。但在低功耗模式工作时有不同的总线偏压，不同工作模式和不上电情况下的总线偏压见表3-73。当有不同的总线偏压时,系统会得到一个稳定的偏压补偿电流。补偿电流的大小由共模输入阻抗决定。TJA1040和PCA82C250节点总线处于隐性状态的补偿电路如图3-61所示。由于共模输入阻抗很大,当一部分网络工作在低功耗模式而其他节点已经开始通信时,CAN通信不受影响,并且能大大降低辐射。

表3-73 不同工作模式和不上电情况下的总线偏压

条件 \ 收发器	PCA82C250/251		TJA1050		TJA1040	
	模式	总线偏压	模式	总线偏压	模式	总线偏压
低(端子8)	正常	$V_{CC}/2$	正常	$V_{CC}/2$	正常	$V_{CC}/2$
高(端子8)	待机	$V_{CC}/2$	静音	$V_{CC}/2$	待机	GND
悬空(端子8)	正常	$V_{CC}/2$	正常	$V_{CC}/2$	待机	GND
不上电	—	GND	—	GND	—	悬空

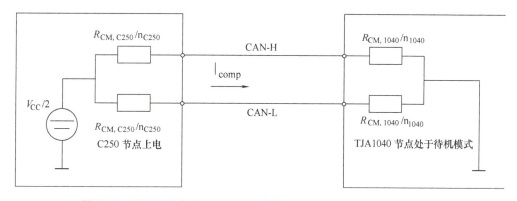

图3-61 TJA1040和PCA82C250节点总线处于隐性状态的补偿电路

(1) TJA1040和PCA82C250/C251、TJA1050混合使用 不同的总线偏压和补偿电流见表3-74。当TJA1040节点处于正常(高速)模式,而其他PCA82C250/251和TJA1050节点没有上电时,会产生补偿电流。当TJA1040处于待机模式,而其他PCA82C250/251和TJA1050节点处于任何保持上电状态的工作模式时,也会产生补偿电流。尽管有补偿电流,处于待机模式的TJA1040比处于待机模式的PCA82C250/251节电。当PCA82C250/251和TJA1050节点处于不上电状态,而TJA1040节点处于待机模式时,则使用该最低电流消耗。

表3-74 不同的总线偏压和补偿电流

TJA1040 \ PCA82C250/251 和 TJA1050	所有模式	不上电
普通/高速	—	×
待机	×	—
不上电	—	—

注:1. "×"表示偏压补偿电流。
2. "—"表示没有偏压补偿电流。

（2）TJA1040 和 TJA1041 节点混合使用 TJA1040 和 TJA1041 节点的混合模式见表 3-75，在低功耗模式中，TJA1040 和 TJA1041 对 GND 都显示"弱"终端，当所有节点都处于待机或休眠模式时，总线掉电，不会出现偏压补偿电流。当所有节点都处于正常（高速）或有诊断功能的 Pwon "只听"模式时，总线偏压到 $V_{CC}/2$，不出现偏压补偿电流。

表 3-75 TJA1040 和 TJA1041 节点的混合模式

TJA1040 \ TJA1041	普通/高速	Pwon	待机	休眠	不上电
普通/高速	—	—	×	×	×
待机	×	×	—	—	—
不上电	×	×	—	—	—

注：1. "×"表示偏压补偿电流。
2. "—"表示没有偏压补偿电流。

6. 硬件问题

PCA82C250/251 的典型应用电路如图 3-62 所示，等价电路如图 3-63 和图 3-64 所示。

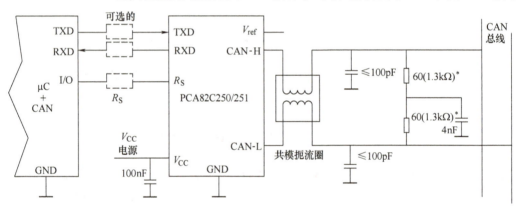

图 3-62 PCA82C250/251 的典型应用电路

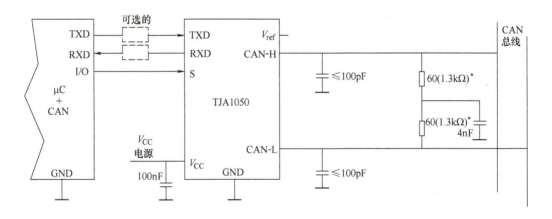

图 3-63 TJA1050 的典型应用电路

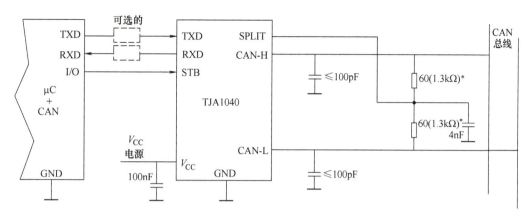

图 3-64 TJA1040 的典型应用电路

1）用 TJA1050 代替 PCA82C250/251（见图 3-62 和图 3-63）时，注意以下事项：

① 若 PCA82C250 的模式控制端子 8 接有一个斜率控制电阻 R_s 控制斜率，要将该电阻去掉。TJA1050 端子 S 被直接连接到单片机的输出端。

② TJA1050 的对称性能非常好，不需要共模扼流圈。为了确保电磁辐射最低，应使用分离终端，尤其是在 AM 波段。

2）用 TJA1040 代替 PCA82C250/251（见图 3-62 和图 3-64）时，注意以下事项：

① 若端子 SPLIT 用于共模电压的直流稳压，则端子 SPLIT（对应于 PCA82C250/251 的 V_{ref} 端子）要连接到分离终端的中间分插头。若 SPLIT 不使用，只要保持断路即可。

② 若 PCA82C250 的模式控制端子 8 接有一个斜率控制电阻 R_s 控制斜率，则将该电阻去掉。TJA1040 端子 STB 被直接连接到单片机的输出端。

③ TJA1040 不需要共模扼流圈。为了确保电磁辐射最低，应使用分离终端，尤其是在 AM 波段。

延伸阅读

典型车型 CAN 总线类型：

目前 CAN 总线中的信号是以数码方式由铜导线传送的，安全传送速率可高达 1000kbit/s。大众汽车 CAN 的最高传送速率为 500kbit/s，大众汽车 CAN 总线为 3 个专用系统，即几乎满足实时要求的速率为 500kbit/s 的驱动 CAN 总线（高速）；时间要求较低的速率为 100kbit/s 的舒适 CAN 总线（低速）；时间要求较低的速率为 100kbit/s 的信息娱乐 CAN 总线（低速），如电话、收音机和导航系统的网络。CAN 总线导线颜色见表 3-76。

表 3-76 CAN 总线导线颜色

CAN 总线类型	CAN 总线导线类别	导线颜色
驱动 CAN	高线	橘黄色/黑色
	低线	橘黄色/棕色

(续)

CAN 总线类型	CAN 总线导线类别	导线颜色
舒适 CAN	高线	橘黄色/绿色
	低线	橘黄色/棕色
信息/娱乐 CAN	高线	橘黄色/紫色
	低线	橘黄色/棕色

第五节　CAN 设计基础

一、CAN 智能节点设计

节点是网络信息的发送站和接收站，CAN 总线有两类节点，即不带微处理器的非智能节点和带微处理器的智能节点，如由一片 P82C150 即可构成一个数字和模拟信号采集的节点，这种节点就是非智能节点。智能节点是由微处理器和可编程的 CAN 控制芯片组成的，也有二合一的，如芯片 P8xC591，设计时采用专用的单片机仿真器，可靠性较高；也有由独立的通信控制芯片与单片机接口构成，此种类型使用较多。

1. CAN 智能节点硬件设计

本章介绍的 CAN 智能节点采用 P89C51 作为微处理器，在 CAN 通信接口中，CAN 通信控制器采用 SJA1000，CAN 总线驱动器采用 TJA1050。

CAN 总线系统智能节点硬件电路如图 3-65 所示，其主要由单片机 P89C51、独立 CAN 通信控制器 SJA1000、CAN 总线驱动器 TJA1050 和高速光电耦合器 6N137 组成。单片机 P89C51 进行 SJA1000 的初始化，通过控制 SJA1000 实现数据的接收和发送等。

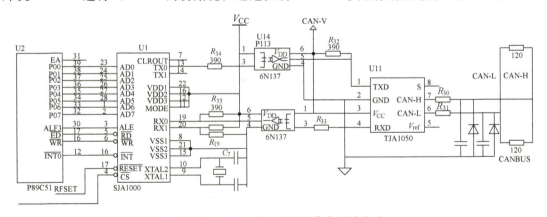

图 3-65　CAN 总线系统智能节点硬件电路

SJA1000 的 AD0~AD7 连接到 P89C51 的 P00~P07 口，$\overline{CS}$ 连接到基地址为 0xFA00 的外部存储器片选信号，当访问地址 0xFA00~0xFA31 时，CPU 对 SJA1000 执行相应的读写

操作。SJA1000 的 $\overline{RD}$、$\overline{WR}$、ALE 分别与 P89C51 的对应端子相连，$\overline{INT}$ 接 P89C51 的 $\overline{INT0}$，使 P89C51 可通过中断方式访问 SJA1000。SJA1000 的复位信号 $\overline{RST}$ 为低电平有效。

为了增强 CAN 总线节点的抗干扰能力，SJA1000 的 TX0 和 RX0 不直接与 TJA1050 的 TXD 和 RXD 相连，而是通过高速光耦 6N137 后与 TJA1050 相连，实现了总线上各 CAN 节点间的电气隔离。电源的完全隔离可采用小功率电源隔离模块，或通过带有 5V 隔离输出的开关电源实现。这些部分虽然增加了节点电路的复杂性，但提高了节点的稳定性和安全性。

TJA1050 与 CAN 总线接口部分也采用了一定的安全和抗干扰措施。TJA1050 的端子 CAN-H 和 CAN-L 各自通过一个 5Ω 的电阻与 CAN 总线相连，电阻可起到一定的限流作用，保护 TJA1050 免受过电流的冲击。CAN-H 和 CAN-L 与搭铁之间并联了两个 30pF 的小电容，可滤除总线上的高频干扰，防电磁辐射。另外，在两根 CAN 总线输入端与搭铁之间分别接了一个防雷击管，两输入端之间也分别接了一个防雷击管，当两输入端与搭铁之间出现瞬变干扰时，通过防雷击管的放电可起到一定的保护作用。

2. CAN 智能节点软件设计

CAN 总线智能节点的软件设计主要包括 CAN 节点初始化、报文发送和报文接收。熟悉这三部分程序的设计，就能编写出利用 CAN 总线进行通信的一般应用程序。若要将 CAN 总线应用于通信任务比较复杂的系统中，还需详细了解有关 CAN 总线错误处理、总线关闭处理、接收滤波处理、波特率参数设置、自动检测以及 CAN 总线通信距离和节点数的计算等内容。

(1) 初始化过程 SJA1000 的初始化只能在复位模式下进行，主要包括工作方式、接收滤波方式、接收屏蔽寄存器（AMR）和接收代码寄存器（ACR）、波特率参数和中断允许寄存器（IER）的设置等。完成 SJA1000 的初始化设置后，SJA1000 回到工作状态，进行正常通信。SJA1000 初始化的 P89C51 汇编源程序如下：

```
CANINI:   MOV    DPTR, #MODE      ;方式寄存器
          MOV    A, #09H          ;进入复位模式，对SJA1000进行初始化
          MOVX   @DPTR, A
          MOV    DPTR, #CDR       ;时钟分频寄存器
          MOV    A.#88H           ;选择 PeliCAN 模式，关闭时钟输出（CLKOUT）
          MOVX   @DPTR, A
          MOV    DPTR, #IER       ;中断允许寄存器
AMRINI:
          MOV    A, #0DH          ;开放发送中断、溢出中断和错误警告中断
          MOVX   @DPTR, A
          MOV    DPTR, #AMR       ;接收屏蔽寄存器
          MOV    R6, #4
          MOV    R0, #DAMR        ;接收屏蔽寄存器内容在单片机片内 RAM 中的首址
ACRINI:
```

```
            MOV     A, @R0
            MOVX    @DPTR, A        ;接收屏蔽寄存器赋初值
            INC     DPTR
            DJNZ    R6, AMRINI
            MOV     DPTR, #ACR      ;接收代码寄存器
            MOV     R6, #4
            MOV     R0, #DACR       ;接收代码寄存器内容在单片机片内 RAM 中的首址
            MOV     A, @R0
            MOVX    @DPTR, A        ;接收代码寄存器赋初值
            INC     DPTR
            DJNZ    R6, ACRINI
            MOV     DPTR, #BTR0     ;总线定时寄存器 0
            MOV     A, #03H
            MOVX    @DPTR, A
            MOV     DPTR, #BTR1     ;总线定时寄存器 1
            MOV     A, #0FFH        ;设置波特率
            MOVX    @DPTR, A
            MOV     DPTR, #OCR      ;输出控制寄存器
            MOV     A, #0AAH
            MOVX    @DPTR, A
            MOV     DPTR, #RBSA     ;接收缓存器起始地址寄存器
            MOV     A, #0           ;设置接收缓存器 FIFO 起始地址为 0
            MOVX    @DPTR, A
            MOV     DPTR, #TXERR    ;发送出错计数寄存器
            MOV     A, #0           ;清除发送出错计数寄存器
            MOVX    @DPTR, A
            MOV     DPTR, #ECC      ;错误代码捕捉寄存器
            MOVX    A, @DPTR        ;清除错误代码捕捉寄存器
            MOV     DPTR, #MODE     ;方式寄存器
            MOV     A, #08H         ;设置单滤波接收方式,并返回工作状态
            MOVX    @DPTR, A
            RET
```

(2) 发送过程 发送子程序负责节点报文的发送。发送时只需将待发送的数据按特定格式组合帧报文,送入 SJA1000 发送缓存区中,然后启动 SJA1000 发送即可。在向 SJA1000 发送缓存区送报文之前,必须先进行判断。发送程序分为发送数据帧和远程帧两种,远程帧无数据场。

1)发送数据帧子程序。

```
TDATA:
        MOV     DPTR, #SR           ; 状态寄存器
        MOVX    A, @DPTR            ; 从 SJA1000 读入状态寄存器值
        JB      ACC.4, TDATA        ; 判断是否正在接收, 正在接收则等待
TS0:
        MOVX    A, @DPTR
        JNB     ACC.3, TS0          ; 判断上次发送是否完成, 未完成则等待
                                    ;   发送完成
TS1:
        MOVX    A, @DPTR
        JNB     ACC.2, TS1          ; 判断发送缓冲区是否锁定, 锁定则等待
TS2:
        MOV     DPTR, #CANTXB       ; SJA1000 发送缓存区首址
        MOV     A, #88H             ; 发送扩展帧格式数据帧, 数据场长度为 8
                                    ;   个字节
        MOVX    @DPTR, A
        INC     DPTR
        MOV     A, #ID0             ; 4 个字节标识符 (ID0~ID3, 共 29 位),
                                    ;   根据实际情况赋值
        MOVX    @DPTR, A
        INC     DPTR
        MOV     A, #ID1
        MOVX    @DPTR, A
        INC     DPTR
        MOV     A, #ID2
        MOVX    @DPTR, A
        INC     DPTR
        MOV     A, #ID3
        MOVX    @DPTR, A
        MOV     R0, #TRDATA         ; 单片机片内 RAM 发送数据区首址, 数据
                                    ;   内容由用户定义
MTBF:
        MOV     A, @R0
        INC     DPTR
        MOVX    @DPTR, A
        INC     R0
        CJNE    R0, #TRDATA+8, MTBF ; 向发送缓冲区写 8 个字节
        MOV     DPTR, #CMR          ; 命令寄存器地址
```

	MOV	A，#01H	
	MOVX	@DPTR，A	；启动 SJA1000 发送
	RET		

2）发送远程帧。

TRMF：

MOV	DPTR，#SR	；状态寄存器
MOVX	A，@DPTR	；从 SJA1000 读入状态寄存器值
JB	ACC.4，TDATA	；判断是否正在接收，正在接收则等待

TR0：

MOVX	A，@DPTR	
JNB	ACC.3，TR0	；判断上次发送是否完成，未完成则等待发送完成

TR1：

MOVX	A，@DPTR	
JNB	ACC.2，TR1	；判断发送缓冲区是否锁定，锁定则等待

TR2：

MOV	DPTR，#CANTXB	；SJA1000 发送缓存区首址
MOV	A，#0C8H	；发送扩展帧格式远程帧，请求数据长度为 8 个字节，可改变
MOVX	@DPTR，A	
INC	DPTR	
MOV	A，#ID0	；4 个字节标识符（ID0~ID3，共 29 位），根据实际情况赋值
MOVX	@DPTR，A	
INC	DPTR	
MOV	A，#ID1	
MOVX	@DPTR，A	
INC	DPTR	
MOV	A，@ID2	
MOVX	@DPTR，A	
INC	DPTR	
MOV	A，#ID3	
MOVX	@DPTR，A	；远程帧无数据场
MOV	DPTR，#CMR	；命令寄存器地址
MOV	A，#01H	
MOVX	@DPTR，A	；启动 SJA1000 发送
RET		

（3）接收过程 接收子程序负责节点报文的接收以及其他情况的处理，比发送子程

序复杂，其原因是在处理接收报文的过程中，要对诸如总线关闭、错误报警和接收溢出等情况进行处理。SJA1000 报文的接收主要有中断接收方式和查询接收方式，二者编程思路基本相同。如果对通信的实时性要求不高，应采用查询接收方式。查询方式接收报文的接收子程序如下：

```
SEARCH：
    MOV     DPTR, #SR           ; 状态寄存器地址
    MOVX    A, @DPTR
    ANL     A, #0C3H            ; 读取总线关闭、错误状态、接收溢出、有数
                                ;   据等位状态
    JNZ     PROC
    RET                         ; 无上述状态，结束
PROC：
    JNB     ACC.7, PROCI
BUSERR：
    MOV     DPTR, #IR           ; 中断寄存器地址，出现总线关闭
    MOVX    A, @DPTR            ; 读中断寄存器，清除中断位
    MOV     DPTR, #MODE         ; 方式寄存器地址
    MOV     A, #08H
    MOVX    @DPTR, A            ; 将方式寄存器复位请求位清 0
    LCALL   ALARM               ; 调用报警子程序
    RET
    NOP
PROCI：
    MOV     DPTR, #IR           ; 总线正常
    MOVX    A, @DPTR            ; 读取中断寄存器，清除中断位
    JNB     ACC.3, OTHER
OVER：
    MOV     DPTR, #CMR          ; 数据溢出
    MOV     A, #0CH
    MOVX    @DPTR, A            ; 在命令寄存器中清除数据和释放接收缓冲区
    RET
    NOP
OTHER：
    JB      ACC.0, RECE         ; IR.0 为 1，接收缓冲区有数据
    LJMP    RECOUT              ; IR.0 为 0，接收缓冲区无数据，退出接收
    NOP
RECE：
    MOV     DPTR, #CANRXB       ; 接收缓冲区首地址 (16)，准备读取数据
```

```
        MOVX      A, @DPTR              ;读取数据帧格式字
        JNB       ACC.6, RDATA          ;RTR=1是远程请求帧,远程帧无数据场
        MOV       DPTR, #CMR
        MOV       A, #04H               ;CMR.2=1释放接收缓冲区
        MOVX      @DPTR, A              ;只有接收了数据才能释放接收缓冲区
        LCALL     TRDATA                ;发送对方请求的数据
        LJMP      RECOUT                ;退出接收
        NOP
RDATA:
        MOV       DPTR, #CANRXB         ;读取并保存接收缓冲区的数据
        MOV       R1, #CPURBF           ;CPU 片内接收缓冲区首址
        MOVX      A, @DPTR              ;读取数据帧格式字
        MOV       @R1, A                ;保存
        ANL       A, #0FH               ;截取低4位是数据场长度(0~8)
        ADD       A, #4                 ;加4个字节的标识符
        MOV       R6, A
RDATA0:
        INC       DPTR
        INC       R1
        MOVX      A, @DPTR
        MOV       @R1, A
        DJNZ      R6, RDATA0            ;循环读取与保存
        MOV       DPTR, #CMR
        MOV       A, #04H               ;释放CAN接收缓冲区
        MOVX      @DPTR, A
RECOUT:
        MOV       DPTR, #ALC            ;释放仲裁丢失捕捉寄存器和错误代码捕捉寄存器
        MOVX      A, @DPTR
        MOV       DPTR, #ECC
        MOVX      A, @DPTR
        NOT
        RET
```

二、CAN 网桥设计

网桥是 CAN 网络的关键设备之一,即不同速率的 CAN 子网之间的网关,只要对网桥的初始化参数进行适当配置,就能使其具有报文转发功能和报文过滤功能。使用网桥可以提高网络设计的灵活性,极大地扩展其使用范围。

1. CAN 网桥硬件电路设计

CAN 网桥主要由 P89C52 和两路 CAN 控制器接口组成，P89C52 作为 CAN 网桥的单片机，进行网桥的监控和数据转发。两路 CAN 控制器接口电路基本相同，由 CAN 控制器 SJA1000、光电耦合电路和 CAN 总线驱动器 TJA1050 组成。两路 CAN 控制器接口的 CAN 驱动器都采用带隔离的开关电源模块单独供电，实现了两路 CAN 接口之间的电气隔离和网桥与 CAN 总线的隔离。CAN 网桥硬件结构如图 3-66 所示。

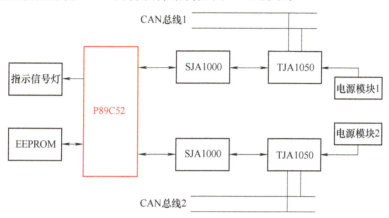

图 3-66 CAN 网桥硬件结构

2. CAN 网桥软件设计

CAN 网桥是在两个 CAN 网段之间实现数据转发，由于通信对时间的要求及 CAN 网桥 CPU 中内部 RAM 容量有限（P89C52 内部 RAM 容量为 256B），进行软件设计时要使存储转发的时间尽量短。为此，CPU 采用中断方式接收两路 CAN 控制器的数据。为了节省内存和实行有效管理，CPU 采用 FIFO 机制管理内部 RAM。

软件主要包括初始化子程序、主监控子程序、接收中断子程序和发送子程序等。初始化子程序编写方法与 SJA1000 初始化子程序基本相同，只是在对两个 CAN 控制器进行初始化时应采用不同的初始化参数。

为了说明程序，现对程序中用到的一些变量或符号定义如下：

；定义第一路 CAN 控制器 1（SJA1000）起始地址为 4000H

```
MODE1   EQU   4000H   ；CAN 控制器 1 方式寄存器
CMR1    EQU   4001H   ；CAN 控制器 1 命令寄存器
SR1     EQU   4002H   ；CAN 控制器 1 状态寄存器
IR1     EQU   4003H   ；CAN 控制器 1 中断寄存器
ALC1    EQU   400BH   ；CAN 控制器 1 仲裁丢失捕获寄存器
ECC1    EQU   400CH   ；CAN 控制器 1 错误代码捕获寄存器
TXB1    EQU   4010H   ；CAN 控制器 1 发送缓冲区首址
RXB1    EQU   4010H   ；CAN 控制器 1 接收缓冲区首址
```

；定义第二路 CAN 控制器 2（SJA1000）起始地址为 8000H

```
MODE2   EQU   8000H   ；CAN 控制器 2 方式寄存器
```

```
CMR2    EQU    8001H    ;CAN 控制器 2 命令寄存器
SR2     EQU    8002H    ;CAN 控制器 2 状态寄存器
IR2     EQU    8003H    ;CAN 控制器 2 中断寄存器
ALC2    EQU    800BH    ;CAN 控制器 2 仲裁丢失捕获寄存器
ECC2    EQU    800CH    ;CAN 控制器 2 错误代码捕获寄存器
TXB2    EQU    8010H    ;CAN 控制器 2 发送缓冲区首址
RXB2    EQU    8010H    ;CAN 控制器 2 接收缓冲区首址
CBF1RP  EQU    2AH      ;第一路 FIFO 接收数据指针（从 CAN 控制器 1 接收数据）
CBF1TP  EQU    2BH      ;第一路 FIFO 发送数据指针
BF1LEN  EQU    2CH      ;第一路 FIFO 中存储数据的有效字节长度的存储单元
CBF2RP  EQU    2DH      ;第二路 FIFO 接收数据指针（从 CAN 控制器 2 接收数据）
CBF2TP  EQU    2EH      ;第二路 FIFO 发送数据指针
BF2LEN  EQU    2FH      ;第二路 FIFO 中存储数据的有效字节长度的存储单元
```

(1) 主监控程序设计 主监控程序负责对两路 CAN 控制器的 FIFO 进行监视，如某一路 FIFO 非空，则向另一路转发。两路 FIFO 的容量大小不等，在下面的程序中对应 CAN 控制器 1 的 FIFO 为 72 个字节单元（30H～77H），而对应 CAN 控制器 2 的 FIFO 为 112 个字节单元（78H～E7H）。采用这种不对称的配置，可将容量更大的 FIFO 分配给通信任务更繁忙的一方，从而避免 FIFO 的溢出。FIFO 可接收数据指针和发送数据指针，当两指针不相等时，即说明 FIFO 中存有有效数据。FIFO 接收数据指针的调整通过接收中断子程序实现，发送数据指针的调整通过发送子程序实现。主监控程序流程如图 3-67 所示。具体程序如下：

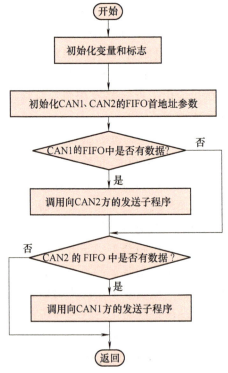

图 3-67 主监控程序流程

```
START：
    MOV     SP，#0E9H
    MOV     R0，#0H
    CLR     A                       ；片内 RAM 清零，初始化变量和标志
CLAIR：
    MOV     @R0，A
    DJNZ    R0，CLAIR
WORK：
    MOV     CBF1RP，#30H            ；初始化 CAN1 的 FIFO 首址参数（72 个字节单元）
    MOV     CBF1TP，#30H
    MOV     BF1LEN，#0
    MOV     CBF2RP，#78H            ；初始化 CAN2 的 FIFO 首址参数（112 个字节单元）
    MOV     CBF2TP，#78H
    MOV     BF2LEN，#0
    ANL     TCON，#0FAH            ；INT0、INT1 采用电平中断，防止中断丢失
    MOV     IE，#85H                ；允许 INT0 和 INT1 中断
                                    ；主程序监控流程
MLOOP：
    NOP
    MOV     A，CBFIRP              ；CAN1 接收指针与发送指针比较
    CJNE    A，CBFITP，LOOP1       ；CAN1 的 FIFO 中有数据，发送给 CAN2
    NOF                             ；CAN1 的 FIFO 中无数据
    SJMP    LOOP2                   ；进入对 CAN2 的 FIFO 检测
    NOP
LOOP1：
    LCALL   TDATA2                  ；调用向 CAN2 方的发送子程序
LOOP2：
    NOI                             ；查看 CAN2 的 FIFO
    MOV     A，CBF2RP              ；CAN2 接收指针与发送指针比较
    CJNE    A，CBF2TP，LOOP3       ；CAN2 的 FIFO 中有数据，发送给 CAN1
    NOP                             ；CAN2 的 FIFO 中无数据
    SJMP    MLOOP                   ；循环检测
    NOP
LOOP3：
    LCALL   TDATA1                  ；调用向 CAN1 方的发送子程序
    NOP
    SJMP    MLOOP
```

(2) 接收中断子程序设计 接收中断子程序负责 CAN 总线数据的接收。网桥软件中

共有两个接收中断子程序,分别对应两路 CAN 总线控制器。当任一路 CAN 总线控制器从总线上接收到数据时,向 CPU 提出中断申请,CPU 响应中断,执行中断处理程序完成数据接收。在中断处理程序中,除了将 CAN 控制器中的接收数据存入 CPU 内部相应的 FIFO 中之外,还要进行相应 FIFO 参数的调整,包括 FIFO 接收数据指针和 FIFO 中存储数据的有效字节长度。当 FIFO 中空闲字节空间不够存储最近接收的数据帧时,接收数据帧将被丢弃,直到有多余的空间释放出来为止。采用上述措施能有效避免 FIFO 中数据的覆盖,提高了数据的安全性。网桥第一路接收中断子程序流程如图 3-68 所示,第二路接收中断子程序除了有关 FIFO 参数的部分,与第一路基本相同。

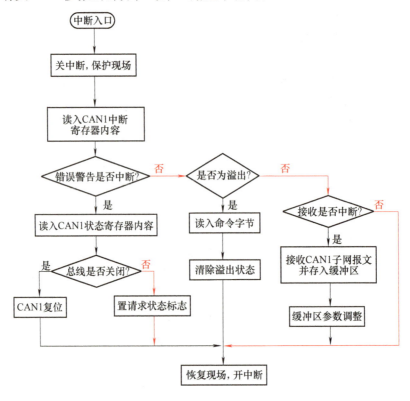

图 3-68　网桥第一路接收中断子程序流程

(3) 发送子程序设计　发送子程序进行 FIFO 中的数据发送,网桥软件中共有两个发送子程序,分别对应两路 CAN 总线控制器。发送子程序的调用在主监控程序中进行,当主监控程序确认某一路 CAN 总线控制器非空时,调用发送子程序向另一路发送数据。在发送子程序中,除了将 FIFO 中数据向另一方发送外,同样 FIFO 也进行相应的参数调整,包括发送数据指针和 FIFO 中存储数据的有效字节长度。当不符合发送条件时,前面的发送子程序中采用循环等待法,直到条件满足为止,而网桥的发送子程序检测到目前发送条件不符合时则直接返回。中断器采用直接返回法,可利用这段时间处理其他事务,提高执行效率,而作为单个节点,则无须这样。网桥的第一路发送子程序如下(第二路发送子程序除了有关 FIFO 参数的部分,与第一路基本相同):
TDATA:

```
        MOV       DPTR，#SR1
        MOVX      A，@DPTR
        JNB       ACC.4，TS0        ;判断 SJA1000 是否正在接收，正在接收则返回
        RET
TS0：
        JB        ACC.3，TS1        ;判断先前发送是否完成，未完成则返回
        RET
ST1：
        JB        ACC.2，TS2        ;判断 SJA1000 发送缓冲区是否锁定，锁定则
                                     返回
        RET
TS2：
        CLR       EA                ;发送过程中关中断，以免干扰发送
        MOV       DPTR，#TXB1        ;将 FIFO 中的数据送往 CAN 发送缓冲器
        MOV       R0，CBF2TP         ;R0 取代 P80C52 的 FIFO 发送数据指针
        MOV       A，@R0             ;读取首字节（帧信息）
        MOVX      @DPTR，A
        ANL       A，#0FH            ;获取数据域的长度（字节数）
        ADD       A，#4              ;加 4 个字节的 ID
        MOV       R6，A
        DEC       BF2LEN
MTBF：
        INC       R0
        CJNE      R0，#0E8H，MTBR    ;CAN2 的 FIFO 范围为 78H~E7H
        MOV       R0，#78H           ;若超出范围，则调整返回首地址
MTBR：
        MOV       A，@R0
        INC       DPTR
        MOVX      @DPTR，A
        DEC       BF2LEN            ;第二路 FIFO 中有效字节长度调整
        DJNZ      R6，MTBF
        MOV       DPTR，#CMR1        ;命令寄存器
        MOV       A，#01H
        MOVX      @DPTR，A           ;启动发送
        INC       R0
        CJNE      R0，#0E8H，MTBR1
        MOV       R0，#78H
MTBR1：
```

```
MOV      CBF2TP,R0           ;调整第二路FIFO发送数据指针
SETB     EA                  ;开中断
NOP
RET                          ;返回
```

本 章 小 结

CAN总线具有较强的纠错能力,支持差分收发,适合高干扰环境,并具有较远的传输距离,数据通信具有可靠性、实时性和灵活性。CAN总线在汽车上的应用情况已成为汽车数字化程度的一个重要标志。CAN主要由ECU内部的CAN控制器和收发器、ECU外部连接的两条CAN总线和整个系统中的两个终端组成。ECU通过收发器与CAN总线相连,相互交换数据。CAN控制器根据两根线的电位差判断其总线的电平,发送节点通过改变总线电平,将报文发送到接收节点。与总线相连的所有节点都可以发送报文,在两个以上的节点同时开始发送报文的情况下,具有优先级报文的节点获得发送权,其他所有节点转为接收状态。

复习思考题

1. 简述CAN总线的特点。
2. 画图分析CAN总线位的数值表示方法。
3. 简述通信协议按速度分类情况。
4. 画图分析CAN总线的分层结构及各层的主要功能。
5. CAN的数据帧由哪几部分组成?
6. 画出MAC数据帧的结构图,并加以分析。
7. 画出MAC远程帧的结构图,并加以分析。
8. 简述CAN的基本组成。
9. 介绍CAN数据传递终端类型及特点。
10. 简述CAN数据传输原理。
11. 介绍典型CAN控制器的基本结构原理。
12. 介绍典型CAN收发器的基本结构原理。
13. 简述CAN的基本设计方法。

第四章

局部连接网络

第一节 概 述

一、LIN 的含义

LIN 的全称为 Local Interconnect Network，即局部连接网络，用于实现汽车中的分布式电子系统控制。LIN 为现有汽车网络（如 CAN 总线）提供辅助功能，LIN 总线是一种辅助的串行通信总线网络。在不需要 CAN 总线的带宽和多功能的场合（如智能传感器和制动装置之间的通信），使用 LIN 总线可降低成本。

二、LIN 标准

LIN 标准包括传输协议规范、配置语言规范、开发工具接口规范和用于软件编程的接口。LIN 在硬件和软件上保证了网络节点的互操作性，并具有可预测性和电磁兼容特性（EMC）。

（1）**LIN 协议** LIN 协议介绍了 LIN 的物理层和数据链路层。

（2）**LIN 配置语言** LIN 配置语言介绍了 LIN 配置文件的格式，LIN 配置文件用于配置整个网络，并作为 OEM（原装设备制造厂）和不同网络节点的供应商之间的通用接口，同时可作为开发和分析工具的输入。

（3）**LIN API（开发工具接口）** LIN API 介绍了网络和应用程序之间的接口。

LIN 规范可实现开发和设计工具之间的最佳配合，并提高开发速度，增强网络可靠性，其范围如图 4-1 中的点画线部分所示。

LIN 协议是根据 ISO/OSI 参考模型的数据链路层和物理层，以实现任何两个 LIN 设备的互相兼容，如图 4-2 所示。物理层定义了信号如何在总线上传输，

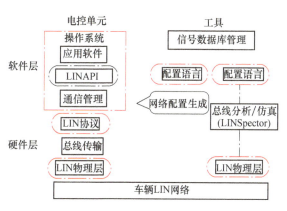

图 4-1 LIN 网络

此规范中定义了物理层的收发器特性；MAC（媒体访问控制）子层是 LIN 协议的核心，管理从 LLC（逻辑链路控制）子层接收到的报文，也管理发送到 LLC 子层的报文，MAC 子层由故障界定监控；LLC 涉及接收滤波和恢复管理的功能。LIN 不要求有 CAN 的带宽和多功能性。总线驱动器/接收器的规范遵从 ISO 9141 标准，而且 EMI（电磁干扰）性能有所提高。

LIN 是一个价格低廉、性能可靠的低速网，在汽车网络层次结构中作为低端网络的通用协议，逐渐取代目前各种各样的低端总线系统。LIN 典型的应用是车上传感器和执行器的联网。按 SAE 的车载网络等级标准，LIN 属于汽车 A 类网络。

LIN 在汽车上的应用刚刚起步，LIN 是 CAN 的经济版通信网络，可定位于低于 CAN 的通信层，如图 4-3 所示。这种低成本的串行通信模式和相应的开发环境已经由 LIN 协会制定成标准，这将降低汽车的成本。LIN 协议标准目前已经历了若干版本，如 LIN1.2、LIN1.3 和 LIN2.0 等。

图 4-2 OSI 参考模型　　　　　图 4-3 车门电控单元

历史沿革

1996 年，Volvo 和 Volcano 通信（VCT）为 Volvo S80 系列开发了一种基于 UART/SCI 的协议，即 Volcano Lite。

1997 年，Motorola 与 Volvo 和 VCT 合作，帮助它们改进 Volcano Lite 协议，以满足各种不同需求（如无须晶体振荡器的从机设备自动同步），并制定可以支持各种半导体产品的开放标准。

1998 年 12 月，Audi、BMW、Daimler Chrysler 和 Volkswagen 也加入进来，由此形成了 LIN 协会。开发 LIN 标准的目的在于分层次适应车内网络在低端（速度和可靠性要求不高、低成本的场合）的需求。

延伸阅读

　　1999年7月，底特律SAE大会上，LIN 1.0版发布，包括3部分内容，分别为协议规范、配置语言规范和API规范。

　　2000年3月，LIN 1.1版发布。

　　2000年11月，LIN 1.2版发布。

　　2002月12月，LIN 1.3版发布，主要对物理层进行修改，提高了节点之间的兼容性。

　　2003年9月，LIN 2.0版发布，适应当代和未来汽车工业发展趋势，为了实现节点的"即插即用"，增加了诊断规范和节点能力语言规范。

　　2006年11月，LIN 2.1版发布，目标是改进LIN 2.0规范的理解力，增加了传输层规范和节点配置规范，形成了8个子规范。

　　2010年，LIN 2.2A（最新版）发布。

三、LIN 的特点

1）采用单主机、多从机模式，无须传输仲裁机制。

2）基于UART/SCI接口的廉价硬件实现。

3）从机电控单元不需要振荡器就能实现自同步功能，节省了从机电控单元的硬件成本。

4）保证延时和信号传输的正确性。

5）基于ISO 9141标准的低成本单总线结构。

6）采用12V单线作为通信介质，信号编码方式为NRZ，电平分为隐性电平"1"和显性电平"0"，两种通信速率最大可达20kbit/s，受网络信息传输超时的限制，最小速率为1kbit/s，最大传输距离不超过40m。

7）可选的报文帧长度为2B、4B和8B。

8）无须改变LIN从机电控单元的硬件或软件，便可在网络中增加新的节点。

9）带时间同步的多点广播式发送/接收方式，从机电控单元不需要石英或陶瓷谐振器。

10）具有数据累加和校验和（Data-CheckSum）及错误检测功能。

11）具有监控总线、数据校验和、标志符双重奇偶校验等错误检测功能，保证数据传输的可靠性。

12）廉价的单片元器件。

13）LIN总线是单线式，底色是紫色，有标识色。该线的横截面面积为$0.35mm^2$，无须屏蔽。该系统允许一个LIN主机电控单元最多与16个LIN从机电控单元进行数据交换。

四、LIN 与 CAN 的比较

　　在车载网络中，LIN处于低端，与CAN以及其他B类或C类网络比较，其传输速度慢，结构简单，价格低廉，并与这些网络为互补关系。由于汽车产品对价格和复杂性非常敏感，在车载网络低端使用 LIN 会显现其必要性和优越性。LIN 和 CAN 控制器特性对比见表 4-1，LIN 和 CAN 协议主要特性对比见表 4-2。

表 4-1　LIN 和 CAN 控制器特性对比

节点 \ 参数	网络传输速度/(kbit/s)	CPU 时钟/MHz	CPU(%)	存储容量(Flash/ROM)/B	存储容量(RAM)/B
LIN 16bit 主节点	19.2	4	10	1200	25
LIN 8bit 从节点（无振荡器）	19.2	4	15	750	22
LIN 8bit 从节点（带振荡器）	19.2	4	6	650	20
CAN 16bit 节点	125	8	15	3000	150

表 4-2　LIN 和 CAN 协议主要特性对比

指标 \ 网络	LIN	CAN
媒体访问控制方式	单主方式	多主方式
典型总线传输速率/(kbit/s)	2.4～19.6	62.45～500
信息标识符/bit	6	11/29
网络典型节点数/个	2～10	4～20
位/字节编码方式	NRZ 8N1(UART)	NRZw/位填充
每帧信息数据量/B	2、4、8	0～8
每 4 个字节的发送时间/ms	3.5(20kbit/s 时)	0.8(125kbit/s 时)
错误检测	8 位累加和	15 位 CRC
物理层	单线,13.5V	双绞线,5V
石英/陶瓷振荡器	主从节点需要,从节点不需要	每个节点需要
网络相对成本	0.5	1

五、LIN 的应用

LIN 主要用于车门、转向盘、座椅、空调、照明灯、温度传感器和交流发电机等，如图 4-4 所示。对于成本比较高的单元，如智能传感器和光敏器件等，很容易连接到车载网络中，且使用和维护方便。LIN 通常将模拟信号量用数字信号量代替，以优化总线性能。

第四章 局部连接网络

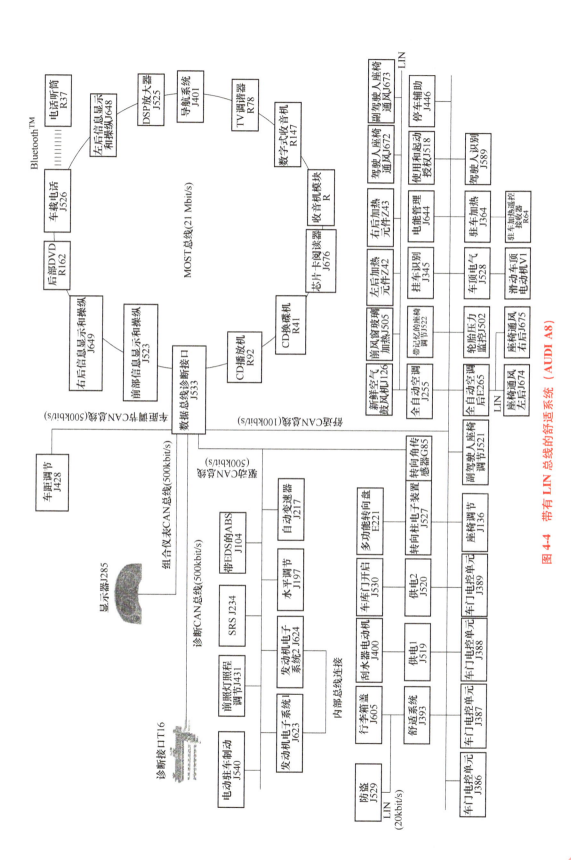

图 4-4 带有 LIN 总线的舒适系统（AUDI A8）

第二节 LIN 总线的组成和工作原理

一、LIN 总线的组成

LIN 网络结构如图 4-5 所示，其由一个主机电控单元（主节点）和一个或多个从机电控单元（从节点）构成，主机电控单元可以执行主任务，也可以执行从任务；从机电控单元只能执行从任务。总线上的信息传送由主机电控单元控制。

在总线上发送的信息有长度可选的固定格式。每个报文帧都包含 2B、4B 或 8B 的数据以及 3B 的控制和安全信息。总线的通信由单个主机控制。每个报文帧都用一个分隔符起始，接着是一个同步场和一个标识符场，都由主机任务发送。从机任务则是发回数据场和校验场。

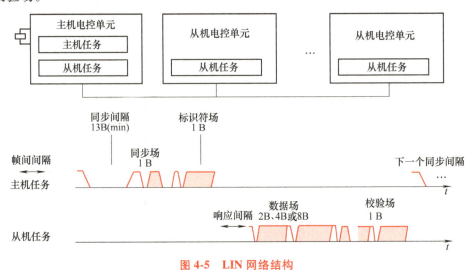

图 4-5 LIN 网络结构

通过主机电控单元中的从机任务，数据可以被主机电控单元发送到任何从机电控单元。相应的主机报文 ID 可以触发从机的通信。

1. LIN 主机电控单元

LIN 主机电控单元连接在 CAN 总线上，执行 LIN 的主功能。LIN 主机电控单元的特点如下：

1）监控数据传递和数据传递的速率，发送信息标题。

2）电控单元的软件内设定了一个周期，用于决定何时将何种信息发送到 LIN 总线上多少次。

3）电控单元在 LIN 总线与 CAN 总线之间起"翻译"作用，是 LIN 总线中唯一与 CAN 总线相连的电控单元。

4）通过 LIN 主机电控单元进行 LIN 系统自诊断。

2. LIN 从机电控单元

在 LIN 总线系统内，单个的电控单元、传感器及执行元件都可看作是 LIN 的从机电控单元。传感器内集成有一个电子装置,对测量值进行分析。数值作为数字信号通过 LIN 总线传递。有些传感器和执行元件只使用 LIN 主机电控单元插接器上的一个端子。

LIN 执行元件都是智能型的电子或机电部件,这些部件通过 LIN 主机电控单元的 LIN 数字信号接受任务。LIN 主机电控单元通过集成的传感器检测执行元件的实际状态,然后进行规定状态和实际状态的对比。LIN 从机电控单元的特点如下:

1) 接收、传递或忽略与从主系统接收到的信息标题相关的数据。
2) 可以通过一个"唤醒"信号唤醒主系统。
3) 检查接收数据的总量。
4) 检查发送数据的总量。
5) 与主系统的同步字节保持一致。
6) 只能按照主系统的要求与其他子系统进行数据交换。

二、LIN 总线工作原理

1. 报文传输

(1) 报文帧 报文传输由报文帧的格式形成和控制。报文帧由主机任务向从机任务传送同步和标识符信息,并将一个从机任务的信息传送到所有其他从机任务。主机任务位于主机电控单元内部,负责报文的进度表,发送报文头(Header)。从机任务位于所有的(主机和从机)节点中,其中一个(主机电控单元或从机电控单元)发送报文的响应(Response)。

一个报文帧由一个主机电控单元发送的报文头和一个主机或从机电控单元发送的报文响应组成,如图4-6所示。报文帧的报文头包括一个同步间隔场(Synch Break Field)、一个同步场(Synch Field)和一个标识符场(Identifier Field)。报文帧的报文响应由3~9个字节组成,即2B、4B或8B的数据场(Data Field)和一个校验和场(Checksum Field)。字节场由字节间空间分隔,报文帧的报文头和报文响应由一个帧内响应空间分隔。最小的字节间空间和帧内响应空间为0。

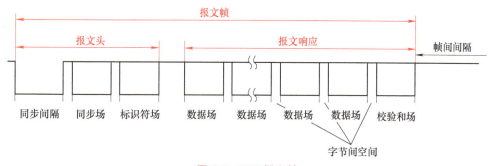

图4-6 LIN 报文帧

1) 字节场(Byte Fields)。字节场的格式为 SCI 或 UART 串行数据格式(8N1 编码),如图4-7所示。每个字节场的长度是 10 个位定时(Bit Time)。起始位(Start Bit)是一个显性位,标志着字节场的开始。接着是 8 个数据位,首先发送最低位。停止位(Stop Bit)

是一个隐性位，标志着字节场的结束。

图 4-7 LIN 字节场

2) 报文头场（Header Fields）。

① 同步间隔。为了能识别报文帧的开始，报文帧的第一个场是同步间隔场。同步间隔场由主机任务发送，使所有的从机任务与总线时钟信号同步。

同步间隔场有两个不同的部分，如图 4-8 所示。第一部分是一个持续 T_{SYNBRK} 或更长时间（即最小值 T_{SYNBRK}，无须很严格）的显性总线电平；第二部分是最少持续时间 T_{SYNDEL} 的隐性电平，作为同步界定符。报文帧的第二个场用于检测下一个同步场的起始位。

图 4-8 LIN 同步间隔场

最大的间隔和界定符时间没有精确的定义，但必须符合整个报文头 T_{HEADER_MAX} 的总体时间预算。

同步间隔场的位定时规范以及从机电控单元对此的估计值，是考虑 LIN 网络中允许的时钟容差而得出的结果。如果显性电平持续的时间比在协议中定义的普通显性位序列（0_X00 场有 9 个显性位）还要长，此时认为这是一个同步间隔场。如果这个间隔超出了用从机位定时测量的间隔 T_{SBRKTS}，则从机电控单元将检测到一个间隔，见表 4-3。该"阈值"由从机电控单元的最大本地时钟频率得出。基于精确的本地时基，阈值 T_{SBRKTS} 被指定了两个值。

表 4-3 同步间隔场的定时

同步间隔场	逻辑	符号	最小值/T_{bit}	通常值/T_{bit}	最大值/T_{bit}
同步间隔低相位	显性	T_{SYNBRK}	13①		
同步间隔界定符	隐性	T_{SYNDEL}	1①		
同步间隔从机阈值	显性	T_{SBRKTS}		11②	
				9③	

① 该位定时基于主机的时基。
② 该位定时基于本地从机的时基，对时钟容差低于 $F_{TOL\_UNSYNCH}$ 的节点有效，如有 RC 振荡器的从机电控单元。
③ 与②相同，但对时钟容差低于 F_{TOL_SYNCH} 的节点有效，如带石英晶振或陶瓷谐振器的从机电控单元。

同步间隔场的显性电平长度至少为 T_{SYNBRK}（可以更长），该时间用主机位定时测量。最小值应根据连接从机电控单元指定的最小本地时钟频率所要求的阈值得出。

② 同步场。同步场包含时钟的同步信息，其格式为 0_X55，表现在 8 个位定时中有 5 个下降沿（即隐性跳变到显性的边沿），如图 4-9 所示。

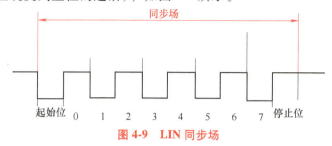

图 4-9　LIN 同步场

③ 标识符场。标识符场定义了报文的内容和长度，内容由 6 个标识符位和两个 ID 奇偶校验位（ID Parity Bit）表示，如图 4-10 所示。标识符位的第 4 位和第 5 位（ID4 和 ID5）定义了报文的数据场数量 N_{DATA}，见表 4-4。将 64 个标识符分成 4 个小组，每组 16 个标识符，分别有 2、4 和 8 个数据场。

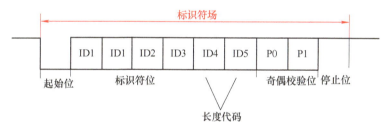

图 4-10　LIN 标识符场

表 4-4　报文的数据场数量

ID5	ID4	N_{DATA}/B
0	0	2
0	1	2
1	0	4
1	1	8

标识符有同样的 ID 位 ID0~ID3，但有不同的长度代码 ID4、ID5，可以表示不同的报文。

对此有严格技术问题的系统（如气象系统），报文的长度代码可与表 4-4 中规定的不同，此时数据字节的数量可从 0~8 任意选择，而与标识符无关。

标识符的奇偶校验位通过下面的混合奇偶算法计算：

$$P0 = ID0 \oplus ID1 \otimes ID2 \oplus ID4 \quad （奇校验）$$
$$P1 = ID1 \oplus ID3 \otimes ID4 \oplus ID5 \quad （偶校验）$$

在此情况下，不可能所有的位都是隐性或显性。

标识符 0_X3C、0_X3D、0_X3E 和 0_X3F，及其各自的标识符场 0_X3C、0_X7D、0_XFE 和 0_XBF（所有 8 字节报文）都保留，用于命令帧（如休眠模式）和扩展帧。

3）响应场（Response Field）。实际应用中，若信息和电控单元无关，则报文的响应场（数据、校验和）可不处理，如不清楚或错误的标识符。在此情况下，校验和的计算可以忽略。

① 数据场。通过报文帧传输，由多个 8 位数据的字节场组成。传输由最低位（LSB）开始，如图 4-11 所示。

图 4-11　LIN 数据场

② 校验和场。校验和是数据场所有字节的和的反码，如图 4-12 所示。校验和按"带进位加"（ADDC）方式计算，每个进位都被加到本次结果的最低位，以保证数据字节的可靠性。所有数据字节的和的补码与校验和字节之和必须是 $0_X FF$。

图 4-12　LIN 校验和场

（2）保留的标识符

1）命令帧标识符（Command Frame Identifier）。保留的两个命令帧标识符用于主机向所有总线成员服务广播普通命令请求，其帧结构与普通的 8 位报文帧相同，如图 4-13 所示，只由保留的标识符加以区别。

$0_X 3C$　ID 场 = $0_X 3C$，当 ID0、ID1、ID6、ID7 为 0，ID2、ID3、ID4、ID5 为 1 时，为主机请求帧。

$0_X 3D$　ID 场 = $0_X 7D$，当 ID1、ID7 为 0，ID0、ID2、ID3、ID4、ID5、ID6 为 1 时，为从机响应帧。

标识符 $0_X 3C$ 是一个主机请求帧（Master Req），从主机向从机电控单元发送命令和数据。标识符 $0_X 3D$ 是一个从机响应帧（Slave Resp），触发一个从机电控单元（由一个优先的下载帧编址）向主机电控单元发送数据。

保留第一个数据场为 $0_X 00 \sim 0_X 7F$ 的命令帧，其用法由 LIN 定义，用户可以分配剩下的命令帧。

命令帧的第一个数据字节：D7 位 = 0，保留使用；D7 位 = 1，自由使用。

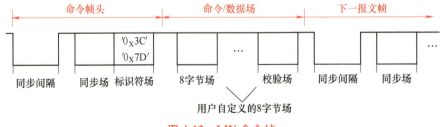

图 4-13　LIN 命令帧

2）休眠模式命令。休眠模式命令用于将休眠模式广播到所有的总线节点。在完成该报文后，直到总线上出现唤醒信号结束休眠模式前，将没有总线活动。休眠模式命令的第一个数据字节是 0_X00 的下载命令帧。

3）扩展帧标识符。保留的两个扩展帧标识符允许在不改变现有 LIN 规范的情况下，在 LIN 协议中嵌入用户定义的报文格式或以后的 LIN 格式，以保证 LIN 从机可以向上兼容以后的 LIN 协议修订版。

扩展帧用保留的标识符场区别：

0_X3E　ID 场 $=0_XFE$，当 ID0 为 0，ID1、ID2、ID3、ID4、ID5、ID6、ID7 为 1 时，为用户定义的扩展帧。

0_X3F　ID 场 $=0_XBF$，当 ID6 为 0，ID0、ID1、ID2、ID3、ID4、ID5、ID7 为 1 时，为以后的 LIN 扩展帧。

标识符 0_X3E（标识符场 $=0_XFE$）表示一个用户定义的扩展帧，可被自由使用。标识符 0_X3F（标识符场 $=0_XBF$）直接保留给以后的 LIN（与 CAN 协议中的标准帧切换到扩展帧相比较）扩展版本，目前尚不能使用。

标识符后面可以跟随任意数量的 LIN 字节场，如图 4-14 所示。尚未定义帧的长度、通信概念（甚至可以是多主机）和数据内容。ID 场的长度编码对这两个帧不起作用。

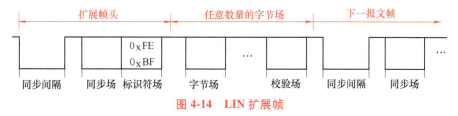

图 4-14　LIN 扩展帧

对于从机接收扩展帧标识符，若不使用其内容，则必须忽略所有的后续 LIN 字节区直至接收到下一个同步间隔。

（3）报文帧的长度和总线休眠检测　报文帧用一个同步间隔场作为起始，用校验和场作为结束。报文帧中的字节场用字节间空间和帧内响应空间分隔。字节间空间和帧内响应空间的长度没有定义，只限制了整个报文帧的长度。最小的报文帧长度 T_{FRAME_MIN} 是传输一个帧所需要的最短时间（字节间空间和帧间响应空间是 0），最大的报文帧长度 T_{FRAME_MAX} 是允许传输一个帧的最长时间，由数据场字节 N_{DATA} 的数量决定，不包括系统固有的信号延时。报文帧的定时见表 4-5。

表 4-5　报文帧的定时

名　称	符　号	时间 T_{bit}
最小报文帧长度	T_{FRAME_MIN}	$10 \times N_{DATA} + 44$
最小报头长度	T_{HEADER_MIN}	34
最大报头长度	T_{HEADER_MAX}	$1.4(T_{HEADER\_MIN} + 1^{①})$
最大报文帧长度	T_{FRAME_MAX}	$1.4(T_{FRAME\_MIN} + 1^{①})$
总线空闲超时	T_{TIME_OUT}	2500

① 加 1 的条件是 T_{HEADER_MIN} 和 T_{FRAME_MAX} 为一个整数值。

如果从机检测到总线在 $T_{\text{TIME\_OUT}}$ 中没有活动,会认定总线处于休眠模式,其可能是休眠报文被破坏。

(4) **唤醒信号** 总线的休眠模式可以通过任何节点发生一个唤醒信号来终止。唤醒信号可以通过任何从机任务发送,但只有总线以前处于休眠模式且节点内部请求被挂起时才有效。

唤醒信号是字符 0_X80。当从机不与主机电控单元同步时,信号可以比精确的时钟源信号拉长 15% 或缩短 15%。主机可以检测到字符 0_X80,并作为一个有效的数据字节,0_XC0、0_X80 或 0_X00 都可以。第一个场由 T_{WUSIG} 的显性位序列给出,即 8 个显性位(包括起始位);第二个场是持续了至少 T_{WUDEL} 的隐性唤醒界定符,即至少 4 个位定时(包括停止位和一个隐性暂停位),如图 4-15 所示。

图 4-15 LIN 唤醒信号帧

当唤醒信号发送到总线时,所有的节点都运行启动过程,并等待主机任务发送一个同步间隔场和同步场。如果在唤醒信号超时(Time-Out After Wakeup Signal)时间内没有检测到同步场,请求第一个唤醒信号的节点将再一次发送一个新的唤醒信号,该情况不超过三次。然后唤醒信号的传输将被三个间隔超时(Time-Out After Three Breaks)挂起,见表 4-6。只有有内部唤醒请求挂起的节点才允许重新发送唤醒信号,在三个间隔超时后再重新发送三个唤醒信号,此后即可决定是否停止重新发送。

表 4-6 唤醒信号定时

参　数	逻辑	符号	最小值 T_{bit}	典型值 T_{bit}	最大值 T_{bit}
唤醒信号	显性	T_{WUSIG}		8①	
唤醒信号界定符	隐性	T_{WUDEL}	4②		64
唤醒信号超时	隐性	T_{TOBRK}			128
3 个间隔超时	隐性	T_{T3BRK}	15000		

① 该位定时基于各自的从机时钟。
② 检查该唤醒时间对所有网络节点是否足够。

2. 报文滤波及确认

(1) **报文滤波** 报文滤波基于整个标识符,必须通过网络配置进行确认,即每一个从机任务对应一个传送标识符。

(2) **报文确认** 如果直到帧的结尾都没有检测到错误,则该报文对发送器和接收器都有效。如果报文发生错误,则主机和从机任务都认为报文没有发送。

注意:主机和从机任务在发送和接收到一个错误报文时所采取的行动并没有在协议规范中定义。主机重新发送或从机的后退操作都由应用的要求决定,且要在应用层中说明。

在总线上传送的事件信息也可能丢失,而且不能被检测到。

3. 错误和异常处理

（1）错误检查

1）位错误。向总线发送一个位的单元，同时也在监控总线。当监控到的位值和发送的位值不同时，则在该位定时检测到一个位错误。

2）校验和错误。所有数据字节的和的补码与校验和字节之和不是 0_XFF 时，则检测到一个校验和错误。

3）标识符奇偶错误。标识符的奇偶错误（即错误的标识符）不会被标出，通常 LIN 从机电控单元不能区分一个未知但有效的标识符和一个错误的标识符，然而所有的从机电控单元都能区分 ID 场中 8 位都已知的标识符和一个已知但错误的标识符。

4）从机不响应错误。如果任何从机任务在发送同步和标识符场时，在最大长度时间 $T_{\text{FRAME\_MAX}}$ 中没有完成报文帧的发送，则产生一个不响应错误。

5）同步场不一致错误。当从机检测到同步场的边沿在给出的容差外，则检测到一个同步场不一致错误。

6）没有总线活动。如果在接收到最后一个有效信息后，在 Time-Out 的时间内没有检测到有效的同步间隔场或字节场，则检测到一个没有总线活动条件。

（2）错误标定 LIN 协议不标定检测到的错误，错误由每个总线节点标记，而且可以被"错误标定"所描述的故障界定过程访问。

4. 故障界定

故障界定主要定位于使主机电控单元可以处理尽量多的错误检测、错误恢复和诊断，并基于系统的要求，除一些很小的特征外，都不是 LIN 协议的一部分。

主机电控单元要检测以下错误情况：

1）主机任务发送。当回读发送时，在同步或标识符字节检测到一个位错误或标识符奇偶错误。

2）主机电控单元中的从机任务接收。当从总线读一个数据时，检测到一个从机不响应错误或校验和错误。

从机电控单元要检测以下错误情况：

1）从机任务发送。当回读发送时，检测到数据或校验和场有位错误。

2）从机任务接收。当从总线读数据时，检测到一个标识符奇偶错误或校验和错误。当从总线上读数据时，会检测到一个从机不响应错误。

当一个从机期望从另外一个从机（由标识符决定）接收报文，但在报文帧的最大长度 $T_{\text{FRAME\_MAX}}$（见表 4-5）的时间内总线上没有有效的报文，则产生错误，且该错误类型被检测到。但当从机不准备接收报文（由标识符决定）时，则无须检测该错误。

当在给出的容差中没有检测到同步场的边沿，则检测到一个同步字节不一致错误。

5. 振荡器容差

在片时钟发生器使用内部校准时，使频率容差比为 ±15% 最好，该精度足以在报文流中检测到同步间隔，见表 4-7。使用同步场的精细校准可以确保适当地接收和发送报文。在考虑操作中的温度影响以及电压漂移的情况下，振荡器要在其余报文中保持稳定。

表 4-7 振荡器容差

时钟容差	符　号	$\Delta F/F_{master}(\%)$
主机电控单元	$F_{TOL\_RES\_MASTER}$	$<\pm 0.5$
带石英晶振或陶瓷谐振器的从机电控单元（不需要同步）	$F_{TOL\_RES\_SLAVE}$	$<\pm 1.5$
没有谐振器的从机，丢失同步	$F_{TOL\_UNSYNCH}$	$<\pm 15$
没有谐振器的从机，同步并有完整的信息	F_{TOL_SYNCH}	$<\pm 2$

6. 位定时要求和同步过程

（1）**位定时要求**　如果没有其他情况，该文档中的所有位时间都参考主机电控单元的位定时。

（2）**同步过程**　同步场的模式是 0_X55，同步过程基于模式下降沿之间的时间量度。下降沿在 2、4、6 和 8 位时间有效，可以简单地计算基本位时间 T_{bit}，如图 4-16 所示。

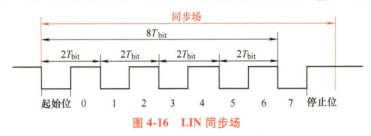

图 4-16　LIN 同步场

建议测量起始位和第 7 位下降沿之间的时间，并将得到的值除以 8（即将二进制的定时器值向 LSB 右移 3 位），将最低位四舍五入，校正即得到结果。

7. 总线收发器

（1）**总体配置**　总线收发器是一个 ISO 9141 标准的增强设备，包括双向 LIN 总线。该双向总线连接每个节点的收发器，并通过一个终端电阻和一个二极管连接到电池节点的正极 V_{BAT}，如图 4-17 所示。二极管可以在"丢失电池"（掉电）的情况下，阻止电控单元从总线不受控制地上电。

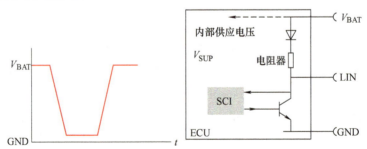

图 4-17　单线的汽车总线接口

LIN 规范将电控单元的外部电气连接电压作为参考电压，而不是将电控单元内部电压作为参考电压。当设计 LIN 的收发器电路时，特别要考虑二极管的反向极性寄生电压降。

（2）**信号规范**　LIN 物理层的电气参数（直流）和上拉电阻值分别见表 4-8 和表 4-9。

表 4-8　LIN 收发器的电气直流参数

参　数	最小值	典型值	最大值	说　明
V_{BAT}①/V	8		18	工作电压范围
$V_{BAT\_NON\_OP}$/V	-0.3		40	器件不被破坏的电压范围
I_{BUS}②($V_{BUS}=1.2V$)/mA	40		200	显性状态（发送器启动）③
I_{BUS}/mA	$-1.1V_{BAT}/R$			显性状态（发送器关闭） R 为上拉阻抗
I_{BUS}($V_{BUS}=V_{BAT}$, 8V<V_{BAT}<18V)/μA			20	隐形状态,当 $V_{BUS}>V_{BAT}$ 时也可应用
I_{BUS}/mA (-12V<V_{BUS}<0,电控 单元没有搭铁)	-1		1	丢失本地搭铁,必须不影响余下的网络通信
I_{BUS}(-18V<V_{BUS}<-12V, 电控单元没有搭铁)/mA				节点要维持该情况下的电流,总线必须在该情况下可工作
V_{BUSdom}/V	-8		$0.4V_{BAT}$	接收器显性状态
V_{BUSrec}/V	$0.6V_{BAT}$		18	接收器隐性状态

① V_{BAT} 表示电控单元插接器的电源电压,可能与供给电子器件的内部电源 V_{SUP} 不同。
② I_{BUS} 表示进入节点的电流。
③ 发送器必须可以下拉电流至少 40mA。流入节点的最大电流不能超过 200mA,以避免可能的损坏。

表 4-9　上拉电阻参数

参数	最小值	典型值	最大值	说　明
R_{MASTER}/Ω	900	1000	1100	必须串联二极管（见图 4-18）
R_{SLAVE}/kΩ	20	30	47	必须串联二极管

由于在一个集成的电阻二极管网络中没有寄生的电流通路,因此,要在总线和电控单元内部电压（V_{SUP}）之间形成一条寄生电流通道,如图 4-18 所示。

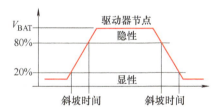
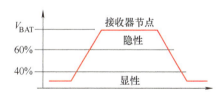

图 4-18　总线上的电压电平

物理层的电气参数（交流）见表 4-10,总线时序定义如图 4-19 所示。

表 4-10　物理层的电气交流参数

参　数	最小值	典型值	最大值	说　明
$\|dV/dt\|$（上升沿和下降沿,旋转率)/(V/μs)	1	2	3	LIN 总线的 EMI 特性取决于信号的旋转率,如 di/dt 和 d^2V/dt^2 是因素之一。旋转率接近 2V/μs,可减少辐射,且允许传输速率高达 20kbit/s
t_{trans_pd}（发送器的传输延时）/μs			4	$t_{trans\_pd}=\max(t_{trans\_pdr},t_{trans\_pdf})$（见图 4-19）
t_{rec_pd}（接收器的传输延时）/μs			6	$t_{rec\_pd}=\max(t_{rec\_pdr},t_{rec\_pdf})$（见图 4-19）

(续)

参　数	最小值	典型值	最大值	说　明
t_{rec_sym}(接收器传输延时的上升沿与下降沿的对称度)/μs	-2		2	$t_{rec\_sym}=t_{rec\_pdf}-t_{rec\_pdr}$(见图4-19)
t_{trans_sym}(发送器传输延时的上升沿与下降沿的对称度)/μs	-2		2	$t_{trans\_sym}=t_{trans\_pdf}-t_{trans\_pdr}$(见图4-19)
t_{therm}(短路恢复时间)/ms		1.5		检测到短路后,发送器必须再次冷却,因此,发送器电路此时不能启动

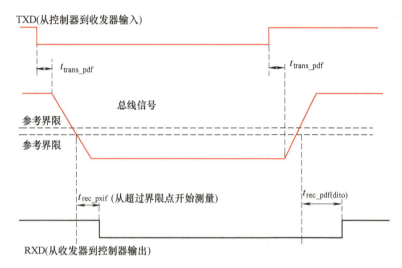

图4-19　总线时序定义

(3) 总线特性 总线特性见表4-11。总线信号上升和下降的最大旋转率实际上由典型总线收发器控制的旋转率限制。上升信号的最小旋转率由RC时间常数给定。因此,总线的电容应保持非常低,使波形有大的非对称性。主机电控单元选择的电容要比从机电控单元大,可作为不同数量的节点网络变量的"缓冲器"。整个总线的电容C_{BUS}计算公式为

$$C_{BUS}=C_{MASTER}+nC_{SLAVE}+\overline{C}_{LINE}LEN_{BUS}$$

表4-11　总线的特性和参数

参　数	典型值	最大值
LEN_{BUS}(整个总线的长度)/m		40
C_{BUS}(包括从机的主机电容的整个总线电容量)/nF	4	10
C_{MASTER}(主机电控单元的电容量)/pF	220	2500
C_{SLAVE}(从机电控单元的电容量)/pF	220	250
$\overline{C}_{LINE}$(线电容)/(pF/m)	100	150

(4) ESD/EMI的符合条件 半导体物理层设备必须遵守IEC 1000-4-2:1995的要求,保护不受人体放电损坏,最小的放电电压级是2000V。采用电控装置的汽车,要求ESD的电压级应达到±8000V。

8. 应用举例

LIN总线在汽车上的应用,主要有中央门锁、转向盘、电动座椅、空调、照明装置、

湿度传感器和交流发电机等。飞利浦半导体公司基于 CAN/LIN 总线提出的汽车车身网络层方案如图 4-20 所示，粗线代表 CAN 总线，连接传动装置电控单元、照明电控单元、中央门锁电控单元、电动座椅电控单元以及组合仪表电控单元等；细线代表 LIN 总线，由 LIN 总线构成的 LIN 网络作为 CAN 网络的辅助网络，连接电动车窗电控单元、刮水器电控单元和天窗电控单元等低速设备。

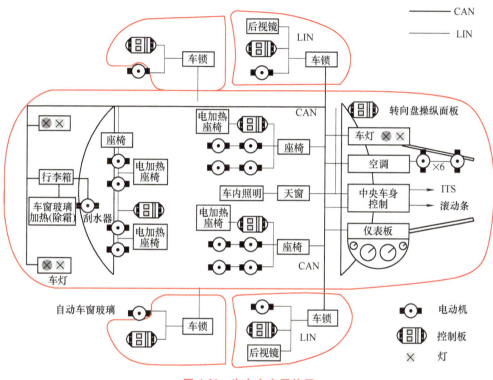

图 4-20　汽车车身网络层

9．常见问题分析

（1）报文序列举例

1）周期性的报文传输，可以预知最差情况的定时。总线上通常的报文传输如下：

<MF1><IF-Space><MF2><IF-Space>…<IF-Space><MFn><IF-Space>

<MF1><IF-Space><MF2><IF-Space>…<IF-Space><MFn><IF-Space>

<MF1><IF-Space><MF2><IF-Space>…<IF-Space><MFn><IF-Space>

……

［MF＝报文帧（Message Frame）；IF-Space＝帧间空间（InterFrame Space）］

2）总线唤醒过程。在休眠模式中，没有总线活动。任何从机电控单元均可以发送一个唤醒信号终止休眠模式。通常，主机电控单元用一个同步间隔启动报文的发送。

［SLEEP MODE］［NODE-INTERNAL WAKE-UP］<WAKE-UP SIGNAL>

<MF1><IF-Space><MF2><IF-Space>…<IF-Space><MFn><IF-Space>

<MF1><IF-Space><MF2><IF-Space>…<IF-Space><MFn><IF-Space>

……

如果主机电控单元没有响应，从机将最多再发送两次唤醒信号，然后唤醒尝试将在某段时间内挂起，直到其恢复。

［SLEEP MODE］［NODE-INTERNAL WAKE-UP］
<WAKE-UP SIGNAL><TIME-OUT AFTER BREAK>
<WAKE-UP SIGNAL><TIME-OUT AFTER BREAK>
<WAKE-UP SIGNAL><TIME-OUT AFTER THREE BREAKS>
［REPEAT BUS WAKE-UP PROCEDURE IF STILL PENDING］

（2）ID 场有效值 ID 场有效值见表 4-12。

表 4-12 ID 场有效值

ID[0…5] DEC HEX	$P0 = ID0 \oplus ID1 \oplus ID2 \oplus ID4$	$P1 = \overline{ID1 \oplus ID3 \oplus ID4 \oplus ID5}$	ID 场 7654 3210	ID 场 DEC	ID 场 Hex	数据字节数量
0	0_X00	0	1	1000 0000	128	0_X80	2
1	0_X01	1	1	1100 0001	193	0_XC1	2
2	0_X02	1	0	0100 0010	66	0_X42	2
3	0_X03	0	0	0000 0011	3	0_X03	2
4	0_X04	1	1	1100 0100	196	0_XC4	2
5	0_X05	0	1	1000 0101	133	0_X85	2
6	0_X06	0	0	0000 0110	6	0_X06	2
7	0_X07	1	0	0100 0111	71	0_X47	2
8	0_X08	0	0	0000 1000	8	0_X08	2
9	0_X09	1	0	0100 1001	73	0_X49	2
10	0_X0A	1	1	1100 1010	202	0_XCA	2
11	0_X0B	0	1	1000 1011	139	0_X8B	2
12	0_X0C	1	0	0100 1100	76	0_X4C	2
13	0_X0D	0	0	0000 1101	13	0_X0D	2
14	0_X0E	0	1	1000 1110	142	0_X8E	2
15	0_X0F	1	1	1100 1111	207	0_XCF	2
16	0_X10	1	0	0101 0000	80	0_X50	2
17	0_X11	0	0	0001 0001	17	0_X11	2
18	0_X12	0	1	1001 0010	146	0_X92	2
19	0_X13	1	1	1101 0011	211	0_XD3	2
20	0_X14	0	0	0001 0100	20	0_X14	2
21	0_X15	1	0	0101 0101	85	0_X55	2
22	0_X16	1	1	1101 0110	214	0_XD6	2
23	0_X17	0	1	1001 0111	151	0_X97	2
24	0_X18	1	1	1101 1000	261	0_XD8	2
25	0_X19	0	1	1001 1001	153	0_X99	2
26	0_X1A	0	0	0001 1010	26	0_X1A	2
27	0_X1B	1	0	0101 1011	91	0_X5B	2
28	0_X1C	0	1	1001 1100	156	0_X9C	2
29	0_X1D	1	1	1101 1101	221	0_XDD	2

(续)

ID[0…5] DEC HEX		P0 = ID0⊕ID1 ⊕ID2⊕ID4	P1 = $\overline{ID1⊕ID3⊕ID4⊕ID5}$	ID 场 7654 3210	ID 场 DEC	ID 场 Hex	数据字节数量
30	0$_X$1E	1	0	0101 1110	94	0$_X$5E	2
31	0$_X$1F	0	0	0001 1111	31	0$_X$1F	2
32	0$_X$20	0	0	0010 0000	32	0$_X$20	4
33	0$_X$21	1	0	0110 0001	97	0$_X$61	4
34	0$_X$22	1	1	1110 0010	226	0$_X$E2	4
35	0$_X$23	0	1	1010 0011	163	0$_X$A3	4
36	0$_X$24	1	0	0110 0100	100	0$_X$64	4
37	0$_X$25	0	0	0010 0101	37	0$_X$25	4
38	0$_X$26	0	1	1010 0110	166	0$_X$A6	4
39	0$_X$27	1	1	1110 0111	231	0$_X$E7	4
40	0$_X$28	0	1	1010 1000	168	0$_X$A8	4
41	0$_X$29	1	1	1110 0111	233	0$_X$E9	4
42	0$_X$2A	1	0	0110 1010	106	0$_X$6A	4
43	0$_X$2B	0	0	0010 1011	43	0$_X$2B	4
44	0$_X$2C	1	1	1110 1100	236	0$_X$EC	4
45	0$_X$2D	0	1	0010 1110	173	0$_X$AD	4
46	0$_X$2E	0	0	0010 1110	46	0$_X$2E	4
47	0$_X$2F	1	0	0110 1111	111	0$_X$6F	4
48	0$_X$30	1	1	1111 0000	240	0$_X$F0	8
49	0$_X$31	0	1	1011 0001	177	0$_X$B1	8
50	0$_X$32	0	0	0011 0010	50	0$_X$32	8
51	0$_X$33	1	0	0111 0011	115	0$_X$73	8
52	0$_X$34	0	1	1011 0100	180	0$_X$B4	8
53	0$_X$35	1	1	1111 0101	245	0$_X$F5	8
54	0$_X$36	1	0	0111 0110	118	0$_X$76	8
55	0$_X$37	0	0	0111 0111	55	0$_X$37	8
56	0$_X$38	1	0	0111 1000	120	0$_X$78	8
57	0$_X$39	0	0	0011 1001	57	0$_X$39	8
58	0$_X$3A	0	1	1011 1010	186	0$_X$BA	8
59	0$_X$3B	1	1	1111 1011	251	0$_X$FB	8
60	0$_X$3C	0	0	0011 1100	60	0$_X$3C	8
61	0$_X$3D	1	0	0111 1101	125	0$_X$7D	8
62	0$_X$3E	1	1	1111 1110	254	0$_X$FE	8
63	0$_X$3F	0	1	1011 1111	191	0$_X$BF	8

注：1. 标识符 60（0$_X$3C）保留，用于主机请求命令帧。
   2. 标识符 61（0$_X$3D）保留，用于从机响应命令帧。
   3. 标识符 62（0$_X$3E）保留，用于用户定义的扩展帧。
   4. 标识符 63（0$_X$3F）保留，用于以后的 LIN 扩展格式。

（3）校验和计算举例 假设报文帧有 4 个字节，则有：Data0 = 0$_X$4A，Data1 = 0$_X$55，Data2 = 0$_X$93，Data3 = 0$_X$E5，检验和计算实例见表 4-13。

表 4-13　校验和计算实例

	Hex	CY	D7	D6	D5	D4	D3	D2	D1	D0
0_X4A	0_X4A		0	1	0	0	1	0	1	0
$+0_X55=$	0_X9F	0	1	0	0	1	1	1	1	1
（加进位）	0_X9F		1	0	0	1	1	1	1	1
$+0_X93=$	0_X132	1	0	0	1	1	0	0	1	0
（加进位）	0_X33		0	0	1	0	0	0	1	1
$+0_XE5=$	0_X118	1	0	0	0	1	1	0	0	0
（加进位）	0_X19		0	0	0	1	1	0	0	1
取反	0_XE6		1	1	1	0	0	1	1	0
$0_X19+0_XE6=$	0_XFF		1	1	1	1	1	1	1	1

求得：校验和是0_X19，校验字节是0_XE6，为校验和取反。

接收的节点可以使用相同的加法机制检查数据和校验字节的一致性。校验和与校验字节之和必须等于0_XFF。

（4）报文错误的原因　以下错误机制可导致报文损坏：

1）搭铁电压的本地扰动。接收器的本地搭铁电压比发送器低，因此，接收节点将显性的总线电平（逻辑电平为0）认为是隐性（逻辑电平为1）或无效。输入信号的电平比显性信号电平的有效范围宽。产生搭铁电压偏移的原因较多，如在对搭铁连接的寄生电阻上流过很高的负载电流等。通过发送节点监视总线电平将无法检测该扰动。

2）电源电压的本地扰动。接收器的本地电源电压比发送器高，因此，接收节点将隐性的总线电平（逻辑电平为1）认为是显性（逻辑电平为0）或无效。输入信号的电平比隐性电平的有效范围窄。本地电压上升的原因有多种，如二极管电压和电容电压的缓冲等。如果网络中有电压降，电容会暂时保持接收器内部电源电压，因而比发送器内部电源电压高。通过发送节点监视总线电平将无法检测该扰动。

3）总线信号的总体电子扰动。总线上的电压可以被电磁干涉等因素扰动，此时的逻辑总线值不正确。可通过发送节点监视总线电平检测该扰动。

4）不同步时基。若从机电控单元和主机电控单元的时基有显著偏离，则在定义的位定时窗口中不会采样输入的数据位或发送输出的数据位。通过发送节点监视总线电平将无法检测该扰动。发送的从机将正确接收到自己的报文，但主机或其他从机将接收到用"错误的频率"发送的不正确报文。

（5）故障界定

1）主机电控单元。

① 主机任务发送。在回读发送时，可检测到同步字节或标识符字节的位错误。主机电控单元通过增加主机发送出错计数器保存任何发送错误。当发送同步或标识符场被本地损坏时，计数器每次都加8。当两个场回读都正确时，计数器每次都减1（不低于0）。若计数器的值超过C_MASTER_TRANSMIT_ERROR-THRESHOLD（假设总线上有重大的扰动），应用层将执行错误处理过程。

② 在主机电控单元中的从机任务发送。在回读发送时，可检测到数据场或校验和场的位错误。

③ 在主机电控单元中的从机任务接收。当从总线上读或等待一个数据时,可检测到从机不响应错误或校验和错误。

主机电控单元通过网络中所有从机电控单元提供的主机接收出错计数器保存的数据确定传输错误。当没有接收到有效的数据场或校验和场,计数器每次都加8。当两个场都正确接收时,计数器每次都减1(不低于0),故障界定的错误变量见表4-14。

若计数器的值超过 C_MASTER_RECEIVE_ERROR-THRESHOLD(假设连接的从机电控单元不正常工作),应用层将执行错误处理过程。

表4-14 故障界定的错误变量

错 误 变 量	默认值(建议)
C_MASTER_TRANSMIT_ERROR-THRESHOLD	64
C_MASTER_RECEIVE_ERROR-THRESHOLD	64

2) 从机电控单元。

① 从机任务发送。当回读自己的传输时,可检测到数据场和校验和场的位错误。

② 从机任务接收。从总线上读值可检测校验和错误。若检测出校验和错误,从机将出错计数器加8。假设这仅由特殊节点(可被主机检测到)产生的一个报文,则其他的发送节点损坏。若所有的报文都损坏,则假设其接收器电路有错误。若正确接收到报文,出错计数器每次都减1。

若该信息与该电控单元的应用无关,则报文的响应部分(数据场和校验和场)无须处理,可省略校验和计算。

若从机在指定的时间内没有检测到任何总线活动,则假设主机不活动。基于错误的处理,将启动一个唤醒过程或从机进入 Limp-Home 模式。

假设内部时钟远离(定义的)范围,从机接收不到任何有效的同步报文,只能接收到总线的通信。从机需重新初始化,否则不能进入 Limp-Home 模式。由于从机不响应任何报文,错误的处理将由主机完成。

假设主机不向从机要求任何服务,从机将暂时空闲,可以接收有效的同步报文。此时,从机可以进入 Limp-Home 模式。

(6) **物理接口的电源电压定义** V_{BAT} 表示电控单元插接器的电源电压,与单元中电气部件的内部电源电压 V_{SUP} 不同,如图4-21所示。V_{BAT} 可以保护滤波器元件和总线上的动态电压变化,这在 LIN 中使用半导体元件时要考虑到。

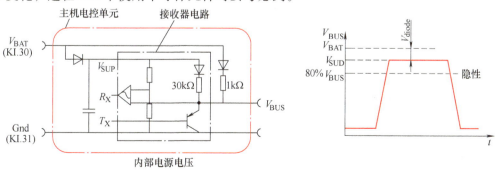

图4-21 V_{SUP} 和 V_{BAT} 对比

10. LIN 总线收发器 TJA1020

（1）概述　TJA1020 收发器是一个物理媒体连接，是 LIN 主机/从机协议控制器和 LIN 传输介质之间的接口。协议控制器输入端子 TXD 的发送数据流被 LIN 收发器转换成总线信号，而且电平旋转率和波形都受到限制，以减少电磁辐射。TJA1020 的接收器检测到 LIN 总线上的数据流，并通过端子 RXD 将其传送到协议控制器。TJA1020 适用于最高 20kbit/s 的 LIN 传输速率，网络中的节点数可多达 16 个。

1）TJA1020 的特点如下：

① 波特率高达 20kbit/s。

② 修整输出波形，使电磁辐射非常低。

③ 高抗电磁干扰性。

④ 在低速应用中（小于 10kbit/s）使用低斜率模式，以进一步减少电磁辐射。

⑤ 休眠模式中的电流消耗极低。

⑥ 在 LIN 对搭铁短路时，电池受到放电保护。

⑦ 传输数据（TXD）显性超时功能。

⑧ 电池的工作范围广，可以从电压降（5V）到跳变启动情况（27V）。

⑨ 控制输入电平与 3.3V 以及 5V 的器件兼容。

⑩ LIN 从机应用时集成端电阻。

⑪ 休眠模式下本地和远程唤醒。

⑫ 唤醒源的识别（本地或远程）。

⑬ 不上电情况下的自动防故障保护，没有反向电流通路。

⑭ 总线终端可防止短路和汽车运行环境下的瞬变。

⑮ 采用电池操作，可以防止负载断电、跳跃启动和瞬态。

⑯ 不需要 5V 电源。

⑰ 温度保护。

2）TJA1020 的结构框图如图 4-22 所示。

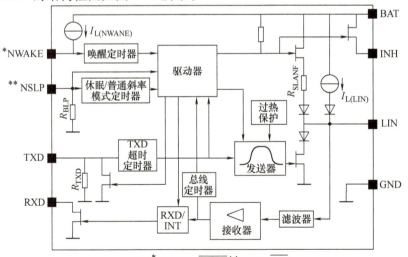

图 4-22　TJA1020 的结构框图

3）TJA1020 的工作模式。TJA1020 的工作模式有普通斜率模式、低斜率模式、准备模式和休眠模式，具体情况如图 4-23 所示和见表 4-15。

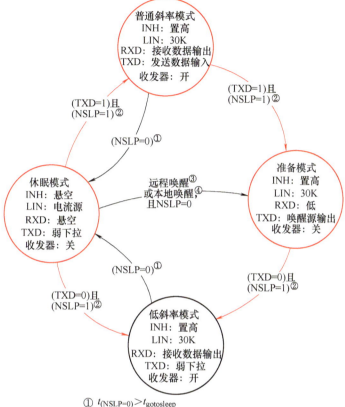

① $t_{(NSLP=0)} > t_{gotosleep}$
② $t_{(NSLP=1)} > t_{gotonorm}$
③ 当 $t_{(LIN=0)} > t_{BUS}$ 时，LIN 呈显性
④ 当 $t_{(NWAKE=0)} > t_{NWAKE}$ 时，NWAKE 被拉低

图 4-23　TJA1020 状态图

表 4-15　TJA1020 工作模式

模式	NSLP	TXD	RXD	INH	发送器	R_{SLAVE}	说明
休眠	0	弱下拉	悬空	悬空	关闭	电流源	未检测到唤醒请求
准备①	0	远程唤醒:弱下拉 本地唤醒:强下拉②	低③	高(V_{BAT})	关闭	30kΩ	检测到唤醒请求后，由单片机读出唤醒源:远程或本地
低斜率	1	弱下拉	高:隐性状态 低:显性状态	高(V_{BAT})	启动	30kΩ	注②③⑤
普通斜率	1	弱下拉	高:隐性状态 低:显性状态	高(V_{BAT})	启动	30kΩ	注②③④

① 在休眠模式下，任何本地或远程唤醒之后，首先自动进入准备模式。端子 INH 和 LIN 上的 30kΩ 电阻接通。
② 当进入普通斜率模式或低斜率模式后（NSLP 变高），内部唤醒源标志（若发生本地唤醒，则置位并反馈到端子 TXD）复位。
③ 当进入普通斜率模式或低斜率模式后（NSLP 变高），释放唤醒中断（端子 RXD）。
④ 若在 NSLP 高电平时，TXD 保持为高电平（由单片机设置为隐性），则进入普通斜率模式。当端子 TXD 对搭铁短路时，发送器禁能。
⑤ 若在 NSLP 高电平时，TXD 保持为低电平（由单片机设置为显性或由于 TXD 故障），则进入低斜率模式。

① 休眠模式。由于收发器本身的电能消耗非常低，且通过 INH 输出关断了外部电压调节器，该模式可降低 LIN 电控单元的功耗。休眠模式中，INH 端子悬空。尽管功率消耗极低，但 TJA1020 仍能识别 LIN 端子的远程唤醒和 NWAKE 端子的本地唤醒，并将模式切换到准备模式。TJA1020 还可通过端子 NSLP 直接激活普通或低斜率模式。

TJA1020 收发器在接收器（LIN）的输入、本地唤醒输入（NWAKE）和休眠控制输入（NSLP）使用滤波器和/或定时器，以防止由汽车瞬态或 EMI 造成意外唤醒。因此，所有的唤醒都要维持一段时间（t_{BUS}、t_{WAKE}、$t_{GOTONORM}$）。

如果休眠输入端子 NSLP 的低电平维持了至少 $t_{GOTONORM}$（见图 4-24），且该段时间内没有发生唤醒事件，则 TJA1020 进入休眠模式。这段滤波时间可防止 TJA1020 由于 EMI 产生意外的瞬态而进入休眠模式。若端子 LIN 和/或 NWAKE 连接到搭铁，也可激活休眠模式，如对搭铁短路。

图 4-24　休眠模式时序

休眠模式中，连接端子 LIN 和 BAT 的内部从机端电阻 R_{SLAVE} 禁能，可视其为一个弱电流源。当 LIN 总线对搭铁短路时，它将电能的消耗降到最低。

② 准备模式。准备模式是一个中间模式，只有当 TJA1020 在休眠模式时产生远程和本地唤醒时才进入准备模式。准备模式中，INH 端子输出高电平，将外部电压调节器激活。另外，连接端子 LIN 和 BAT 的内部从机端电阻 R_{SLAVE} 激活（接通）。

TJA1020 用 RXD 端子的低电平标志准备模式，也可作为单片机的唤醒中断请求。另外，唤醒源可以用端子 TXD 的下拉标识。远程唤醒事件会在端子 TXD 产生弱下拉，而本地唤醒事件将在 TXD 端子产生强下拉。外部的上拉电阻由所使用的单片机决定。

远程和本地唤醒的时序图以及在端子 RXD 和 TXD 的特定输出（仅仅在总线唤醒挂起时）如图 4-25 和图 4-26 所示。若 LIN 总线在一个隐性总线电平之后的显性电平至少持续 t_{BUS}，则可通过 LIN 总线检测到远程唤醒；若低电平持续了至少 t_{NWAKE}，则 NWAKE 端子的下降沿将引起本地唤醒。

③ 普通斜率模式。普通斜率模式用于通过 LIN 总线发送和接收数据。总线数据流由接收器转换成数字位流，并通过端子 RXD 输出到单片机。端子 RXD 的高电平表示 LIN 总线是隐性电平，而低电平表示 LIN 总线是显性电平。TJA1020 的发送器将由 TXD 输入的单片机数据流转换成 LIN 总线信号波形，并加以修整，使 EME 最小。TXD 输入的低电平会使 LIN 总线为显性电平，而高电平使 LIN 总线为隐性电平。

普通斜率模式中，内部从机端电阻 R_{SLAVE} 将 LIN 总线端子电压拉高。端子 INH 的高电平使外部电压调节器保持接通。

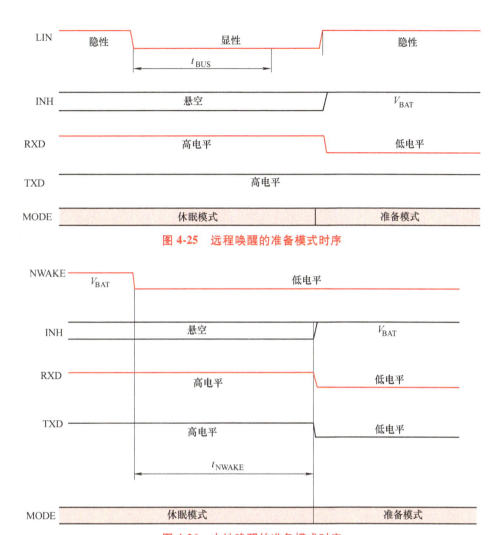

图 4-25 远程唤醒的准备模式时序

图 4-26 本地唤醒的准备模式时序

将端子 NSLP 和 TXD 置高电平,并持续至少 $t_{\text{gotonorm,max}}$ 时间,也可以进入普通斜率模式。当 t_{gotonorm} 超时后执行模式转换,如图 4-27 所示。

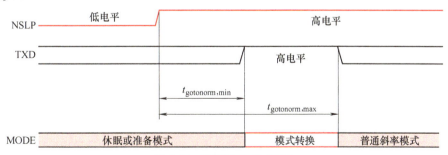

图 4-27 普通斜率模式时序

④ 低斜率模式。若 LIN 的速率低于 10kbit/s,可使用低斜率模式。与普通斜率模式相比,低斜率模式可进一步减少 EME。因此,它与普通斜率模式的不同点是总线信号的过渡时间,低斜率模式的过渡时间是普通斜率模式过渡时间的两倍,如图 4-28 所示。

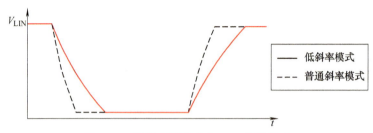

图 4-28 低斜率模式减少 LIN 总线斜率

低斜率模式只能通过休眠或准备模式进入，不可能直接从普通斜率模式直接转换成低斜率模式。

当端子 TXD 的低电平和端子 NSLP 的高电平维持了至少 $t_{gotonorm,max}$ 时间，TJA1020 进入低斜率模式。当 $t_{gotonorm}$ 超时后，从休眠模式或准备模式转换成低斜率模式的时序，如图 4-29 所示。

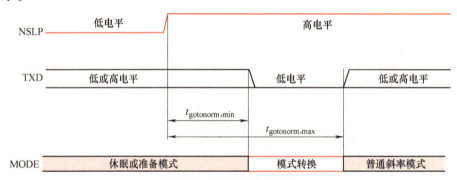

图 4-29 低斜率模式时序

4) TJA1020 与 3.3V 器件兼容。TJA1020 被用于汽车低电压（小于 5V）系统，其端子 TXD 和 NSLP 减小了输入阈值，输出端子 RXD 和 TXD 为漏极断路，可与使用 3.3V 或 5V 电源的单片机兼容。因此，TJA1020 和主单片机之间不需要 5V 的转换接口，而且收发器本身不需要额外的 V_{CC} 电源。为使端子 RXD 和 TXD 达到高电平，当单片机插接器的端子没有集成上拉电阻时，要加外部上拉电阻。

5) TJA1020 的特性。

① 限制值。根据绝对最大等级系统（IEC 60134），所有电压都参考端子 GND，其限制值见表 4-16。

表 4-16 限制值

符号/单位	参数 说明	条件	最小值	最大值
V_{BAT}/V	端子 BAT 的电压		-0.3	40
V_{TXD}、V_{RXD}、V_{NSLP}/V	端子 TXD、RXD 和 NSLP 的直流电压		-0.3	7
V_{LIN}/V	端子 LIN 的直流电压		-27	40
V_{NWAKE}/V	端子 NWAKE 的直流电压		-1	40
I_{NWAKE}/mA	端子 NWAKE 的电流（只当 $V_{NWAKE} < V_{GND} - 0.3V$ 时，电流将流到端子 GND）		-15	1
V_{INH}/V	端子 INH 的直流电压		-0.3	$V_{BAT}+0.3$

（续）

符号/单位	参数说明	条件	最小值	最大值
I_{INH}/mA	端子INH的输出电流		−50	15
$V_{INH(LIN)}$/V	端子INH的瞬态电压(ISO 7637)		−150	100
T_{vj}/℃	虚拟连接点温度		−40	150
T_{stg}/℃	存储温度		−55	150
$V_{esd(HBM)}$/kV	静电放电电压:人体模型端子NWAKE、LIN、BAT 端子RXD、NSLP、TXD和INH	①	−4 −2	4 2
$V_{esd(MM)}$/V	静电放电电压,机器模型所有端子	②	−200	200

① 相当于一个100pF电容通过一个1.5kΩ电阻放电。
② 相当于一个200pF电容通过一个10Ω电阻和一个0.75μH电感串联的电路放电。在端子INH向端子BAT放电, $-150V<V_{esd(MM)}<150V$。

② 特征。TJA1020的特征见表4-17。其中, $V_{BAT}=5\sim27V$, $T_{vj}=-40\sim150℃$, $R_{L(LIN-BAT)}=500Ω$, 所有电压根据搭铁定义,流入IC的是正向电流,典型值在$V_{BAT}=12V$时得出。

表4-17 TJA1020的特征

符号/单位	参数	条件	最小值	典型值	最大值
\multicolumn{6}{c}{1. 电源特征}					
I_{BAT}/μA	端子BAT的电源电流	休眠模式: $V_{LIN}=V_{BAT}$ $V_{NWAKE}=V_{BAT}$ $V_{TXD}=0V$ $V_{NSLP}=0V$	1	3	8
		准备模式,总线隐性: $V_{INH}=V_{BAT}$ $V_{LIN}=V_{BAT}$ $V_{NWAKE}=V_{BAT}$ $V_{TXD}=0V$ $V_{NSLP}=0V$	100	400	1000
		准备模式,总线显性: $V_{BAT}=12V$ $V_{INH}=12V$ $V_{LIN}=0V$ $V_{NWAKE}=12V$ $V_{TXD}=0V$ $V_{NSLP}=0V$	300	900	2000
		低斜率模式,总线隐性: $V_{INH}=V_{BAT}$ $V_{LIN}=V_{BAT}$ $V_{NWAKE}=V_{BAT}$ $V_{TXD}=5V$ $V_{NSLP}=5V$	100	400	1000

（续）

符号/单位	参数	条件	最小值	典型值	最大值
$I_{BAT}/\mu A$	端子 BAT 的电源电流	普通斜率模式,总线隐性： $V_{INH} = V_{BAT}$ $V_{LIN} = V_{BAT}$ $V_{NWAKE} = V_{BAT}$ $V_{TXD} = 5V$ $V_{NSLP} = 5V$	100	400	1000
		低斜率模式,总线显性： $V_{BAT} = 12V$ $V_{INH} = 12V$ $V_{NWAKE} = 12V$ $V_{TXD} = 0V$ $V_{NSLP} = 3V$	1	3.5	8
		普通斜率模式,总线显性： $V_{BAT} = 12V$ $V_{INH} = 12V$ $V_{NWAKE} = 12V$ $V_{TXD} = 0V$ $V_{NSLP} = 5V$	1	3.5	8
2. 端子 TXD 特征					
V_{IH}/V	高电平输入电压		2	—	7
V_{IL}/V	低电平输入电压		-0.3	—	0.8
V_{hys}/V	TXD 滞后电压		0.03	—	0.5
$R_{TXD}/k\Omega$	TXD 下拉电阻	$V_{TXD} = 5V$	125	350	800
$I_{IL}/\mu A$	低电平输入电流	$V_{TXD} = 0V$	-5	0	5
I_{OL}/mA	低电平输入电流（本地唤醒请求）	准备模式： $V_{NWAKE} = 0V$ $V_{LIN} = V_{BAT}$ $V_{TXD} = 0.4V$	1.5	3	—
3. 端子 NSLP 特征					
V_{IH}/V	高电平输入电压		2	—	7
V_{IL}/V	低电平输入电压		-0.3	—	0.8
V_{hys}/V	NSLP 滞后电压		0.03	—	0.5
$R_{NSLP}/k\Omega$	NSLP 下拉电阻	$V_{NSLP} = 5V$	125	350	800
$I_{IL}/\mu A$	低电平输入电流	$V_{NSLP} = 0V$	-5	0	5
4. 端子 RXD（开漏极）特征					
I_{OL}/mA	低电平输入电流	普通斜率模式： $V_{LIN} = 0V, V_{RXD} = 0.4V$	1.5	3.5	—
$I_{LH}/\mu A$	高电平漏电流	普通斜率模式： $V_{LIN} = V_{BAT}, V_{RXD} = 5V$	-5	0	5

(续)

符号/单位	参数	条件	最小值	典型值	最大值
5. 端子 NWAKE					
V_{IH}/V	高电平输入电压		V_{BAT}−1	—	V_{BAT}+3
V_{IL}/V	低电平输入电压		−0.3	—	V_{BAT}−3.3
I_{IL}/μA	NWAKE 上拉电流	$V_{NWAKE}=0V$	−30	−10	−3
I_{LH}/μA	高电平漏电流	$V_{NWAKE}=27V, V_{BAT}=27V$	−5	0	5
6. 端子 INH 特征					
$R_{SW(INH)}$/Ω	端子 BAT 和 INH 之间的接通电阻	准备低斜率或普通斜率模式：$I_{INH}=-15mA, V_{BAT}=12V$	—	30	50
I_{LH}/μA	高电平漏电流	休眠模式：$V_{INH}=27V, V_{BAT}=27V$	−5	0	5
7. 端子 LIN 特征					
$V_{o(reces)}$/V	LIN 隐性输出电压	$V_{TXD}=5V, I_{LIN}=0$	$0.9V_{BAT}$	—	V_{BAT}
$V_{o(dom)}$/V	LIN 显性输出电压	$V_{TXD}=0V, V_{BAT}=7.3\sim27V$	0	—	$0.15V_{BAT}$
I_{LH}/μA	高电平漏电流	$V_{LIN}=V_{BAT}$	−1	0	1
I_{IL}/μA	LIN 上拉电流	休眠模式：$V_{INH}=0V, V_{NSLP}=0V$	−2	−5	−10
R_{SLAVE}/kΩ	端子 BAT 的从机端电阻	准备、低斜率或普通斜率模式：$I_{LIN}=0mA, V_{BAT}=12V$	20	30	47
$I_{o(sc)}$/mA	短路输出电流	$V_{LIN}=V_{BAT}=12V$ $V_{TXD}=0V, t<t_{dom}$	25	40	60
		$V_{LIN}=V_{BAT}=27V$ $V_{TXD}=0V, t<t_{dom}$	55	90	125
$V_{th(rx)}$/V	接收器阈值电压	$V_{BAT}=7.3\sim27V$	$0.4V_{BAT}$	—	$0.6V_{BAT}$
$V_{cntr(rx)}$/V	接收器中央电压	$V_{BAT}=7.3\sim27V$	$0.475V_{BAT}$		$0.525V_{BAT}$
$V_{thr(hys)}$/V	接收器滞后阈值电压	$V_{BAT}=7.3\sim27V$	$0.145V_{BAT}$	$0.16V_{BAT}$	$0.175V_{BAT}$

注：1. 所有参数在模拟接点温度下得以确定，除特别说明外，晶片级的电路板在 125℃ 的环境温度下经过测试，其他的在 25℃ 的环境温度下测试。

2. 当裸片连接到搭铁时，所有的参数得以确定。

3. 如果 V_{BAT} 高于 12V，蓄电池电流会因内部 LIN 的端电阻而升高。该电阻的最小值为 20kΩ，则最大上升电流（mA）为 $I_{BAT(increase)}=\dfrac{V_{BAT}-12}{20}$。

(2) 从机应用

1) 结构。LIN 收发器 TJA1020 的从机应用情况如图 4-30 所示。单片机通过 UART/

SCI 接口或标准 I/O 端子连接到 LIN 收发器。TJA1020 的端子 TXD 是发送数据输入，端子 RXD 是接收数据输出。LIN 收发器的休眠控制输入端子 NSLP 可通过单片机控制。TJA1020 还有一个内部从机端电阻，从机应用不需要外部的 LIN 总线端电阻。使用图 4-30 中的电容 C_{SLAVE}，可提高 LIN 的 EME 和 EMI 性能。

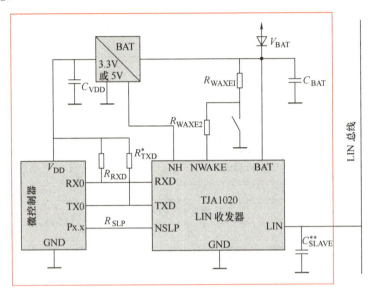

图 4-30 LIN 收发器 TJA1020 从机应用情况

2）端子说明。

① NSLP 端子。休眠控制端子 NSLP 有内部下拉电阻 R_{SLP}，当发生断路故障时，仍能保持一个固定的输入电平。NSLP 端子的低电平使 TJA1020 进入休眠模式，并将功率的消耗减到最少。器件电源的输入阈值为 3.3V 和 5V。

② TXD 端子。TXD 端子为双向端子，在普通斜率模式和低斜率模式中作为发送数据输入，在准备模式中用于标志唤醒源。TXD 端子的低电平输出表明在 NWAKE 端子发生本地唤醒事件。如果 NWAKE 端子被用作本地唤醒源，TXD 端子要被上拉，并按图 4-31 所示的两种方法执行。

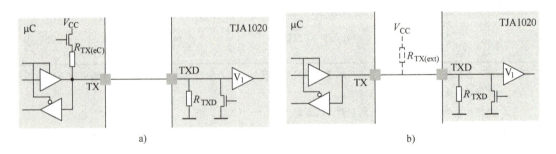

图 4-31 典型的 TXD 端子应用
a）单片机内部集成可编程的上拉电阻 b）单片机没有集成上拉电阻［外部上拉电阻 $R_{TX(ext)}$ 连接到本地（V_{CC}）］

若没有本地唤醒源（NWAKE 端子不使用），则不需要外部上拉电阻。TXD 端子不会被 TJA1020 下拉至低电平。若 TJA1020 使用本地唤醒特征，外部上拉电阻 R_{TX} 要求的上拉能力由以下条件定义：当发生本地唤醒事件时，集成的唤醒源晶体管的下拉端子 TXD 输出低电平；TJA1020 的下拉电阻 R_{TXD}。

由于 TXD 端子的 LIN 信号上升和下降的过程对称，对整个系统的容差有影响，因此，TXD 端子输入的 RC（负载）时间常数应尽量小。

开漏输出以及 $V_{IN(TXD)}$ 的最大输入阈值可支持 3.3V 和 5V 的单片机，3.3V 的单片机可直接连接 TJA1020，而不需要 5V 的兼容接口。

TXD 端子有一个内部弱下拉电阻 R_{TXD}，确保出现断路故障时仍能维持定义的输入电平。TXD 端子的输入电平为显性，其控制超时功能可防止 LIN 总线被箝位在显性电平而使发送器禁能，且弱下拉可提供一个输出电平，使 TXD 端子导通。

③ RXD 端子。RXD 端子提供了一个开漏特性，以获得与单片机电源电压适配的输出电平，3.3V 的单片机可以在不用兼容接口时使用。如果单片机没有集成的上拉电阻，则要加上连接到单片机电源电压 V_{CC} 的外部上拉电阻。典型的 RXD 端子的应用如图 4-32 所示。

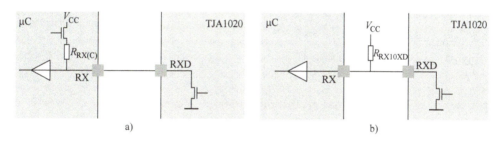

图 4-32　典型的 RXD 端子的应用

a）单片机内部集成可编程的上拉电阻　b）单片机没有集成上拉电阻

④ NWAKE 端子。可通过本地唤醒输入 NWAKE 端子的下降沿检测本地唤醒事件。在下降沿后必须有维持至少 t_{NWAKE} 时间的低电平，以保证最基本的 EMI 滤波。NWAKE 端子有一个流向电池内部的弱下拉电流源 $I_{IL(NWAKE)}$，并在断路故障时可定义一个端子高电平。连接一个外部上拉电阻 R_{WAKE1}，可为外部唤醒开关或晶体管提供足够的电流。若 NWAKE 端子的唤醒源（开关或晶体管）和 TJA1020 的搭铁线路不同，可在 NWAKE 端子和唤醒源之间连接一个串联电阻 R_{WAKE2}。若唤醒源仍然连接到搭铁，且电控单元丢失搭铁时，串联电阻 R_{WAKE2} 可通过 NWAKE 端子的内部保护二极管保护电控单元不会有反向电流。典型的 NWAKE 端子的应用如图 4-33 所示，可通过外部开关进行本地唤醒。

上拉电阻 R_{WAKE1} 由唤醒源（开关或晶体管）要求的电流决定，串联电阻 R_{WAKE2} 由应用中的电控单元和外部唤醒源的电平偏移决定。

由于 NWAKE 端子有内部上拉电阻和滤波特性，因此，当应用不需要本地唤醒时，NWAKE 端子要保持断路。可将 NWAKE 端子直接连接到 BAT 端子，如图 4-34 所示。

对于其他端子为 V_{CC} 电源输入，而不是本地唤醒输入的 LIN 收发器，TJA1020 也可以在硬件上兼容。因此，NWAKE 端子输入的唤醒阈值被定义为高于 5V，该端子可直接连接到应用的 V_{CC} 电源，且当 V_{CC} 下降时（如休眠模式）也不会产生唤醒事件，但该方式将

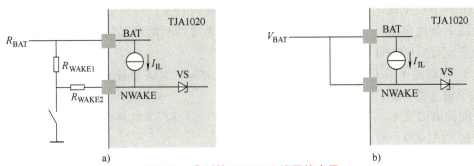

图 4-33 典型的 NWAKE 端子的应用
a）通过外部开关进行本地唤醒 b）上电后自动唤醒

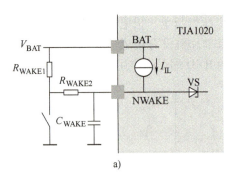 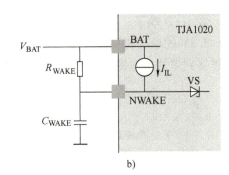

图 4-34 NWAKE 端子的应用（上电唤醒）
a）通过外部开关进行本地唤醒 b）上电后自动唤醒

引起系统有小的额外电流消耗 $I_{IL(NWAKE)}$（内部弱电流源）。

TJA1020 在上电后会直接进入休眠模式，使 INH 端子保持悬空，LIN 节点的电源禁能，以减少 LIN 子系统上电时的整体峰值电流。

实际应用中，要求 LIN 节点在上电后会自动唤醒，可用 NWAKE 端子上的 RC 电路实现（图 4-34b）。上电期间，RC 电路将 NWAKE 端子的输入电压 V_{WAKE} 维持在 $V_{IL(NWAKE),max}$ 至少 $t_{NWAKE,max}$ 时间，以产生一个本地唤醒。

⑤ INH 端子。

INH 端子控制的电压调节器：INH 输出端子是一个连接着 BAT 端子的开漏输出，可以控制一个外部电压调节器。因此，必须要有一个连接到搭铁的外部下拉电阻 R_{INH}，通常由电压调节器本身集成。典型的 INH 端子的应用如图 4-35 所示。

直接的电压调节器电源：由于 INH 端子具有驱动能力，TJA1020 可以直接给电压调节器供电。

功率的消耗由电源电压 V_{BAT} 和波特率确定。图 4-36 表明静态功率消耗 P_Q 和 TJA1020 的发送器功率消耗 P_{TX} 都是电源电压 V_{BAT} 的函数，发送器功率消耗 P_{TX} 在占空比为 50%、LIN 总线负载（$R_L=500\Omega$，$C_L=10nF$）的情况下测出。

温度阻抗 $R_{th(j-a)}$ 是指在典型的空气条件下，IC 封装向周围环境传导热的能力。实际应用中，通常将大面积覆铜连接到端子 GND，以减少温度阻抗和增加最大的 INH 电流。

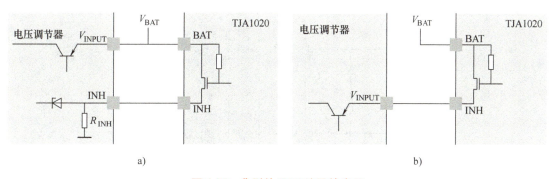

图 4-35 典型的 INH 端子的应用

a）带有限制输入的电压调节器 b）不带有限制输入的电压调节器

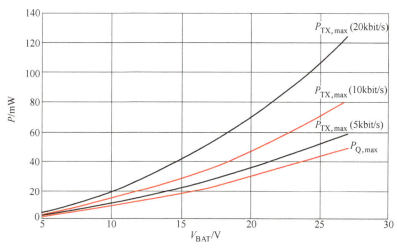

图 4-36 普通模式中的功率消耗

⑥ LIN 端子。LIN 端子用于在 LIN 总线上发送和接收数据。发送由一个控制波形的下方开关管执行，接收由接收器执行。接收器的阈值 $V_{th(rx)}$ 和 BAT 端子电压有关，并有滞后电压 $V_{thr(hys)}$。

LIN 端子具有弱上拉电流源 $I_{IL(LIN)}$ 和一个与 BAT 端子并联的从机端电阻 R_{SLAVE}。从机端电阻、电流源以及下方开关管都有一个保护电流二极管，因此不需要外部元件，并且在 LIN 总线上使用一个电容负载，可以改善 EME 和 EMI 特性。

由于从机端电阻 R_{SLAVE} 在休眠模式中关断，电流源 $I_{IL(LIN)}$ 可作为一个额外的弱上拉。因此，当 LIN 端子对搭铁短路时，转换到休眠模式将减少电流消耗。

（3）主机应用 主机应用要有一个额外的主机端电阻 R_{MASTER}，为了改善 EME 及 EMI 性能，可连接一个电容负载 C_{MASTER}。TJA1020 主机应用的几种方案如下：

1）主机终端直接连接到 BAT，如图 4-37 所示。主机应用通过在 LIN 和 BAT 端子之间串联的反向电流二极管和电阻 R_{MASTER} 实现。在 LIN 总线错误地对搭铁短路时，并不提供自动防故障功能。短路电流不能被关断，所以电池将持续放电。

2）主机终端连接到 INH 端子，如图 4-38 所示。为了实现自动防故障功能，TJA1020 支持使用 INH 端子驱动主机终端电阻 R_{MASTER} 的高级应用解决方案。主机端电阻和反向电

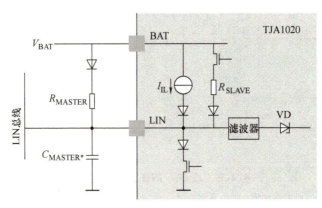

图 4-37 典型的主机终端

流二极管串联到 INH 端子,而不是 BAT 端子。因此,通过切换到休眠模式来关断主机终端,可解决 LIN 对搭铁短路问题。

实际应用中,单片机检测到由于 LIN 总线对搭铁短路而产生的持续显性电平后,可通过选择休眠模式减少功率消耗。切换到休眠模式可以关断外部电压调节器、主机终端电阻 R_{MASTER} 和内部的从机端电阻 R_{SLAVE}。内部的弱上拉电流源 $I_{IL(LIN)}$ 和 TJA1020 的内部电流消耗决定了 LIN 节点在该故障情况下的电流消耗。

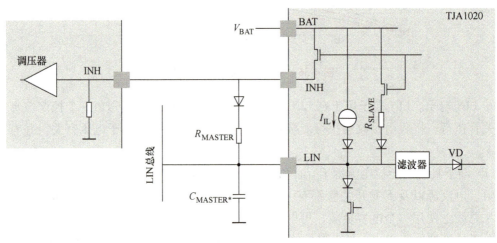

图 4-38 高级主机终端

3) INH 和 BAT 的主机终端分离。由于高级主机终端提供了一个自动防故障系统,而且休眠模式中有高的 LIN 总线阻抗。如果 LIN 总线可以承受高的短路电流,则可以选择图 4-39 所示的终端概念。

当 TJA1020 在准备模式、普通斜率模式或低斜率模式中时,并联的电阻 $R_{MASTER\text{-}BAT}$ 和 $R_{MASTER\text{-}INH}$ 决定主机的终端。休眠模式中,主机终端由 $R_{MASTER\text{-}BAT}$ 决定,最大的 LIN 总线短路电流 $I_{SC,max}$ 可用 $R_{MASTER\text{-}BAT}$ 平衡。

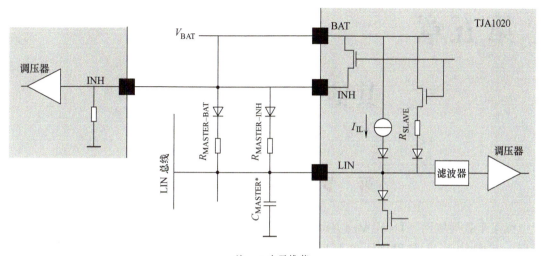

图 4-39 平衡的主机应用

本 章 小 结

在车载网络中，LIN 处于低端，与 CAN 以及其他 B 类或 C 类网络比较，其传输速度慢、结构简单、成本低，并与这些网络为互补关系。LIN 标准包括传输协议规范、传输媒体规范、开发工具接口规范和用于软件编程的接口。LIN 在硬件和软件上保证了网络节点的互操作性，并有可预测性和电磁兼容特性。由于汽车产品对价格和复杂性非常敏感，在车载网络低端使用 LIN 会显现其必要性和优越性，并逐渐取代目前各种各样的低端总线系统。

复习思考题

1. 画图分析 LIN 网络的构成。
2. LIN 的特点有哪些？
3. 比较 LIN 与 CAN 的主要特性。
4. 简述 LIN 总线的组成。
5. LIN 主机电控单元的主要特点有哪些？
6. LIN 从机电控单元的主要特点有哪些？
7. 画图分析 LIN 报文帧的组成以及各组成部分的作用。
8. 简述 LIN 的错误和异常处理方法。
9. 简述 LIN 的故障界定。
10. 简述 LIN 总线收发器的组成原理。

第五章

其他车载网络技术

第一节　汽车车载局域网

汽车车载局域网（Local Area Network，LAN）是指分布在汽车上的电器与电子设备在物理上互相连接，并按网络协议相互通信，以共享硬件、软件和信息等资源为目的的电子控制系统。LAN 的性能取决于传输介质、拓扑结构和 MAC 协议，其中传输介质和拓扑结构是主要的技术选择，它们在很大程度上决定了可以传输的数据类型、通信速度、效率以及网络提供的应用种类。LAN 常用的拓扑结构有 3 种，即星形、环形和总线型/树形。

一、LAN 的结构和特点

1. LAN 的构成

LAN 的构成如图 5-1 所示，在汽车内部采取基于总线形式的网络结构，可以达到信息共享，减少布线，降低成本以及提高总体可靠性的目的。通常的汽车网络结构采用多条不同传输速率的总线分别连接不同类型的节点。CAN 等通信协议的开发使多个 LAN 可通过网关（智能服务器）进行数据通信，实现整车的信息共享和网络管理。

开发和应用 LAN 使各个电控单元之间能互相交换数据和协调工作，并实现对汽车性能的精确、快速控制，减少配件，简化故障诊断和维修。

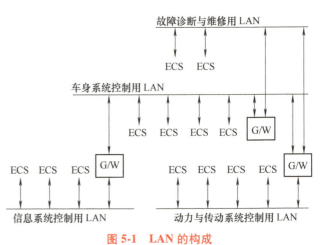

图 5-1　LAN 的构成
G/W—网关　ECS—电控单元或电子控制系统

典型的 LAN 结构如图 5-2 所示。与其他控制环境相比，车内温度变化范围和电磁干扰大，所以 LAN 的运行可靠性十分重要。

目前，国内外中高档轿车，如上海大众帕萨特 B5 和波罗、一汽大众宝来和奥迪 A6、广州本田、东风雪铁龙等车都采用了 LAN 技术。

2. 采用 LAN 技术汽车的特点

1）汽车电子控制系统只需一根通信电缆，减少线束连接，减轻汽车重量。

2）电子控制系统部件数量减少，使汽车的可靠性增加。

3）可实现实时故障诊断、测试和报警，实现集中显示、历史查询和故障自诊断等功能，使汽车具有行驶记录仪的功能。

4）电子控制系统的扩展性强，增加电控装置时几乎不需要对原有局域网的软件和硬件进行任何改动。

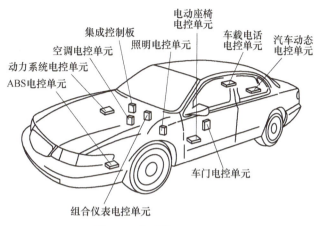

图 5-2 典型的 LAN 结构

二、LAN 的传输介质

LAN 的传输介质有同轴电缆、双绞线和光纤，其特性见表 5-1。

表 5-1 同轴电缆、双绞线和光纤的主要特性对比

传输介质	信号类型	最大数据传输速度（Mbit/s）	最大传输距离/km	网络节点数
双绞线	数字	1~2	0.1	几十
同轴电缆（50Ω）	数字	10	1	几百
同轴电缆（75Ω）	数字	50	1	几十
同轴电缆（75Ω）	FOM 模拟	20	10	几千
同轴电缆（75Ω）	单信道模拟	50	1	几十
光纤	模拟	100	1	几十

三、LAN 的 MAC 协议

LAN 总线适用于复杂系统，其传输介质的形式有总线型/树形、星形和环形等。网络众多节点之间相互访问的控制十分重要，以解决众多节点共用一个信息通道产生冲突等问题，称为 MAC 技术。

MAC 的基本方法如下：

(1) **循环式** 每个节点轮流得到发送机会，每次发送数据总量或时间有一个限制，超过该限制的数据在下一循环中发送，适合很多节点都发送数据，网络利用率高。

(2) **预约式** 由节点请求后预约，适合数据长时间连续传输。

(3) **竞争式** 适合突发、短时间、零星数据传输，由各节点自由竞争发送机会。

美国电气和电子工程师协会（IEEE）于 1980 年 2 月为 LAN 的 MAC 制定一个协议，

称为 IEEE802 标准。当一个 LAN 网络的传输介质和拓扑结构选定后，局域网的性能就主要取决于 MAC。

四、LAN 的应用

1. 丰田汽车采用的两种供多路传输通信需要的集成电路

丰田汽车采用的供多路传输通信需要的集成电路有通信控制 IC 和总线收发器 IC，都以 SAE J1850 标准的脉宽调制（PWM）编码格式作为基础的通信协议。

通信控制 IC 的设计与众不同，如有较高的故障自动防护操作和能减少施加在 CPU 上的额外通信量的特性，IC 采用 CMOS 技术制造，芯片尺寸为 5.5mm×5.5mm，芯片中约有 14000 个晶体管。

总线收发器 IC 的特点如下：

1）在数据传输周期中，能使进入总线中的一对双绞线线芯的电流与总线中另一对线芯的返回电流精确匹配，能抵抗电磁干扰，对车内无线电接收非常有利。

2）在数据接收周期中，当总线中的任一对双绞线线芯出现故障时，具有改变数据接收阈值电压的能力。IC 采用双极技术制造，在 3.0mm×5.7mm 的芯片中约有 700 个元件。

2. 丰田汽车公司选用 SAE J1850 标准的 PWM 编码作为两种集成电路通信协议的基础

从电子控制的角度出发，通信速率越高，汽车的控制性能越好，即大量的数据能在一个单位时间内传输和交换，而使数据通信延迟保持在最低级别。但较高的通信速率，会在高频区不可避免地增大辐射噪声，从而在车内引起无线电接收噪声。采用同轴电缆或光纤能有效地限制辐射和噪声。

目前，选择 J1850-PWM 作为通信控制 IC 和收发器 IC 通信协议的基础。J1850 是 SAE 推荐的作为 B 类通信的标准，即为专供汽车 LAN 运行在中等通信速率的标准，也可用作汽车故障诊断的接口协议基础。

3. 丰田汽车按 SAE J1850 标准设置的两种集成电路的相关规范

（1）**主要特征** 位速率为 41.67kbit/s，位编码为 PWM，总线访问/存取采用具有非破坏性位仲裁及碰撞检测功能的载波监听多路访问/冲突检测（CSMA/CD）技术，传输媒介为双线。

（2）**帧格式** J1850-PWM 的帧格式如图 5-3 所示，数据组按字节单位，先安置最高有效位，共 12 个字节（包括 CRC 和 IFR）并允许调节。

图 5-3 J1850-PWM 的帧格式

（3）**位和符号格式** J1850-PWM 的位（数据 1 或 0）和符号格式如图 5-4 所示。位和符号被限定在 24μs 的间隔帧或其整数倍帧内，对于各帧的允许误差为 ±2%。

（4）**传输启动条件** 当总线空闲或被检测到的前导脉冲边缘处于帧间空间（IFS）时，允许传输启动。

（5）**非破坏性位仲裁** J1850-PWM 采用非破坏性位仲裁，位仲裁的典型电路如图 5-5 所示。在各个节点上，若给定的至发送器的全部输入信号 TX_n（TX_1、TX_2）为低电平，则连接到总线（+）和总线（-）的全部驱动晶体管都截止。由于下拉电阻与总线（+）相通，因此总线（+）的电压也处于低电平；由于上拉/负载电阻与总线（-）相连，故总线（-）的电压处于高电平。因此，各个独立节点上的接收器输出低电平。

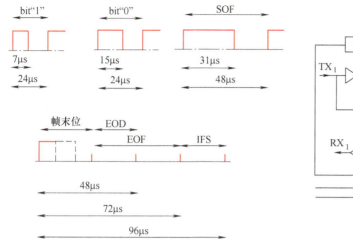

图 5-4　J1850-PWM 的位和符号格式

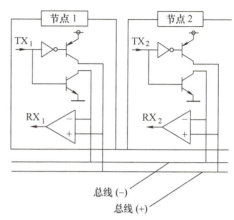

图 5-5　非破坏性位仲裁电路

若在最末节点上给予发送器的输入信号 TX_n 为高电平，则两个对应的驱动晶体管导通，总线（+）的电压处于高电平，总线（-）处于低电平。因此，各个节点上的接收器输出高电平。

接收器输出信号波形如图 5-6 所示。节点 1 和节点 2 能同时启动传输数据，与总线上的 J1850-PWM 相符。对于 J1850-PWM，当位 1 与位 0 相互碰撞时，位 0 占优势（处于支配地位）。对于该协议，要求所有节点都具有碰撞检测能力，即使在传输过程或瞬态停止传输过程中都能一直监测总线的状态。如果从某节点输出的波形发生畸变，节点自身能进行发送检测。具有碰撞检测能力的几个节点进行启动传输，其中总有一个节点能在帧未被破坏的情况下完成传输。

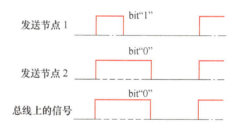

图 5-6　接收器输出信号波形

因此，通过首选的几位作为优先位，对于各个独立帧有可能赋予理想的优先次序，以确保进位最优先的帧，在最短的等待时间间隔内，甚至是总线最繁忙的情况下获得传输权。能在限定的时间间隔内传输紧急信息非常重要，有了该项技术规范，采用 LAN 设计出的电子控制系统能很好地满足实际需要。

4. 通信控制 IC 的结构特点

通信控制 IC 位于主 CPU 与收发器 IC 之间，用于将 0 和 1 数据流转换为与通信协议相符的格式，或将 PWM 位转换为 0 和 1 数据流。

通信控制 IC 芯片的尺寸为 5.4mm×5.5mm，含 13500 个晶体管，采用双层铝-2μm COMS 工艺制造。其结构特点如下：

（1）发送端与接收端的脉冲宽度有差别　判别 PWM 位和符号可参考脉冲宽度，但发送端信号发送的脉冲宽度与接收端的脉冲宽度会有差别。为实现非破坏性位仲裁，以下两点是造成发送端与接收端脉冲宽度差异的主要原因：

1) 脉冲上升和下降的时间不等。非破坏性位仲裁受发送器赋予的高电平和下拉电阻给予的低电平之间完全不同的驱动力影响。脉冲上升时间取决于总线上的寄生电容量和发送器上的驱动力，而脉冲下降时间取决于总线上的寄生电容量和下拉电阻上的位仲裁驱动力。由于脉冲上升和下降时间的差值较大，因此，脉冲宽度存在差异。

2) 在传输位同步电路中，由于延迟造成脉宽扩展。对于非破坏性位仲裁，任一（或全部）正常传输节点上的位传输启动时间在信号碰撞过程中必须重合。这就要求每个独立的节点都具有持续不断地监测总线，检测前导边缘，以及在数据传输过程中能立即发送下一位的能力。但在传输位同步的电路中，从首次检测任一前导边缘，到传送下一位的信号处理通路，若存在着任何延迟，则脉冲宽度会相应变宽。

脉冲宽度差别的程度主要取决于 LAN 的电路布局、总线长度和节点数量。由于总线长度和节点数量随车型而异，仅靠发送和接收系统对脉宽变动允许量作为鉴别系统工作可靠性的依据并不充分。若所用的参数遵循 J1850-PWM 规定，则在各种不利条件都同时存在的情况下，要保障非破坏性位仲裁很困难。

为此，丰田汽车公司研制了具有较高可靠性的发送和接收系统，对其传输波形的脉冲宽度做了选择（见图 5-7），与图 5-4 相比较，位 1 和 0 的波形有所改变。

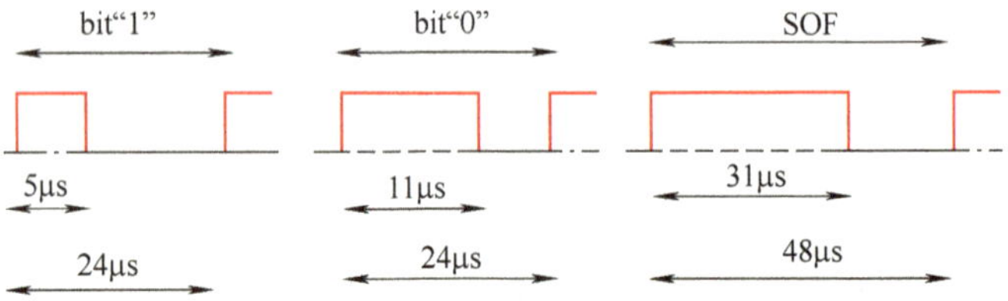

另外，接收过程中的抽样点也重新做了选择，如图 5-8 中的"△"符号处。经测定，这些抽样点可以引导每个位和符号的错误识别成为最少的一组。

发生和接收系统的时钟误差容限（±20%）为通过通信 IC 时钟误差的最大公差，在此公差范围内，如果由收发器 IC 和总线组成的信号通路无延迟，则通信正常。延迟容限（6.5μs）是在信号通路中允许的最大延迟级，如果通信 IC 时钟无误差，则信号通路中能有效地建立通信。

（2）配置有故障自检测功能的多种内部控制块 通信控制 IC 内部控制块的配置如图 5-9 所示。各种控制块的功用及特点如下：

1) LAN 控制块。LAN 控制块由传输控制块、传输线故障检测器、帧内响应（IFR）

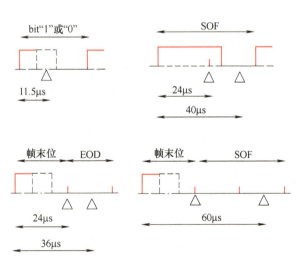

图 5-7 位和 SOF 波形

图 5-8 位和符号抽样点

控制块、接收控制块、差错检测器和帧选择器组成。

① 传输控制块转换数据为 PWM 波形以及对数据添加符号。

② 传输线故障检测器检测通信 IC 是否有信号送出，以便检测通信 IC 在信号接收接柱上发生的断路故障。

③ IFR 控制块检测传送数据过程中从接收节点收到的帧内响应码。在接收数据过程中，IFR 控制块生成 IFR 码，在发帧过程中如果没有从接收节点获得正确的 IFR 码，通信控制 IC 将自动地重发帧多达 3 次。

④ 接收控制块在接收数据中鉴别符号和位数，同时将其转换

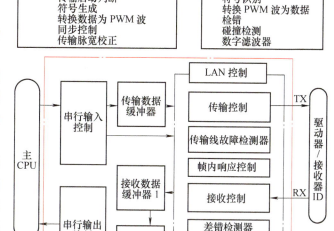

图 5-9　通信控制 IC 内部控制块的配置

为位流 0 和 1，由发送和接收系统完成。传输信号的脉冲宽度和抽样点可通过改变 IC 人工掩膜的铝层达到预期的变换，以精确地与原 J1850-PWM 相适配。接收控制块有机内数字滤波器，用于减小噪声。由于采用了滤波器，在边缘检测时产生延迟。为确保传输位同步，传输控制块内提供了一种能补偿这种延迟的逻辑能力。

⑤ 差错检测器检测 CRC 和帧长度错误。

⑥ 帧选择器检测所接收到的帧是否按要求通过主 CPU，使主 CPU 避免接收不需要的信息，减少进入 CPU 的载荷。

2）串行输入控制块。属于输入接口，用于发送来自主 CPU 的信号，含有串行输入口和与主 CPU 组成的信号交换控制回路。另外，还有通向 LAN 控制块按传输要求的信号生成回路。

3）传输数据缓冲器。属于存储缓冲器，存储将要发送的数据帧。

4）接收数据缓冲器 1 和 2。属于存储缓冲器，分别存储将要被接收的数据帧。如果经检测的数据和经鉴定传输到主 CPU 的数据无错误，则从 LAN 控制块接收到的数据首先存储在接收数据缓冲器 1 中，然后再送入接收数据缓冲器 2。

5）串行输出控制块。将所接收的数据传送至主 CPU 的输出接口，包括串行输出口和与主 CPU 组成的信号交换控制回路。

5. 收发器 IC 的结构特点

收发器 IC 采用一个直接接口与通信总线互联，其芯片尺寸为 3mm×5.7mm，有 550 个元器件（含晶体管、电阻、电容），采用双级处理工艺。

（1）发送器的结构特点　发送总线与抑制无线电噪声技术密切相关，无线电接收装置的高频元件及所接收的调幅或调频波的噪声特性，会对汽车其他电子设备产生不利影

响。在通信过程中，无线电噪声的出现率将成为采用 LAN 的最大障碍。因此，要正确选择抑制噪声的电路结构和方法。

传统的电压驱动法如图 5-10 所示。当总线上的电压逐渐增高至最大值（持平），总线上的电流方向就突然改变，以此限制电磁干扰辐射。但此方法对采用 CSMA/CD 的 LAN 不利，因为采用具有碰撞检测功能的 CSMA/CD 的局域网，允许有一个以上的节点同时传输数据。

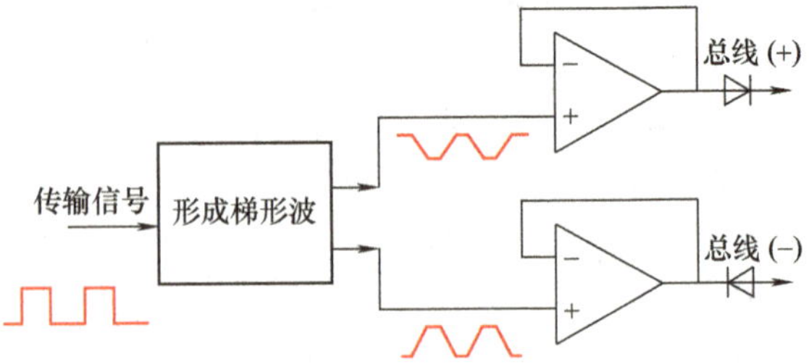

多节点电路如图 5-11 所示。节点 1 开始传输稍后一点时隙，节点 2 才开始传输。假设总线发送器赋予节点 1 和节点 2 的特性值相同，发送器分配给节点 2 的驱动力达到最大级时，等量电流才分别流入节点 1 和节点 2，此时流入节点 1 的电流仍占 1/2。当节点 2 上的驱动力达到最大级时，位于节点 1 和节点 2 之间的电流发生突降，一旦节点 2 上的驱动力稍微超过了节点 1，相应 P 点的电流突降会更陡，此时 CSMA/CD 的 LAN 性能不好。因此，采用传统的电压-驱动法抑制无线电噪声不理想。

电流驱动法如图 5-12 所示。从通信控制 IC 发送出的脉冲信号，经过梯形脉冲生成电路进行"波形韧化"，再通过电压-电流转换器，将电压转换为电流传送。该电路能确保进入总线（+）的电流能与总线（-）返回的电流精确匹配。电流驱动法直接控制电流量，

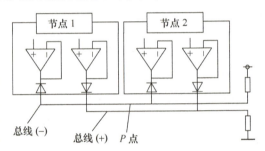

图 5-10　传统的电压驱动法

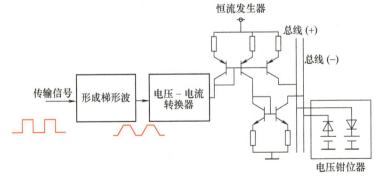

图 5-11　多节点电路

能保证总线上的电流不再发生突降，即使总线上的电流总量随现行传送数据的节点数量的增加而增大，甚至发生碰撞，电流变化过程也只会经电压钳位器输出。电压钳位器能将总线电压限制到某一固定电平。电流驱动法并不直接控制总线电压，但会控制高电压不出现。因此，电压钳位器对抑制无线电噪声非常有效。

图 5-12　电流驱动法

（2）接收器的结构特点　接收器电路具有故障容错功能，即在绞线对中的某根线断

路或短路时，通信仍能继续进行，以增强网络的工作可靠性。接收器控制电路如图5-13所示。

通过交流耦合电容器1和2，将通信总线上的电压转换传送至 A 点和 B 点。在 C 点由减法电路产生一个等于 A 点和 B 点间的电位差输出。峰值和底值保持电路在 D 点和 E 点分别

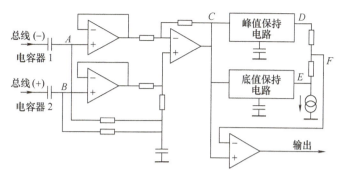

图5-13　接收器控制电路

存储峰值和底值电压作为模拟信号。在 F 点出现一个等于峰值和底值的平均电压。C 点的电压（A 点和 B 点间的电位差）送给比较器，F 点的电压也馈入比较器，再由比较器输送至通信控制IC。该电路能恒定地调节电压至最佳值，以适应通信总线电压变化。

当通信总线处于正常状态时，图5-13中各点电压的相应转换如图5-14a所示。当总线（+）对搭铁短路，各点的电压变化如图5-14b所示。若总线（+）对搭铁短路，则总线上电压的幅值变小，虽然噪声容限也随之减小，但还可继续通信。尽管总线（+）对搭铁短路，其输出波形与图5-14a仍完全相同。

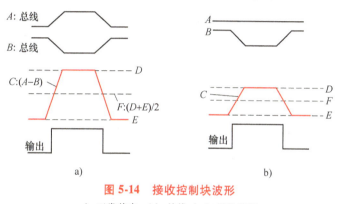

图5-14　接收控制块波形
a) 正常状态　b) 总线（+）搭铁短路

6. 通信控制与收发器IC的使用情况

丰田汽车配置了由5个电控单元组成的LAN系统，采用了前述的通信和收发器IC，并用带屏蔽的双绞线电缆作为通信总线，通信总线在车内布置成环形（见图5-15），将5个电控单元当作节点与其相连，并分别控制发动机和悬架等，所需的数据有发动机转速和车速等，数据经由环形总线进行传输。

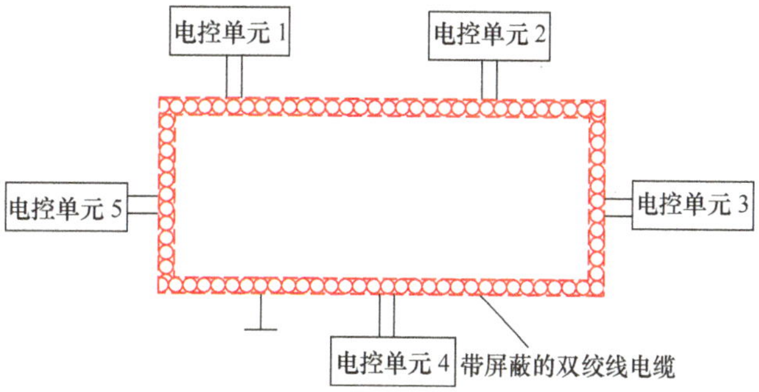

两种IC及车内LAN通信的效果如下：

（1）对无线电噪声的抑制能力　经试验台上试验表明，新型收发器IC装用在车上比传统的开式集电极电路装用在车上的噪声明显减小，能满足噪声上限规范的要求。

（2）对电磁干扰的承受能力　LAN能承受电磁干扰，所测值能满足所有频带对应的

图5-15　汽车网络

限值要求。

(3) 对电气噪声的抵抗能力 测试评价时，对喇叭、空调、刮水器、照明装置和行李舱开启器等 14 种电气负载各驱动 50 次，伴随着开关负荷产生的噪声进行。测试表明它能确保检测不超过 8 位的突发差错，因此，即使在有电气噪声存在的情况下，数据也不会被错判。

通信过程中，若生成的电气噪声破坏了通信帧，则通信控制 IC 的重发能力会使总线尽快恢复稳定工况并重发数据。重发也需要时间，但最多延迟一个帧的时间间隔。

电气负载的输入、输出信息通过量很小，测试和评价结果表明电气负载产生的噪声对 LAN 的控制性能影响不大。

(4) 对信息通过量与等待时间的测定 通信协议采用非破坏性位仲裁，即使输入、输出信息通过量上升至 100% 也不会发生严重问题，但输入、输出信息通过量增加会使通信/传输等待时间延长。对于汽车控制，传输等待时间过长会出现问题，因此，对于 LAN 网络，需要确定合理的等待时间。

可用检验器测量 LAN 通信量。检验器重复发送最低优先级和最高优先级帧。发送频率调至约每秒一次的较小值，不会影响通信量。测试结果表明，LAN 的传输等待时间的级别不会对汽车控制造成不良影响。

7. 丰田汽车公司除选用 PWM 编码协议外又定义了 NRZ 编码协议

前述的通信控制和收发器 IC 采用 PWM 位编码和双总线系统，主要是针对发动机和悬架等复杂控制对象。而对于车身内部电子控制，如中央门锁、电动车窗、可调倾角的伸缩式转向柱、车内照明设备亮度和刮水器等控制，都没有必要采用高成本复杂的通信 IC，而只需采用较少分立元件的多路复用 IC 和简单的收发器电路以及单总线系统，即可满足车身内部电子控制的需要。

为匹配较简单的多路传输系统，丰田汽车公司又定义了一种功能较少的 NRZ 编码的协议，其主要特征及帧格式如下：

1) 总线存取方法为具有非破坏性位仲裁及碰撞检测功能的 CSMA/CD。
2) 位编码为 NRZ。
3) 位速率为 5kbit/s。
4) 数据长为 2B。
5) 错误校验为 8 位 CRC（可检测 3 位以内的随机差错）。
6) 传输媒体为单线。

帧格式如图 5-16 所示。

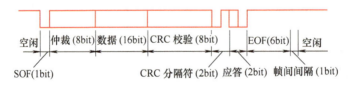

图 5-16 帧格式

第二节 VAN 总线

一、概述

VAN 是车辆局域网（Vehicle Area Network）的简称，由法国雪铁龙汽车公司、雷诺汽车公司和标致集团联合开发，主要应用于车身电气设备的控制。VAN 作为专门为汽车开发的总线，1994 年成为国际标准。VAN 通信介质简单，在 40m 内传输速率可达 1Mbit/s，按 SAE 分类标准属于 C 类，VAN 总线系统协议是一种只需要中等通信速率的通信协议，反应时间约为 100ms。VAN 支持分布式实时控制的通信协议，可广泛应用于汽车门锁、电动车窗、空调、自动报警和娱乐控制等系统。VAN 总线为串行通信网络，与一般总线相比，其数据通信的可靠性、实时性和灵活性好。VAN 标准特别考虑了苛刻的环境温度、电磁干扰和振动等因素，尤其适用于需要现场总线的实时控制。VAN 总线协议的 OSI 模型分层如图 5-17 所示。

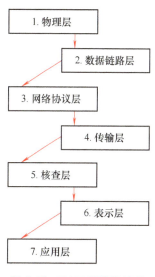

图 5-17　VAN 总线协议的 OSI 模型分层

二、VAN 总线的组成

1. VAN 总线的典型结构

VAN 总线协议将各复杂通信系统进行连接，同时将简单元件和支线连接成总线，确保网络传输，其典型结构如图 5-18 所示。

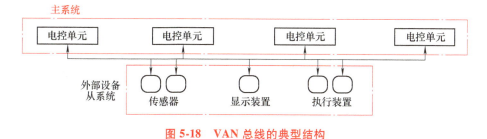

图 5-18　VAN 总线的典型结构

2. 拓扑结构

拓扑是指 VAN 总线协议允许的各个电控单元之间的排列方式，电控单元通常按照总线—树形或总线—树形—星形的拓扑方式相互连接，如图 5-19 所示。

3. 传输介质

VAN 总线的信号传输常用双绞铜线，每个电控单元只对应一个双绞铜线的传输介质。

两根导线分别被称为 DATA 和 DATAB，对应于 CAN-H 和 CAN-L 导线，任何一根导线都可以将 VAN 的信息传输至显示屏或收放机。VAN 的数据导线既可以采用铜质双绞线，也可采用同轴电缆，还可用光导纤维（即光纤或光缆）。

VAN 总线的 DATA 数据线和 DATAB 数据线电压如图 5-20 所示，VAN 总线采用差动信号传输方式，抗干扰能力强，且具有良好的容错能力。VAN 总线在一条导线出现故障的情况下，还具有单线工作能力。

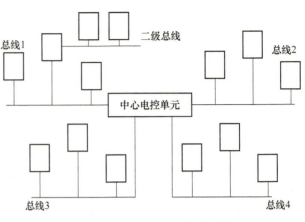

图 5-19　VAN 总线拓扑的结构

4. 节点结构

VAN 总线电控单元之间采用标准接口（VAN 标准）进行信息数据处理，由协议控制器和线路接口组成，如图 5-21 所示。

（1）**协议控制器**　负责 VAN 信息输入和输出的编码和译码，检测到空闲总线之后即进入该总线，冲突管理，错误管理，与微处理器（或微型控制器）的接口进行数据传输。

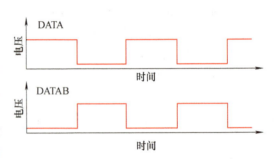

图 5-20　VAN 总线的 DATA 数据线和 DATAB 数据线电压

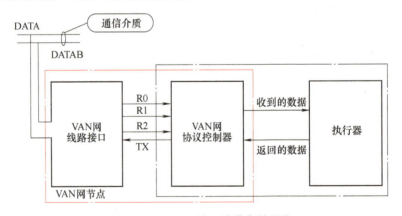

图 5-21　VAN 总线系统节点的结构

（2）**线路接口**　将 VAN 总线的 DATA 和 DATAB 信号翻译成无干扰的 R0、R1 和 R2 信号，传送至协议控制器；或将协议控制器的 TX 信号翻译成 DATA 和 DATAB 信号传送至 VAN 总线。

5. 帧结构

VAN 总线的帧由 9 个域组成，如图 5-22 所示，其功能见表 5-2。

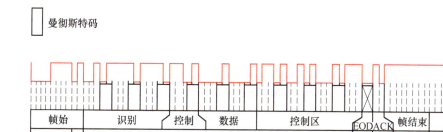

图 5-22 VAN 总线的帧结构

表 5-2 VAN 总线帧的组成及功能

域名域	英文缩写	功 能
帧始域	SOF	表示 VAN 数据总线系统帧结构的起始,允许 VAN 支线外部设备自动适应 VAN 总线的速度
识别域	IDEN	标明数据的性质和数据的接收者
控制域	COM	标明帧的类型(读或写)以及分类传输模式(点对点或数据发散,是否需要签收回复命令)
数据域	DAT	包含有用的数据信息
控制区域	CRC	检验 VAN 帧内容的完整性
数据结束域	EOD	标示数据域结束和校验结束
获知域	ACK	用于存储接收数据的签收回复
帧结束域	EOF	标示出 VAN 帧的结束和组成空余总线的第 1 部分
帧分区域	IFS	保障帧之间的最小空间以及组成空余总线的第 2 部分

6. 传输模式

VAN 总线有 3 种传输模式,见表 5-3。

表 5-3 VAN 总线的传输模式

传输模式	功 能
定时传输	VAN 总线定期向网络传送信息,必须保证时间充裕,便于接收时对每条信息合理取舍
事件传输	用于 VAN 总线信息数据传输交换
混合传输	上述两种传输模式组合使用,确保可随时刷新信息

7. 进入传输介质

VAN 总线电控单元依靠随机方式和异步方式进入传输介质,可根据需要和执行命令随时进行。

1)进入 VAN 总线时,需先检测是否空闲。若总线能连续读取 12 位的隐性数据,即视为空闲,此时 VAN 总线的各电控单元都能传送和接收信息。

2)两个以上的 VAN 总线电控单元同时进入网络时,会发生冲突,必须要判断优先级。

8. 服务功能

1) 用发散模式写入数据，将一个数据发往多个数据使用者，不在帧内签收回复。

2) 用点对点模式写入数据，将一个数据发往一个确切的数据使用者，在帧内签收回复。

3) 一个数据使用者向一个数据制造者发出数据请求。

4) 帧中回应，在同一帧中对一个请求的回应；或为滞后回应，数据制造者没有在提出请求时立刻回应。

9. VAN 总线签收回复

VAN 总线的签收回复由数据发送激活和实现。若最后一个请求与一个确切的电控单元相连接（"点对点"模式），则将激活签收回复命令。此时，单个确切的电控单元检测帧的格式是否正确，对其回应一个信息（识别域将进行核实）；未涉及此交换的其他电控单元则不产生回复。反之，若最后一个请求与几个电控单元或网络中的电控单元整体相连，则取消回复命令，所有电控单元不产生回复，只有相关电控单元处理该信息。因此，VAN 总线系统协议同样适用于数据发散模式和点对点交换模式。

三、VAN 总线的物理层

1. 互补数据对

VAN 总线的物理层由互补数据对组成，其两条线分别为 DATA 和 DATAB。DATA 线和 DATAB 线同时传送相反且互补的信息，两条线比较靠近且呈双绞状，截面面积为 $0.6mm^2$ 的铜导线，电磁半径较小，电磁力互相抵消，VAN 总线物理层入口的差逻辑计算器可将干扰消除，如图 5-23 所示。

图 5-23 VAN 互补数据对

2. 电压水平

VAN 总线互补数据对的电压水平统一，信号上升和下降的时间如图 5-24 所示。互补数据对形式的 VAN 信号如图 5-25 所示，VAN 总线信号接收和传输电路如图 5-26 所示，VAN 总线信号的传输过程如图 5-27 所示，VAN 总线信号的接收过程如图 5-28 所示。

3. 故障诊断

VAN 总线的物理层有 3 个共用模式的比较器，如图 5-29 所示。比较器将 DATA 线和 DATAB 线电压与参照电压进行比较，以确定是否存在故障，其原理如图 5-30 和图 5-31 所示。

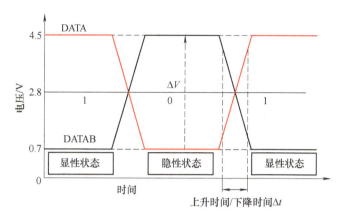

图 5-24 VAN 总线互补数据对的信号形式

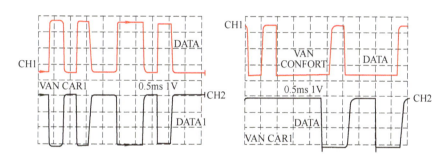

图 5-25 互补数据对形式的 VAN 信号

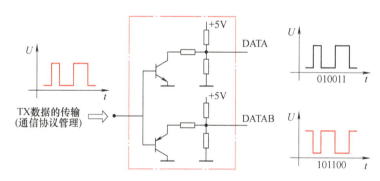

图 5-26 VAN 总线信号接收和传输电路

3 个比较器中至少有 1 个总能保持运转，故障形式：DATA 搭铁线短路，DATAB 运行；DATA 正极短路，DATAB 运行；DATAB 搭铁线短路，DATA 运行；DATAB 正极短路，DATA 运行；DATA 断路，DATAB 运行；DATAB 断路，DATA 运行。

若 DATA 和 DATAB 出现相互短路，则 VAN 总线发生真正故障。VAN 总线的故障模式如图 5-32 所示。

4. 休眠和唤醒

VAN 总线的物理层负责管理系统的休眠与唤醒。VAN 总线的线路接口提供 3 个主要插头，实现以下功能：

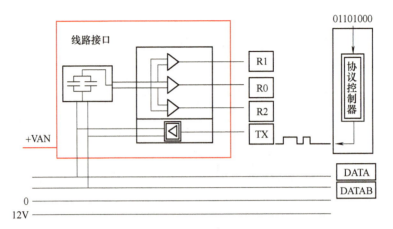

图 5-27　VAN 总线信号的传输过程

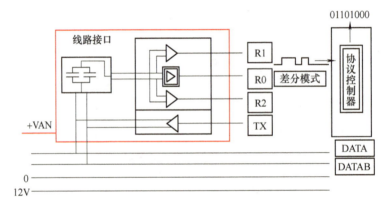

图 5-28　VAN 总线信号的接收过程

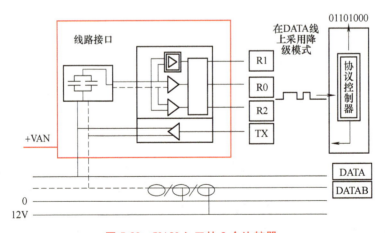

图 5-29　VAN 入口的 3 个比较器

1）控制由驾驶人操作引起的网络唤醒，如车辆解锁。
2）检测由另一个计算机造成的网络唤醒和允许正常功能运行。
3）车辆从解除休眠状态转入再次休眠状态。

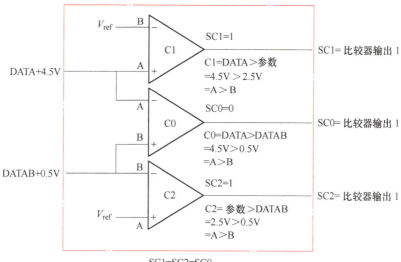

图 5-30 VAN 总线接收接口比较器参数比较（一）

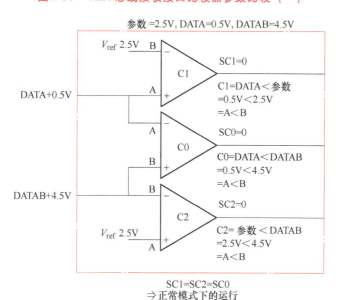

图 5-31 VAN 总线接收接口比较器参数比较（二）

系统处于休眠状态时，主系统将 Sleep 插头搭铁，使 DATAB 线接通蓄电池电压。VAN 总线的休眠/唤醒策略如图 5-33 所示，电控单元利用 Wake 插头唤醒网络，Wake 插头消耗了 VAN 总线 DATAB 线路上的电流，主系统电控单元检测到电流，对 Sleep B 插头加 12V 电压退出休眠模式。DATAB 线路

中央开关单元(BSI)
持续的故障，与组合仪表的通信交流不存在

中央开关单元(BSI)
持续的故障，与多功能显示屏没有通信

图 5-32 VAN 总线的故障模式

不再是蓄电池电压，主系统蓄电池电压转换成+VAN信号，VAN总线被唤醒，可以正常通信。

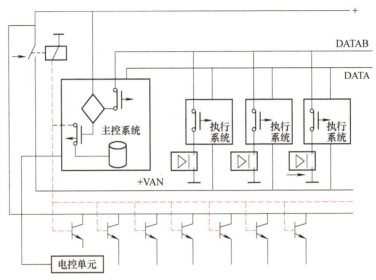

图 5-33　VAN 总线的休眠/唤醒策略

四、VAN 总线在汽车上的应用

VAN 总线以单一的 VAN 网络和 VAN 与 CAN 混合网络应用于汽车上，单一的 VAN 网络为多路传输系统。

1. 单一的 VAN 网络

早期研发的车载 VAN 舒适网主要用于汽车空调、报警、导航、CD 机、收放机、组合仪表、多功能显示屏、门锁、车窗和车灯等舒适性调节，目前应用的 VAN 多功能传输系统使用智能控制盒，即中央控制计算机对各功能单元进行控制，如图 5-34 所示，以减少对驾驶人本身素质的依赖，提高驾驶和乘车的舒适性及安全性。

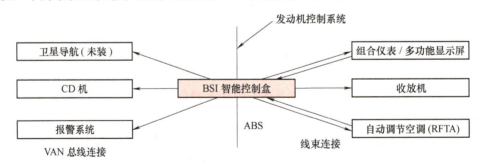

图 5-34　VAN 多功能传输系统

2. VAN 与 CAN 混合网络

VAN 与 CAN 混合网络主要用于满足更多功能和更高舒适度要求的车辆，如图 5-35 所示。CAN 总线为多主系统网络，用于发动机和底盘等；VAN 总线为多主控式网络，用于仪表、收放机、空调控制和导航系统等，VAN 与 CAN 具有可靠性、简单性和经济性，其中 VAN 总线多用于连接车身中的控制系统，CAN 总线通常用于连接轿车中的实时控制系统。

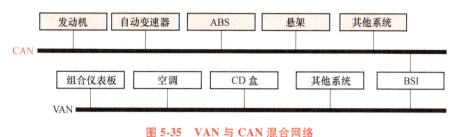

图 5-35　VAN 与 CAN 混合网络

第三节　FlexRay 总线

FlexRay 通信协议是一种具备故障容错的高速汽车总线系统，在电气和机械电子组件之间实现可靠、实时和高效的数据传输，以确保现在和将来车内创新功能的联网。目前，行驶动态控制系统、驾驶人辅助系统等新技术及其全新联网方式的出现，使得通过 CAN 总线实现联网的方式已达到其效率的极限，FlexRay 将是 CAN 总线的替代标准，FlexRay 为车内分布式网络系统的实时数据传输提供了有效协议。

一、FlexRay 总线的特点

FlexRay 总线具有高宽带、确定性、容错性和拓扑结构灵活等特点。

（1）高宽带　FlexRay 总线支持两个通信信道，每个通信信道的速度可达到 10Mbit/s，主要用于冗余和故障容错的信息传输，但对容错功能要求不高、仅对速率有要求的系统，两个信道可传输不同的信息，通信速率可高达 20Mbit/s，为 CAN 通信速率的 20 倍。通过对通信控制器配置，总线可在 10Mbit/s、8Mbit/s、5Mbit/s 及 2.5Mbit/s 的速率下工作，从而提高带宽的灵活性，使 FlexRay 总线应用范围进一步扩大。

（2）确定性　FlexRay 总线通信在周期循环的静态段采用时分多址（TDMA）技术实现时间触发，即便行车环境恶劣，干扰系统传输，FlexRay 仍可将信息延迟和抖动降至最低，保持传输的同步与可测试，对需要持续高速性能的应用（如线控制动和线控转向等）非常重要。

（3）容错性　FlexRay 总线提供了多种容错功能，包括单通道和双通道容错通信。总线监控器将节点的通信控制器与总线相连，当某个节点发生故障而不能正常接收或发送数据时，总线监控器将通信控制器与总线断开，而不影响其他节点工作。双通道系统通过冗余备份法实现容错，即两个通道上传输相同的信息，当一个通道发生故障无法正常工作时，另一个通道上的数据可保证系统正常运行。

（4）拓扑结构灵活　FlexRay 总线的带宽可调，可通过冗余和非冗余通信构建多种拓扑结构，通信方式可采用时间触发和事件触发相结合，使 FlexRay 总线功能的实现非常灵活。

作为计算机网络通信协议，按照ISO的计算机网络OSI通信模型，FlexRay的分层结构如图5-36所示。物理层定义了信号的实际传输方式，包括在时域上检测通信控制器故障的功能；传输层为FlexRay协议的核心，负责定时、同步、信息包装、错误检测与错误信令以及故障界定，从表示层获得节点要发送的信息并将网络接收的信息传送给表示层；表示层完成信息过滤、信息状态处理以及通信控制器与主机的接口；应用层由应用系统定义。

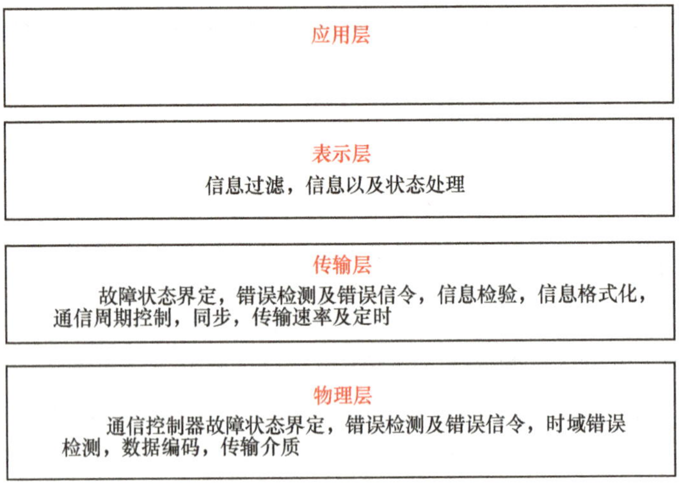

应用层

表示层
信息过滤，信息以及状态处理

传输层
故障状态界定，错误检测及错误信令，信息检验，信息格式化，通信周期控制，同步，传输速率及定时

物理层
通信控制器故障状态界定，错误检测及错误信令，时域错误检测，数据编码，传输介质

图5-36　FlexRay的分层结构

FlexRay是为汽车控制系统设计的通信协议，应在汽车上可靠工作，FlexRay需满足以下要求：

1）直接与线束相连的总线控制器和通信控制器的输入/输出，应满足汽车电气系统的要求，考虑适应将来汽车应用36V/42V电源的需要。

2）通信控制器供电电压与汽车电控单元要求一致。

3）在正常工作和低功耗模式下，系统功耗必须优化到最小。在空闲状态，总线驱动器和通信控制器的工作电流为10mA；在工作状态，总线驱动器和通信控制器的工作电流为50mA；关闭电源时，总线驱动器的电流为10μA。

4）不使用外部滤波器时，FlexRay应满足汽车系统和法规要求的EMC指标。

5）汽车使用温度为-40～125℃，对于特殊情况，如制动执行器，温度要求还要高。

二、FlexRay总线的拓扑结构

FlexRay总线的拓扑结构分为总线式、星形、总线星形混合式3种形式。通常，FlexRay总线节点可支持两个信道，可开发单信道和双信道两种系统，双信道系统中，不是所有节点都必须与两个信道连接。星形结构在接收器和发送器之间提供点到点的连接，在高传输速率和长传输线路中优势明显，且具有容错功能。

若信号传输使用的两条线路发生短路，总线结构在该信道不能继续通信；若采用星形结构，则只有连接短路的节点才会受到影响，其他节点仍可继续与其他节点通信。

FlexRay 总线的各种拓扑结构如图 5-37～图 5-42 所示。

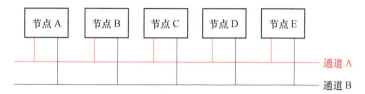

图 5-37　双通道总线式拓扑结构

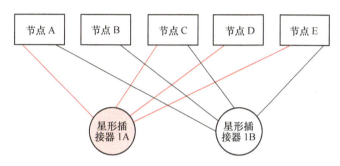

图 5-38　双通道星形拓扑结构

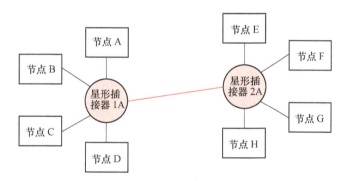

图 5-39　单通道联级星形拓扑结构

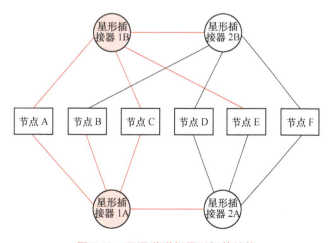

图 5-40　双通道联级星形拓扑结构

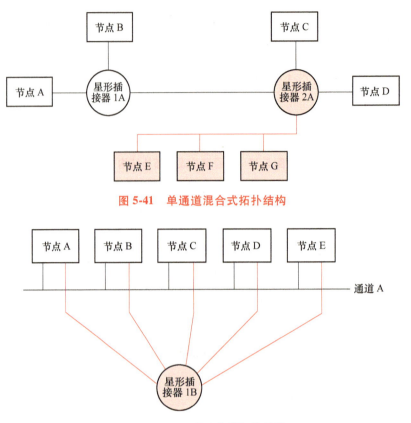

图 5-41 单通道混合式拓扑结构

图 5-42 双通道混合式拓扑结构

三、FlexRay 电控单元的结构原理

FlexRay 电控单元即节点，是接入 FlexRay 网络中独立完成相应功能的单元，其主要由电源系统、主控制器、通信控制器、可选的总线管理器和总线驱动器组成，如图 5-43 所示。主控制器提供和产生数据，通过通信控制器传送。总线驱动器和总线管理器的数量对应于通道数，与通信控制器和主控制器相连。总线驱动器连接通信控制器和总线，或连接总线管理器和总线。主控制器将通信控制器分配的时间槽传给总线管理器，总线管理器则允许通信控制器在该时间槽中传输数据，数据可在任何时刻被接收。

电控单元的通信过程如下：

(1) **发送数据** 主控制器将有效数据送给通信控制器，在通信控制器中进行编码，形成数据位流，通过总线驱动器发送到相应的通道。

(2) **接收数据** 在某一时刻，由总线驱动器将数据位流送至通信控制器进行解码，将数据部分由通信控制器传送给主控制器。

电控单元通过 FlexRay 总线发送信息的时间点可精确控制，发出信息到达接收器的时间也可精确识别，即使电控单元不发送任何信息，也为其预留一定的带宽，不必像 CAN 总线需要设定信息的优先级。若信息发送器发生故障，则电控单元总是发送信息，并标记新内容；若没有可以使用的新数据，则再次发送旧数据。

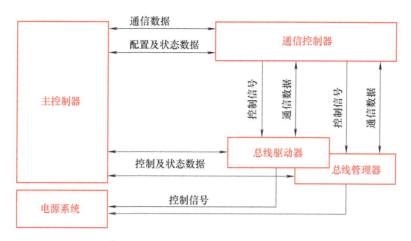

图 5-43 FlexRay 电控单元的结构关系

FlexRay 总线与 CAN 总线的特性对比见表 5-4。

表 5-4 FlexRay 总线与 CAN 总线的特性对比

特性	FlexRay 总线	CAN 总线
布线	双绞线	双绞线
信号状态	"空闲""Data 0""Data1"	"0""1"
数据传输率	10Mbit/s	500kbit/s
访问方式	时间触发	事件触发
拓扑结构	点对点、主动星形、Daisy Chain①	总线型、被动星形
优先设定	无,数据在固定的时间点发送	先发送优先级别较高的信息
确认信号	发送器不会获得数据帧是否正确传输的信息	接收器确认接收到有效的数据帧
故障日志	每个接收器自行检测接收到的数据帧是否正确	在网络中能用故障日志标记故障和错误
帧数据长度	有效数据最长 256 字节	有效数据最长 8 字节
传输	传输数据帧的时间点确定;传输持续时间确定;即使不需要,也保留时间槽	按需要传输,可使用 CAN 总线的时间点由负载决定,CAN 总线可能超负载
到达时间	可知	不可知

① Daisy Chain = "串联",电控单元依次串联的总线拓扑结构。

四、FlexRay 的协议操作控制

FlexRay 网络通信过程的完成,是协议规定的各个通信操作的核心机制的有序执行。MAC、编码解码、帧和符号处理以及时钟同步构成了 FlexRay 网络的核心机制。如图 5-44 所示,FlexRay 网络的协议操作控制(POC)描述了 FlexRay 核心机制之间的关系和有序操作过程。由于 FlexRay 可提供两个单独的数据通道,每个通道都包含时钟同步启动、MAC、帧和符号处理以及编码解码处理机制,所以 POC 中的模块都成对存在。

通信控制器与主控制器的接口实现 POC 和主控制器之间的信息交互,包括主控制器向 POC 发送控制命令及回读 POC 的各种状态信息。编码解码模块定义了通信控制器和总

线驱动器之间通过串行数据线TXD、RXD、TXEN进行信息转换的方式，完成帧的编码/解码、信号变换，发送时按帧位流编码规定对帧信息编码，接收时对位流解码。当总线接收到一个帧时，编码解码模块规定了总线驱动器如何将收到的物理电平信号转变为串行信号，通过RXD发送给通信控制器；当通信控制器有要发送的数据时，编码解码模块规定了如何将串行信号转变为物理电平信号，通过TXD发送给总线驱动器。MAC完成FlexRay网络的媒体访问操作。MAC的基本功能如下：

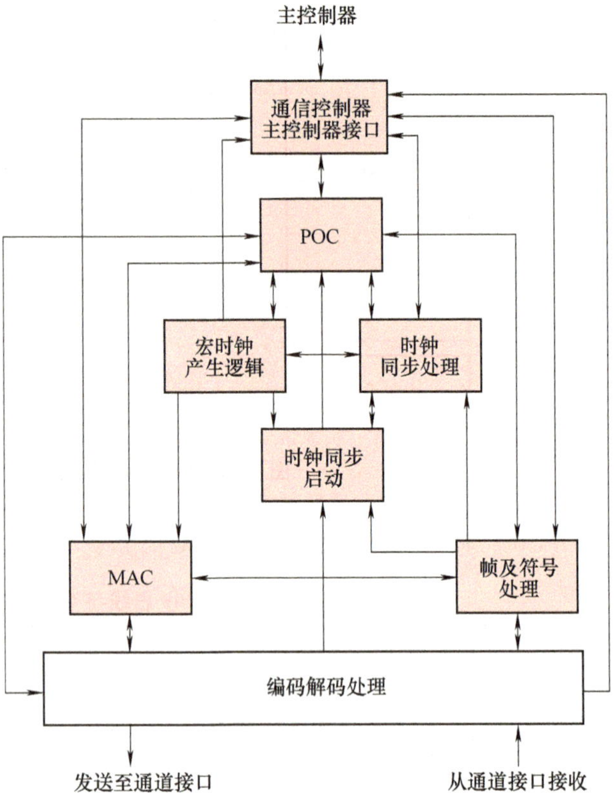

1）将数据打包成FlexRay帧，并发送至物理线路。

2）依据定时及同步机制，完成周期、帧的组织以及在不同时间层上的操作。

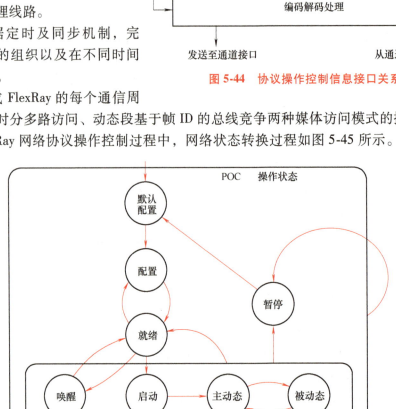

图5-44 协议操作控制信息接口关系

3）完成FlexRay的每个通信周期静态段的时分多路访问、动态段基于帧ID的总线竞争两种媒体访问模式的操作。

在FlexRay网络协议操作控制过程中，网络状态转换过程如图5-45所示。

图5-45 POC状态转换关系

五、FlexRay 的信息传输过程

FlexRay 网络按周期循环进行信息传送，一个通信周期有静态和动态两部分。动态段和静态段又由一些时间片构成，每个时间片传输一个 FlexRay 帧。FlexRay 帧是有格式的位流。FlexRay 通信周期的静态和动态部分可以是空的，一个通信周期有 3 种形式，即纯静态（动态部分为空）、静态动态混合（既有静态部分又有动态部分）和纯动态（静态部分为空）。通信周期由通信周期计数器的值标识，由只增计数器对通信周期进行计数。通信控制器配置数据决定了通信周期的长度，可由应用程序设置。只有总线处于允许状态下，通信控制器才可启动一个通信周期。一个节点的信息内容可在不同通信周期的特定时间片上多重发送。

1. FlexRay 通信周期

FlexRay 的一个通信周期包含静态段、动态段、符号窗和网络空闲向量（NIT），如图 5-46 和图 5-47 所示。

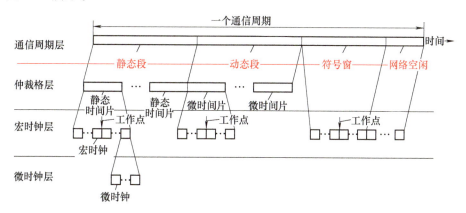

图 5-46　FlexRay 通信周期

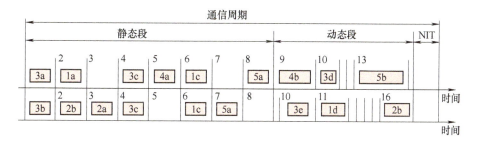

图 5-47　带静态段和动态段的通信周期

（1）**通信周期的执行过程**　FlexRay 通信周期的执行过程如图 5-48 所示。除启动阶段，FlexRay 通信周期以一个固定宏时钟数循环执行。通信周期依次从 0 到一个可设置的最大值依次计数。总线仲裁基于静态段和动态段的帧标识符。帧标识符决定了其在通信周期的哪个段和该段的发送时间片。

（2）**静态段**　按照配置值设置其时间片数，时间片大小相同，由以宏时钟为单位的

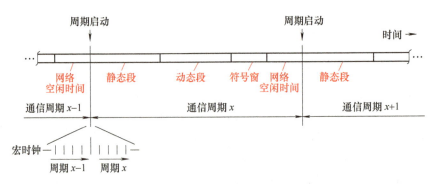

图 5-48 FlexRay 通信周期的执行过程

数给定。每个时间片有一个序号,将固定的时间片分配给各个节点,每个节点在一个通道上只在分配给它的时间片内发送数据帧,其余时间只能接收数据。当 FlexRay 网络运行时,该时间片的分配情况不允许改变。静态段的结构如图 5-49 所示,静态段时序关系如图 5-50 所示。

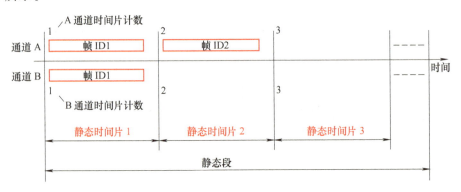

图 5-49 静态段的结构

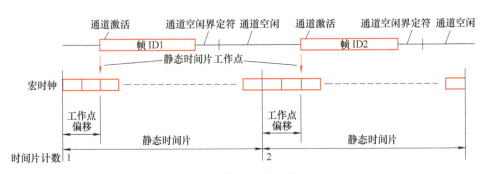

图 5-50 静态段时序关系

(3) 动态段 配置 FlexRay 通信周期动态段的微时间片数量,并从 1 开始依次编号。所有微时间片的大小相同,由以宏时钟为单位的数给定,不用时可设置微时间片数为 0。若节点要发送消息,需通过竞争获得总线使用权。动态段按发送数据的数据帧优先级分配带宽,优先级由帧的标识 ID 确定。动态段的结构如图 5-51 所示,动态段时序关系如图 5-52 所示。

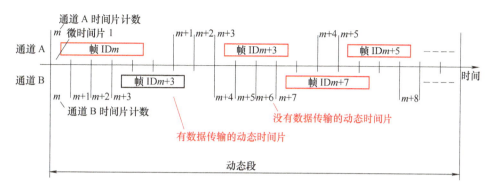

图 5-51　动态段的结构

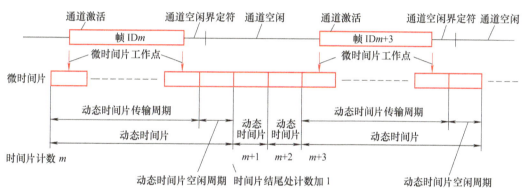

图 5-52　动态段时序关系

（4）符号窗　FlexRay 的一个通信周期有一个符号窗，通过配置设定一定数量宏时钟的时间宽度，若配置值为零，则不用符号窗。符号窗的内容及功能由高层协议规定。

（5）网络空闲向量　对 FlexRay 网络进行调整，根据节点的实际需要，动态配置动态段和网络空闲向量各部分的带宽。在网络空闲向量时间范围内，FlexRay 网络中的节点不进行任何通信。

2. FlexRay 帧格式

数据帧由帧头、有效数据和帧尾组成，如图 5-53 所示。

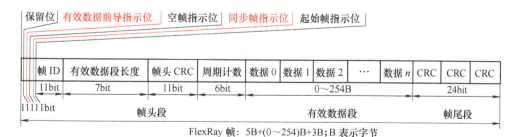

图 5-53　FlexRay 帧格式

（1）帧头　帧头部分由 5 个字节（40bit）组成。

1) 保留（1位）。为以后扩展做准备。

2) 有效数据前导指示（1位）。用于指明帧的负载段的向量信息，静态帧指明 NWVector，动态帧指明信息 ID。

3) 空帧指示（1位）。用于指明负载段的数据帧是否为零。

4) 同步帧指示（1位）。用于指明同步帧。

5) 起始帧指示（1位）。用于指明发送帧的节是否为起始帧。

6) 帧 ID（11位）。用于指明系统设计过程中分配到每个节点的 ID（有效范围为 1～2047），其长度说明负载段的数据长度。

7) 有效数据长度（7位）。表示有效数据的长度，以字节为单位。

8) 帧头 CRC（11位）。表示同步帧指示器和起始帧指示器的 CRC 计算值，以及由主机计算的帧 ID 和帧长度。

9) 周期计数（6位）。用于指明在帧传输时间内传输帧节点的周期计数。

(2) 有效数据

1) 数据。可以是 0～255bit，用数据 0、数据 1、……表示。

2) 信息 ID。使用负载段的前两个字节进行定义，可在接收方作为可过滤数据使用。

3) 网络管理向量（NWVector）。长度必须为 0～10bit，并与所有节点相同。

(3) 帧尾 帧尾部分只含有单个的数据域 CRC，包括帧头 CRC 和数据帧的 CRC。

3. 帧位流的编码解码

一个信息帧在物理层传输要进行编码。将帧要传输的信息加上位置标识和同步等需要的信息编码成一个二进制位流，每帧以一组位流在物理层由发送节点发出；接收端接收到这些位流进行解码，分解出一帧的信息，提供给链路层。

(1) 编码插入序列 当对帧进行编码时，加到帧中的二进制序列。

1) 传输起始序列（TSS）。发送节点在开始发送时，先输出一个连续低位序列，长度可通过配置设置，表示一个传输开始并建立发送与接收端的路径，接收端节点检测到该状态，则判定总线由空闲进入工作状态，开始帧的传输过程。

2) 帧起始序列（FSS）。在 TSS 之后加入一个高位，以补偿 TSS 部分同步的量化误差。

3) 字节起始序列（BSS）。包含连续的一个高位和一个低位。发送节点在一帧每一个字节信息（每8位数）前面都加上 BSS，为接收端提供时间同步信息。

4) 帧结束序列（FES）。帧所有信息发出后，发送节点连续发送一个低位和一个高位，表示一帧结束。

5) 动态段帧尾序列（DTS）。帧尾序列指示发送端微时间片工作点的准确时间。DTS 包括先低后高两部分，低部分可变长，至少保持一个位时间，在下一个微时间片的工作点变高，高部分固定为一个位时间。发送节点在发送动态段的帧时，继 FES 之后发送 DTS。

(2) 帧位流的编码 传输帧时，节点按要求将要发送的信息和插入序列组成一个位流，依次发送至物理层。

1) 将帧的所有信息分成字节。

2) 在位流的最前面加入 TSS。

3) 在 TSS 后面加入 FSS。

4）在帧数据的每一个字节前面插入 BSS 得到扩展字节。
5）按原来帧信息的数据顺序排列所有扩展字节。
6）计算帧的 CRC 校验码，将校验码各字节加 BSS 进行字节扩展。
7）在形成的位流后加上 FES。
8）若为动态段的帧，再在后面加上 DTS。

静态段帧和动态段帧的编码分别如图 5-54 和图 5-55 所示。

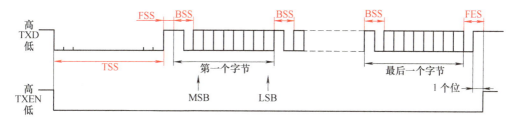

图 5-54　静态段帧的编码

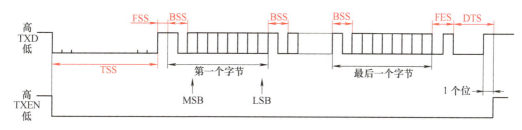

图 5-55　动态段帧的编码

4. 帧位流解码

接收端在总线空闲时监测到总线上的 TSS，表示有帧将要启动传输，此时启动帧按照同步机制定时开始接收后续位流，并按编码规则进行解码处理。当接收端节点检测到错误时，终止通信位流的解码过程，并一直等待总线回到空闲状态。

六、FlexRay 总线时钟同步

FlexRay 通信周期的静态段基于 TDMA 的通信协议，通信媒介访问是在时间域中各个节点分时进行，要求每个节点必须保持时间上的一致，且每个节点的最大时间偏差在限定范围内，从而真正实现时钟同步，并按该时间安排发送顺序，所有节点在时钟同步的前提下准确通信。

1. 时钟同步方式

时钟同步可确保一个簇中所有节点之间的时间偏差在允许范围内。FlexRay 协议中的每个节点通过由同步帧传来其他节点的定时信息，计算出与本地时间（本节点的时间）的偏差，使用分布式时钟同步机制，使本地时钟同步到所在簇的全局时钟。

（1）TT-D 时钟同步法　通过 2~15 个分布冷启动同步节点实现同步，可避免单个节点的故障影响，增强时钟同步的容错能力。冷启动节点使用 TT-D 同步法的簇称为 TT-D 簇。

（2）TT-L 时钟同步法 TT-L 时钟同步法是 TT-D 时钟同步法的一个改进算法，只使用一个冷启动节点，通过发送两个启动帧起到类似 TT-D 中两个冷启动节点的作用，通过一个同步时钟节点的本地时钟进行同步。冷启动节点使用 TT-L 时钟同步法的簇称为 TT-L 簇。

（3）TT-E 时钟同步法 将一个 FlexRay 簇与另一个 FlexRay 簇进行时钟同步，使用 TT-E 可将一个 FlexRay 簇分解为子 FlexRay 簇，避免一个 FlexRay 簇的节点超出限制，可更有效利用带宽。冷启动节点使用 TT-E 时钟同步法的簇称为 TT-E 簇。

2. 时钟的层次结构

（1）全局时间与局部时间 一个 FlexRay 簇范围公共的时间称为全局时间，FlexRay 协议本身没有绝对的全局时间，每个节点有一个从本身角度观测的全局时间；局部时间是一个节点本身的时钟给出的时间，基于其认知的全局时间，通过时钟同步算法尽量调节局部时间与全局时间一致。FlexRay 簇的定时精度为簇内任意两个同步节点的局部时间之差。

（2）时间单位层次 在 FlexRay 簇和节点中，时间单位的层次有周期、宏时钟节拍和微时钟节拍，如图 5-56 所示。微时钟直接由通信控制器的振荡器产生，是面向通信控制器的时间单位，也是一个节点内的最小时间单位。

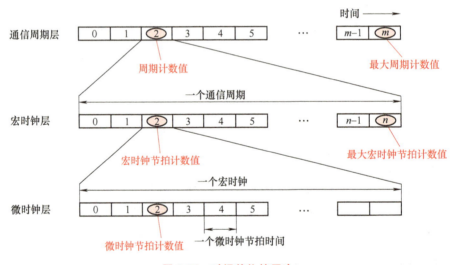

图 5-56 时间单位的层次

宏时钟给出了在簇范围内的同步时间，在允许误差范围内整个簇中节点的宏时钟一致。宏时钟的单位时间（一个节拍）用微时钟节拍数表示，一个节点中不同时间的一个宏时钟节拍包含的微时钟节拍数可能有差异，不同节点间一个宏时钟节拍的微时钟节拍数也可能有差异。一个周期包含若干宏时钟节拍，在一个簇中的所有节点中，一个周期的宏时钟节拍数一致，并且不同周期包含的宏时钟节拍数不变。任何时候，所有节点的周期计数一致。

3. 时钟同步过程

FlexRay 的时钟同步包含宏时钟产生过程（MTG）和时钟同步过程（CSP），MTG 控制宏时钟计数器和周期计数器，并进行频率和相位的校正；CSP 完成周期开始时的初始化、检测并存储偏差值，以及计算频率和相位的校正值。FlexRay 时钟同步机制如图 5-57 所示。

第五章 其他车载网络技术

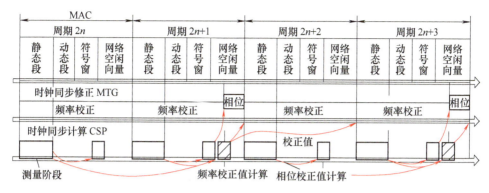

图 5-57 FlexRay 时钟同步机制

FlexRay 允许的最大时钟偏差称为精确度。FlexRay 时钟偏差包括相位偏差和频率偏差，相位偏差是某一个时间的绝对差别，频率偏差是相位偏差随着时间推移的变化。时钟同步通过相位校正和频率校正实现，FlexRay 使用综合法同时实现相位校正和频率校正。

为测量本地时钟和全局时钟之间的偏差，所有的 FlexRay 节点要在接收期间检测信息到达的准确时间。若信息实际到达时间和预期到达时间不一致，节点便可测量出发送节点和接收节点之间的时钟偏差，根据该值，使用 FlexRay 的容错中间点算法（FTM）计算出每个节点的校正值。

FlexRay 频率校正需要使用两个通信周期的测量值，如图 5-57 所示。测量值之间的差值是每个通信周期中时钟偏差的变化，通常用于计算偶数周期结束时的校正值。相位校正计算仅需要一个通信周期的测量值，一旦节点接收到所有的测量值，便开始进行计算且该计算必须在相位校正前完成。在通信周期的最后，网络空闲向量对相位进行调整。相位校正每两个通信周期进行一次，FlexRay 时钟同步基本过程如图 5-58 所示。

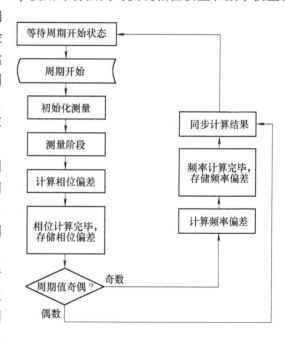

图 5-58 FlexRay 时钟同步基本过程

第四节 MOST 总线

一、MOST 总线的特点和类型

1. MOST 总线的特点

多媒体定向系统传输（Media Oriented Systems Transport，MOST）为车辆中使用的一种

多媒体应用通信技术。MOST 利用一根光纤，最多可以同时传送 15 个频道的 CD 质量的非压缩音频数据。在一个局域网上，最多可连接 64 个节点。保证低成本的条件下，达到 24.8Mbit/s 的数据传输速率。

MOST 采用塑料光缆（POF）的网络协议，将音响、电视、全球定位系统及电话等设备相互连接起来，给用户带来了极大的便利。MOST 对通信协议给出了定义，说明了分散系统的构建方法。MOST 是多媒体时代的车载电子设备所必需的高速网络，提供了遥控操作和集中管理的方法。

MOST 网络不需要额外的主电控单元，结构灵活，性能可靠和易于扩展。MOST 网络光纤作为物理层的传输介质，可连接视听设备、通信设备以及信息服务设备。MOST 网络支持"即插即用"方式，在网络上可随时添加和去除设备。

延伸阅读

为什么要采用 MOST 总线？

随着人们对车载娱乐系统功能、信息服务功能及通信功能需求的不断提高，车载信息娱乐装置的数量和复杂程度的不断增加，汽车传输数据、声音或音像时的数量越来越多，传统网络已无法满足需求。虽然目前已有许多种车载网络系统，如 LIN 总线（20kbit/s）、CAN 总线（1Mbit/s）、FlexRay（10Mbit/s）等，但这些总线的传输速率都无法满足车用多媒体信息的传输之需，双线并用才能达到 20Mbit/s。

随着车内娱乐系统的发展和数据传输技术的进步（如倒车影像功能），车用电子越来越需要使用多媒体式传输，最适合上述要求的接口就是 MOST，如图 5-59 所示。

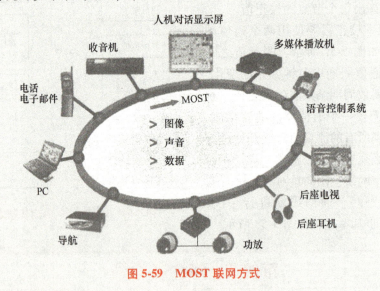

图 5-59　MOST 联网方式

2. MOST 数据的类型

在 MOST 网络中，传输的信息有同步数据、异步数据和控制数据 3 种类型，分别由一个信息帧的同步数据场、异步数据场和控制数据场传送，如图 5-60 所示。

同步数据场用于传送实时数据，数据访问采用分时多路传输（TDM）方式。在一个帧中，异步传输用于传送大块的数据，异步数据以令牌环的方式访问。控制数据场传输媒体控制和其他控制用数据。控制通道的协议采用CSMA访问方式。

3. 基本概念

（1）MOST 数据通道（Channel）

在 MOST 网络中，信息以帧格式传送，一个帧又划分为一些数据段。总线上不断传送的信息帧的相同数据段连续不断地传送某种信息，构成了这种信息的一个数据通道。

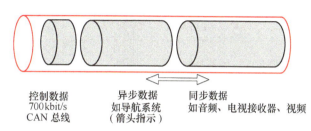

图 5-60 MOST 数据的组成

（2）通道带宽（BandWidth）

在网络物理介质上的信息传输速率一定时，MOST 网络中一个数据通道的信息传输速度由这个数据通道在一帧中所占用的数据段字节数决定。字节数越多，单位时间传输的数据越多，速度越快。MOST 网络中，在一帧中分配给一个通道的字节数即通道带宽。

（3）MOST 设备（Device） MOST 设备包括人机接口、音像设备、键盘以及控制开关等任何可以连接到 MOST 网络上的装置。

（4）MOST 功能（Function）和功能块（Function Block） 在 MOST 的应用层，一个设备可以有多个实现一定应用目的的组件，如放大器、调音器和 CD 唱机等，称其为功能块。MOST 功能是指功能块的一些可以由外界访问的属性或操作。

（5）从功能块（Slavd）、控制功能块（Controller）和人机接口功能块（HMI） 只能接受其他功能块的操作，而不能对其他功能块施行操作的功能块，称为从功能块；能够对其他功能块施行操作的功能块，称为控制功能块；具有人机界面的功能块，称为人机接口功能块。

（6）属性（Property） 属性是指功能块或设备的一些可以被访问的参数，如温度、音量和口令等，一般用变量表示。

（7）方法（Method） 在 MOST 协议中，方法是指施加于功能块的某种操作。功能块发出的一个方法请求可以带有执行该操作需要的一些参数。当一个功能块发出一个方法请求后，被请求的功能块会启动相关的处理过程。如果请求的操作过程不能被完成，接收到该请求的功能块将返回给发出请求的功能块一个错误信息；如果请求的操作过程顺利完成，接收到方法请求的功能块在完成相应的过程后，向发出请求的功能块发送一个有关执行情况的信息。

（8）事件（Event） 一个功能块的一些属性可能在没有外部请求时发生变化，即事件，如 CD 播放的延续时间和设备状态变化等。当一个功能块使用的其他功能块的参数需要不断被刷新时，会不断地发出读取请求，以便获得该参数的当前状态（这种过程会占用大量的带宽资源）。如果功能块没有得到请求时，在一些事件发生（参数发生变化）时也能自动发送信息，这会减少需要通过网络传输的信息量，降低网络通信负担。

(9) 功能接口 为了使用一个功能、一个控制功能块或人机接口功能块，必须知道该功能需要的参数、可进行的操作以及参数类型和限制等知识，功能接口可提供调用描述信息的界面。功能接口的定义通常在使用一个设备时是已知的，也可以通过人机接口动态配置。在系统运行中，功能接口的参数可能发生变化，此时新的定义将被通知到所有使用该功能的功能块中。

二、MOST 的结构和控制原理

1. MOST 的基本结构

（1）MOST 节点结构 MOST 标准的节点结构模型如图 5-61 所示。MOST 网络可以连接基于不同内部结构和内部实现技术的节点，其拓扑结构可以是环行网、星形网或菊花链。MOST 网络上的设备分享不同的同步和异步数据传输通道，不同类型的数据具有不同的访问机制。

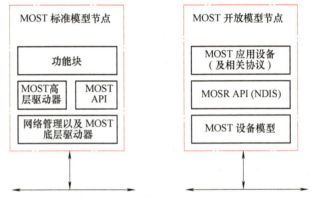

图 5-61 MOST 标准的节点结构模型

MOST 网络有集中管理和非集中管理两种模式。集中管理模式的管理功能由网络上的一个节点实施，当其他节点需要这些服务时，必须向该节点申请；非集中管理模式的网络管理分布在网络上的节点中，不需要这种中心管理。

MOST 网络由 MOST 连接机制、MOST 系统服务和 MOST 设备 3 个方面决定。MOST 网络启动时，为每一个网络设备分配一个地址；当数据传输时，通过同步位流实现各节点的同步。

（2）MOST 设备 连接到 MOST 上的任何应用层部分都是 MOST 设备。因为 MOST 设备建立在 MOST 系统服务层上，可应用 MOST 网络提供的信息访问功能以及位流传送的同步频道和数据报文异步传送功能，向系统申请用于实时数据传送的带宽，同时还可以以报文形式访问网络和发送/接收数据。MOST 网络中的设备可以协同工作，同时传送数据流、控制信息和数据报文。

MOST 设备包括节点应用功能块、网络服务接口、发送器/接收器及物理层接口，如图 5-62 所示。MOST 设备可有多个功能块，当使用 CD 时，需要有播放、停止以及设置播放时间等功能，由外部访问。

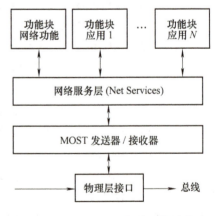

图 5-62 MOST 设备的逻辑结构

典型 MOST 设备的硬件结构如图 5-63 所示，其中，RX 表示输入信号，TX 表示发送信号，Ctrl 表示控制信号。对于一些简单的设备，可以没有微控制器部分，由 MOST 功能模块（MOST 发送器/接收器）直接将应用系统连接到网络。

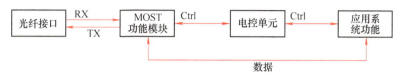

图 5-63 典型 MOST 设备的硬件结构

MOST 总线电控单元的结构如图 5-64 所示。

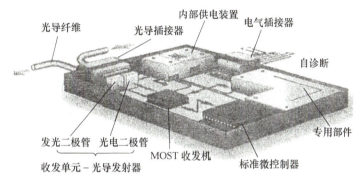

图 5-64 MOST 总线电控单元的结构

1）光导纤维、光导插接器。光信号通过光导纤维和光导插接器送入电控单元，或传至下一个总线用户。

2）电气插接器。电气插接器用于供电、自诊断以及输入/输出信号。

3）内部供电装置。来自电气插接器的信号由内部供电装置送到各部件，可单独关闭电控单元内的某一部件，以减小静态电流。

4）收发单元-光导发射器（FOT）。收发单元-光导发射器由一个光敏二极管和一个发光二极管构成，光信号由光敏二极管转换成电压信号后传至 MOST 收发机，再经发光二极管将 MOST 收发机的电压信号转换成光信号。光波波长为 650nm，是可见红光。数据经光波调制后传送，调制后的光波经由光导纤维传到下一个电控单元。

5）MOST 收发机。MOST 收发机由发射机和接收机两个部件组成。发射机将要发送的信息作为电压信号传至光导发射器；接收机接收来自光导发射器的电压信号，并将所需的数据传至电控单元内的标准微控制器。其他电控单元不需要的信息由收发机传送，不经标准微控制器，直接将这些信息发送给下一个电控单元。

6）标准微控制器。标准微控制器是电控单元的核心元件，其内部有一个微处理器。

7）专用部件。专用部件用于某些特殊功能，如 CD 播放机和收音机调谐器。

2. MOST 总线工作状态

（1）休眠模式 休眠模式下的 MOST 总线内没有数据交换，所有装置处于待命状态，只能由系统管理器发出的光启动脉冲来激活，静态电流被降至最小值。休眠模式的前提条件如下：

1）总线上的所有电控单元显示为准备进入休眠模式。

2）其他总线系统不经过网关向 MOST 提出要求。

3）诊断不被激活。

（2）备用模式 备用模式下无法为用户提供任何服务，MOST 总线系统在后台运行，但所有的输出介质（如显示器、收音机放大器等）都不工作或不发声。这种模式在启动及系统持续运行时被激活，备用模式的激活条件如下：

1）由其他数据总线经由网关激活，如驾驶座位旁车门打开/关闭时，如图 5-65 所示。

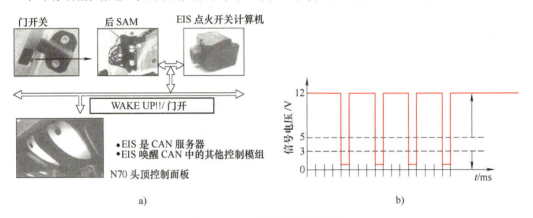

图 5-65 MOST 总线的激活

a）激活方式 b）激活信号

2）由总线上的一个电控单元激活，如接听电话时。

（3）通电工作模式 通电工作模式中，电控单元完全接通，MOST 总线上有数据交换，用户可使用所有功能。通电工作模式的前提条件如下：

1）MOST 总线处于备用模式。

2）由其他数据总线激活。

3）激活可通过使用者的功能选择、多媒体的操纵单元实现。

3. MOST 控制原理

MOST 控制单元安装位置如图 5-66 所示，MOST 总线采用环形结构，如图 5-67 所示。电控单元通过光导纤维沿环形方向将数据发送到下一个电控单元，该过程持续进行，直至首先发出数据的电控单元又接收到这些数据为止，即形成一个封闭环。MOST 总线通过数据总线自诊断接口和诊断 CAN 对自身进行诊断。

系统管理器与诊断管理器同时进行 MOST 总线内的系统管理。系统管理器用于控制系统状态、发送 MOST 总线信息和管理传输容量。

控制数据和传感器数据与数字音频信号和视频信号图形最大的区别在于数据容量，数字音频信号和视频信号的数据容量非常大（15Mbit/s），采用高速 CAN（1Mbit/s）也无法及时、快速地传递。

MOST 目前提供的带宽为 22.5Mbit/s。为了满足数据传输的各种不同要求，每一个 MOST 信息分为控制数据、异步数据和同步数据三部分。

MOST 通道的带宽为 700kbit/s，相当于 2700 条/s 信息，其中有 60bit/s 可用于传输同步或异步数据，其比例是可变的，如 20bit/s 同步数据和 40bit/s 异步数据。

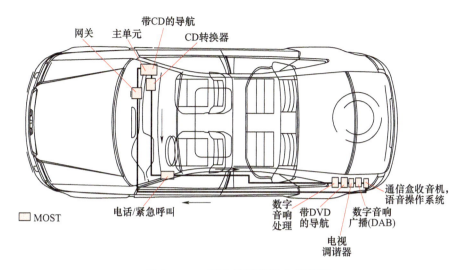

图 5-66　MOST 控制单元安装位置

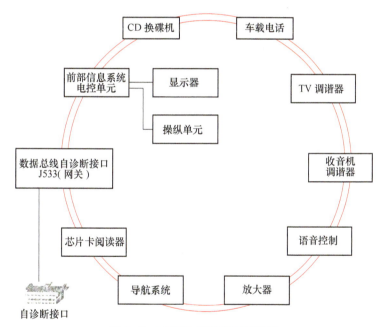

图 5-67　MOST 总线的环形结构

4. MOST 总线的诊断功能

（1）**诊断管理器**　除系统管理器外，MOST 总线还有一个诊断管理器，执行环形中断诊断，并将 MOST 总线上的电控单元诊断数据传送给诊断电控单元。

（2）**系统故障**　若数据传递在 MOST 总线上的某一位置处中断，由于总线是环形结构，因而称为环形中断。发生环形中断的原因如下：

1）光导纤维断路。
2）发射器或接收器电控单元出现供电故障。
3）发射器或接收器电控单元损坏。

（3）环形中断诊断　若 MOST 总线出现环形中断，则无法进行数据传递，其影响如下：

1）音频和视频播放终止。

2）通过多媒体操纵单元无法控制和调整。

3）诊断管理器的故障存储器中存有"光纤数据总线断路"故障。

此时需使用诊断线进行环形中断诊断，以确定环形中断的具体位置。诊断线通过中央集线器与 MOST 总线上的各个电控单元相连。

环形中断诊断开始后，诊断管理器通过诊断线向各电控单元发送一个脉冲，该脉冲使所有电控单元用光导发射器内的发射单元发出光信号。在此过程中，所有电控单元进行自身供电及其内部电子控制，从环形总线上的前一个电控单元接收光信号。

MOST 总线上的电控单元在一定时间内会应答，时间的长短由电控单元软件确定。从环形中断诊断开始到电控单元做出应答有一段时间间隔，诊断管理器根据这段时间的长短即可判断已做出应答的电控单元。

环形中断开始后，MOST 总线上的电控单元发送两种信息：电控单元电气部分正常，即电控单元功能正常，如供电情况；电控单元光学部分正常，即电控单元的光电 LED 接收到环形总线上位于其前面电控单元发出的光信号。诊断管理器通过上述信息可识别系统是否有电气故障及电控单元之间的光导数据传递是否中断。

（4）信号衰减增大的环形中断诊断　环形中断诊断只能用于判定数据传递是否中断。诊断管理器的执行元件诊断还可通过减小光功率进行环形中断诊断，用于识别增大的信号衰减。通过减小光功率进行环形中断诊断，其过程与使用诊断线进行环形中断诊断相同。但电控单元接通光导发射器内的发光 LED 时有 3dB 的衰减，即光功率减小一半。若光导纤维信号衰减增大，则到达接收器的光信号会非常弱，接收器会报告"光学故障"，于是诊断管理器即可识别出故障点，并且在用检测仪查寻故障时会提供相应的帮助信息。

（5）利用光学备用电控单元 VAS6186 进行 MOST 总线测试　如果一个 MOST 总线电控单元被认为出现了故障，可在该位置拆下电控单元，并连接光学备用电控单元 VAS6186。若 MOST 回路再次正常工作，则拆下的电控单元发生故障。

三、MOST 在汽车上的应用

汽车行业已将 MOST 技术作为汽车媒体的一个标准。MOST 性能可靠、成本低、系统简单、结构灵活、数据兼容性好及 EMI 性能良好，为将来随时加入新媒体设备节点提供了基础，尤其适合于车载媒体和信息设备的声控技术应用。

随着车载信息设备的不断增加，驾驶中使用这些设备的情况越来越多，通过声控系统访问这些设备是最安全和最经济的方式，是将来车载设备使用的首选人机接口方式。通过 MOST 网络把人机语音接口与车载媒体设备、通信设备以及其他信息设备连接起来，是实现车载设备语音访问技术的有效方式，如图 5-68 所示。

下面以宝马 E65 轿车的光纤通信系统为例，介绍 MOST 在汽车上的应用。

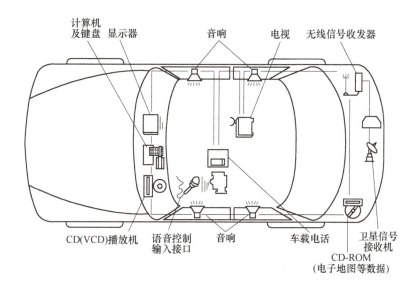

图 5-68　MOST 组成部件在车上的布置

1. MOST 的组成

MOST 网络的每个电控单元内都装有一个电光转换器、光信号发射器和一个光电转换器和光信号接收器，电控单元之间通过光纤连接，发射器和接收器具有光电发射器和光信号接收器的低休眠电流特征，能通过 MOST 总线由光信号唤醒。MOST 环形总线的结构为两个电控单元之间以光学方式点对点连接，如图 5-69 所示。

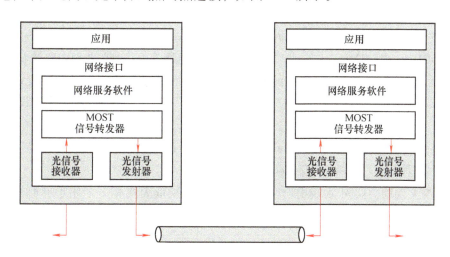

图 5-69　MOST 电控单元之间的连接

（1）光信号发射器　光信号发射器中装有一个驱动装置，驱动装置向一个 LED 供电，LED 向 MOST 总线发送 650nm 红色可见光信号，重复频率为 44.1MHz。

（2）光信号接收器　光信号接收器接收 MOST 总线的数据，主要由 LED、前功率放大器、唤醒电路、将光信号转换为电信号的接口等组成。在光信号接收器中，LED 将光信号转换为电信号,信号放大后,在MOST网络接口上进一步处理。

(3) MOST 光缆 MOST 总线采用塑料光缆,宝马 E65 轿车 MOST 总线用绿色作为特征标记,如图 5-70 所示。

2. 电话

在宝马 E65 上可根据国家规格(LA)或作为选装装备(SA)安装一部全球移动通信系统(GSM)电话,带有无线按键式听筒(SBDH)的电话机座;另一个选装装备是用于后座区的串联电话设备,该电话的发射功率最大为 8W。

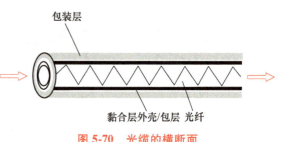

图 5-70 光缆的横断面

(1) 注册或注销 SBDH 程序 SBDH 在出厂时已分配给收发器,若打开一个尚未分配给一个系统的新 SBDH,则会在话筒显示器中出现"Piease Login"字样,可用 Displus 或 Modic 注册,新的 SBDH 注册时按以下程序进行:

1)在 SBDH 上按"OK"确认注册。

2)输入电话代码"0000"并按"OK"确定。

3)使用"Displus"或"Modic"发送注册信息。

在收发器上最多可以注册两个 SBDH,若注册一个 SBDH,则此信息将写入收发器的一个数据存储器 EEPROM。当一个已注册的 SBDH 失效时,该 SBDH 的数据仍存储在收发器中。若现在注册了一个新的 SBDH,则这些数据会写到收发器的第二个存储单元上,这样所有的存储单元都由数据占用。若已注册了两个,这两个存储单元也都被占用,只有在收发器中至少有一个存储单元空闲时,即在一个 SBDH 失效的情况下,才能注册一个新的 SBDH。用"Displus"或"Modic"只能把所有已注册的 SBDH 注销,即把两个存储单元释放出来。如果要注销的 SBDH 功能仍然完好,例如,只是外表划伤,可直接在 SBDH 上进行注销,操作方法为:选择"菜单"→"本地设置"→"服务设置"→"注销"命令。

注册:原则上只用 Displus 或 Modic(便携式诊断计算机)和 SBDH(无绳手持电话)。

注销:原则上使用 Displus 或 Modic 和 SBDH。

(2) GSM 天线 GSM 天线由一个用于电话的多频带天线和一个用于导航系统的全球卫星定位系统(GPS)天线组成。

第五节 蓝牙技术

一、蓝牙技术简介

蓝牙技术(Bluetooth™)是一种无线通信新技术,其目的是实现最高数据传输速率为 1Mbit/s、最大传输距离为 10m 的无线通信。

第五章 其他车载网络技术

延伸阅读

  蓝牙这个名字来源于维京国王 Harald Bltand，他在10世纪时曾统一丹麦和挪威，这位国王爱吃蓝莓，牙齿常带着蓝色，所以他的绰号就叫蓝牙。瑞典的爱立信公司开发了一种标准的短距离无线系统，该系统可将各种信息系统、数据处理系统以及移动电话系统连在一起，这与国王 Harald Bltand 的功绩相仿，因此该系统被称为蓝牙。

  蓝牙是由5家世界著名的大公司联合宣布的一项无线电技术，是建立通用的无线电空中接口及其控制软件的公开标准，使通信和计算机进一步结合，使不同厂家生产的便携式设备在没有电线或电缆相互连接的情况下，能在近距离范围具有互用、相互操作的性能。汽车系统和蓝牙技术相结合，将会给汽车的生产和服务带来更大的方便。如果进一步和移动电话甚至互联网连接起来，车主在任何时间、任何地点都可以了解汽车的状况，并给予必要的控制。但要在汽车内实现蓝牙技术，还需要使蓝牙技术与CAN技术相配合。

  通过车载网络系统，驾驶人和乘客能够在车上发送电子邮件以及从事网络上各种活动，如电子商务和网上购物、股市行情和天气预报等。另外，Microsoft 公司最新推出了专门为"车上网"设计的 AuloPC 软件。该软件采用 WindowsCE 操作系统，具有交互式语言识别等各种多媒体功能，能有效地保障汽车行车安全，使驾驶人在手不离转向盘、眼不离行驶前方的情况下，与PC机系统交换各种信息，如行车前方的交通状况、有无堵车和最短时间导航等。还可以在车上收发 E-mail、打网络电话和进行其他上网活动。通用公司不但开发了"车上网"系统，而且还开发了车载自动化办公系统。由于该系统采用超高速光纤串行数据通道（MML），因此具有多路数字式影音能力，可有效地调控多信道、大容量的输入和输出信号，如 CD、DVD、显示器、电视接收天线、音响和全球卫星定位导航系统都要与该系统交换信息。

二、蓝牙技术的特点

  现代汽车将包含更多的通过两个或更多的网络连接起来的微处理器，其优点是汽车参数可以通过软件个别定制，并且汽车具有更大程度上的自诊断功能。为充分利用这些特点，有必要在汽车系统和生产工具以及服务工具（用于下载新软件、新参数或上载汽车状态、诊断信息等）之间建立双向通信。这些生产工具在很大程度上基于PC技术，汽车系统和生产工具间的连接通过电缆、CAN总线或网关实现。通过电缆直接使CAN总线和PC相连，但电缆必须很短，根据CAN的标准，在1Mbit/s下应小于30cm，在实际应用中可以更长一些，但对于使用要求还不够长。在新型的设计中，也使用CAN/USB（通信串行总线）网关。USB与蓝牙技术的比较见表5-5。

表 5-5 USB 与蓝牙技术的比较

参　数	USB	蓝牙技术
数据吞吐率	较大	小
反应时间	较快	慢
安全性	好	差
灵活性	差	很好
价格	低	高
多功能性	差	很好

　　蓝牙技术的最大优点是无线连接，它不仅可用在汽车和生产工具之间，还可用在汽车和车主喜好的服务工具之间；最大的缺点是反应时间慢和安全性差。蓝牙技术是为任意实体间建立开放连接而开发的，但对汽车系统在大部分情况下是专一连接。

　　将来，汽车可通过 PC 实现远程控制，会遇到高实时性和干扰问题。因此，要区分两种模式，即连接模式和控制模式。对于连接模式，平常的蓝牙 MAC 层应可以很好地工作，而在停车场蓝牙站的密度会导致一些问题。对于控制模式，蓝牙的 MAC 层则不是很合适。当建立连接时，仅需要点到点的连接，其他的服务，如漫游、临近连接等将会产生问题。由于控制模式 MAC 的特性是由汽车制造商确定的，因此必须能从蓝牙 MAC 层向用户订制的 MAC 层切换。

　　随着人们越来越多地在车内接听电话，以及用移动电话收听音乐，蓝牙无线车载技术在汽车中的普及率有望快速增长。将蓝牙技术用于 CAN 的网关，将使汽车具有更高的无线接口能力，从而具有更广阔的市场前景。为得到这个市场，必须在汽车中存储专用的蓝牙 MAC 层，并能通过 CPU 的指令在它与用户订制的 MAC 间切换。如果蓝牙芯片与用户订制 MAC 相结合，将蓝牙单元安置在需要灵活电缆的地方，而不是仅仅与上面提到的蓝牙 CAN 网关通信，蓝牙市场潜力会更大。

三、车载蓝牙系统的组成与原理

1. 车载蓝牙系统的组成

　　蓝牙系统由蓝牙模块、蓝牙协议、应用系统和无线电波组成，将天线、控制装置、编码器、发送器和接收器集成在一个模块上，即蓝牙模块。蓝牙模块结构如图 5-71 所示，其由微处理器（CPU）、无线收发器（RF）、基带控制器（BB）、程序存储器、数据存储器、通用异步收发器（UART）、通用串行接口（USB）及蓝牙测试模块组成。基带控制器在微处理器控制下实时处理数据流，如对数据分组、加密、解密、校验

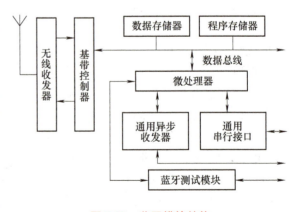

图 5-71　蓝牙模块结构

和纠错等；程序存储器用于存放蓝牙技术的协议软件；数据存储器用于存放要处理的数据；射频收发器负责接收或发送高频通信无线电波；通用异步收发器和通用串行接口是蓝牙模块与主机控制器连接的两种接口方式，可根据连接方式选择；蓝牙测试模块除具有测试功能外，还提供有关认证和规范，为可选模块。

2. 数据传输

蓝牙系统采用无线电波方式内传输数据，其频率为 2.40~2.48GHz，数据传输速率可达 1Mbit/s，支持一个异步数据通道或 3 个并发同步语音通道。蓝牙发射器的有效距离为 10m，若外加放大器，其有效距离可达 100m。蓝牙系统传送数据不需要进行复杂的蓝牙模块设定。

蓝牙模块将数据分成短而灵活的数据包，时长为 $625\mu s$，用 16 位的校验和数检查数据包的完整性，若有干扰，则自动再次发送数据包，使用一个稳定的语言编码将语言转换成数字信号。

3. 数据安全性

数据采用 128 位长的电码编制代码，接收器也由 128 位电码进行校验，各装置用一个密码进行彼此识别。蓝牙技术的有效作用距离比较短，对数据的处理操作也只能在该范围内进行，从而提高了数据的安全性。蓝牙系统中还采用抗干扰措施提高数据流免受干扰，生产厂家还可通过使用更为复杂的编码方式、不同的安全等级和网络协议等来提高数据的安全性。

四、蓝牙技术在汽车上的应用

1. 汽车中的蓝牙无线网

车载蓝牙网络主控设备称为蓝牙基站，蓝牙基站集成在车载网络的网关内，与 CAN 总线、MOST 总线和 LIN 总线等可进行数据交换。蓝牙基站与车内的蓝牙节点建立蓝牙无线网络，较完整的车载蓝牙网络可实现以下功能：

1）接收车内智能传感器的数据。
2）向车内智能执行器发送控制数据。
3）建立车内语音无线通信，用车内无绳电话和移动电话与外界通话。
4）建立车内视音频无线娱乐信号传送，用蓝牙耳机听音乐。
5）建立车内与车外互联网的通信，可浏览互联网和发电子邮件。
6）建立与汽车维修服务站和维修工程师的计算机通信。

2. 蓝牙技术与汽车维修

车载蓝牙基站具有对外无线通信和交流数据的功能：

1）汽车进入服务站时，其蓝牙站和服务站主计算机建立连接。
2）服务站主计算机可下载一些需要的汽车技术信息和故障信息，为车辆维修和服务提供依据。
3）维修人员对汽车维修时，将诊断测试仪或 PC 机与汽车上的蓝牙基站建立连接，监控和操作汽车的传感器及电控单元，对车灯、车窗、发动机参数等进行控制和调节，也可为任何电控单元下载最新版本的控制软件。

3. 蓝牙技术与汽车行驶管理

汽车采用蓝牙技术和互联网技术进行车、路、人的联网管理。在机动车道路上设道路蓝牙监控站，汽车行驶时将身份信息、驾驶人信息和车况车速等信息自动发送给道路蓝牙监控站，道路蓝牙监控站可对超速汽车进行控制，限定其速度。交通警察手持便携式蓝牙监控器，只要对着行驶或停止的汽车发出指令，就可采集到该汽车的身份信息、驾驶人信息和车况车速等信息，对违章汽车发出强制指令，可使该汽车熄火并制动。

4. 车载蓝牙免提系统

（1）车载蓝牙免提系统的功能 车载蓝牙免提系统是专为行车安全和舒适性而设计的，能自动辨识移动电话，不需要电缆或电话托架便可与手机联机；不需要碰触手机（双手保持在转向盘上）便可控制手机，用语音指令控制接听或拨打电话。可通过车上的音响或蓝牙无线耳机进行通话。若选择通过车上的音响或蓝牙无线耳机进行通话，当有来电或拨打电话时，车上音响会自动静音，通过音响的扬声器/麦克风进行话音传输。若选择蓝牙无线耳机进行通话，只需要耳机处于开机状态，当有来电时，按下接听按钮即可实现通话。

（2）车载蓝牙免提系统的组成 车载蓝牙免提系统一般由蓝牙射频单元、链路控制（固件）单元、链路管理（软件）单元和蓝牙软件（协议）单元等组成，如图5-72所示。

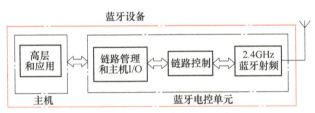

图 5-72 车载蓝牙免提系统

蓝牙系统的硬件有天线、收发器和基带电控单元等，电控单元包括天线射频单元（RF）、基带（Baseband）、微处理器（Microcontroller）和存储器（Memory）4个模块。根据各个公司的芯片制造工艺，有单芯片（4个模块集成在1个芯片内）、3芯片（天线射频单元和存储器分别集成在各自的芯片内，而基带和微处理器集成在1个芯片内）和4芯片（每个模块各自集成在1个芯片内）3种系统集成方案。

1）天线射频单元。蓝牙天线属于微带天线。蓝牙无线接口基于常规无线发射功率0dBm设计的，指标遵循美国联邦通信委员会（FCC）有关电平为0dBm的ISM频段的标准设计。系统采用调频和扩展频谱技术，调频速率为1600次/s，在2.4~2.480MHz范围内，采用19个间隔为1MHz的频点实现，发射功率可达到100MW，辐射范围为100m。

天线射频单元的传输功率分3种，即100MW、2.5MW和1MW。100MW辐射范围为100m，2.5MW辐射范围为10m，1MW辐射范围为10cm，这些辐射范围是变化的，而且很难计算，材料、墙和来自其他2.4GHz源的干扰都可能改变所达到的范围。在发射过程中,蓝牙使用了功率控制技术。

2)链路控制(固件)单元。该单元执行基带协议和其他低层链路程序,包括建立网络连接、差错控制、鉴权和保密。基带电控单元有3种纠错方案,即1/3前向纠错(FEC)、2/3前向纠错(FEC)和自动重传(ARQ)。

3)链路管理(软件)单元。链路管理(LM)单元负责链路的建立、鉴权、链路硬件配置和其他一些协议。LM能够发现其他运输LM,并能通过链路管理器协议与之通信。LM单元提供发送和接收数据、设备号请求、链路地址查询、建立连接、鉴权、链路模式协商与建立、决定帧的类型及功能模式设置等服务。

为了在很低的功率状态下也能使蓝牙设备处于连接状态,蓝牙规定了3种节能状态(功能模式),即等待(Park)状态、保持(Hold)状态和呼吸(Sniff)状态,见表5-6。按节能效率以升序排列为Sniff、Hold和Park。

表5-6 蓝牙系统工作模式状态描述

工作模式	状态描述
Park	单元被赋予Park单元地址(PMA),并以一定间隔监听主单元的信息
Hold	单元停止传送数据,但一旦激活,数据传送立即重新开始
Sniff	单元减小了从网络收听消息的速率,一会睡,一会醒,如同呼吸一样

4)蓝牙软件(协议)单元。该单元具有设置及故障诊断、自动识别其他设备、取代电缆连接、与外设通信、音频通信与呼叫控制、商用卡的交易与号簿网络协议等功能。

(3)车载蓝牙免提系统的连接原理 车载蓝牙免提系统的连接原理如图5-73所示。

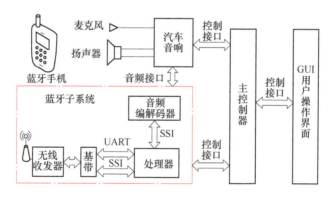

图5-73 车载蓝牙免提系统的连接原理

第六节 诊 断 总 线

一、概述

诊断总线用于完成诊断电控单元与车上其他电控单元之间的数据交换。以往的K线或L

线不再使用,而使用专用的汽车故障诊断仪器,如大众汽车采用汽车诊断、测量和信息系统 VAS5051 或汽车诊断和服务信息系统 VAS5052 进行故障自诊断。电控单元的诊断数据经各自的数据总线传输到数据总线诊断接口 J533(网关),如图 5-74 所示,诊断插接器端子功能说明见表 5-7。通过 CAN 总线和网关的快速数据传输,诊断电控单元即可快速显示相关电气元件的故障状态。

诊断总线是未屏蔽的双绞线,其截面面积为 0.35mm²。CAN-L 线为橙/褐色,CAN-H 线为橙/紫色。在双工模式下,数据的传递速率为 500kbit/s,可双向同时传递数据。

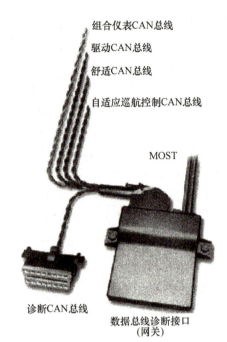

图 5-74 诊断接口

表 5-7 诊断插接器端子功能说明

端 子	功 能
1	15 号接线柱
4	搭铁
5	搭铁
6	诊断总线 CAN-H
7	K 线
14	诊断总线 CAN-L
15	L 线
16	30 号接线柱

表 5-8 诊断总线的诊断条件

诊 断	条 件		说 明
开始	点火开关接通	是	无法经诊断总线唤醒电控单元
	点火开关关闭	是,但不在休眠模式	
执行	点火开关接通	是	
	点火开关关闭	是,但无写入功能(如对电控单元编码)	
结束	关闭点火开关并终止诊断	否	

二、诊断条件

诊断总线的诊断条件见表5-8。若要在车上进行诊断，需使用诊断线，这种诊断线也用于使用 K 线或 L 线的诊断系统。

三、诊断总线的地址格式扩展

除可直接选定各电控单元的地址外，还可成组选定地址，即几乎可同时查询多个电控单元故障存储器存储的内容，读取故障的速度非常快。利用执行元件的选择检测功能，可直接检测某个执行元件，无须按顺序进行。诊断仪还可同时显示多个电控单元的测量数据组，以便检查开关和传感器。

第七节 汽车光纤技术

在数据通信技术中，CAN 总线目前广泛采用的通信介质是双绞线，此外还可采用同轴电缆和光纤。光纤传输系统在高档轿车中已经成为使用较多的一种新型网络，其具有传输速度快、传输数据量大、信号衰减小、不易受外界干扰、耐腐蚀及灵敏度高等优点，是汽车多路传输系统的发展方向，也是汽车线束的发展方向。

MOST 总线和 Byteflight 总线均采用光缆制成。铜导线是传输数据的传统介质，但是在铜导线中数据传输速率较高时会形成很强的电磁辐射，从而干扰车辆的其他部件。与铜导线相比，在有效带宽相同时，光缆占用的物理空间更小，重量更轻。另外，在铜导线上数据以数字电压信号或模拟电压信号进行传输，而光缆传输光束。

一、光纤的类型和特点

1. 光纤的类型

光纤总线可分为无源和有源两类。无源光纤总线由光纤和光纤耦合器构成；有源光纤总线除光纤和光纤耦合器以外，还增加了光中继器或光放大器，以增强光信号，对于光路损耗较大的场合非常必要。汽车使用的主要是无源光纤，它不能放大或产生能量。

最常用的光缆是塑料光缆（K-LWL）和玻璃纤维光缆（G-LWL）。Byteflight 总线和MOST 总线使用的光缆都由塑料制成，与玻璃纤维光缆相比，塑料光缆对灰尘不敏感，且加工和维修方便。

为了区分光缆应用于何种总线，目前使用了 3 种不同的颜色标记，即黄色，用于Byteflight 总线；绿色，用于 MOST 总线；橘黄色，用于售后服务维修用导线。

按照不同耦合器的使用方法，总线型光纤网又可分为 U 形总线、S 形总线、双向形总线和双向单线 4 种无源线性总线。其中，U 形总线的发送站发出的信号到达本站接收端的时延随该站位置不同而不同。S 形总线在光发送支路和光接收支路中间加上一段长度与两者相同的光纤，使任何工作站的发送端到接收端的传输时延都相等，也减小了光接收机的动态范围。但 S 形总线的传输损耗比 U 形总线大，且介质耗费也较大，限制了网径的大小。U形与S形两种总线都是单向传输的单光纤总线，都将光纤分成上游的发送支路和下游的接收支路，光纤要经过各站两次或三次传输，传输损耗加大。

1）MOST总线用于传输车辆中的所有通信和信息系统数据。各电控单元之间通过一个环形总线连接，该总线只向一个方向传输数据，说明电控单元总是拥有两根光缆线，一根用于发射器，另一根用于接收器。在MOST电控单元中采用了纯光纤连接，发射LED和接收LED可通过位于电控单元内的光纤安装在电控单元内的任意位置，将两根光纤在线束插接器内复合，不需要对敏感的端面进行额外保护。

2）Byteflight总线是一个双向传输数据的星形总线，说明每个电控单元只有一根光缆线。发射器紧靠接收器上，两者都集成在电控单元的插座内。

光纤与MOST总线不同，需要使用另一个连接系统。在Byteflight中，LED直接接触，必须在光纤伸出端加一个翻盖，以免受到污损，插接时该翻盖自动打开。右侧插接器中的灰色翻盖被向后推移（插接时自动打开），光缆的端部伸出。

2. 光纤传送信息的方法及原理

光纤传送信息的方法有时分复用（OTDM）、波分复用（WDM）和频分复用（FDM）3种方式。

光纤传送原理：由电控单元形成的电信号在发射元件内被转换成光信号，并发射到光缆内。光纤用于光波的导向，为了使发射出来的光线不会从光纤中射出，光纤有外包装层，可使光线发生反射，并借此使光线继续传输，穿过光缆，然后通过接收元件重新转换成电信号。

3. 无源光纤的优点

1）频带宽度较大，多路，尺寸小，重量轻，能耗低。
2）通过效率高，信号功率损失小，与频率的关系减弱。
3）超高绝缘，不存在短路和搭铁问题。
4）耐腐蚀，灵敏度高。
5）能够双工传输信息，抗干扰能力强，尤其是对车载电路的脉冲干扰。
6）光纤允许有较高的数据传输速率和较高的信噪比——带宽积，可适用于发动机实时控制、车辆状态监测和通断负载的开关控制等要求。

二、光纤多路传输的组成与应用

1. 光纤多路传输的组成

汽车无源光学星形网络主要由无源光学星形、光发送器（发光LED）、在节点上的光接收器、节点与星形之间的发送和接收光纤4部分组成。

双端星形和单端星形路由模式如图5-75所示。双端星形设有纤维缠结，将输入和输出光纤有序地连通至各个节点，图中的有效尺寸主要是指纤维缠结构成的光纤张紧区，该张紧区和有效的封装尺寸可以通过收紧路由光纤使其减小，但路由光纤的弯曲半径不能小于25mm，否则会增加光源损耗和星形接入损耗。单端星形的输入、输出纤维及节点的路由比双端星形简单。

混合线元星形是通过齐平式连接的纤维向混合线元的输入和输出面散布光信号，如图5-76所示。从任一根发送光纤传送出的光被耦合到混合线元的输入侧，当光通过混合线元传播时，光源被同时均匀地散布到输出端，所有的接收光纤再在输出端耦合。

双锥形星形由数根光纤重新组成交叉式的热或化学熔结，构成混合的短锥形区，如图 5-77 所示。光从任一根输入光纤射入短锥形区，再传播到短锥形区的输出端，同时均匀地散布到输出光纤束的各根纤维上。

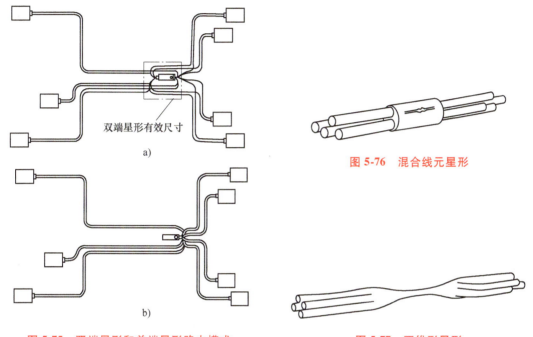

图 5-75 双端星形和单端星形路由模式

图 5-76 混合线元星形

图 5-77 双锥形星形

熔丝对星形是一种格栅串联的许多 2×2 耦合接头，每个耦合接头由光纤束采用热、化学或声波焊接成对，再形成一个混合区，如图 5-78 所示。通过这些格栅串联的黏合接头，光从其中的一根光纤输入，然后散布至全部的输出光纤。

2. 新型汽车采用的光学星形网络类型

新型汽车采用的光学星形网络类型有不带成簇连接的星形网络和带成簇连接的星形网络两种。

（1）不带成簇连接的星形网络 不带成簇连接的星形网络如图 5-79 所示。该网络的 5 个节点都安置在座舱内，所有的节点已连成汽车的主线束，无须成簇连接；断损的纤维只能更换不能修理；线束上两个节点之间的距离最长不超过 10m；不需要进行特殊的路由选择；使用 NRZ 信号，网络操作的信号传输速率为 1Mbit/s。

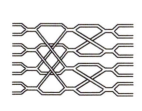

图 5-78 熔丝对星形

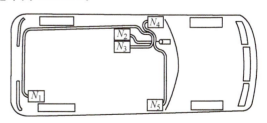

图 5-79 不带成簇连接的星形网络

（2）带成簇连接的星形网络 带成簇连接的星形网络如图5-80所示。该网络要求有10个节点，其中6个（$N_1 \sim N_6$）安置在座舱中，4个安置在发动机舱内；主线束与发动机罩下的线束之间需要一组成簇连接；成簇线束的每根光纤允许维修一次；节点之间的最长距离为14m；8个节点中的光纤路由弯曲半径不能小于10mm；网络使用NRZ信号，传输速率为1Mbit/s。

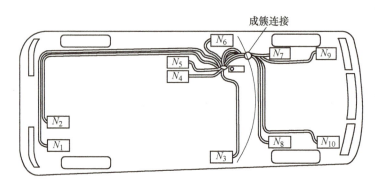

图5-80 带成簇连接的星形网络

3. 光学网络的应用

汽车网络中的MOST网络是比较典型的光学网络。汽车使用光纤后，可以减少约250m线束，减轻4.5kg重量（奥迪A8轿车）。该结构还为将来随时加入新媒体设备节点的结构提供了基础，而且特别适合于车载媒体设备和信息设备的声控技术应用。随着车载信息设备的不断增加，驾驶中使用这些设备的情况越来越多，通过声控系统访问这些设备是最安全且较经济的方式，被认为是将来车载设备使用人机对话的首选方式。通过MOST网络将人机语音接口与车载媒体设备、通信设备及其他信息设备进行连接，是实现这种设备语音访问技术的有效方式。目前，在宝马、奔驰及劳斯莱斯等轿车上，MOST与车载媒体设备、信息设备连接后的人机对话已经实现，其MOST网络如图5-81所示。

三、光源光学星形网络的检测

虽然光纤连接系统的可靠性高于铜线连接，但衰减是难免的。目前，网络中出现连接不良导致系统出现故障的现象较多。

光缆虽然非常耐用，但物理方面的误用可能导致光纤衰减率增大，使光纤衰减量增加，从而影响链路的正常工作。

1）工作提示。在进行车辆线束方面的工作时必须细心，因为与铜导线相比，光缆损坏不会导致故障立即发生，而是在以后车辆运行时才表现出来。

2）维修提示。只允许从电控单元至电控单元对MOST光缆进行一次维修，否则光波信号会有很大的衰减。目前还不允许对Byteflight总线进行维修。

3）诊断光缆故障时要确认光脉冲的衰减率有多大，需要使用专用测量仪。在MOST系统中，由于网络是环形连接，如果光纤或电控单元损坏，网络上的接收器会查出受影响的节点，并将错误通知给链路中的其他接收器，所有节点的通信都将受到影响，使整个网络瘫痪。此时，可以利用故障诊断仪通过特定步骤诊断出损坏的节点或出现问题的

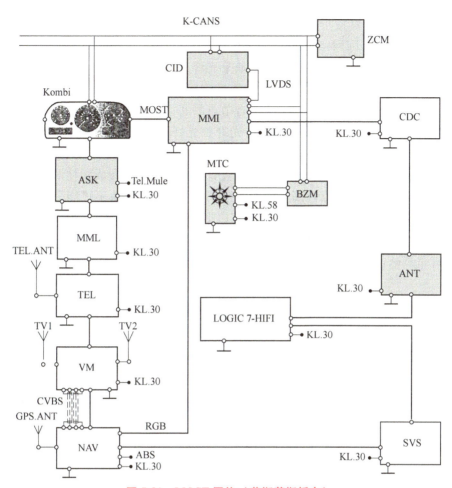

图 5-81　MOST 网络（劳斯莱斯轿车）

电控单元之间的光缆。

目前，市场上尚未见到能对光学网络进行检测的专用设备，而诊断汽车光学网络时不能依靠传统的经验，用"耳听""手摸"等方式进行诊断，加之汽车光学网络目前接口和协议都不统一，所以当光学网络出现故障后，只能使用原厂诊断仪对其进行诊断。

1. 故障类型

无源光学星形网络的故障种类主要有网络故障、光纤故障、成簇光纤连接故障和光学星形故障 4 种。

（1）**网络故障**　与铜导线相比，光纤更为耐用，但其物理层时常发生故障。节点与星形之间的光纤长度方向、成簇连接的光纤与光纤之间和无源光学星形自身潜在的故障会使光衰减增多，一旦超过链路通信总损耗限值，就会导致链路断路。

（2）**光纤故障**　光缆虽然非常耐用，但物理方面的误用可能导致光纤衰减增大，如特别绷紧的光纤路由会使链路衰减增大；光缆路由张紧的弯曲半径小于规定 25mm，光纤张紧弯曲处的光线会超出临界角，光纤的衰减也会增大。如果所用的链路操作在敏感限值附近，则从光纤的过量弯曲处附加的衰减可能引发通信错误。光纤紧压变薄会改变光纤芯部几何尺寸，造成部分光逃逸。这些都会增加光纤衰减，影响链路工作。

如果是单根光纤损坏或折断,通信只在一根链路上潜藏着障碍;如果光纤损坏是从节点到星形的发送路径,则网络上的每个接收器都会查出受影响的节点减弱的信号,并将错误首先通知链路中最不敏感的接收器;如果光纤损坏是从星形到某个节点的接收路径,网络上各个节点的接收器会获知该节点上的接收器减弱的信号,并将错误首先通知网络上最弱的发送器;如果光纤损坏严重,所有节点的通信都将受到影响。

(3) 成簇光纤连接故障 成簇连接指光纤到光纤的连接区,汽车线束在该连接区被分段(如在组合仪表交接处或发动机舱壁板交接处分段)。典型的成簇连接是在发动机舱壁交界处由两个接头配对构成,光束由严格校直的两组纤维散布成圆柱形。

虽然光纤连接系统的可靠性高于铜线连接,但由于每个接头不可能只由一个总装厂配对,因此,不易形成零概率故障,即衰减难以避免。光学成簇连接的两组光纤只有保持齐平式连接,才能确保两组光纤之间良好的光耦合。光纤中的某一根发生扭曲或拉长等,都会增加链路衰减。成簇组合不当,也会增加衰减,并沿着接收和发送路径影响节点的操作。

(4) 光学星形故障 光学星形潜在的故障在于星形线元,而星形线元的问题主要取决于星形结构。与前述三种无源星形结构故障模式不尽相同。

1)混合线元星形故障。如果在某个节点的发送光纤与混合线元之间发生损耗,造成的影响与前述的光纤故障很相似,所有接收器可以查出受影响的那个节点减弱的信号,并首先将错误通知最不敏感的接收器;同样,如果损耗发生在某个节点的接收光纤与混合线元之间,网络上所有发送器发送的信号将在受影响的节点接收器上显示减弱,并首先将错误显示在最弱的发送器的节点链路中。如果混合线元发生诸如断裂等严重损坏,网络通信则中断。

2)双锥形星形的故障。若双锥形星形中心接头组合不良,则故障概率比输入光纤引起的损耗大得多。若是星形引出端接头上光纤到光纤的连接受到干扰,沿着受影响的节点的发送和接收路径的衰减则增大。若在混合区出现断裂点,则会造成网络通信全部中断。对于双锥形星形故障,由于短锥形混合区极脆弱,如果该区受载容易碎裂。

3)熔丝对星形故障。为了便于汇集成汽车线束,熔丝对星形也需要有引出端,让光纤成束连通至各个节点。熔丝对的耦合点较多,潜在的故障点和衰减的可能性也较其他星形结构多。另外,光纤束的各个焊点也较脆弱,受载极易碎裂,所以故障率较其他星形结构高。

2. 光源光学星形网络的检测方法

诊断和维修汽车无源光学网络媒体的故障,不能用传统的"手摸"或"耳听"等经验法,而需要用光学网络检测设备帮助查找故障部位。

汽车网络所用的诊断仪的各种接头是按汽车工业标准设计的,且提供给用户的检测诊断模式比较灵活,既能测出任一节点的衰减,也能测出网络中任意两个节点之间的衰减。诊断仪上测出的衰减值必须与车辆维修手册规定的衰减值对比,才能判断是否合格。

(1) MOST 总线与光纤的检修注意事项

1)光纤或空气管路的修理只允许由受过专业培训的人员进行。

2)光纤保持帽只有在安装时才能直接被卸下。

3）开口的光纤插口不允许触摸，不能被灰尘、油污或其他液体污损。
4）所有损坏的插接器要申报并做好记录。
5）线束只能按说明 PDM 图安装和连接。
6）线束任一位置不允许折叠。
7）线束不能从外部的破口处硬拉硬拽，只能从内向外推出。
8）插接器和缆线不允许在地上拖拉。
9）不能踩在插接器或导线上。
10）未装的长线束要打上活结。
11）只有在必要时才能断开电控单元插接器和导线插接器。
12）在断开电控单元插接器和导线插接器前，应确保数据总线处于休眠模式。在重新连接时，一定要读出并删除所有电控单元存储的故障码，如有必要要进行调整。

（2）光纤导线的常见故障 光纤导线的常见故障如下：
1）弯曲半径不足。
2）外壳破坏。
3）端面破损。
4）端面污损。
5）端面错位。
6）角度问题。
7）两条光纤导线之间漏光。
8）端子问题。

（3）MOST 总线的诊断 诊断仪通过网关可进行断环诊断。因为光环断路，断环检测必须在星形连接的点检测，用断环诊断进行分析，判断总线上的所有电控单元的电路和光路是否正常。系统故障的原因主要有以下几点：
1）环断（光纤压坏、剪断或插接器未连接好）。
2）电控单元断电。
3）光纤变形。
4）发射/接收 LED 有故障。

环路断路诊断方法如下：激活诊断接口的执行元件测试，从诊断接口发送一个电脉冲到诊断线上，向所有电控单元发送光信号，所有电控单元检查电器功能及环路上运行的光信号是否到达入口，电控单元通过诊断线回答，通过环路顺序检查指出环路的断路位置。

3. 汽车光学网络故障诊断仪的使用

汽车光学网络故障诊断仪如图 5-82 所示，可按两条基本通信路径测试：模式 Ⅰ 可测量链路中任一节点自身的衰减，模式 Ⅱ 可测量链路中沿着发送和接收两条路径的任何两个节点之间的衰减。不管哪种诊断模式，第一步都必须对诊断仪定标。原因是这类诊断仪主要是测量相对功率，通过定标可事先了解链路的衰减情况，如 0.5m 长的参考光纤可以将仪器标定为零刻度。通过定标过程可以消除以下一些误差和损耗：用于诊断仪中的 LED 与接收器在整个测量时间或所处环境温度发生改变时会出现误差，通过定标，以当时的环境条件为 LED 输出功率和接收器灵敏度的参考标准，以确保测量误差最小；由于作为连接用的参考光纤参与了定标，诊断仪的零刻度包括了光纤至电子器件的耦合损耗。

诊断仪的使用方法如下：

(1) **诊断模式 I（自测试）** 诊断模式 I 如图 5-83 所示。检测同一节点的发送线（TX）和接收线（RX），其功率损耗代表三种故障情况，即发送光纤到星形的衰减，星形的接入损耗，从星形到接收光纤的衰减。若上述衰减接近规定的最大值，则被测的节点本身与该节点之间的通信可能发生错误。

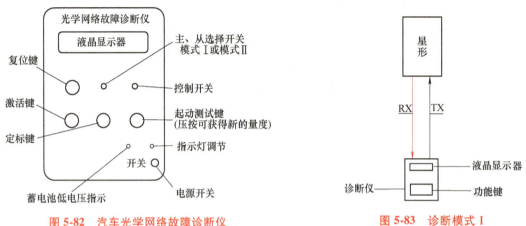

图 5-82 汽车光学网络故障诊断仪　　　　图 5-83 诊断模式 I

(2) **诊断模式 II（全部路径测试）**

诊断模式 II 如图 5-84 所示。需同时采用两个光学诊断仪，其测量从节点 A 发送器到节点 B 接收器路径的衰减（包括节点 A 的发送光纤的衰减、星形的接入损耗和节点 B 的接收光纤的衰减），以及从节点 B 发送器到节点 A 接收器路径的衰减（包括节点 B 的发送光纤的衰减、星形的接入损耗和节点 A 的接收光纤的衰减）。若沿两条路径的衰减大于允许值，则链路可能出现通信错误。

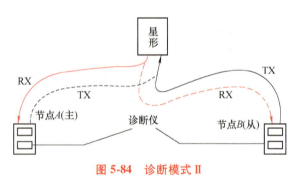

图 5-84 诊断模式 II

(3) **测试过程** 无论是周期性故障（间歇或断续故障引起的衰减使系统操作超出规范的较高位误码率），还是全系统故障（链路全部衰减），都可通过存取网络出错记录的诊断程序查找出节点间的通信问题。测试过程如下：

1) 将诊断仪与被怀疑的节点连接，模式开关调至 I 位置，并参考图 5-83 检测可疑节点的链路衰减。若衰减在规定范围内，则进行下一步。

2) 诊断仪以模式 I 方式测试第二个被怀疑有故障的节点［方法同步骤 1)］。若链路衰减也在规定范围内，则进行下一步。

3) 将诊断仪模式开关调到 II 位置，即可测试节点 A 到节点 B（或从节点 B 到节点 A）的通信路径。如果链路衰减仍在规定范围内，但仍觉得汽车有问题，即判定故障可能存在于被怀疑节点的电子线路中。

4）按上述方法测试，若链路衰减超出规定范围，则可沿被测路径查找问题。更换发送和接收光纤，然后重新测试。若链路衰减仍超出规定范围，则更换无源光学星形。可利用"三定点"测到的信息分析问题，如果测到从节点 A 回到自身的衰减高于规定范围，故障可能存在于节点 A 发送和接收路径的某处。但如果从节点 A 回到自身与从节点 B 回到自身的两条路径的衰减都高于规定范围，则故障大多存在于星形中，即 A 和 B 的不正常（衰耗）根源在于 C（星形）。

按"三定点"测试理论，得到图5-85所示的故障诊断流程图，结合该车型的链路衰减（损耗）规范，可迅速查找到故障部位。

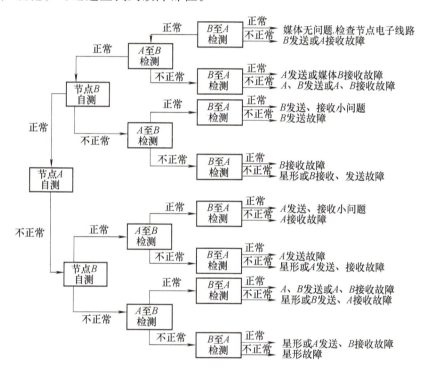

图5-85　光学网络故障诊断流程

注：A 发送故障指沿 A 发送器到星形的路径有故障，包括 A 发送光纤和成簇接头（指有成簇连接的星形网络和 A 发送光纤到星形的接口）。

本　章　小　结

LAN是分布在汽车上的、实现电气与电子设备在物理上互相连接，并按网络协议相互进行通信，以共享硬件、软件和信息等资源为目的的电子控制系统。CAN等通信协议的开发，使多个LAN可通过网关进行数据通信，实现整车的信息共享和网络管理。LAN在汽车内部采取基于总线形式的网络结构，可以达到信息共享，减少布线，降低成本以及提高总体可靠性的目的。

VAN主要应用于车身电气设备控制，通信介质简单，在40m内传输速率可达1Mbit/s，按SAE分类属于C类，VAN总线协议是一种只需要中等通信速率的通信协议，反应时间约为100ms。VAN支持分布式实时控制，广泛应用于汽车门锁、电动车窗、空调、自动报警和娱乐控制等系统。VAN总线为串行通信网络，其数据通信的可靠性、实时性和灵活性好，更适用于需要现场总线的实时控制。

FlexRay 通信协议是高速汽车总线系统，具备故障容错功能，在电气和机械电子组件之间实现可靠、实时和高效的数据传输，具有高宽带、确定性、容错性和拓扑结构灵活等特点，可确保现在和将来车内创新功能的联网。FlexRay 将是 CAN 总线的替代标准，FlexRay 为车内分布式网络系统的实时数据传输提供了有效协议。

MOST 为车辆中使用的一种多媒体应用通信技术，采用塑料光缆的网络协议，将音响、电视、全球定位系统及电话等设备相互连接起来，给用户带来了极大的便利。MOST 网络不需要额外的主电控单元，结构灵活，性能可靠，易于扩展。MOST 网络光纤作为物理层的传输介质，可连接视听设备、通信设备以及信息服务设备。MOST 网络支持"即插即用"方式，在网络上可随时添加和去除设备。MOST 总线不仅传输控制数据和传感器数据，还能传输数字音频信号和视频信号图形以及其他数据，在保证低成本的条件下，MOST 数据传输速率可高达 25Mbit/s。

蓝牙技术建立了通用的无线电空中接口及其控制软件的公开标准，使通信与计算机进一步结合，使不同厂家生产的便携式设备在没有线缆连接的情况下，能近距离范围互用和相互操作。汽车系统和蓝牙技术相结合，给汽车的生产和服务带来了更大的便利。汽车上将蓝牙技术用于 CAN 网关，使汽车具有更高的无线接口能力，有更广阔的应用前景。

复习思考题

1. LAN 的特点有哪些？
2. LAN 的类型有哪些？
3. LAN 的传输介质有哪几种？对其进行特性对比分析。
4. 画图分析 VAN 总线的典型结构。
5. VAN 总线采用差动信号传输方式有何优势？
6. 画图分析 VAN 总线系统节点的结构。
7. 画图分析 VAN 总线帧的组成及功能。
8. 画图分析 VAN 总线信号的传输特点。
9. 简述 VAN 总线的故障诊断方法。
10. 简述 FlexRay 总线的特点。
11. 简述 FlexRay 总线拓扑结构的类型及其特点。
12. 简述 FlexRay 总线的构成。
13. 简述 FlexRay 总线的工作原理。
14. 对 FlexRay 总线与 CAN 总线进行特性对比分析。
15. 简述 FlexRay 总线的信息传输过程。
16. 简述 FlexRay 帧的构成及其功能。
17. 简述 MOST 的特点。
18. 简述 MOST 的构成及其功能。
19. 简述 MOST 的控制原理。
20. 简述 MOST 的诊断功能。
21. 简述车载蓝牙系统的组成。
22. 简述车载蓝牙系统的工作原理
23. 简述蓝牙技术的特点及其典型应用。
24. 简述光纤的类型和特点。
25. 简述光纤多路传输的组成及其典型应用。

第六章

典型汽车车载网络系统

第一节　大众/奥迪轿车

一、概述

大众/奥迪（Volkswagen/Audi）车系使用的 CAN 总线包括动力 CAN 总线，传输速率为 500kbit/s；舒适 CAN 总线，传输速率为 100kbit/s。自 2000 年起，大众/奥迪车系开始使用新型的舒适 CAN 总线和信息 CAN 总线，其传输速率都为 100kbit/s。信息 CAN 总线（低速）将收音机、电话和导航系统连成网络。新型的舒适 CAN 总线和信息 CAN 总线通过带网关的组合仪表可与动力 CAN 总线进行数据交换。

动力 CAN 总线通过 15 号接线柱切断，或经过短时无载运行后切断；舒适 CAN 总线由 30 号接线柱供电，且必须保持随时可用状态。为了尽可能减小对供电电网产生的负荷，在 15 号接线柱关闭后，若总线系统不再需要舒适数据总线，则舒适数据总线进入"休眠"模式。当舒适/信息 CAN 总线的一条数据总线短路，或一条 CAN 总线断路时，可用另一条数据总线继续工作，此时自动切换到"单线工作"模式。动力 CAN 总线与舒适 CAN 总线的电信号不同。

二、动力 CAN 总线

1. 动力 CAN 总线的主要联网单元

动力 CAN 总线的主要联网单元有发动机电控单元、ABS 电控单元、ESP 电控单元、自动变速器电控单元、SRS 电控单元和组合仪表电控单元。电控单元通过动力 CAN 总线的 CAN-H 和 CAN-L 进行数据交换。

2. 动力 CAN 总线上的信号电压变化

1）隐性状态。CAN-H 和 CAN-L 有相同的预设值，该值约为 2.5V，称为静电平，也称为静止状态，连接的所有电控单元均可修改它。

2）显性状态。CAN-H 的电压会升高至一个预定值，至少为 1V；CAN-L 的电压会减小一个同样值，即至少为 1V。于是 CAN-H 处于激活状态，其电压不低于 3.5V，而 CAN-L 的电压值最多可降至 1.5V。因此，在隐性状态时，CAN-H 与 CAN-L 的电压差为 0V；在显性状态时，二者的电压差最低为 2V，如图 6-1 所示。

3. 动力 CAN 收发器

动力 CAN 收发器内有一个接收器，安装在差动信号放大器的一侧，如图 6-2 所示。

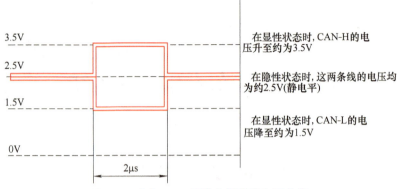

图 6-1 动力 CAN 总线上的信号电压变化

差动信号放大器用于处理来自 CAN-H 和 CAN-L 的信号，同时还将转换后的信号传至电控单元的 CAN 接收区。转换后的信号称为差动信号放大器的输出电压，如图 6-3 所示。差动信号放大器用 CAN-H 的电压（$V_{\text{CAN-H}}$）减去 CAN-L 的电压（$V_{\text{CAN-L}}$），即可得到输出电压。该方法可消除静电平或其他任何重叠的电压（如干扰）。

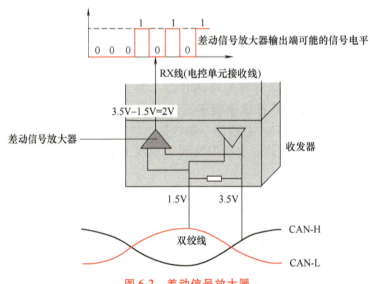

图 6-2 差动信号放大器

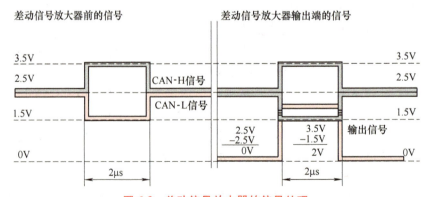

图 6-3 差动信号放大器的信号处理

三、舒适/信息 CAN 总线

1. 舒适/信息 CAN 总线的联网单元

舒适/信息 CAN 总线的联网单元有空调电控单元、车门电控单元、舒适电控单元、收音机和导航电控单元。电控单元通过舒适/信息 CAN 总线的 CAN-H 和 CAN-L 进行数据交换，如车门开/关、车内灯开/关、车辆位置（GPS）确定等。由于使用同样的脉冲频率，使舒适 CAN 总线和信息 CAN 总线共用一对导线。

2. 舒适/信息 CAN 总线上的信号电压变化

为了提高低速 CAN 总线的抗干扰性能且减小电流消耗，舒适/信息 CAN 总线与动力 CAN 总线相比做了一些改动。

1）使用独立的发送器（功率放大器），使 CAN-H 和 CAN-L 彼此无关。与动力 CAN 总线不同，舒适/信息 CAN 总线的 CAN-H 和 CAN-L 不是通过电阻相连，即 CAN-H 和 CAN-L 不再相互影响，而是彼此独立作为电压源工作。

2）取消了共同的中压。在隐性状态（静电平）时，CAN-H 上的电压约为 0V；在显性状态时，CAN-H 上的电压约为 3.6V。对于 CAN-L 信号，隐性电压约为 5V，显性电压约不高于 1.4V，如图 6-4 所示。于是在差动信号放大器内两电压相减后，隐性电压约为-5V，显性电压约为 2.2V，隐性电压和显性电压之间的电压提高到不低于 7.2V。

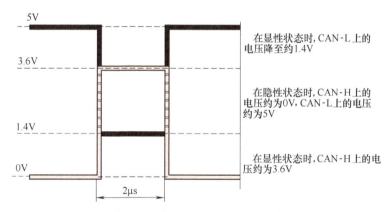

图 6-4　舒适/信息 CAN 总线上的信号电压变化

3. 舒适/信息 CAN 总线的 CAN 收发器

舒适/信息 CAN 总线的收发器如图 6-5 所示，其工作原理与动力 CAN 总线收发器基本相同，只是输出的电压电平和出现故障时切换到 CAN-H 或 CAN-L（单线工作模式）的方法不同。另外，CAN-H 和 CAN-L 之间的短路会被识别出来，并且在出现故障时关闭 CAN-L 发送器，此时 CAN-H 和 CAN-L 的信号电压相同。

CAN-H 和 CAN-L 上的数据传递由安装在收发器内的故障逻辑电路监控，故障逻辑电路检验两条 CAN 导线上的信号。如果出现故障，如某条 CAN 导线断路，则故障逻辑电路会识别出该故障，从而使用完好的另一条导线（单线工作模式）。

在正常的工作模式下，使用 CAN-H 与 CAN-L 的电压差信号（差动数据传输），即可使对舒适/信息 CAN 总线的两条导线的影响降至最低（与动力 CAN 总线相同）。

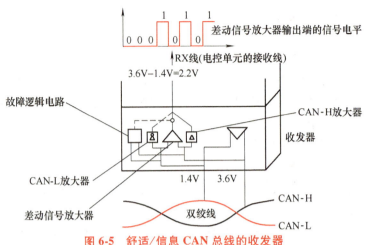

图 6-5 舒适/信息 CAN 总线的收发器

4. 单线工作模式

如果因短路、断路或与蓄电池电压相连而导致两条 CAN 导线中的一条不工作,则切换到单线工作模式。在单线工作模式下,只使用完好的 CAN 导线中的信号,舒适/信息 CAN 总线仍可工作。同时,电控单元记录一个故障信息:系统工作在单线模式。单线工作模式信号如图 6-6 所示。

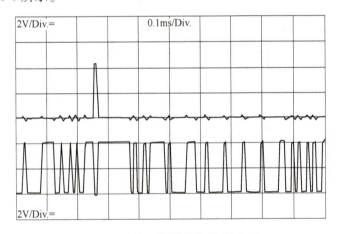

图 6-6 单线工作模式信号(DSO)

四、CAN 总线上的阻抗匹配

数据传输终端是一个终端电阻,用来防止数据在导线终端被反射产生反射波,反射波会破坏数据。在驱动系统中,终端电阻接在 CAN-H 和 CAN-L 之间。标准 CAN 总线的原始形式中,在总线的两端接有两个终端电阻,如图 6-7 所示。大众车系将负载电阻分布在各个电控单元内,其中在发动机电控单元中装有中央终端电阻,其他电控单元中安装大电阻。

在驱动系统中,CAN-H 和 CAN-L 之间的总电阻为 50~70Ω,如 15 号线(点火开关)断开,可以用万用表测量 CAN-H 和 CAN-L 之间的电阻。舒适/信息 CAN 总线的特点是,电控单元的负载电阻不是在 CAN-H 和 CAN-L 之间,而是在导线与搭铁之间。当电源电压断开时,舒适/信息 CAN 总线的 CAN-L 的电阻也断开,因此,不能用万用表测量。大众车系中设置有两种终端电阻:66Ω 和 2.6kΩ,如图 6-8 所示。

图 6-7 终端电阻的布置

五、CAN 总线的电磁兼容原理

CAN 总线采用双绞线自身检测的结构,既可以防止电磁干扰对传输信息的影响,也可以防止本身对外界的干扰。系统中采用高、低电平的两根数据线,控制器输出的信号同时向两根数据线发送,高、低电平互为镜像。

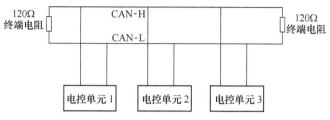

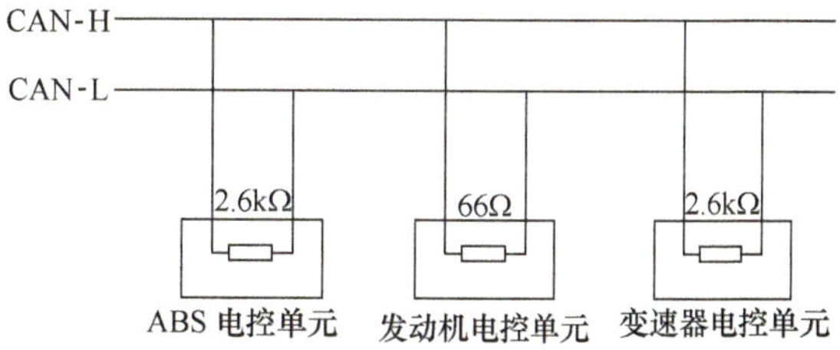

图 6-8 大众车系终端电阻的布置

1. 抗干扰

数据总线布置在发动机舱内,会受到搭铁短路和蓄电池电压、点火装置的火花放电和静态放电等各种干扰。

CAN-H 信号和 CAN-L 信号经过差动信号放大器处理后,可最大限度地消除干扰,如图 6-9 所示。采用差动放大技术,即使车上的供电电压有波动(如发动机起动时),也不会影响各个电控单元数据传递的可靠性。

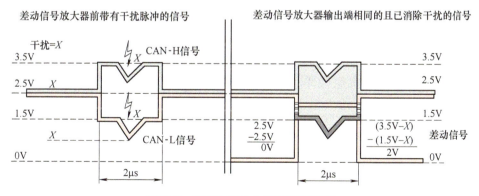

图 6-9 差动信号放大器的干扰过滤

由于 CAN-H 和 CAN-L 扭绞在一起,因此,干扰脉冲 X 总是有规律地作用在两条线上。由于差动信号放大器总是用 CAN-H 的电压($3.5V-X$)减去 CAN-L 的电压($1.5V-$

X)作为输出电压 $[(3.5V-X)-(1.5V-X)=2V]$,因此,在经过差动处理后,差动信号则不再有干扰脉冲。

2. 不干扰外界

双绞线保证 CAN 总线的两根数据线距离外界任意一点的距离基本相同,如图 6-10 所示。由于 CAN 收发器发送到两根数据线上的信号成镜像关系,因此,CAN-H 对外辐射和 CAN-L 的对外辐射具有幅值相同、方向相反的特点。综合以上两点,使得 CAN 总线的两根数据线对外任意一点的干扰影响自行运算抵消。

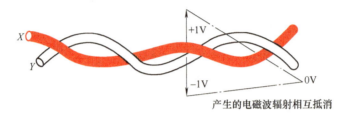

图 6-10 镜像信号抵消本身对外界的干扰

六、一汽宝来轿车 CAN 总线

一汽宝来轿车装用了动力 CAN 总线和舒适 CAN 总线,如图 6-11 所示。动力 CAN 总线将发动机电控单元、变速器电控单元和 ABS 电控单元连接为一体,形成一个完整的局域网络;舒适 CAN 总线将 1 个中央电控单元和 4 个车门电控单元连接为一体,形成一个完整的局域网络。

1. 动力 CAN 总线

动力 CAN 总线连接 3 个电控单元,即发动机、ABS/EDL 及变速器电控单元(动力 CAN 总线实际还连接 SRS、四轮驱动及组合仪表等电控单元)。动力 CAN 总线可同时传输 10 组数据:发动机电控单元 5 组,ABS/EDL 电控单元 3 组,变速器电控单元 2 组。

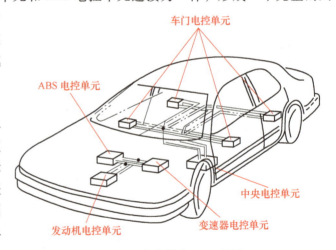

图 6-11 宝来轿车 CAN 总线

(1) 传输特点

1) CAN 通过两条数据总线传输信息,为避免电磁干扰和对外辐射,两条数据总线相互缠绕。

2) 数据总线以 500kbit/s 的速率传输数据,即传输速率在 125~1000kbit/s 范围内(高速率),每一组数据传输大约需 0.25ms,每一个电控单元(根据单元类型)每 7~20ms 发送一次数据。

3) 优先权顺序:ABS/EDL 电控单元→发动机电控单元→变速器电控单元。

4）在动力与传动系统中，数据传输应尽可能快，以便及时利用数据，所以需要一个高性能的发送器。高速发送器会加快点火系统间的数据传输，使接收到的数据立即应用到下一个点火脉冲。

（2）信息传输 动力与传动系统中各电控单元的信息传输非常重要，如由 ABS/EDL 电控单元决定的安全因素信息是发动机电控单元决定的点火控制和燃油喷射质量信息以及由变速器电控单元决定的驾驶方便性信息。动力 CAN 信息传输见表 6-1。

表 6-1　动力 CAN 信息传输

优先权顺序	数据来源	信息举例
1	ABS/EDL 电控单元	1. 发动机制动控制请求（EBC） 2. 牵引力控制请求（TCS）
2	数据组 1 发动机电控单元	1. 发动机转速 2. 节气门位置 3. 换低档
3	数据组 2 发动机电控单元	1. 冷却液温度 2. 车速
4	变速器电控单元	1. 换档机构 2. 应急模式 3. 变速杆位置

动力与传动系统中各电控单元需要传输的信息很多，下面以节气门位置为例说明信息的传输原理。节气门当前位置信息由 8 位组成，可产生 256 种排列，即从 0°到 120°的节气门位置信息可按 0.4°的间隔传输，见表 6-2。

表 6-2　节气门位置信息的传输

位　序	节气门开度	位　序	节气门开度
0000 0000	0°	0101 0100	33.6°
0000 0001	0.4°	…	
0000 0010	0.8°	1111 1111	120°
…			

（3）动力 CAN 总线的故障诊断 宝来轿车的组合仪表连接在 CAN 总线上，通过组合仪表内的 CAN 总线自诊断接口 J533，CAN 总线与自诊断 K 线可以实现数据交换。更换仪表板后，必须按照车载装备对 CAN 总线的自诊断接口 J533 进行编码，即使已存在正确的编码也应如此。

2. 舒适 CAN 总线

舒适 CAN 总线连接 5 个电控单元，如图 6-12 所示。舒适 CAN 总线能实现中央门锁、电动车窗、照明开关、电动调节和电动后视镜及自诊断等控制功能。电控单元的各条传输线以星状汇聚一点，其优点是若一个电控单元发生故障，其他电控单元仍可发送各自的数据。

（1）传输特点

1）通过车门连接所确定的线路较少。

2）若出现对搭铁短路、对正极短路或线路间短路，舒适CAN总线会转为紧急模式运行和单线模式运行。

3）由于自诊断完全由中央电控单元控制，所以只需要较少的自诊断线。

4）由于舒适系统中的数据可以以较低的速率传输，所以发送器需要较低的功率。若一根数据线传输发生故障，该系统可转换到单线模式运行，从而保证数据传输。

5）舒适系统包含两条用于传送信息的数据线，为了防止电磁波干扰和向外辐射，两条数据线缠绕在一起。

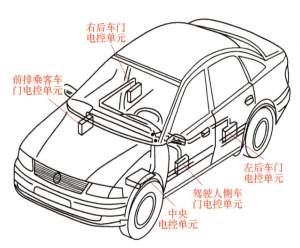

图6-12 舒适CAN总线

6）舒适系统传输数据的速率为62.5kbit/s，在0~125kbit/s范围内传输（低速状态）。一个数据报告传输大约需1ms。每个电控单元每20ms发送一次数据。

7）优先权顺序：中央电控单元→驾驶人侧车门电控单元→前排乘客车门电控单元→左后车门电控单元→右后车门电控单元。

(2) 舒适CAN信息传输 信息与各自的功能状态有关，如无线电遥控操作信息、当前的中央门锁状态信息和故障信息等。表6-3是以驾驶人侧车门电控单元为例的中央门锁状态和电动车窗状态的传输信息。

表6-3 以驾驶人侧车门电控单元为例的中央门锁状态和电动车窗状态的传输信息

功能状态	信 息	位序（数据线的电压）/V			位值
		Bit5　Bit4	Bit3　Bit2　Bit1		
中央门锁			0、0、0		000
	基本状态		0、0、5		001
	安全		0、5、0		010
	锁止（中央门锁）		0、5、5		011
	车门锁止		5、0、0		100
	打开（中央门锁）		5、0、5		101
	信号错误输入传感器		5、5、0		110
	错误状态		5、5、5		111
电动车窗	运动中	0、0			00
	静止状态	0、5			01
	在行程范围内	5、0			10
	最上端停止点	5、5			11

例如，5位的位值为10101时，其位值状态如图6-13所示。各位值的信息含义见表6-4。

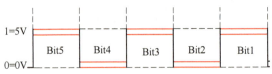

图6-13 5位的位值为10101的数据波形

表6-4 位值为10101的信息含义

位序	位值	数据线中的电压/V	信息含义
3~1	101	5、0、5	中央门锁打开
5~4	10	5、0	车窗处于最上端停止点（完全关闭）和车窗密封条下4mm之间

（3）舒适CAN总线的故障诊断

1）读取故障码。舒适CAN总线具有自诊断功能，使用V.A.G1551、V.A.G1552或VAS5051进入地址码46。舒适系统电控单元进行自诊断，使用功能码"02"，读取舒适系统中央电控单元故障码。宝来轿车舒适CAN总线的故障码及其含义见表6-5。

表6-5 宝来轿车舒适CAN总线的故障码及其含义

故障码	故障码含义	故障部位及原因
01328	电控单元存在故障，导线或插接器故障	1. 电控单元故障 2. 两条数据线断路 3. 插头和插座连接故障
01329	舒适CAN总线处于紧急模式	1. 某一根数据线断路 2. 插头和插座连接故障

2）读取数据流。利用V.A.G1551、V.A.G1552或VAS5051进入地址码46，对舒适系统电控单元进行自诊断，使用功能码"08"，读取测量数据块。进入"12"通道（中央电控单元），即显示CAN总线相关的4组数据区域，如图6-14所示。各数据区域的显示内容见表6-6。

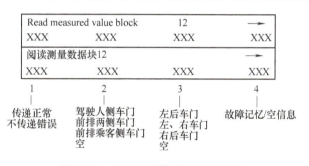

图6-14 CAN总线相关的数据区域

表6-6 数据区域的显示内容

数据区域	显示内容
1	检测传输数据。该区域显示数据传输是否正确
2	前排装备情况。显示前排车门电控单元在传输数据过程中是否匹配
3	后排装备情况。显示后排车门电控单元在传输数据过程中是否匹配
4	其他附属情况。该区域显示座椅与后视镜调整记忆系统是否合适，舒适系统与记忆系统是否交换数据

七、奥迪轿车车载网络技术

奥迪轿车采用了CAN、LIN、MOST和蓝牙技术等先进的网络技术，如图4-4所示；

2010 款奥迪 A8、2012 款奥迪 A6L 在此基础上增加了 FlexRay 总线。

1. 奥迪 A6 轿车 CAN 总线

（1）**动力 CAN 总线**　动力 CAN 总线连接发动机电控单元、自动变速器电控单元、ESP 电控单元、SRS 电控单元、电子驻车制动电控单元和前照灯照程调节电控单元等。各电控单元在车上的安装位置如图 6-15 所示，拓扑图如图 6-16 所示。

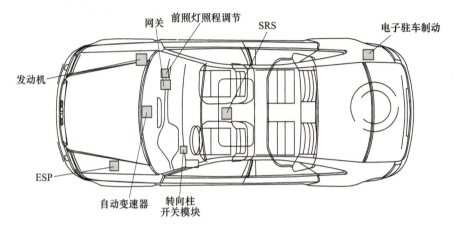

图 6-15　各电控单元在车上的安装位置

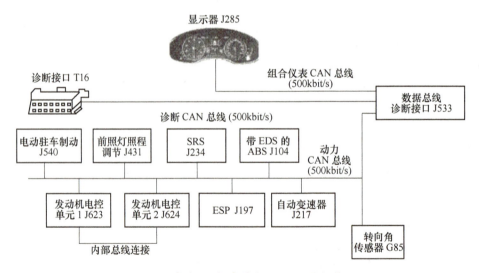

图 6-16　奥迪 A6 轿车动力 CAN 总线拓扑图

关闭点火开关，CAN 通信一直有效。当通信断路时，如拔下插头或某一电控单元断路，则产生故障记忆；重新正常连接后，必须删除所有电控单元的故障存储才可正常工作。

动力 CAN 总线高速传输速率为 500kbit，分类级别为 CAN 总线的 C 类，采用双绞线传输，CAN-H 为橙色/黑色，CAN-L 为橙色/棕色，当其中一根线断路或短路时，动力 CAN 总线停止工作。

（2）**舒适 CAN 总线**　舒适 CAN 总线连接空调电控单元、停车辅助电控单元、挂车电控单元、蓄电池能量管理电控单元、车门电控单元、电子转向柱锁电控单元、驻车加热电控单元、轮胎气压监控电控单元、多功能转向盘电控单元和电子后座椅电控单元等，如图6-17所示。

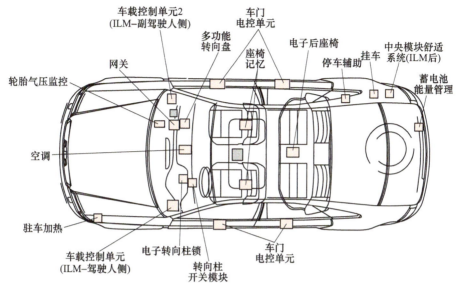

图6-17 舒适CAN总线的组成

舒适CAN总线的传输速率为100kbit，分类级别为CAN总线的B类，采用双绞线传输，CAN-H为橙色/绿色，CAN-L为橙色/棕色。

2. 奥迪A6轿车LIN总线

车载LIN总线系统之间的数据交换由电控单元通过CAN总线实现，如图6-18所示；目前LIN总线主要用于空调、车门和天窗等控制传输，电控单元的安装位置如图6-19所示。

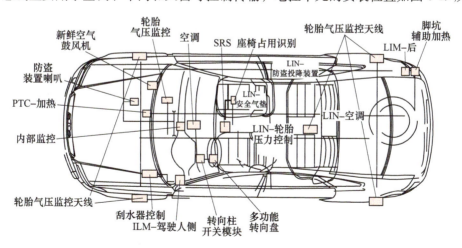

图6-18 LIN总线的组成

LIN总线的特点如下：

1) 一个主机电控单元连接多个从机电控单元。奥迪A6轿车全自动空调J255作为

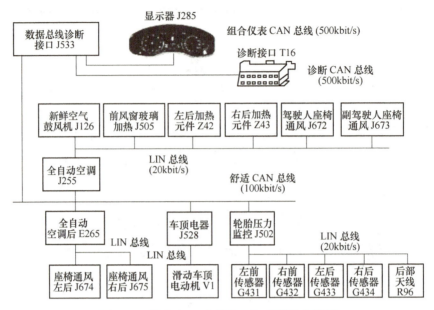

图 6-19 舒适 CAN 总线和 LIN 总线的拓扑图

LIN 总线的主机电控单元连接新鲜空气鼓风机 J126 和前风窗玻璃加热 J505 等 6 个从机电控单元；全自动空调后 E265 作为另一个 LIN 总线的主机电控单元，连接从机电控单元座椅通风左后 J674 和座椅通风右后 J675。

2）一个主机电控单元连接多个传感器。轮胎压力监控 J502 作为 LIN 总线的主机电控单元，连接四个轮胎压力传感器和一个后部天线 R96。

3）各 LIN 总线之间的数据交换由主机电控单元通过舒适 CAN 总线实现。如全自动空调的两个 LIN 总线之间的数据交换由主机电控单元通过舒适 CAN 总线实现，各轮胎的压力数据经轮胎压力监控 J502 和舒适 CAN 总线上传到数据总线诊断接口 J533，供显示和诊断使用。

以刮水器操纵信号控制为例分析 LIN 总线控制过程。如图 6-20 所示，将刮水器控制杆放到刮水器间歇位置，转向柱电子装置 J527 读取刮水器控制杆的实际位置信息，转向柱电子装置 J527 经舒适系统 CAN 总线向 J519 发送此信息，J519 通过 LIN 总线向刮水器电动机 J400 发出指令，运行在间歇位置模式。

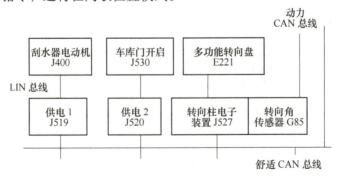

图 6-20 LIN 总线控制电路

3. 奥迪 A6 轿车 MOST 总线

（1）MOST 总线的组成　奥迪 A6 轿车信息娱乐系统的数据传递采用 MOST 总线，拓扑图如图 6-21 所示。每一个与 MOST 总线相连接的单元都设置了收发装置和其他相关专用装置。

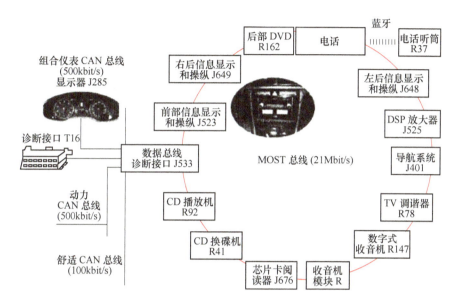

图 6-21　奥迪 A6 轿车 MOST 总线拓扑图

（2）MOST 总线的工作模式

1）休眠模式。如图 6-22 所示，MOST 总线内没有数据交换，各种设置均处于等待状态，静态电流降至最小，其唤醒只能由系统管理器发出的光启动脉冲来激活。满足下述 3 个条件，MOST 总线系统进入休眠模式：

①总线上所有的电控单元都处于准备进入休眠模式，如视音频设备处于"关"状态。

②其他总线系统不经过网关向 MOST 提出要求。

③不激活诊断功能。

2）等待模式。该模式不提供任何服务，MOST 总线系统在后台运行，但所有输出介质，如显示屏、收

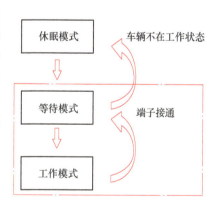

图 6-22　MOST 系统的工作模式

音机放大器等都不工作，这种模式在启动及系统持续运行时被激活。进入等待模式的前提条件如下：

①由其他总线经网关激活，如接通点火开关，打开或关闭驾驶人座位旁的车门等。

②可由总线上的一个电控单元激活，如接听电话。

3）工作模式。电控单元接通，MOST 总线进行数据交换。进入通电工作模式的前提条件如下：

①MOST 总线处在等待模式。

②由其他数据总线激活，如显示屏工作等。

③通过操纵多媒体操纵盘激活 MOST 总线，如打开收音机等。

（3）奥迪 A6 轿车蓝牙系统　蓝牙技术可实现电话发送/接收器 R37 与电话/信息通信 J526 的无线联系。

4. 奥迪 A6L 车载蓝牙免提系统

（1）车载蓝牙免提系统的基本组成　奥迪 A6L 系列轿车车载蓝牙免提系统主要由电话发送与接收控制器 R36、手持话机 R37（为蓝牙听筒，内含 SIM 卡读卡器和充电器）和信号接收天线 R52 等组成，如图 6-23 所示。

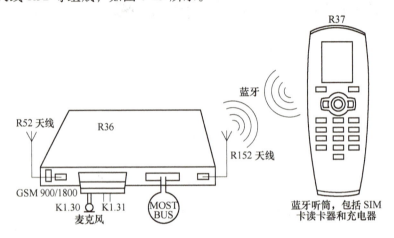

图 6-23　车载蓝牙免提系统的组成

（2）车载蓝牙免提系统的工作模式　手持话机与接收控制器 R36 通过话机上的蓝牙天线与控制器上的蓝牙天线进行无线通信，还可以与用户手机进行匹配后使用。

1）基本工作模式。

①免提功能。

②SIM 卡访问模式，SIM 卡设置在用户话机内。

③SIM 卡访问模式，SIM 卡设置在车载手持话机内。

2）工作模式的标识和使用方法。上述 3 种基本工作模式的具体标识可通过 MMI（多媒体交互系统）显示屏依次显示出来，但每种工作模式均需先进行蓝牙适配，即在使用之前，应通过相互输入验证码，使车载电话控制器单元与蓝牙设备建立连接关系后，才可进行相互通信。

（3）车载蓝牙免提系统的免提功能模式　车载蓝牙免提系统的免提功能模式的组成如图 6-24 所示。

①信号处理过程。用户手机天线接收 GSM 的无线电波信号，通过蓝牙与 R36 进行数据通信，由 R36 将语音信息转换为数字信息发送到 MOST 光纤总线，由功放系统将声音放大后，再通过车载扬声器传送出来。

②采用免提功能模式时的匹配方法。采用用户手机搜索车载蓝牙，用户手机会搜索到

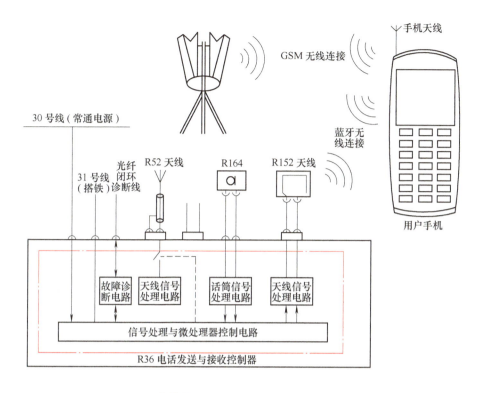

图6-24 车载蓝牙免提系统的免提功能模式的组成

一个名为AUDI BTA××××的蓝牙设备，通过车载MMI输入用户手机密码，即可建立连接。此时，车载MMI仅作为扬声器和麦克风使用，车顶的信号接收天线R52与手持话机R37均会失去作用。在同一时间内，车载蓝牙系统R36只与一个蓝牙设备连接，一旦两个设备相互配对成功后，其他已经配好的设备均会暂时失去连接而不能使用，车载MMI显示屏仅显示话机图标。

③免提功能模式的特点：车载MMI和用户手机进行操作，MMI将无法实现SIM卡的各种功能，只能通过用户手机来实现。由于采用用户手机天线接收信号，故信号有时较弱，但免提功能模式便于匹配，且不必拆卸SIM卡，故使用方便。

（4）车载蓝牙免提系统的SIM卡访问模式 车载蓝牙免提系统的SIM卡访问模式的组成如图6-25所示。

1）信号处理过程。车顶天线R52接收GSM的无线电波信号，提供给车载电话控制单元R36。R36与R37之间进行蓝牙通信，并通过蓝牙与用户手机进行通信，调取用户手机SIM卡中的电话簿和短信等信息。

2）SIM卡访问模式的匹配方法。如图6-26所示，车载MMI设备搜索用户蓝牙手机，通过MMI屏幕选择TEL电话，然后选择搜索移动电话。当搜索到满足要求的电话后，则要求输入用户电话的蓝牙访问密码，该密码由用户在自己手机中设置。当输入密码正确后，SIM卡访问模式匹配完成，用户蓝牙手机与车载蓝牙系统之间建立连接关系。此时，MMI显示屏时钟旁边信号强度符号右边显示SIM卡图标。

3）SIM卡访问模式的特点。用户手机的各种功能通过车载MMI来实现，由于此时采

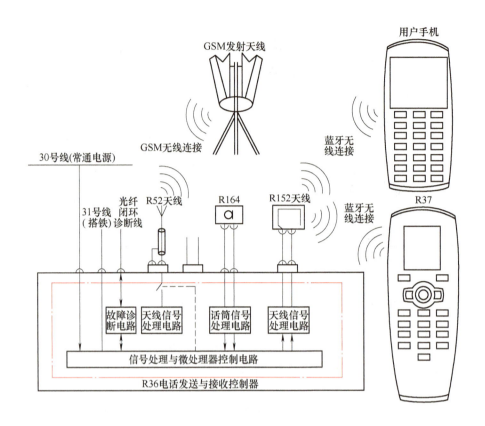

图 6-25　车载蓝牙免提系统的 SIM 卡访问模式的组成

用车载天线与外界通信,所以用户手机不能使用,可通过蓝牙连接从中读取 SIM 卡信息。此时用户手机相当于 U 盘,车载 MMI 类似于读卡器。

(5）车载蓝牙系统 SIM 卡放在手持话机中的模式　车载蓝牙系统 SIM 卡放在手持话机中的模式如图 6-27 所示。

1）信号处理过程。将 SIM 卡安装在手持话机 R37 内部,车顶外部的天线

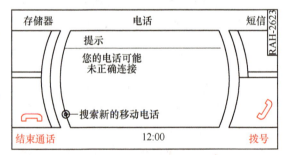

图 6-26　SIM 卡访问模式的匹配方法

R52 接收来自 GSM 的无线电波信号,并传送到 R36,R36 通过蓝牙连接,与手持话机 R37 之间进行通信。

2）采用 SIM 卡放在手持话机中的模式时的匹配方法。车载蓝牙系统在采用 SIM 卡放在手持话机 R37 中的模式进行匹配时,需要使用手持话机 R37 的蓝牙搜索车载蓝牙实现通信,具体方法如下:

① 接通点火开关和车载 MMI,按 TEL 键,使显示屏界面切换到电话界面,从 R37 的菜单中选择寻找车载基座功能。

② 当 R37 搜索到 R36 的蓝牙系统后,车载 MMI 显示随机产生的 16 位密码。

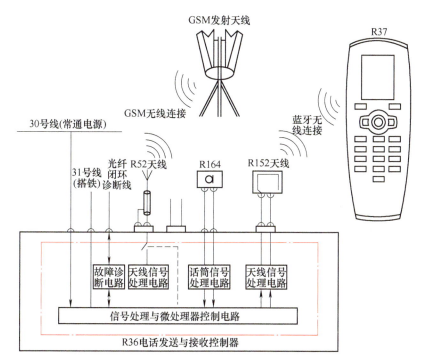

图 6-27　车载蓝牙系统 SIM 卡放在手持话机中的模式

③ 将 MMI 显示的 16 位密码输入 R37。

④ 若上述两者适配成功，则 MMI 显示屏时钟的右边有表示信号强度的符号出现。

3）SIM 卡放在手持话机中的模式特点如下：

① 辐射小、信号好。

② 可实现免提和私密功能。

③ 读取和发送手机短信。

④ 减少事故发生的概率。

5. 奥迪轿车 FlexRay 总线

（1）FlexRay 总线的拓扑结构　FlexRay 总线的拓扑结构如图 6-28 所示。分点对点连接的主动星形拓扑结构（支路 3）和总线型拓扑结构（支路 1、2 和 4）。数据总线诊断接口 J533 用作控制器，上面有四个支路接口。其他总线围绕数据总线诊断接口 J533 分布在若干支路上。2010 款奥迪 A8 中，每条支路上最多连接两个电控单元，其中主动星形插接器以及支路上的"末端电控单元"连接低电阻，"中间电控单元"连接高电阻。

一条 FlexRay 支路上的"中间电控单元"通过 4 个端子与 FlexRay 总线连接，其中两个端子将总线信号"传送"给下一个电控单元，另外两个端子直接与 FlexRay 总线通信。

（2）FlexRay 总线的工作模式

1）唤醒。若 FlexRay 总线处于休眠模式，则系统先通过唤醒过程使 FlexRay 变成等待模式。即使激活所有接线端 30 连接的装置，FlexRay 总线也无法进行通信。

2）启动阶段。"冷态启动"电控单元向 FlexRay 总线发送信息开始启动过程，"冷态

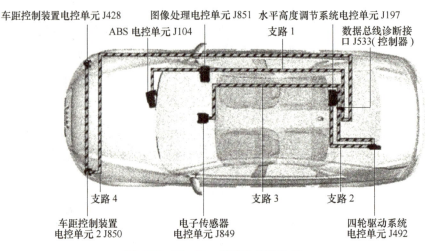

图 6-28 FlexRay 总线的拓扑结构

启动"和同步电控单元启动网络,并建立同步。"冷态启动"和同步电控单元有数据总线诊断接口 J533、ABS 电控单元 J104、电子传感器电控单元 J849。"非冷态启动"电控单元不会启动 FlexRay 总线,且不能建立同步。只有当两个以上其他总线在 FlexRay 总线上发送信息后,非冷态启动电控单元才可以发送信息。非冷态启动电控单元有车距控制装置电控单元 J428、车距控制装置电控单元 J850、图像处理电控单元 J851、四轮驱动系统电控单元 J492 和水平高度调节系统电控单元 J197。

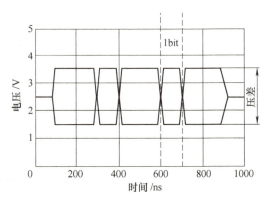

图 6-29 FlexRay 总线的信号波形

3)信号状态。FlexRay 总线的两条导线分别是"Busplus"和"Busminus"。两条导线上的电平在最低值 1.5V 和最高值 3.5V 范围内变换,如图 6-29 所示。FlexRay 的信号状态有如下 3 种:

① "空闲"——两导线的电平都为 2.5V。

② "数据 0"——Busplus 上低电平,Busminus 上高电平。

③ "数据 1"——Busplus 上高电平,Busminus 上低电平。

1bit 占 100ns 带宽。传输时间与导线长度以及总线驱动器的传输用时有关。信号差别传输需要两条导线,接收器通过两个信号的差别确定本来的比特状态。典型的数值是 1.8~2.0V 的压差。发送器附近至少有 1.2V 的压差,接收器处的最小压差为 0.8V。若在 640~2660μs 范围内总线上电压差没有变化,则 FlexRay 总线自动进入休眠模式(空闲)。

6. 奥迪轿车网络控制电气系统

(1)电能管理系统 奥迪 A6 轿车安装了电能管理电控单元 J644,蓄电池的工作状态在仪表盘的综合信息显示屏 MMI 上显示,如图 6-30 所示。

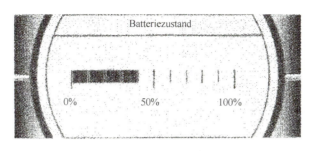

图 6-30　显示屏上显示蓄电池的状态

电能管理电控单元 J644 在进行电能管理控制时，必须实时从 CAN 总线上获取以下主要数据：

1）电池状态数据。蓄电池电压为 5.5~16V，蓄电池输出电流为 10mA~100A，蓄电池温度为 35~70℃。

2）发动机工况数据。发动机起动和停机信号、发动机停机后计时信号、发动机转速信号、发动机负荷信号和发动机加速信号等。

3）发电机工况数据。发电机的输出电压、输出电流、温度和故障信号等。

4）供电网络数据。供电网络系统电压和电流，大功率用电器开关信号等。

电能管理电控单元 J644 具有蓄电池管理和诊断、静态电流分级断开控制和动态电源管理三大基本管理控制功能。

1）蓄电池管理和诊断功能。电能管理电控单元 J644 根据上述蓄电池状态数据，具有以下管理和控制功能：

①向 MMI 提供显示蓄电池状态的数据。

②启动能力预报。

③用于用电器断开的分级控制。

④用于发电机优化充电电压。

2）静态电流分级断开控制功能。发动机熄火后，必须关断部分不重要的用电器和减小电控单元的静态电流，保证汽车长时间停放后能够起动。静态电流分级断开控制是依据用电器、电控单元的功能和蓄电池状态，按轻重缓急分级断开，如图 6-31 所示。静态电流分级断开分为 6 个等级，断开顺序为 1—2—5—3—6，图中没有显示第 4 级，第 1 级是"运输模式"，它不能由电能管理电控单元 J644 单独激活，需由故障诊断仪激活。根据蓄电池能量下降程度，各断开等级被激活后的功能如下：

断开等级 1：关闭由舒适 CAN 总线控制的不重要用电器。

断开等级 2：进一步关闭舒适 CAN 总线的其他不重要用电器，对信息娱乐系统进行一定的电流限制。

断开等级 3：减小包括一些电控单元的静态电流。

断开等级 4：运输模式。

断开等级 5：关闭停车加热系统。

断开等级 6：CAN 总线系统的唤醒事件被降低，只维持基本功能。

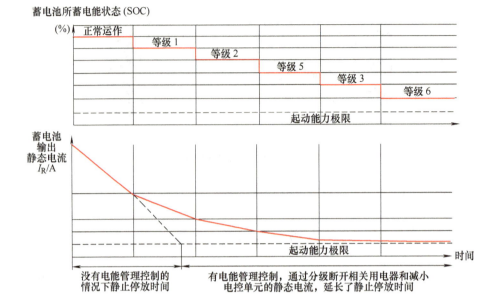

图 6-31　电能管理电控单元控制静态电流断开等级和蓄电池消耗示意图

蓄电池存储的电能越少，断开相关用电器的等级越高。断开电路的等级信息经 CAN 总线在组合仪表上显示。

断开等级信息以故障码的形式存储在 J644 的故障存储器中，发动机起动后，所有被激活的断开等级将被撤销，由图 6-31 中的曲线可见，在没有电能管理控制的情况下，汽车停放时间较短；当有电能管理控制时，通过分级断开相应用电器和减小电控单元的静态电流，可延长汽车停放时间。

3）动态电源管理功能。在发动机工作时动态管理发电机的电能分配，以满足不同用电系统用电和蓄电池充电的需要。

①调节蓄电池充电电压。通过对蓄电池电压和输出电流的检测，实时调节蓄电池的充电电压。

②发电机动态调节。检测供电网络各部分电压、电流和蓄电池状态，调节发电机的输出电压。接通大功率加热元件，会造成供电网络电压突然减小，发电机输出电压不会立即升高，而是在数秒内均匀增大，使发动机加载均匀。

③发电机接入控制。当起动发动机时，J644 控制发电机的励磁电流降至最低，使发电机处于空载状态，减小发电机对发动机的阻力，给发动机提供更充足的电能和尽量减小起动阻力。

④发动机怠速调节。当起动大功率用电器时，供电网络电压下降。J644 通过 CAN 总线控制发动机怠速提升，提高发电机的输出电压，补充用电量的需要。

⑤卸载控制。当快速踩下加速踏板时，为充分利用发动机的输出功率，J644 按照发动机电控单元的请求，减小发电机的输出电压，减小对蓄电池的充电电压，减小大功率

用电器（如前窗玻璃加热、后窗玻璃加热和座椅加热等）的电流。

（2）高级钥匙系统

1）高级钥匙系统的组成。遥控钥匙与使用和启动授权电控单元之间通过中央门锁/防盗警报装置天线 R47 进行双向数据交换，将中央门锁的状态传送到钥匙内。若超出钥匙遥控信号的作用范围，按下某个按钮，钥匙上集成的发光二极管将指示车辆的锁止状态，且一直显示上一次用该钥匙操纵中央门锁时呈现的锁止状态；若在此期间使用另外的钥匙打开或关闭过车门，则原先那把钥匙的锁止状态并不改变，如图 6-32 和图 6-33 所示。

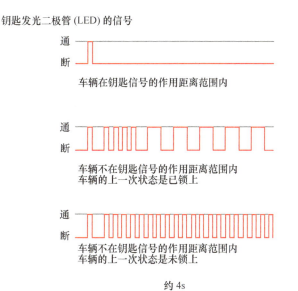

图 6-32 高级钥匙脉冲发生器检测状态

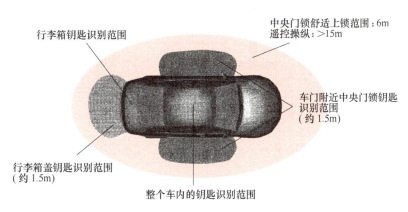

图 6-33 高级钥匙的识别范围

高级钥匙系统主要由以下元件组成：

①无钥匙使用授权天线读入单元 J723。位于仪表板右侧的杂物箱后，使用车门外把手接触传感器信号控制使用和启动授权天线。

②车门外把手接触传感器 G415~G418。识别车门外把手接触后，向 J723 发送一个短促信号，J723 分析该信号后，通过使用启动授权天线向车钥匙发出一个询问。车上锁后约 80h 或无授权钥匙操纵 20 次后，传感器关闭。

③使用和启动授权天线 R134~R138。车上共有四个发射天线与车钥匙进行无线通信，天线的发射频率为 24.5kHz。车钥匙分析这四个信号，并根据每个天线的场强确定车钥匙的位置。天线位于两个后车门内、中央副仪表板上以及后保险杠内。

④使用和启动授权按钮 E408。使用和启动授权电控单元、使用和启动授权开关都使用 E408 位置信号。

2）高级钥匙系统的工作过程。

①进入车辆控制过程，如图 6-34 所示。图中的数字顺序为电控单元、开关、传感器之间的信息传递顺序，信息传递由舒适 CAN 总线完成。

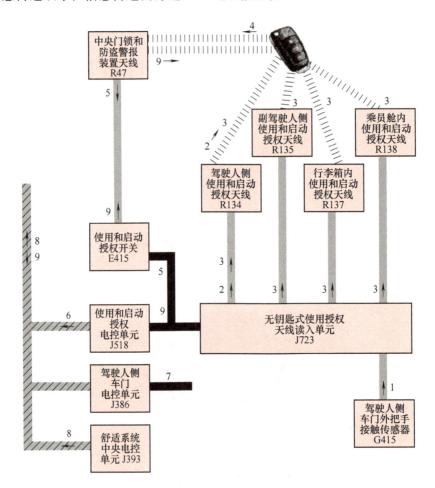

图 6-34　使用机械钥匙进入车辆的控制过程

②起动车辆控制过程，如图 6-35 所示。图中的数字顺序为电控单元、开关和传感器之间的信息传递顺序，信息传递由舒适 CAN 总线完成。

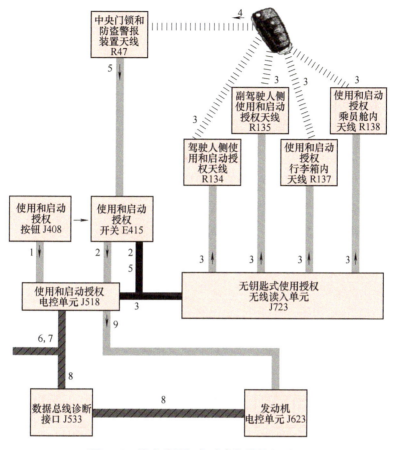

图 6-35　按启动按钮起动车辆的控制过程

第二节　东风雪铁龙赛纳轿车

一、多路传输

多路传输可以使不同电气部件在由两根导线组成的传输通道上相互进行多种数字信息的循环流通。赛纳（Xsara）轿车有 4 个多路传输网，即 CAN 网、VAN 舒适（VAN Comfort）网、VAN CAR1 网和 VAN CAR2 网。多路传输网由中央电控单元 BSI（智能控制盒）管理。

1. CAN 网

CAN 网将动力与传动系统的电控单元连接到一起，其结构如图 6-36 所示。

2. VAN 舒适网

VAN 舒适网可以实现人-机交互界面，用于管理舒适性功能、驾驶人信息和行驶辅助等，与 VAN 舒适网连接的电控单元通过 BSI 获取来自动力与传动系统的信息，以便通知驾驶人有关车辆的状态，如组合仪表获取由发动机电控单元传输的发动机冷却液的温度

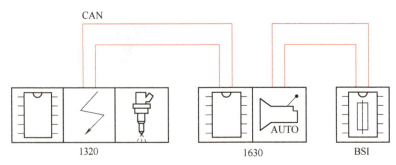

图 6-36　CAN 网结构

1320—发动机电控单元　1630—自动变速器电控单元　BSI—智能控制盒

信息，通过冷却液温度表指示给驾驶人。VAN 舒适网上的信息只被需要该信息的电控单元所获取（传输速率为 125kbit/s）。VAN 舒适网的结构如图 6-37 所示。

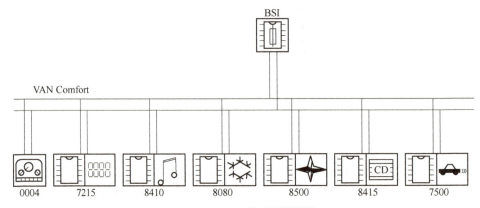

图 6-37　VAN 舒适网的结构

BSI—智能控制盒　0004—组合仪表　7215—多功能显示器　7500—泊车辅助电控单元
8410—收放机　8500—导航电控单元　8080—空调电控单元　8415—CD 换碟机

3. VAN CAR1 网

VAN CAR1 网是一个安全网，BSI 将指令发给每一个连接到 VAN CAR1 网的电控单元（传输速率为 62.5kbit/s），VAN CAR1 网再通过被称为 COM2000（商业名称）或 CV00（电气名称）的转向盘下面的电子转换开关模块将驾驶人的动作转发给 BSI。VAN CAR1 网的结构如图 6-38 所示。

4. VAN CAR2 网

VAN CAR2 网连接 BSI 和防入侵警告装置，总线传输速率为 62.5kbit/s，其结构如图 6-39 所示。

二、驾驶人信息系统

1. 驾驶人信息流

组合仪表、多功能显示器和转向盘下面的电子转换开关模块是为驾驶人提供指示信息的主要部件，BSI 是系统的核心。驾驶人信息的信号流程如图 6-40 所示，信号内容和信号种类见表 6-7。

第六章 典型汽车车载网络系统

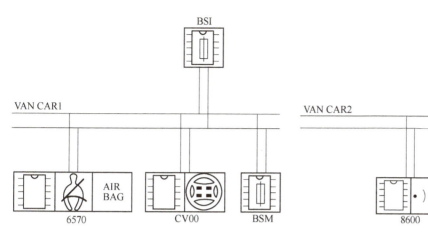

图 6-38 VAN CAR1 网的结构

BSI—智能控制盒　CV00—转向盘下面的电子转换开关模块（COM2000）BSM—多路传输发动机舱伺服控制盒（BSM2000）　6570—SRS 电控单元

图 6-39 VAN CAR2 网的结构

BSI—智能控制盒　8600—防入侵报警电控单元

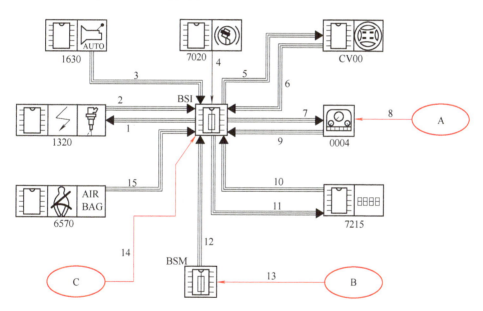

图 6-40 驾驶人信息的信号流程

BSI—智能控制盒　BSM—多路传输发动机舱伺服控制盒　CV00—转向盘下面的电子转换开关模块　0004—组合仪表　1320—发动机电控单元　1630—自动变速器电控单元　6570—SRS 电控单元　7020—ABS 电控单元　7215—多功能显示器　A—燃油量传感器　B—机油压力报警传感器　C—其他（包括机油温度传感器、自动变速器运动开关、雪地开关、输入1档、后风窗加热开关、制动液液面传感器、驻车制动开关、安全带未系开关等）

表 6-7 信号内容和信号种类

连接号	信号内容	信号种类
1	点火开关位置,燃油最低液面,发动机机油温度	CAN
2	发动机转速,车速,行驶里程,发动机冷却液温度,发动机冷却液温度报警,油耗	CAN

(续)

连接号	信号内容	信号种类
3	选择程序,变速杆位置,自动变速器故障,自动变速器油温报警	CAN
4	ABS 故障	模拟信号
5	蜂鸣器控制	VAN CAR1
6	刮水器与照明开关状态,点火钥匙存在,刮水器组合开关端部的按钮状态	VAN CAR1
7	日、年,总里程,点火开关位置,发动机冷却液温度,冷却液液面,自动变速器油温报警,制动液液面,机油液面,机油压力,催化器故障,乘客 SRS 取消,驻车制动,应答器故障,开启件状态信息	VAN 舒适
8	燃油液面(来自油量传感器)	模拟信号
9	维护提示器回零,组合仪表照明级别,燃油最低液面报警,燃油最低液面,冷却液液面报警	VAN 舒适
10	日、年,超速报警启动,速度记录	VAN 舒适
11	日、年,多功能显示器照明级别,点火钥匙未取下,灯光未关,超速信息,隐藏按钮状态,车速信息	VAN 舒适
12	柴油含水传感器,机油压力报警	VAN CAR1
13	机油压力报警	模拟信号
14	制动液液面高度传感器,机油温度传感器	模拟信号
	驻车制动开关,后车窗加热按钮,安全带未系开关	模拟信号
15	乘客 SRS 取消信息	VAN CAR1

2. 组合仪表的信号

组合仪表如图 6-41 所示。

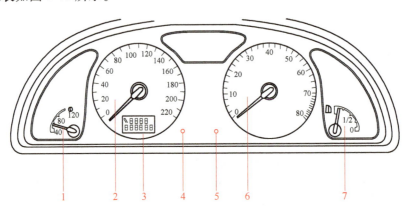

图 6-41 组合仪表

1—冷却液温度表　2—车速表　3—液晶显示器(维护、发动机机油液面、里程表)
4—组合仪表左按钮(总里程和日里程显示、日里程表清零、维护提示器清零开关)
5—组合仪表右按钮(仪表板照明调节)　6—转速表　7—燃油表

(1) 发动机冷却液温度表　发动机冷却液温度传感器提供的信号为模拟信号,不直接作用于发动机冷却液温度表,其信号流程如图 6-42 所示。发动机冷却液温度传感器提供的信号传给发动机电控单元,由发动机电控单元转换为数字信号,然后通过 CAN 网传给 BSI，BSI 再通过 VAN 舒适网传给组合仪表电控单元，最后由组合仪表电控单元控制冷却液温度表的工作。

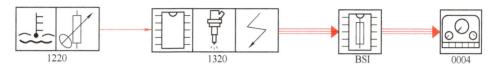

图 6-42 发动机冷却液温度表信号流程

1220—冷却液温度传感器　1320—发动机电控单元　BSI—智能控制盒　0004—组合仪表

注：单线箭头为线束连接，三线箭头为多路连接。

（2）车速表　车速信息是一项多路传输信息，发动机电控单元接收车速传感器的模拟信号后转换为数字信号，再通过 CAN 网将车速信息传给 BSI，BSI 通过 VAN 舒适网将车速信息传给组合仪表电控单元，组合仪表电控单元对车速信息进行处理，并驱动车速表指示车速。如果传给组合仪表的车速信息为无效值，则车速表指针回到零位。

（3）液晶显示器　液晶显示器管理维护提示器、发动机机油液面指示器、总里程表和日里程表等多项功能。

1）维护提示器。在生产时，将维护间隔里程设置在组合仪表的电控单元中。首次维护后，需将维护提示器清零，之后维护提示器按标准维护间隔期显示距下一次维护的剩余里程。

2）发动机机油液面指示器。发动机机油液面信息是一项多路传输信息，其信号流程如图 6-43 所示。发动机舱伺服电控单元接收机油液面传感器模拟信号后传给 BSI，BSI 将其转换为数字信号，再通过 VAN 舒适网将车速信息传给组合仪表电控单元，组合仪表电控单元处理后再进行显示。

图 6-43 发动机机油液面信号流程

4120—机油液面传感器　BSM—多路传输发动机舱伺服控制盒　BSI—智能控制盒　0004—组合仪表

注：单线箭头为线束连接，三线箭头为多路连接。

发动机起动时，机油液面指示器显示 5s，显示图形如图 6-44 所示，显示说明见表 6-8。图形中方块的数量与液面高度成正比。

表 6-8 发动机机油液面显示说明

显示图形	机油液面	显示图形	机油液面
1（闪烁）	0~11%或数值无效	5	54%~67%
2	12%~25%	6	68%~81%
3	26%~39%	7	82%~100%
4	40%~53%	8（闪烁）	大于100%

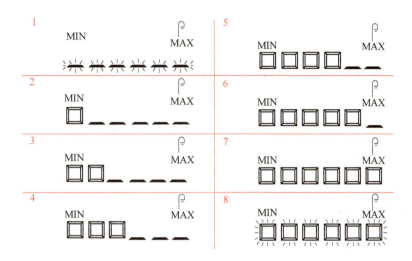

图 6-44 发动机机油液面指示器显示图形

3）里程表。里程表集成于液晶显示器，用于管理总里程，其运行模式有两种：总里程表和日里程表。行驶总里程在组合仪表和 BSI 中存有备份，当"+APC"接通时，BSI 将读取组合仪表中的里程记录并与其本身的记录相比较，BSI 和组合仪表只记录两者之中较大的数值。

（4）**转速表** 转速表的工作方式与车速表相同，转速信息也是一项多路传输信息，发动机电控单元接收发动机转速传感器的模拟信号后转换为数字信号，再通过 CAN 网将转速信号传给 BSI，BSI 通过 VAN 舒适网将转速信号传给组合仪表电控单元，组合仪表电控单元对转速信号进行处理，并驱动转速表指示转速。如果传给组合仪表的转速信息为无效值，则转速表指针回到零位。

（5）**燃油表** 燃油表运行分为以下两个过程：

1）当"+APC"接通时，组合仪表接收燃油传感器的信息，并利用静态规则（车辆停止）计算和显示燃油液面。

2）当发动机运转时，组合仪表仍接收燃油传感器的信息，当车辆行驶且车速大于 3km/h 时，利用动态规则计算和显示燃油液面。动态规则是通过 CAN 网使用来自发动机电控单元的流量信息。当达到最低液面报警条件时，BSI 通过 VAN 舒适网将最低液面信息传给组合仪表，随后 BSI 负责管理在 CAN 网上传输此信息，并控制转向盘下面的电子转换开关模块上的蜂鸣器（第 2 种预警声音），以及控制组合仪表上的最低液面指示灯点亮。最低液面指示灯点亮后，其不闪烁，但一直保持点亮。

燃油消耗信息为多路传输信号，其信号流程如图 6-45 所示，信号说明见表 6-9。

3. 多功能显示器的信号

多功能显示器的信号流程如图 6-46 所示，信号说明见表 6-10。多功能显示器有四种信息和显示模式，如图 6-47 所示。显示模式说明见表 6-11。

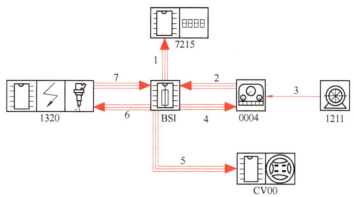

图 6-45　燃油消耗信号流程

7215—多功能显示器　1320—发动机电控单元　BSI—智能控制盒　0004—组合仪表
1211—燃油液面传感器　CV00—转向盘下面的电子转换开关模块
注：单线箭头为线束连接，三线箭头为多路连接。

表 6-9　燃油消耗信号说明

连接号	信号内容	信号种类
1	给仪表电控单元的燃油液面信息（瞬时油耗、平均油耗）	VAN 舒适
2	燃油最低液面信息（以%和 L 计）	VAN 舒适
3	燃油最低液面信息	模拟信号
4	来自发动机电控单元的燃油流量信息；最低燃油报警指示灯的点亮控制	VAN 舒适
5	蜂鸣器控制（第 2 种预警声音）	VAN CAR1
6	燃油最低液面信息	CAN
7	燃油流量信息	CAN

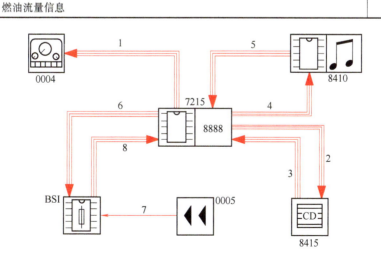

图 6-46　多功能显示器的信号流程

BSI—智能控制盒　0004—组合仪表　0005—行程电控单元开关
7215—多功能显示器　8410—收放机　8415—CD 换碟机
注：单线箭头为线束连接，三线箭头为多路连接。

表 6-10　多功能显示器的信号说明

连 接 号	信号内容	信号种类
1	要显示的报警,系统故障,日期和时间信息	VAN 舒适
2	CD 换碟机控制,日期和时间信息	VAN 舒适
3	CD 换碟机状态	VAN 舒适
4	收放机控制,日期和时间信息	VAN 舒适
5	收放机状态,收放机状态变更指令	VAN 舒适
6	CD 换碟机控制,日期和时间信息	VAN 舒适
7	CD 换碟机状态	VAN 舒适
8	日期和时间信息	VAN 舒适

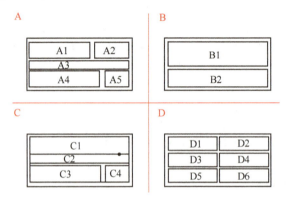

图 6-47　多功能显示器的显示模式

表 6-11　显示模式说明

显示模式	显示区	信息和消息
模式 A:时间、温度、收放机	A1	电台显示
	A2	音量图
	A3	收放机符号
	A4	日期,仪表电控单元
	A5	外部温度
模式 B:参数调节、报警	B1	要调节的参数或报警信息的第一行
	B2	固定参数或报警信息的第二行
模式 C:音量调节、收音机参数	C1	音量图或收音机图
	C2	收音机符号
	C3	日期,仪表电控单元
	C4	外部温度
模式 D:收音机存储,车载电话	D1~D6	6 个字段区,根据字段可能由 3 行组成

三、灯光与信号系统

由于采用了多路传输技术,赛纳轿车的灯光和信号通过网络由相应的电控单元进行管理。

1. 内部照明信号

内部照明分为由 BSI 管理和开关直接控制两类。由 BSI 管理的项目有前顶灯、后顶灯和行李舱照明灯，由开关直接控制的内部照明有杂物箱照明灯和化妆镜照明灯。内部照明信号流程如图 6-48 所示，信号说明见表 6-12。

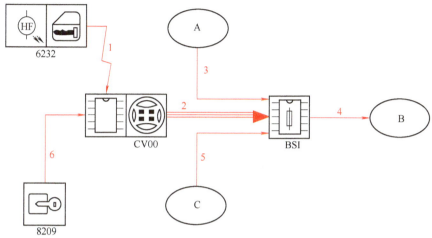

图 6-48　内部照明信号流程

BSI—智能控制盒　CV00—转向盘下面的电子转换开关模块（集成高频接收器）　6232—中控高频发射器　8209—应答器线圈　A—4 个车门开关、顶灯开关（位置C）　B—前、后顶灯　C—点火开关（点火位置）、行李舱照明灯

注：单线箭头为线束连接，三线箭头为多路连接。

表 6-12　内部照明信号说明

连　接　号	信　号　内　容	信号种类
1	开启件锁定/解锁指令:定位指令	高频信号
2	点火钥匙存在信息,开启件锁定/解锁指令,定位请求	VAN CAR1
3	5 个开启件状态	有或无
4	延时点亮和熄灭指令	模拟信号
5	点火钥匙位置信息	有或无
6	点火钥匙存在信息	模拟信号

顶灯开关位于位置 C 时，BSI 直接控制前、后顶灯，并通过集成于车锁上的车门开启开关获取车门开启信息。顶灯的电量和熄灭按渐进的方式进行，逐渐点亮时间为 1s，逐渐熄灭时间为 4s。BSI 规定了顶灯的持续点亮时间，见表 6-13。

表 6-13　顶灯的持续点亮时间

电量条件	持续时间
如果 4 个车门中至少有一个开启	10min
用遥控器解锁车辆	10s
从点火开关中拔出钥匙（当"+ACC"切断后，钥匙存在的检测持续 1min。此后，钥匙拔出时的顶灯点亮功能不激活）	10s
定位（用遥控器锁定车辆 1min 后，再按遥控器的锁定按钮）	10s

在BSI规定的持续点亮时间之后，顶灯熄灭；当发动机开始运转或所有车门关闭后接通"+ACC"，顶灯立即熄灭；当最后一个车门关闭或用遥控器锁定车辆，顶灯延时10s后熄灭。

行李舱门开启时，BSI控制行李舱照明灯开启；当行李舱门关闭或开启持续10min后，行李舱照明灯熄灭。行李舱门开启信号由车锁上的车门开启开关提供。

点火开关在"+ACC"位时，杂物箱照明灯和化妆镜照明灯分别由其开关控制点亮和熄灭。

2. 外部照明信号

(1) 外部照明信号流程 BSI在VAN CAR1网上通过COM2000接收所有的点亮或熄灭指令，再由BSI直接或通过BSM2000进行控制，示宽灯/牌照灯、转向灯和侧转向灯以及后雾灯由BSI控制，近光灯、前雾灯、远光灯和喇叭由BSM2000控制，倒车灯和制动灯分别由相应的开关控制，而其开关的状态信息由BSI获取用于其他功能。外部照明、信号功能的信号流程如图6-49和图6-50所示，二者的信号说明见表6-14和表6-15。

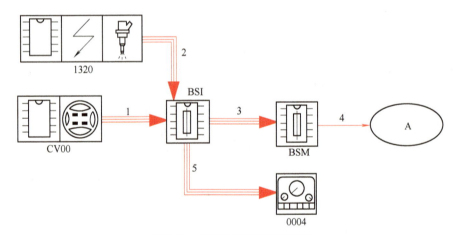

图6-49 外部照明的信号流程

BSI—智能控制盒　CV00—转向盘下面的电子转换开关模块　BSM—多路传输发动机舱伺服控制盒
（BSM2000）　1320—发动机电控单元　0004—组合仪表　A—远光灯、近光灯、前雾灯
注：单线箭头为线束连接，三线箭头为多路连接。

表6-14 外部照明信号说明

连接号	信号内容	信号种类
1	照明开关位置	VAN CAR1
2	车速信息；行驶距离信息	CAN
3	近光灯继电器控制，远光灯继电器控制，前雾灯继电器控制	VAN CAR1
4	近光灯控制，远光灯控制，前雾灯控制	有或无
5	近光指示灯控制，远光指示灯控制，前雾指示灯控制	VAN 舒适

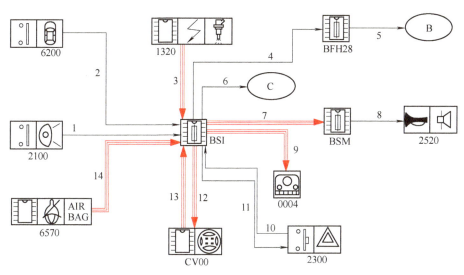

图 6-50 信号功能的信号流程

BSI—智能控制盒　CV00—转向盘下面的电子转换开关模块　BSM—多路传输发动机舱伺服控制盒（BSM2000）
BFH28—座舱熔丝盒　1320—发动机电控单元　0004—组合仪表　2100—制动灯开关　2300—危险警告灯开关
2520—喇叭　6200—驾驶人侧车门开启开关　6570—SRS 电控单元　B—后雾灯、位置灯和牌照灯

注：单线箭头为线束连接，三线箭头为多路连接。

表 6-15 信号功能说明

连 接 号	信号内容	信号种类
1	制动踏板踩下信息	有或无
2	驾驶人车门状态	有或无
3	车速信息	CAN
4	示宽灯控制,牌照灯控制,后雾灯控制	有或无
5	示宽灯控制,牌照灯控制,后雾灯控制	有或无
6	转向灯和侧转向灯控制	有或无
7	喇叭继电器控制	VAN CAR1
8	喇叭控制	有或无
9	示宽灯指示灯控制,危险警告灯指示灯控制,后雾灯指示灯控制,闪光灯指示灯控制	VAN 舒适
10	危险信号开关状态	有或无
11	危险信号开关二极管状态	有或无
12	蜂鸣器控制	VAN CAR1
13	照明开关位置	VAN CAR1
14	火药元件启爆信息	VAN CAR1

（2）**照明开关功能**　照明开关如图 6-51 所示，功能说明见表 6-16。

表 6-16 照明开关功能说明

位置/移动		功　　能
g	位置 0	无照明
	位置 1	示宽灯
	位置 2	近光灯/远光灯
h	向"+"方向拨一下	如果示宽灯点亮,则点亮前雾灯
	向"+"方向拨第二下	点亮后雾灯,前雾灯仍保持点亮
	向"-"方向拨一下	熄灭后雾灯,前雾灯仍保持点亮
	向"-"方向拨第二下	熄灭前雾灯
j	将开关向自己方向拨至第一档	超车灯点亮
	将开关向自己方向拨至第二挡	近光灯和远光灯的变换
f	向上	右转向灯
	向下	左转向灯

（3）近光灯信号流程　近光灯信号流程如图 6-52 所示,其信号说明见表 6-17。当照明开关打到近光灯位置时,转向盘下面的电子转换开关模块获取该动作指令,并过滤照明开关位置,再通过 VAN CAR1 网将照明开关位置传给 BSI,BSI 识别位置灯的状态,再通过 VAN CAR1 网控制多路传输发动机舱伺服控制盒中的近光灯继电器点亮近光灯,同时 BSI 通过 VAN 舒适网控制组合仪表上的近光指示灯点亮。

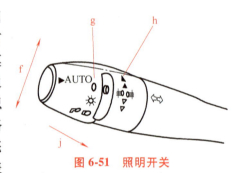

图 6-51　照明开关

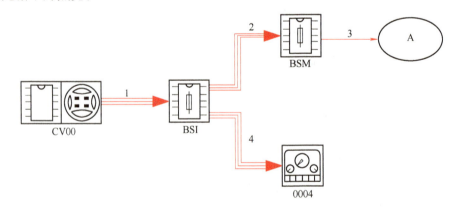

图 6-52　近光灯信号流程

BSI—智能控制盒　CV00—转向盘下面的电子转换开关模块　BSM—多路传输发动机舱伺服控制盒（BSM2000）　0004—组合仪表　A—近光灯

注：单线箭头为线束连接,三线箭头为多路连接。

表 6-17 近光灯信号说明

连接号	信号内容	信号种类	连接号	信号内容	信号种类
1	照明开关位置	VAN CAR1	3	近光灯控制	有或无
2	近光灯继电器控制	VAN CAR1	4	近光指示灯控制	VAN 舒适

点火钥匙由"+ACC"或"+AFC"转到停止位置时，所有灯光熄灭，此时抬起照明开关，近光灯点亮并持续 1min。若在 1min 内再抬一下照明开关，将关闭该功能，近光灯熄灭。

（4）远光灯信号流程 远光灯信号流程如图 6-53 所示，信号说明见表 6-18。将照明开关打到远光灯位置时，转向盘下面的电子转换开关模块获取该动作指令，并过滤照明开关位置，然后通过 VAN CAR1 网将照明开关位置传给 BSI，BSI 通过 VAN CAR1 网控制多路传输发动机舱伺服控制盒中的远光灯继电器点亮远光灯，同时 BSI 通过 VAN 舒适网控制组合仪表上的远光指示灯点亮。

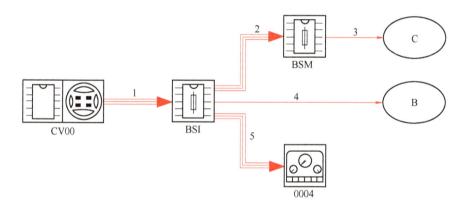

图 6-53 远光灯信号流程

BSI—智能控制盒   CV00—转向盘下面的电子转换开关模块   BSM—多路传输发动机舱伺服控制盒（BSM2000）
0004—组合仪表   B—示宽灯/牌照灯   C—远光灯（单线箭头为线束连接，三线箭头为多路连接）

表 6-18 远光灯信号说明

连接号	信号内容	信号种类	连接号	信号内容	信号种类
1	照明开关位置	VAN CAR1	4	前后示宽灯和牌照灯控制 I	有或无
2	远光灯继电器控制	VAN CAR1	5	远光指示灯	VAN 舒适
3	远光灯控制	有或无			

（5）超车灯信号流程 超车灯信号流程如图 6-54 所示，信号说明见表 6-19。将照明开关打到超车灯位置，转向盘下面的电子转换开关模块获取该动作指令，并过滤照明开关位置，然后通过 VAN CAR1 网将照明开关位置传给 BSI，BSI 通过 VAN CAR1 网控制多路传输发动机舱伺服控制盒中的远光灯继电器点亮超车灯，同时 BSI 通过 VAN 舒适网控制组合仪表上的超车指示灯点亮。

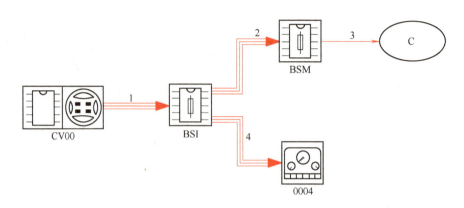

图 6-54 超车灯信号流程

BSI—智能控制盒　CV00—转向盘下面的电子转换开关模块　BSM—多路传输发动机舱伺服控制盒（BSM2000）　0004—组合仪表　C—超车灯

注：单线箭头为线束连接，三线箭头为多路连接。

表 6-19 超车灯信号说明

连接号	信号内容	信号种类	连接号	信号内容	信号种类
1	照明开关位置	VAN CAR1	3	远光灯控制	有或无
2	远光灯继电器控制	VAN CAR1	4	远光指示灯	VAN 舒适

（6）前雾灯信号流程　前雾灯信号流程如图 6-55 所示，信号说明见表 6-20。转动雾灯控制脉动开关，转向盘下面的电子转换开关模块获取该动作指令，并过滤雾灯脉动开关的一个"+"脉动，然后通过 VAN CAR1 网将照明开关位置传给 BSI，BSI 通过 VAN CAR1 网控制多路传输发动机舱伺服控制盒中的前雾灯继电器点亮前雾灯，同时 BSI 通过 VAN 舒适网控制组合仪表上的前雾指示灯点亮。只有当点火钥匙在"+APC"位置，且当其他位置灯点亮时，前雾灯才会点亮。当转向盘下面的电子转换开关模块获取并过滤了一个位置灯熄灭指令，或点火钥匙处于停止位置或"ACC"位置时，前雾灯才会熄灭。

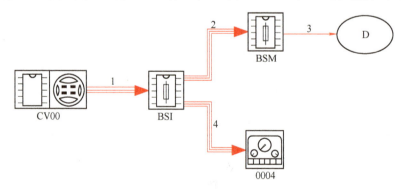

图 6-55 前雾灯信号流程

BSI—智能控制盒　CV00—转向盘下面的电子转换开关模块　BSM—多路传输发动机舱伺服控制盒（BSM2000）　0004—组合仪表　D—前雾灯

注：单线箭头为线束连接，三线箭头为多路连接。

表 6-20 前雾灯信号说明

连接号	信号内容	信号种类	连接号	信号内容	信号种类
1	前雾灯脉动开关位置	VAN CAR1	3	前雾灯控制	有或无
2	前雾灯继电器控制	VAN CAR1	4	前雾灯指示灯	VAN 舒适

（7）外部照明的降级模式信号 当转向盘下面的电子转换开关模块与 BSI 之间的 VAN CAR1 网出现故障，转向盘下面的电子转换开关模块与 BSI 之间的通信失效时，BSI 采用降级模式：

1）点火钥匙在"+APC"位置，发动机不运转，则点亮示宽灯。

2）点火钥匙在"+APC"位置，发动机运转，则点亮近光灯。

3）点火钥匙在停止位置，则示宽灯或近光灯熄灭。在该模式下，转向灯不工作。

当 BSI 与发动机舱伺服控制盒之间的 VAN CAR1 网出现故障，发动机舱伺服控制盒与 BSI 之间的通信失效时，BSI 采用降级模式：

1）喇叭与远光灯的功能丧失。

2）前雾灯的状态不变。

3）点火钥匙在停止或"+ACC"位置时，近光灯熄灭；点火钥匙在"+APC"位置时，无论发动机是否运转，近光灯都点亮。

（8）示宽灯和牌照灯信号流程 示宽灯和牌照灯信号流程如图 6-56 所示，信号说明见表 6-21。将照明开关打到示宽灯位置，转向盘下面的电子转换开关模块获取该动作指令，并过滤开关位置，开关位置信息通过 VAN CAR1 网传给 BSI，BSI 控制示宽灯和牌照灯点亮，并在 VAN 舒适网上传输示宽灯点亮信息，打开座舱装备照明。

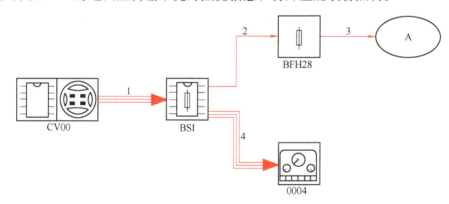

图 6-56 示宽灯和牌照灯信号流程

BSI—智能控制盒 CV00—转向盘下面的电子转换开关模块 BFH28—座舱熔丝盒
0004—组合仪表 A—前、后示宽灯和牌照灯
注：单线箭头为线束连接，三线箭头为多路连接。

表 6-21 示宽灯和牌照灯信号说明

连接号	信号内容	信号种类	连接号	信号内容	信号种类
1	照明开关位置	VAN CAR1	3	前、后示宽灯和牌照灯开关	有或无
2	前、后示宽灯和牌照灯开关	有或无	4	组合仪表上的示宽指示灯控制	VAN 舒适

(9) 转向灯信号流程 转向灯信号流程如图 6-57 所示,信号说明见表 6-22。将照明开关向左或向右打到转向灯位置,转向盘下面的电子转换开关模块获取该动作指令,并过滤开关位置,开关位置信息通过 VAN CAR1 网传给 BSI,BSI 直接控制转向灯,同时 BSI 通过 VAN 舒适网控制组合仪表上的转向指示灯点亮,BSI 通过 VAN CAR1 网控制蜂鸣器鸣响。

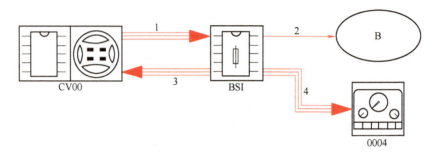

图 6-57 转向灯信号流程

BSI—智能控制盒 CV00—转向盘下面的电子转换开关模块 0004—组合仪表 B—转向灯
注:单线箭头为线束连接,三线箭头为多路连接。

表 6-22 转向灯信号说明

连接号	信号内容	信号种类	连接号	信号内容	信号种类
1	照明开关位置	VAN CAR1	3	组合仪表上的转向指示灯控制	VAN 舒适
2	转向灯控制	有或无	4	集成于 COM2000 的蜂鸣器控制	VAN CAR1

(10) 后雾灯信号流程 后雾灯信号流程如图 6-58 所示,信号说明见表 6-23。转动雾灯脉动开关,转向盘下面的电子转换开关模块获取该动作指令,并过滤开关位置,开关位置信息通过 VAN CAR1 网传给 BSI,BSI 检查后雾灯点亮条件,若条件符合则控制雾灯点亮,并通过 VAN 舒适网控制组合仪表上后雾指示灯点亮。只有当点火钥匙在"+APC"位置,且当其他位置灯点亮时,后雾灯才点亮。当"+APC"断开后,后雾灯熄灭,"+APC"再接通时也不会点亮,需重新打开雾灯开关。

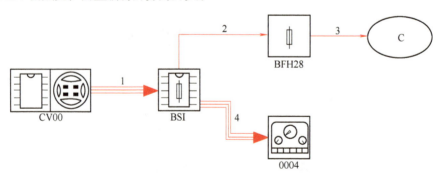

图 6-58 后雾灯信号流程

BSI—智能控制盒 CV00—转向盘下面的电子转换开关模块 BFH28—座舱熔丝盒 0004—组合仪表 C—后雾灯
注:单线箭头为线束连接,三线箭头为多路连接。

表6-23 后雾灯信号说明

连接号	信号内容	信号种类	连接号	信号内容	信号种类
1	开关位置	VAN CAR1	3	后雾灯开关	有或无
2	后雾灯开关	有或无	4	组合仪表上的后雾指示灯控制	VAN 舒适

（11）**危险警告灯信号流程** 危险警告灯信号流程如图6-59所示，信号说明见表6-24。打开危险警告灯开关，BSI获取该动作指令，并过滤开关位置，然后控制转向灯和危险警告灯开关上的发光二极管闪烁，同时BSI通过VAN CAR1网控制蜂鸣器鸣响，并通过VAN舒适网控制组合仪表上的危险警告指示灯点亮。当车辆处于经济模式时，BSI不控制危险警告灯发光二极管点亮和蜂鸣器鸣响。

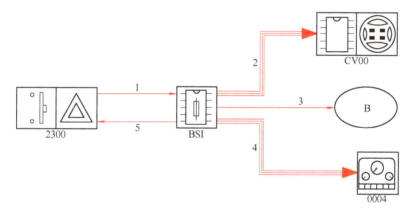

图6-59 危险警告灯信号流程

BSI—智能控制盒 CV00—转向盘下面的电子转换开关模块 2300—危险警告灯开关 0004—组合仪表 B—危险警告灯

注：单线箭头为线束连接，三线箭头为多路连接。

表6-24 危险警告灯信号说明

连接号	信号内容	信号种类	连接号	信号内容	信号种类
1	危险警告灯开关状态	有或无	4	组合仪表上的危险警告指示灯控制	VAN 舒适
2	集成于COM2000的蜂鸣器控制	VAN CAR1	5	危险警告灯开关上的LED照明控制	有或无
3	转向灯和侧转向灯控制	有或无			

车辆急减速或发生碰撞（SRS点火器点火）时，危险警告灯自动点亮，其信号流程如图6-60所示，信号说明见表6-25。

车辆急减速时，BSI接收到发动机电控单元传输的车速信息超过其设定限值（急减速大于6m/s且速度大于40km/h）并且有来自制动开关的信号，或由SRS电控单元控制的点火器点火信息通过VAN CAR1网传给BSI，则BSI控制转向灯闪烁，并通过VAN舒适网控制组合仪表上的危险警告指示灯点亮，以及通过VAN CAR1网控制集成于COM2000的蜂鸣器鸣响。危险警告灯点亮后，按一下警告灯开关，或关闭点火开关后再打开至"+APC"位置，危险警告灯熄灭。

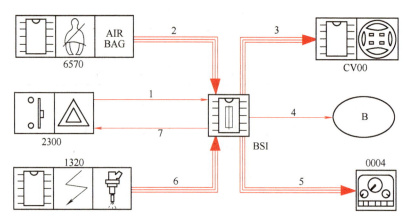

图 6-60 危险警告灯自动点亮信号流程

6570—SRS 电控单元　2300—危险警告灯开关　BSI—智能控制盒　CV00—转向盘下面的电子转换开关模块　0004—组合仪表　1320—发动机电控单元　B—转向灯

注：单线箭头为线束连接，三线箭头为多路连接。

表 6-25 危险警告灯自动点亮信号说明

连接号	信号内容	信号种类	连接号	信号内容	信号种类
1	危险警告灯开关状态	有或无	5	组合仪表上的危险警告指示灯控制	VAN 舒适
2	火药元件启爆信息	VAN CAR1	6	车速	CAN
3	蜂鸣器控制	VAN CAR1	7	危险警告开关上的 LED 照明控制	有或无
4	转向灯控制	有或无			

（12）制动灯信号流程　制动灯信号流程如图 6-61 所示，信号说明见表 6-26。踩下制动踏板，BSM2000 与制动灯之间的开关关闭，制动灯点亮，同时 BSI 获取开关状态，并在 CAN 网上传输制动开关状态信息。

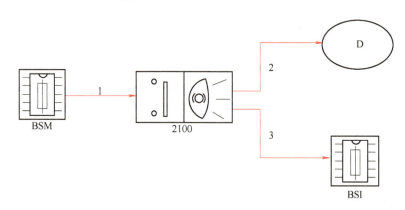

图 6-61 制动灯信号流程

BSI—智能控制盒　BSM—多路传输发动机舱伺服控制盒（BSM2000）　2100—制动开关　D—制动灯

注：单线箭头为线束连接，三线箭头为多路连接。

表6-26 制动灯信号说明

连 接 号	信 号 内 容	信 号 种 类
1	+APC	有或无
2	制动灯控制	
3	在不同的网上传输的制动踏板开关状态	

(13) 倒车灯信号流程 倒车灯信号流程如图6-62所示,信号说明见表6-27。当变速器倒档开关关闭,直接控制倒车灯供电时,BSI获取倒档开关状态,并在CAN网上传输倒档开关信息。

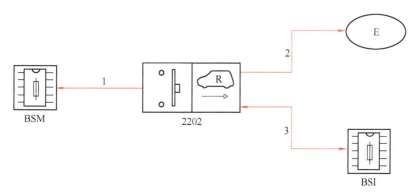

图6-62 倒车灯信号流程

BSI—智能控制盒　BSM—多路传输发动机舱伺服控制盒(BSM2000)　2202—倒档开关　E—倒车灯
注:单线箭头为线束连接,三线箭头为多路连接。

表6-27 倒车灯信号说明

连 接 号	信 号 内 容	信 号 种 类
1	+APC	有或无
2	倒车灯控制	
3	在不同的网上传输的倒档开关状态	

(14) 喇叭信号流程 喇叭信号流程如图6-63所示,信号说明见表6-28。按下喇叭开关,转向盘下面的电子转换开关模块接收该动作指令,然后通过VAN CAR1网将开关状态传给BSI,BSI通过VAN CAR1网控制多路传输发动机舱伺服控制盒中的喇叭继电器,控制喇叭鸣响。

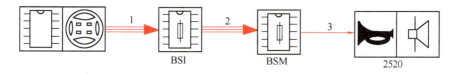

图6-63 喇叭信号流程

BSI—智能控制盒　BSM—多路传输发动机舱伺服控制盒(BSM2000)　2520—喇叭
注:单线箭头为线束连接,三线箭头为多路连接。

表 6-28 喇叭信号说明

连 接 号	信号内容	信号种类
1	喇叭开关状态	VAN CAR1
2	喇叭继电器控制	
3	喇叭控制	有或无

（15）灯光未关蜂鸣器信号流程　灯光未关蜂鸣器信号流程如图 6-64 所示，信号说明见表 6-29。BSI 获取驾驶人侧车门开关、点火开关和照明开关的状态，如果驾驶人侧车门开启，且照明开关至少在示宽灯位置，点火开关关闭，则 BSI 通过 VAN CAR1 网控制转向盘下面的电子转换开关模块的蜂鸣器发声。

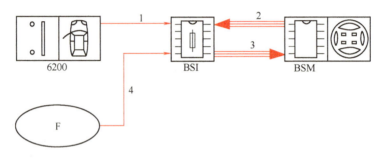

图 6-64　灯光未关蜂鸣器信号流程

BSI—智能控制盒　BSM—多路传输发动机舱伺服控制盒（BSM2000）
6200—驾驶人侧车门开启开关　F—防盗点火开关
注：单线箭头为线束连接，三线箭头为多路连接。

表 6-29　灯光未关蜂鸣器信号说明

连接号	信号内容	信号种类	连接号	信号内容	信号种类
1	驾驶人侧车门状态	有或无	3	点火钥匙存在的状态，照明开关位置	VAN CAR1
2	集成于 COM2000 的蜂鸣器控制	VAN CAR1	4	点火钥匙位置状态	有或无

四、刮水/清洗系统

1. 刮水/清洗系统信号流程

刮水/清洗系统由 BSI 管理，管理项目包括点火开关位置，前刮水器控制与保护，后刮水器控制与保护，前照灯清洗器控制，前、后风窗清洗控制，后刮水器刮刷速度控制和刮水器固定止动。刮水/清洗系统信号流程如图 6-65 所示，信号说明见表 6-30。

表 6-30　刮水/清洗系统信号说明

连 接 号	信号内容	信号种类
1	前、后风窗清洗指令；后刮水器指令；脉动前刮水器指令；低速前刮水器指令，高速前刮水器指令；对于装备雨滴传感器的车辆；自动刮刷或间歇刮刷选择	VAN CAR1

（续）

连 接 号	信 号 内 容	信 号 种 类
2	车速信息	CAN
3	后刮水器电动机控制	全部或没有
4	前刮水器电动机控制	全部或没有
5	前、后清洗泵控制	全部或没有
6	低速继电器控制,高速继电器控制,前清洗泵继电器控制,后清洗泵继电器控制,前照灯清洗泵继电器控制	VAN CAR1
7	前刮水器固定停止信息	全部或没有

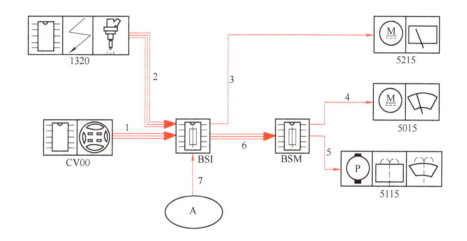

图 6-65　刮水/清洗系统信号流程

BSI—智能控制盒　CV00—转向盘下面的电子转换开关模块　BSM—多路传输发动机舱伺服控制盒（BSM2000）
1320—发动机电控单元　5015—前刮水器电动机　5115—前、后清洗泵　5215—带刮水器固定停止传感器的后刮水器电动机　A—前刮水器固定停止传感器

注：单线箭头为线束连接，三线箭头为多路连接。

2. COM2000 的刮水器/清洗器开关

COM2000 的刮水器/清洗器开关如图 6-66 所示，功能说明见表 6-31。

表 6-31　刮水器/清洗器开关功能说明

	位置/移动	功　能
	向下拨动一下	前刮水器刮刷一次
	0 位	停止
b	间歇位	刮水器间歇刮刷
	1 位	前刮水器低速刮刷
	2 位	前刮水器高速刮刷
	短按	隐藏多功能显示器上的功能
c	长按	可启动或关闭超速控制功能
		可记录超速的速度

(续)

位置/移动		功　能
d	旋转环至第一档	后刮水器刮刷
	旋转环至第二档	后风窗清洗并刮刷3个循环
a	将刮水器开关向自己拉一下	前风窗清洗并刮刷3个循环

3. 刮水器信号

（1）前刮水器信号流程　前刮水器信号流程如图6-67所示，信号说明见表6-32。当操作刮水器/清洗器开关时，转向盘下面的电子转换开关模块获取该动作指令，并过滤开关位置，通过VAN CAR1网将刮水器开关位置信息传给BSI，BSI通过VAN CAR1网控制多路传输发动机舱伺服控制盒中的前刮水器继电器，多路传输发动机舱伺服控制盒再控制前刮水器电动机运行。当刮水器开关在间歇位置时，前刮水器以低速进行间歇刮刷。

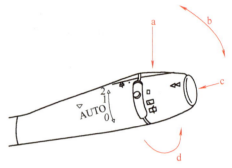

图6-66　COM2000的刮水器/清洗器开关

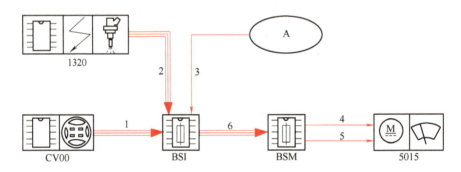

图6-67　前刮水器信号流程

BSI—智能控制盒　CV00—转向盘下面的电子转换开关模块　BSM—多路传输发动机舱伺服控制盒（BSM2000）
1320—发动机电控单元　5015—前刮水器电动机　A—前刮水器固定停止传感器
注：单线箭头为线束连接，三线箭头为多路连接。

表6-32　前刮水器信号说明

连接号	信号内容	信号种类
1	前风窗清洗指令,脉动前刮水器指令,低速前刮水器指令,高速前刮水器指令,间歇刮刷选择	VAN CAR1
2	速度信息	CAN
3	前刮水器固定停止信息	全部或没有
4	低速继电器控制	全部或没有
5	高速继电器控制	全部或没有
6	前风窗清洗控制,脉动前刮水器控制,低速前刮水器控制,高速前刮水器控制,间歇前刮水器控制	VAN CAR1

（2）后刮水器信号流程 后刮水器信号流程如图 6-68 所示，信号说明见表 6-33。当操作刮水器/清洗器开关后，转向盘下面的电子转换开关模块获取该动作指令，并过滤开关位置，然后通过 VAN CAR1 网将刮水器开关位置信息传给 BSI，BSI 直接控制后刮水器电动机，同时接收后刮水器继电器固定停止信息。

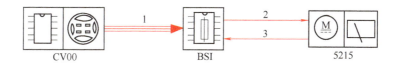

图 6-68 后刮水器信号流程

BSI—智能控制盒　CV00—转向盘下面的电子转换开关模块　5215—后刮水器电动机

注：单线箭头为线束连接，三线箭头为多路连接。

表 6-33 后刮水器信号说明

连 接 号	信 号 内 容	信 号 种 类
1	后刮水器请求	VAN CAR1
2	后刮水器控制	全部或没有
3	后刮水器固定停止信息	

当点火开关置于"+ACC"位置时，关闭刮水器开关，刮水器停止工作，并以低速返回停止位置；当点火开关离开"+ACC"位置时，不管刮水器臂和刮水器开关处于何种位置，刮水器立即停止工作；当点火开关置于"+ACC"位置时，如果刮水器不在固定停止位置而刮水器开关在停止位置，则 BSI 控制前刮水器电动机以低速回到刮水器臂停止位置。

4. 清洗信号

清洗信号流程如图 6-69 所示，信号说明见表 6-34。前风窗清洗泵由 BSM 控制。当停止驱动清洗开关，刮水器进行 3 个循环刮刷后停止。只有点火开关在"+ACC"位置时，BSI 才接受前风窗的清洗指令。当同时有前、后风窗清洗请求时，前风窗清洗优先。

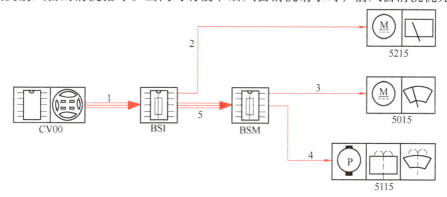

图 6-69 清洗信号流程

BSI—智能控制盒　CV00—转向盘下面的电子转换开关模块　BSM—多路传输发动机舱伺服控制盒（BSM2000）
5015—前刮水器电动机　5115—前、后清洗泵　5215—带刮水器固定停止传感器的后刮水器电动机

注：单线箭头为线束连接，三线箭头为多路连接。

表 6-34　清洗信号说明

连接号	信号内容	信号种类
1	前风窗清洗请求；后风窗清洗请求；如果近光灯或远光灯点亮，控制前照灯清洗	VAN CAR1
2	后刮水器电动机供电	全部或没有
3	前刮水器电动机供电	
4	前、后清洗泵供电	
5	前刮水器控制，前、后清洗泵控制，前照灯控制	VAN CAR1

后风窗清洗泵由多路传输发动机舱伺服控制盒控制。当驾驶人关闭驱动清洗开关，刮水器进行三个循环刮刷后停止。只有点火开关在"+ACC"位置时，BSI 才接受前风窗的清洗请求。

如果刮水器/清洗器开关位置无效，即同时有几个指令到达，对于前刮水器 BSI 强制按最高速刮刷，对于后刮水器 BSI 强制按间歇刮刷。

5. 超速控制信号

超速控制功能是当车辆超过设定的车速时，通过 COM2000 发出的声音信号和多功能显示器上的信息提示驾驶人。超速控制信号流程如图 6-70 所示，信号说明见表 6-35。

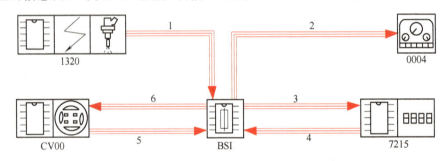

图 6-70　超速控制信号流程

BSI—智能控制盒　CV00—转向盘下面的电子转换开关模块　0004—组合仪表
1320—发动机电控单元　7215—多功能显示器
注：三线箭头为多路连接。

表 6-35　超速控制信号说明

连接号	信号内容	信号种类	连接号	信号内容	信号种类
1	车速信息	CAN	4	显示超速控制功能启动/关闭请求	VAN 舒适
2	车速信息	VAN 舒适		车辆当前速度记录请求	
3	显示超速控制功能启动/关闭菜单		5	刮水器开关按钮状态	VAN CAR1
	显示超速报警消息		6	集成于 COM2000 的蜂鸣器开关	

超速报警功能包括超速报警启动/关闭控制和超速界限记录控制，超速报警控制开关如图 6-71 所示。按下超速报警控制开关按钮，可隐藏多功能显示器功能。超速报警管理通过行程电控单元菜单获得。此功能有两个显示项，即超速报警功能启动/关闭和速度界限记录。

进入多功能显示器相应的菜单后,即可启动或关闭超速报警功能。当超速报警启动时,短按开关可以使超速报警启动/关闭屏转到速度记录屏,长按开关可以关闭超速报警;当超速报警未启动时,短按开关可以转到下一屏,长按开关可以启动超速报警。超速控制的启动或关闭指令由多功能显示器通过 VAN 舒适网传给 BSI。

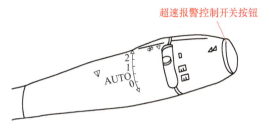

图 6-71 超速报警控制开关

进入多功能显示器相应的菜单后,即可记录速度。短按开关可以退出记录屏进入超速报警启动/关闭屏,长按开关可以记录车辆的实际速度。速度记录指令由多功能显示器通过 VAN 舒适网传给 BSI。

当网络之一失效(VAN 舒适网、CAN 网或 VAN CAR 网),超速控制功能被关闭。

五、中央门锁系统

1. 概述

(1) 控制装置　控制装置包括:一把带 3 个按钮遥控器(锁定、解锁、行李舱开启)的钥匙,一把不带遥控器的钥匙,两个外部锁(驾驶人侧车门和乘客侧车门),4 个内部中控开关或锁钮,4 个车门内部开关或内部开启拉手,一个行李舱外部开启电动按钮,5 个与 BSI 连接的门锁。

(2) 指示和定位装置　指示和定位装置包括:转向灯和侧转向灯,表示儿童安全锁已打开的后车门上的红点,顶灯点亮(定位、锁定、车门打开)。

(3) 功能　中央门锁系统功能包括:用钥匙锁定/解锁,用遥控器锁定/解锁,反弹功能,30s 无动作后自动再锁定,碰撞时自动解锁,锁电动机保护(考虑到锁定/解锁电动机的过热),用遥控器开启行李舱,车辆定位。

(4) 信号流程　中央门锁的信号流程如图 6-72 所示,信号说明见表 6-36。

表 6-36　中央门锁的信号说明

连接号	信号	信号种类
1	变速器上的速度传感器信息	模拟信号
2	行驶时锁定行李舱的速度信息	CAN
3	碰撞时用于车门解锁的火药元件的展开信息	VAN CAR1
4	锁定指令,解锁指令,定位指令(视条件)	433.92MHz 的高频信号
5	锁定指令,解锁指令,定位指令(视条件)	VAN CAR1
6	闪光灯和侧转向灯控制	全部或没有
7	多功能显示器上有关车门状态的驾驶人信息	VAN 舒适
8	组合仪表上有关车门状态的驾驶人信息	VAN 舒适
9	后门上的车门开启开关状态信息	全部或没有
10	后门锁定/解锁电动机控制	全部或没有

(续)

连接号	信号	信号种类
11	行李舱上的门开启开关状态信息	全部或没有
12	行李舱开启或弹出控制	全部或没有
13	前门上的车门开启开关信息,前门上的锁钮开关信息	全部或没有
14	前门锁定/解锁电动机控制	全部或没有

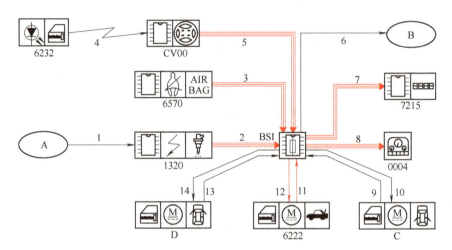

图 6-72 中央门锁的信号流程

BSI—智能控制盒　CV00—转向盘下面的电子转换开关模块　0004—组合仪表　1320—发动机电控单元
6222—行李舱锁总成　6232—遥控器中的高频发射器　6570—SRS 电控单元　7215—多功能显示器
A—变速器上的传感器　B—闪光灯和侧转向灯　C—后门锁总成　D—前门锁总成
注：单线箭头为线束连接，三线箭头为多路连接。

（5）遥控器　遥控器如图 6-73 所示。遥控器使用前必须与车辆匹配。每个遥控器传给接收器的编码信息由以下代码组成：与钥匙有关的固定码，与集成于 COM2000 中的车辆接收器相匹配的滚动码，要执行动作的对应码（锁定、解锁、行李舱开启），遥控器电池电量状态对应码（用于提示驾驶人遥控器电池的状态）。

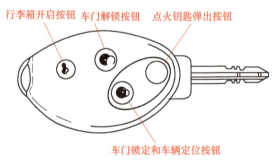

图 6-73 遥控器

由于每一次使用遥控器时，与车辆匹配的遥控器滚动码都会更改，当在车辆范围之外按 255 次遥控器之后，遥控器会不同步，因此，要进行遥控器的再同步。其方法是：用要进行遥控器再同步的钥匙接通点火开关至"+APC"位置，在"+APC"接通的 10s 内，按下遥控器的一个按钮即可。

2. 工作原理

（1）车门状态识别　车门开启开关是集成于锁上的"2"状态开关，"开"表示车门或行李舱关闭，"关"表示车门或行李舱开启。

锁钮开关是集成于锁上的"2"状态开关，用于控制车门锁定和车门解锁。锁钮开关只用于前门，将用户的请求传给 BSI，因而前门锁被称为触发器。后门锁没有锁钮开关。锁钮开关与车门开启开关、内部锁定开关和外部锁通过连杆机械连接。

前门锁包括车门开启开关、锁钮开关和锁定/解锁电动机，后门锁包括车门开启开关和锁定/解锁电动机，行李舱锁包括车门开启开关和行李舱开启电动机。

(2) 门锁控制功能 门锁的控制由 BSI 管理，BSI 根据用户指令且条件满足时，控制门锁电动机的驱动，并实现门锁的热保护。门锁控制与指示控制（闪光灯和侧转向灯）同时进行。当车速大于 10km/h 时，行李舱门开启功能被取消；当车速为零且有一个车门打开时，开启功能恢复。

由解锁转为锁定的操作见表 6-37，由锁定转为解锁的操作见表 6-38。如果门锁电动机驱动过于频繁，车门控制被取消 30s，以免电动机过热损坏，车门保持解锁状态。

表 6-37　由解锁转为锁定的操作

动作		结果	指示	定位
遥控器锁定按钮	按第一下	若所有车门均关闭，则锁定车辆	是	否
		若至少有一个车门开着或未关好，则反弹	否	
	在 1min 前按第二下	车辆不改变状态	是	否
	在 1min 后按第二下	车辆不改变状态	否	是
钥匙向锁定方向转动		若所有车门均关闭，则锁定车辆	否	否
		若所驱动车门关闭，但至少有一个其他的车门开着或未关好，则反弹	否	
		若该车门开着，则不能机械操作	否	
用遥控器解锁，车辆 30s 后无一个车门打开		车辆自动再锁定	否	否
前内部锁定开关		若所有车门均关闭，则锁定车辆	否	否
后内部锁定开关		若该车门关闭，则锁定对应的车门	否	否

表 6-38　由锁定转为解锁的操作

动作	结果	指示	定位
遥控器解锁按钮	解锁车辆	是	否
钥匙向解锁方向转动	解锁车辆	否	否
	只解锁车门	否	
前内部锁定开关	解锁车门	否	否
后内部锁定开关	解锁所驱动的车门	否	否
前内部开启开关	解锁车门	否	否
后内部开启开关	解锁所驱动的车门	否	否
碰撞时自动打开危险警告灯	解锁车辆	否	危险警告灯

六、防盗系统

1. 防起动装置信号

防起动装置是通过电气锁定发动机电控单元使车辆不能起动,以防车辆被盗。防起动装置的组成及信号流程如图 6-74 所示,信号说明见表 6-39。

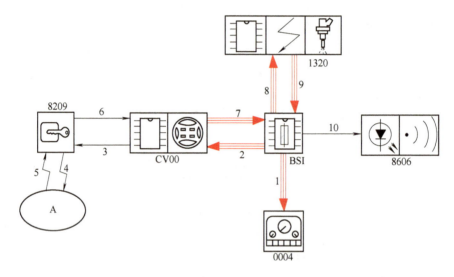

图 6-74 防起动装置的组成及信号流程

BSI—智能控制盒　0004—组合仪表　CV00—转向盘下面的电子转换开关模块　1320—发动机电控单元　8209—应答器线圈　8606—系统状态指示灯　A—带应答器的钥匙

注:单线箭头为线束连接,三线箭头为多路连接。

表 6-39 防起动装置信号说明

连接号	信号内容	信号种类	连接号	信号内容	信号种类
1	钥匙应答器故障指示灯的点亮指令	VAN 舒适	6	钥匙应答器识别传输,许可计算结果传输	模拟信号
2	钥匙应答器识别指令,钥匙应答器许可指令	VAN CAR1	7	钥匙应答器识别传输,许可计算结果传输	VAN CAR1
3	钥匙应答器识别指令,钥匙应答器许可指令	模拟信号	8	"+APC"信息,连接许可信息	CAN
4	钥匙应答器识别指令;钥匙应答器许可指令	高频信号	9	随机数传输	CAN
5	钥匙应答器识别传输,许可计算结果传输	高频信号	10	系统状态指示灯控制	模拟信号

2. 防起动装置工作原理

防起动装置的运行包括解锁、锁定和系统状态指示。

(1) 发动机电控单元的解锁

1) 带应答器的钥匙被识别。

2）带应答器的钥匙被许可。

3）发动机电控单元和 BSI 必须匹配。

（2）钥匙应答器的识别　BSI 发出钥匙应答器识别指令，并向应答器天线发出一个电信号，应答器天线将信号传给钥匙应答器，钥匙应答器通过发送钥匙识别码回复该信号。系统对钥匙识别码与 BSI 中记录的钥匙识别码相比较，若 BSI 中有钥匙识别码的记录，则开始钥匙应答器的许可过程；若 BSI 中没有钥匙识别码的记录，则在 2min 内每隔 200ms 重复识别过程，但不进行钥匙应答器的许可过程。

（3）钥匙应答器的许可　BSI 发出钥匙应答器许可指令，并向应答器天线发出一个电信号，钥匙应答器的许可指令包含一个随机数，应答器天线将信号传给钥匙应答器，钥匙应答器通过所带存储器的解码功能进行计算，解码功能可将随机数和识别码作为变量，同时 BSI 通过相同的解码功能使用相同的随机数和要进行许可的钥匙识别码进行计算，比较钥匙计算结果和 BSI 计算结果。若结果一致，就进行解锁过程；否则，BSI 最多发出两次许可指令。在第 3 次尝试时，钥匙应答器的许可指令被取消 15min。

（4）发动机电控单元的解锁　当点火开关置于"+ACP"位置时，发动机电控单元向 BSI 发出一个随机数，BSI 利用解码功能，根据随机数和 BSI 码计算出一个连接许可数，同时发动机电控单元利用相同的解码功能，根据相同的随机数和相同的 BSI 码进行计算。若钥匙是许可的，BSI 向发动机电控单元发出连接许可数，发动机电控单元将来自 BSI 的连接许可数与自己计算的结果进行比较；若数值相同，发动机电控单元解锁；否则，发动机电控单元仍保持锁定。若解锁过程失败 3 次，则防起动过程取消 1min。

（5）发动机电控单元锁定　当点火开关离开"+ACP"位置 6s 后，发动机电控单元锁定，此时不能起动发动机。若发动机电控单元断电，则立即锁定。

防起动状态指示见表 6-40。

3. 防起动装置匹配

汽车防起动部件必须互相匹配。通过诊断仪和用户密码可进行 BSI、钥匙和发动机电控单元的匹配。

更换 BSI 时，需在存储器中设置用户密码，重新匹配所有的钥匙，并与发动机电控单元匹配。

表 6-40　防起动状态指示

防起动装置状态	系统状态指示灯
电控单元锁定	熄灭
"+ACP"接通	点亮
钥匙应答器识别，并且发动机电控单元解锁	熄灭
未识别钥匙应答器	2.5Hz 闪烁
未与发动机电控单元连接	2.5Hz 闪烁
BSI 与发动机电控单元未匹配	2.5Hz 闪烁

注意：操作者可在 BSI 存储器中设置 3 次用户密码，3 次之后，设置过程被取消 15min。

钥匙应答器的识别码存储在 BSI 中,BSI 最多可存储 5 把带或不带遥控器的钥匙识别码。要存储一把钥匙的识别码,必须重新匹配所有钥匙的识别码。如果有一把钥匙丢失或被盗,只要将用户手中的钥匙重新匹配,BSI 存储器中丢失钥匙的识别码即可被取消。

当更换发动机电控单元时,应在发动机电控单元存储器中编制用户密码,并使发动机电控单元与 BSI 匹配。

七、安全气囊

1. 系统信息

安全气囊(SRS)信息由 SRS 电控单元通过 VAN CAN1 网,经 BSI 传给组合仪表或多功能显示器,以提示驾驶人系统状态。SRS 信号流程如图 6-75 所示,信号说明见表 6-41。

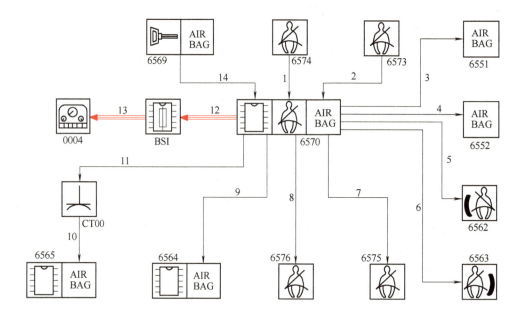

图 6-75 SRS 信号流程

BSI—智能控制盒　CT00—转向盘旋转开关　0004—组合仪表　6551—右气帘　6552—左气帘　6562—右侧 SRS　6563—左侧 SRS　6564—乘客 SRS　6565—驾驶人 SRS　6569—乘客 SRS 中性开关　6570—SRS 电控单元　6573—左侧 SRS 传感器　6574—右侧 SRS 传感器　6575—左预紧器　6576—右预紧器

注:单线箭头为线束连接,三线箭头为多路连接。

表 6-41 SRS 信号说明

连 接 号	信号内容	信号种类
1、2	减速度信息	模拟信号
3~11	触发信号	电流级别
12	SRS 火药筒展开信息,乘客 SRS 运行状态警告灯点亮/熄灭指令,SRS 故障警告灯点亮/熄灭指令	VAN CAR1
13	乘客 SRS 取消警告灯控制,SRS 故障警告灯控制	VAN 舒适
14	乘客 SRS 中性开关状态	全部或没有

(1) **SRS 电控单元故障的信号流程** SRS 电控单元故障的信号流程如图 6-76 所示，信号说明见表 6-42。SRS 电控单元检测 SRS 点火器或内部故障，通过 VAN CAN1 网向 BSI 发出故障警告灯点亮指令，BSI 通过 VAN 舒适网控制组合仪表的警告灯点亮。

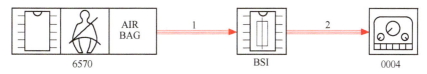

图 6-76　SRS 电控单元故障的信号流程

BSI—智能控制盒　0004—组合仪表或多功能显示器　6570—SRS 电控单元
注：三线箭头为多路连接。

表 6-42　SRS 电控单元故障的信号说明

连接号	信号内容	信号种类
1	乘客 SRS 运行状态警告灯点亮/熄灭指令	VAN CAR1
2	SRS 故障警告灯控制	VAN 舒适

(2) **乘客 SRS 功能取消的信号流程** 乘客 SRS 功能取消的信号流程如图 6-77 所示，信号说明见表 6-43。乘客 SRS 取消警告灯用于了解乘客 SRS 的运行状态。SRS 电控单元获取"乘客 SRS 取消"信息并管理取消功能。

图 6-77　乘客 SRS 功能取消的信号流程

BSI—智能控制盒　0004—组合仪表　6569—乘客 SRS 中性开关　6570—SRS 电控单元
注：单线箭头为线束连接，三线箭头为多路连接。

表 6-43　乘客 SRS 功能取消的信号说明

连接号	信号内容	信号种类
1	乘客 SRS 中性开关状态	全部或没有
2	乘客 SRS 运行状态警告灯点亮/熄灭指令	VAN CAR1
3	乘客 SRS 运行状态警告灯控制	VAN 舒适
4	乘客 SRS 功能取消指令	VAN CAR1

SRS 电控单元获取乘客 SRS 中性开关状态，再通过 VAN CAR1 网将乘客 SRS 中性开关状态传给 BSI，当中性开关在取消位置时，BSI 通过 VAN 舒适网控制组合仪表的警告灯点亮。如果网络之一失效，乘客 SRS 也可能被取消。

(3) **降级模式** 当乘客 SRS 中性开关失效时，乘客 SRS 被取消，BSI 控制组合仪表点亮 SRS 指示灯和"乘客 SRS 取消"指示灯，同时故障被记录在 SRS 电控单元中。

当 VAN CAR1 网失效，BSI 与 SRS 电控单元之间无通信时，乘客 SRS 被取消；BSI 控制组合仪表点亮 SRS 指示灯和"乘客 SRS 取消"指示灯，同时故障被记录在 SRS 电控单元中。当BSI与SRS电控单元之间的通信恢复后，SRS电控单元维持"乘客SRS取消"及指示灯点亮的指令，直到下一次关闭或再接通点火开关。

当VAN舒适网失效，BSI与组合仪表之间无通信时，BSI控制组合仪表点亮SRS指示灯和"乘客SRS取消"指示灯，并将"乘客SRS取消"指令传送给SRS电控单元，取消乘客SRS。当BSI与组合仪表之间的通信恢复后，BSI取消"乘客SRS取消"指令，但SRS电控单元维持"乘客SRS取消"及指示灯点亮的指令，直到下一次关闭或再接通点火开关。

2. 燃油泵切断功能

燃油泵切断是为了在发生碰撞时切断主燃油泵的供油，其信号流程如图6-78所示，信号说明见表6-44。当发生碰撞，SRS点火器点火后，SRS电控单元通过VAN CAR1网传输SRS点火器点火信息，BSI根据收到的信息通过VAN CAR1网控制BSM断开燃油泵供电继电器，切断燃油供应。当点火开关关闭一次或再转到"+APC"位置后，燃油泵才可以运行。

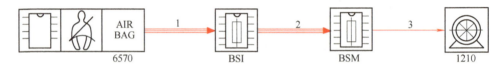

图6-78 燃油泵切断信号流程

BSI—智能控制盒　BSM—多路传输发动机舱伺服控制盒　1210—燃油泵　6570—SRS电控单元

注：单线箭头为线束连接，三线箭头为多路连接。

表6-44 燃油泵切断信号说明

连 接 号	信号内容	信号种类
1	火药元件展开信息	VAN CAR1
2	燃油泵继电器控制	VAN CAR1
3	燃油泵控制	全部或没有

八、空调

1. 冷却功能管理

赛纳轿车的冷却功能被称为FRIC功能，即冷却功能集成于发动机电控单元内。发动机电控单元用于控制发动机运行时及停机后发动机冷却风扇的工作状态。

发动机电控单元向BSI提供发动机冷却液温度、发动机冷却液温度报警信息和制冷剂管路压力等参数。与制冷有关的冷却需求由空调冷却需求功能（BRAC）提供，集成在发动机电控单元内。线性压力传感器可以测量制冷剂管路的压力，使发动机电控单元控制冷却风扇低速或高速运行。与级别压力开关不同，线性压力传感器提供与制冷剂管路压力成正比的电压。

（1）冷却功能信号流程　冷却功能信号流程如图6-79所示，信号说明见表6-45。

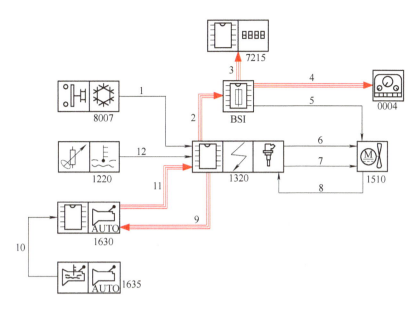

图 6-79 冷却功能信号流程

BSI—智能控制盒　0004—组合仪表　7215—多功能显示器　1220—发动机冷却液温度传感器　1320—发动机电控单元　1510—冷却风扇　1630—自动变速器电控单元　1635—自动变速器油温传感器　8007—线性压力传感器

注：单线箭头为线束连接，三线箭头为多路连接。

表 6-45 冷却功能信号说明

连接号	信号内容	信号种类	连接号	信号内容	信号种类
1	制冷管路压力	模拟信号	6	冷却风扇低速控制	全部或没有
2	发动机冷却液温度信息，发动机冷却液温度报警信息，制冷管路压力信息，自动变速器故障信息	CAN	7	冷却风扇高速控制	全部或没有
			8	冷却风扇运转信息（诊断）	全部或没有
			9	发动机冷却液温度信息	CAN
3	报警消息显示	VAN 舒适	10	自动变速器机油温度信息	模拟信号
4	发动机冷却液温度信息，发动机冷却液温度报警信息，自动变速器故障信息	VAN 舒适	11	自动变速器冷却需求，自动变速器故障信息	CAN
5	冷却风扇中速控制	全部或没有	12	发动机冷却液温度信息	模拟信号

（2）冷却风扇管理　发动机电控单元根据传感器测量的发动机冷却液温度及与制冷有关的冷却需求，控制冷却风扇转速，冷却风扇有3档运转速度，即由发动机电控单元控制的低速和高速，由BSI根据发动机电控单元通过CAN网传输的信息（发动机冷却液温度和制冷剂管路压力）控制的中速，如图6-80所示。

冷却风扇的低速是通过供电线路中的一个串联电阻给冷却风扇供电，中速是通过供电线路中的两个并联电阻给冷却风扇供电，高速是给冷却风扇直接供电。

关闭点火开关，若发动机冷却液温度超过设定的温度界限，冷却风扇仍可运行，该功能被称为后冷却。后冷却由发动机电控单元控制，冷却风扇以低速运转。

当冷却风扇失效（或低速和中速控制失效）时，冷却系统以高速运行。

（3）对发动机冷却液温度的调节 有 3 个温度控制点可以分别控制冷却风扇以低速、中速和高速运行。发动机冷却液温度信息由位于出水室的发动机冷却液温度传感器向发动机电控单元传输。发动机冷却液温度调节信号流程如图 6-81 所示，信号说明见表 6-46。

发动机电控单元在 CAN 网上传输发动机冷却液温度和冷却液温度报警信息，若冷却液温度在 94~97℃ 范围内，发动机电控单元控制冷却风扇低速运行；若冷却液温度在 98~101℃ 范围内，发动机电控单元控制冷却风扇中速运行；若冷却液温度在 102~105℃ 范围内，发动机电控单元控制冷却风扇高速运行。同时，BSI 通过 VAN 舒适网传输发动机冷却液温度信息，用于组合仪表和多功能显示器的指示和信息显示。

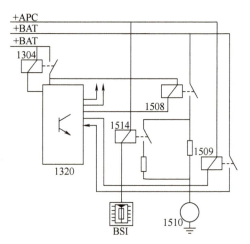

图 6-80 冷却风扇控制线路

BSI—智能控制盒 1320—发动机电控单元
1304—喷油器继电器 1508—低速控制继电器
1509—高速控制继电器 1510—冷却风扇
1514—中速控制继电器 +APC—点火电源正极
+BAT—蓄电池正极

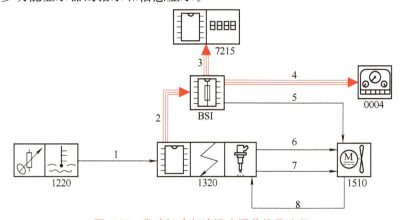

图 6-81 发动机冷却液温度调节信号流程

BSI—智能控制盒 0004—组合仪表 7215—多功能显示器 1220—发动机冷却液温度传感器 1320—发动机电控单元 1510—冷却风扇
注：单线箭头为线束连接，三线箭头为多路连接。

表 6-46 发动机冷却液温度调节信号说明

连接号	信号内容	信号种类	连接号	信号内容	信号种类
1	发动机冷却液温度信息	模拟信号	5	冷却风扇中速控制	全部或没有
2	发动机冷却液温度信息，发动机冷却液温度报警信息	CAN	6	冷却风扇低速控制	全部或没有
3	报警信息显示	VAN 舒适	7	冷却风扇高速控制	全部或没有
4	发动机冷却液温度信息，发动机冷却液温度报警信息	VAN 舒适	8	冷却风扇运转信息	全部或没有

当所测得的温度大于设定界限（118℃）或发动机冷却液温度传感器失效时，发动机冷却液温度报警，此时组合仪表上的"STOP"指示灯和发动机冷却液温度报警指示灯点亮，在多功能显示器上显示报警信息。

当发动机冷却液温度传感器失效时，采用降级模式：冷却风扇以高速运行，压缩机停机，组合仪表上的"STOP"指示灯和发动机冷却液温度报警指示灯点亮，在多功能显示器上显示消息，在发动机电控单元中记录故障。

（4）空调的冷却需求　集成于发动机电控单元的（空调冷却需求）模块，为 FRIC 功能提供根据制冷剂管路压力的设定模式。位于冷凝器上的线性压力传感器提供与制冷剂管路压力相对应的电压。空调冷却需求信号流程如图 6-82 所示，信号说明见表 6-47。

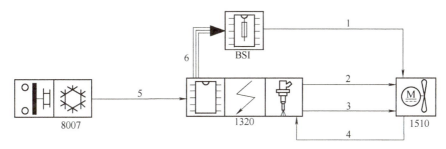

图 6-82　空调冷却需求信号流程

BSI—智能控制盒　8007—线性压力传感器　1320—发动机电控单元　1510—冷却风扇
注：单线箭头为线束连接，三线箭头为多路连接。

表 6-47　空调冷却需求信号说明

连接号	信号内容	信号种类	连接号	信号内容	信号种类
1	冷却风扇中速控制	全部或没有	4	冷却风扇运转信息（诊断）	全部或没有
2	冷却风扇低速控制	全部或没有	5	制冷管路压力	模拟信号
3	冷却风扇高速控制	全部或没有	6	制冷管路压力	CAN

发动机电控单元通过线束连接获取线性压力传感器的信号，然后在 CAN 网上向 BSI 传输制冷剂管路压力信号，如果压强高于 10MPa，则发动机电控单元控制冷却风扇低速运行；如果压强高于 4.7MPa，则 BSI 控制冷却风扇中速运行；如果压强高于 2.2MPa，则发动机电控单元控制冷却风扇高速运行。空调冷却需求功能控制冷却风扇的起动界限，如图 6-83 所示。

若制冷剂管路压力传感器失效，则系统进入降级模式，禁止压缩机起动（BSI 根据空调需求进行控制），同时在发动机电控单元

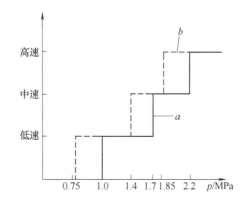

图 6-83　空调冷却需求功能控制冷却风扇的起动界限

a—冷却风扇起动界限　b—冷却风扇关闭界限

中记录故障。此时冷却风扇的运转与制冷需求无关。

（5）自动变速器的冷却需求　自动变速器电控单元根据位于自动变速器液压单元上的自动变速器油温传感器发出的信息，发出冷却需求的请求，其信号流程如图6-84所示，信号说明见表6-48。

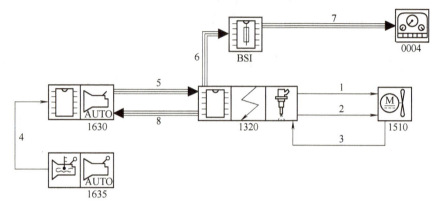

图6-84　自动变速器冷却需求信号流程

BSI—智能控制盒　1635—自动变速器油温传感器　1630—自动变速器电控单元　1320—发动机电控单元
1510—冷却风扇　0004—组合仪表

注：单线箭头为线束连接，三线箭头为多路连接。

表6-48　自动变速器冷却需求信号说明

连接号	信号内容	信号种类	连接号	信号内容	信号种类
1	冷却风扇低速控制	全部或没有	5	制冷需求	CAN
2	冷却风扇高速控制	全部或没有	6	自动变速器故障信息	CAN
3	冷却风扇运转信息（诊断）	全部或没有	7	自动变速器故障信息	VAN舒适
4	自动变速器油温度	模拟信号	8	发动机冷却液温度信息	CAN

自动变速器电控单元根据自动变速器油温传感器的信号，通过CAN网向发动机电控单元传输冷却需求，发动机电控单元控制冷却风扇低速或高速运行。

当自动变速器油温传感器失效时，则进入降级模式：自动变速器电控单元采用发动机冷却液温度作为设定值，如果发动机冷却液温度传感器失效，自动变速器电控单元采用所记录的自动变速器油压默认值作为设定值。同时，自动变速器在CAN网上传输自动变速器故障，BSI收到此信息后通过VAN舒适网传给组合仪表。如果CAN网和自动变速器电控单元之间的通信丧失，冷却风扇以低速运行。

2. 空调系统

赛纳轿车可以装备两种空调，即手动空调和按温度和流量调节的自动空调。空调系统运行时，暖风由发动机的冷却液换热器提供，冷风通过制冷系统的蒸发器提供，气流由鼓风机电动机提供。

（1）空调的信号流程　空调的信号流程如图6-85和图6-86所示，信号说明见表6-49和表6-50。

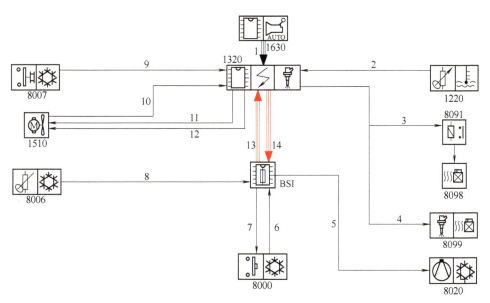

图 6-85　手动空调信号流程

BSI—智能控制盒　1220—冷却液温度传感器　1320—发动机电控单元　1510—冷却风扇　1630—自动变速器电控单元　8000—制冷开关　8006—蒸发器温度传感器　8007—线性压力传感器　8020—压缩机　8091—熔丝与继电器　8098—遥控器　8099—喷油器

注：单线箭头为线束连接，三线箭头为多路连接。

表 6-49　手动空调信号说明

连接号	信号内容	信号种类
1	禁止制冷压缩机状态改变	CAN
2	发动机冷却液温度信息	模拟信号
3	熔丝继电器控制	全部或没有
4	喷油器控制	全部或没有
5	制冷压缩机开关	全部或没有
6	制冷压缩机起动指令	全部或没有
7	控制面板二极管控制	全部或没有
8	蒸发器温度信息	模拟信号
9	制冷管路压力信息	模拟信号
10	冷却风扇运转信息（诊断）	全部或没有
11	冷却风扇低速控制	全部或没有
12	冷却风扇高速控制	全部或没有
13	制冷压缩机起动许可指令	CAN
14	许可或禁止制冷压缩机起动,禁止制冷压缩机状态改变,发动机运转信息,发动机冷却液温度信息,制冷管路压力信息	CAN

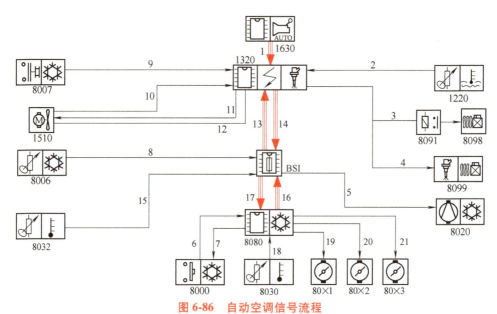

图 6-86 自动空调信号流程

BSI—智能控制盒　1220—冷却液温度传感器　1320—发动机电控单元　1510—冷却风扇　1630—自动变速器电控单元　8000—制冷开关　8030—车内温度传感器　8032—车外温度传感器　80×1—循环风门　80×2—配风门　80×3—混合风门　8006—蒸发器温度传感器　8007—线性压力传感器　8020—压缩机　8080—空调电控单元　8091—熔丝与继电器　8098—遥控器　8099—喷油器

注：单线箭头为线束连接，三线箭头为多路连接。

表 6-50　自动空调信号说明

连接号	信号内容	信号种类
1	禁止制冷压缩机状态改变	CAN
2	发动机冷却液温度信息	模拟信号
3	熔丝与继电器控制	全部或没有
4	喷油器控制	全部或没有
5	制冷压缩机控制	全部或没有
6	制冷压缩机起动指令	全部或没有
7	控制面板二极管控制	全部或没有
8	蒸发器温度信息	模拟信号
9	制冷管路压力信息	模拟信号
10	冷却风扇运转信息（诊断）	全部或没有
11	冷却风扇低速控制	全部或没有
12	冷却风扇高速控制	全部或没有
13	制冷压缩机起动许可指令	CAN
14	制冷压缩机起动许可,禁止制冷压缩机状态改变,发动机运转信息,发动机冷却液温度信息,制冷管路压力信息,安全状态	CAN
15	外部温度信息	模拟信号
16	制冷压缩机起动指令	VAN 舒适
17	制冷压缩机状态,空调起动,安全状态,发动机运转信息,日/夜状态,组合仪表照明度级别	VAN 舒适
18	车内温度信息	模拟信号

（续）

连接号	信号内容	信号种类
19	风门控制	模拟信号
20	风门控制	模拟信号
21	风门控制	模拟信号

（2）空调系统工作原理　空调系统工作原理如图 6-87 和图 6-88 所示。

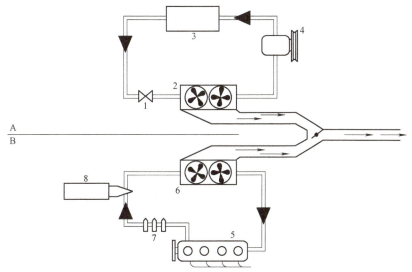

图 6-87　手动空调工作原理

A—冷风循环　B—热风循环

1—膨胀阀　2—蒸发器　3—冷凝器　4—压缩机　5—发动机　6—散热器　7—电热器　8—加热器

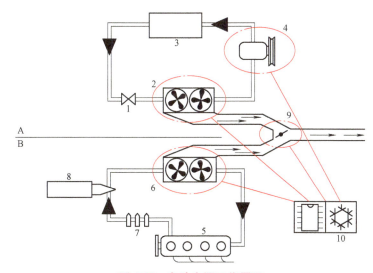

图 6-88　自动空调工作原理

A—冷风循环　B—热风循环

1—膨胀阀　2—蒸发器　3—冷凝器　4—压缩机　5—发动机　6—散热器　7—电热器　8—加热器　9—空气温度调节　10—空调电控单元

3. 空调运行管理

压缩机由 BSI 根据压缩机的起动指令、蒸发器结霜保护、制冷剂压力、发动机转速、发动机冷却液温度以及与发动机电控单元通信（允许或禁止压缩机起动）等因素进行控制。

（1）压缩机控制

1）手动指令。按下控制面板上的开关。

2）自动指令。电控单元根据所需的调节情况控制压缩机起动。

压缩机的起动指令通过 VAN 舒适网传给 BSI，对于手动空调，通过按压压缩机起动按钮起动压缩机；对于自动空调，若发动机转速条件满足，且鼓风机起动，压缩机按空调电控单元的指令工作。其信号流程如图 6-89 和图 6-90 所示，信号说明见表 6-51 和表 6-52。

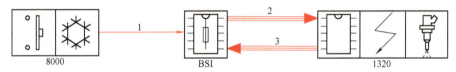

图 6-89　手动空调压缩机控制信号流程

BSI—智能控制盒　1320—发动机电控单元　8000—制冷开关

注：单线箭头为线束连接，三线箭头为多路连接。

表 6-51　手动空调压缩机控制信号说明

连接号	信号内容	信号种类
1	制冷压缩机起动指令	全部或没有
2	制冷压缩机起动许可指令	CAN
3	制冷压缩机起动许可或禁止	CAN

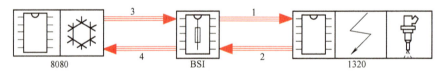

图 6-90　自动空调压缩机控制信号流程

BSI—智能控制盒　1320—发动机电控单元　8080—空调电控单元

注：单线箭头为线束连接，三线箭头为多路连接。

表 6-52　自动空调压缩机控制信号说明

连接号	信号内容	信号种类	连接号	信号内容	信号种类
1	制冷压缩机起动许可指令	CAN	3	制冷压缩机起动指令	VAN 舒适
2	制冷压缩机起动许可或禁止	CAN	4	制冷压缩机状态	VAN 舒适

（2）蒸发器结霜保护　蒸发器结霜保护信号流程如图 6-91 所示，信号说明见表 6-53。为避免蒸发器结霜，在某些温度条件下，BSI 禁止压缩机起动。当蒸发器的温度低于 0℃（手动空调）或 0.5℃（自动空调）时，控制断开压缩机；当蒸发器的温度上升至

1℃（手动空调）或1.5℃（自动空调）时，压缩机重新接合工作。如果蒸发器温度传感器失效，则压缩机将被禁止起动。BSI负责蒸发器温度传感器输出的断路和短路检测。

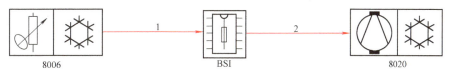

图6-91 蒸发器结霜保护信号流程

BSI—智能控制盒　8006—蒸发器温度传感器　8020—压缩机

注：单线箭头为线束连接，三线箭头为多路连接。

表6-53 蒸发器结霜保护信号说明

连接号	信号内容	信号种类
1	蒸发器温度	模拟信号
2	制冷压缩机控制	全部或没有

（3）制冷剂压力保护　制冷剂压力保护信号流程如图6-92所示。如果制冷剂管路中的压强过高或过低，BSI将禁止起动压缩机。其原因是压强过低，制冷剂管路可能泄漏；压强过高，制冷剂管路可能堵塞。

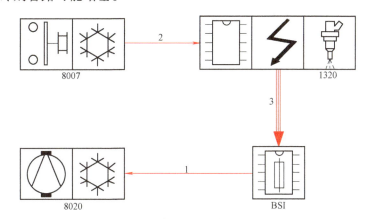

图6-92 制冷剂压力保护信号流程

BSI—智能控制盒　1320—发动机电控单元　8007—线性压力传感器　8020—压缩机

1—压缩机控制　2—制冷剂管路压力信息　3—压缩机起动许可或禁止

注：单线箭头为线束连接，三线箭头为多路连接。

制冷剂管路压力保护由BSI进行。用线性压力传感器测量制冷剂管路的压力，发动机电控单元通过线束连接的方式获取压力信息，发动机电控单元再通过CAN网将压缩机断开的状态信息和制冷剂压力信息传给BSI。

压缩机断开限值：低压小于0.3MPa或高压大于2.7MPa。

压缩机再起动的限值：低压大于0.35MPa且转速小于6250r/min，或高压小于2.0MPa且转速小于5650r/min。

若制冷剂加注不足，压缩机工作时压强小于0.1MPa，则压缩机起动1min后，BSI将禁止其运行。

(4) 发动机转速保护 发动机转速保护信号流程如图 6-93 所示。当发动机转速过高时，BSI 将使压缩机停止工作，使其转速不会过高。为了保护压缩机，当发动机转速超过 6250r/min 时，会发出压缩机切断指令；当发动机转速降到 5650r/min 以下，且压强小于 2.4MPa 时，允许压缩机重新起动。如果发动机转速信息无效，压缩机仍可起动。

(5) 发动机冷却液温度保护 发动机冷却液温度保护信号流程如图 6-94 所示，信号说明见表 6-54。当发动机冷却液温度过高时，BSI 禁止压缩机起动，发动机冷却液温度保护由 BSI 管理。当发动机冷却液温度超过 135℃ 时，压缩机被禁止起动。如果发动机冷却液温度低于 132℃，且切断时间超过 1min，压缩机可重新起动。发动机冷却液温度保护没有降级模式，若发动机冷却液温度信息无效，压缩机仍可起动。

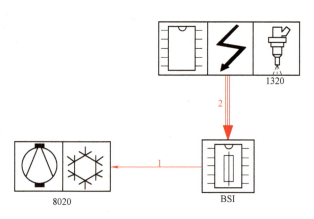

图 6-93 发动机转速保护信号流程
BSI—智能控制盒　1320—发动机电控单元　8020—压缩机
1—压缩机控制　2—压缩机起动许可或禁止
注：单线箭头为线束连接，三线箭头为多路连接。

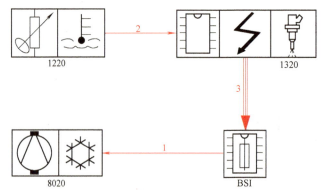

图 6-94 发动机冷却液温度保护信号流程
BSI—智能控制盒　1220—冷却液温度传感器　1320—发动机电控单元　8020—压缩机
注：单线箭头为线束连接，三线箭头为多路连接。

表 6-54 发动机冷却液温度保护信号说明

连接号	信号内容	信号种类	连接号	信号内容	信号种类
1	制冷压缩机控制	全部或没有	3	发动机冷却液温度信息	CAN
2	发动机冷却液温度信息	模拟信号			

(6) 换档保护 换档保护信号流程如图 6-95 所示，信号说明见表 6-55。当自动变速器换档时，自动变速器通过 CAN 网禁止将压缩机改变状态信息传给发动机电控单元后再传给 BSI，只要目标档位还没挂上，BSI 不改变压缩机的控制命令。

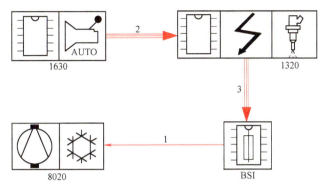

图 6-95 换档保护信号流程

BSI—智能控制盒　1320—发动机电控单元　1630—自动变速器　8020—压缩机

注：单线箭头为线束连接，三线箭头为多路连接。

表 6-55　换档保护信号说明

连接号	信号内容	信号种类	连接号	信号内容	信号种类
1	制冷压缩机控制	全部或没有	3	禁止制冷压缩机改变状态	CAN
2	禁止制冷压缩机改变状态	CAN			

九、音响

1. 音响系统的信号流程

赛纳轿车音响系统包括收放机（带磁带播放机或 CD 播放机）、六碟式 CD 换碟机，以及集成于转向盘下面的电子转换开关模块上的音响控制开关。收放机本身不带显示器，将收放机和所支持的音响格式信息通过 VAN 舒适网显示在多功能显示器上。

音响系统信号流程如图 6-96 所示，信号说明见表 6-56。

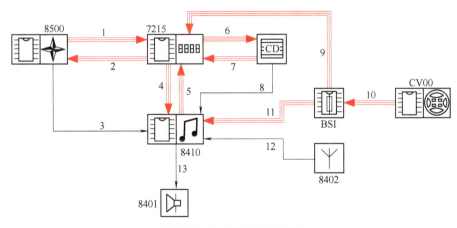

图 6-96　音响系统信号流程

BSI—智能控制盒　CV00—转向盘下面的电子转换开关模块　7215—多功能显示器　8401—扬声器
8402—收音机天线　8410—收放机　8500—导航电控单元

注：单线箭头为线束连接，三线箭头为多路连接。

表 6-56 音响系统信号说明

连接号	信号内容	信号种类	连接号	信号内容	信号种类
1	导航系统状态	VAN 舒适	8	音响信号:CD 播放机	模拟信号
2	导航系统控制	VAN 舒适	9	音响系统控制状态	VAN 舒适
3	音响信号:导航系统合成音	模拟信号	10	音响系统控制状态	VAN CAR1
4	收放机控制	VAN 舒适	11	车速信息,VIN 信号,内部装备照明级别	VAN 舒适
5	收放机状态,收放机状态改变指令	VAN 舒适	12	收音机接收信号	模拟信号
6	CD 换碟机控制	VAN 舒适	13	扬声器控制信号	VAN 舒适
7	CD 换碟机控制状态	VAN 舒适			

2. 音响系统控制开关

音响系统控制开关安装在转向盘下面的电子转换开关模块上,其控制指令通过 VAN CAR1 网传给 BSI,如图 6-97 所示。其中,b 和 c 的指令取决于当前所选的音源,即收音机、CD 换碟机、CD 播放机或盒式磁带。如果同时按住 d 与 f,将启动静音功能。

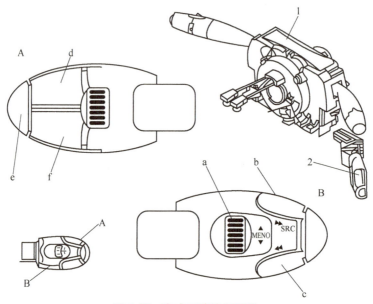

图 6-97 音响系统控制开关
1—转向盘下面的电子转换开关模块 2—音响控制开关
A—背面 B—正面 a—收音机预置电台选择钮 b—快进/向上搜索按钮 c—快退/向下搜索按钮
d—音量"+"调节按钮 e—音源变更按钮 f—音量"-"调节按钮

3. 收放机的管理

(1) 收放机的控制管理 通过收放机上的面板或转向盘下面的控制开关可以控制收放机。当通过收放机上的控制面板控制时,多功能显示器根据情况通过 VAN 舒适网控制收放机状态的改变。收放机获取用户控制信息后,再通过 VAN 舒适网向多功能显示器发出状态改变指令。当通过转向盘下面的控制开关控制时,多功能显示器通过 VAN 舒适网获取相关信息,由此控制收放机改变状态。

（2）收放机的防盗功能　为了防盗，收放机将 VIN 码的最后 8 位字符存储起来，当接通"+ACC"时，收放机通过 VAN 舒适网将本身的 VIN 码与 BSI 的 VIN 码进行比较。若两个 VIN 码不一致，收放机将按干扰模式工作。干扰模式是指在音响信号上叠加一个较大的噪声，使收放机不能正常工作。

4. CD 换碟机的运行管理

CD 换碟机由多功能显示器用不同的指令引导，与收放机或从 BSI 处接收的请求有关。CD 换碟机的信号流程如图 6-98 所示，信号说明见表 6-57。收放机通过 VAN 舒适网向多功能显示器发出改变 CD 换碟机状态的指令，多功能显示器通过 VAN 舒适网控制改变 CD 换碟机的状态，CD 换碟机改变工作状态后，通过 VAN 舒适网将状态信息传给多功能显示器，再通过 VAN 舒适网将 CD 换碟机的状态传给收放机。只要 CD 音源有效，收放机将来自 CD 换碟机的信号放大。

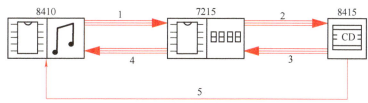

图 6-98　CD 换碟机的信号流程

7215—多功能显示器　8410—收放机　8415—CD 换碟机

注：单线箭头为线束连接，三线箭头为多路连接。

表 6-57　CD 换碟机的信号说明

连接号	信号内容	信号种类	连接号	信号内容	信号种类
1	CD 换碟机状态改变请求	VAN 舒适	4	CD 换碟机控制状态	VAN 舒适
2	CD 换碟机控制	VAN 舒适	5	线路音频信号：从 CD 换碟机输出到收放机	模拟信号
3	CD 换碟机控制状态	VAN 舒适			

第三节　通用欧宝威达轿车

威达（Vectra）轿车 CAN 总线功能包括内部照明、外部和危险照明、功率调节、禁用设备（IMMO）、中央门锁（CDLS）、防盗报警系统（ATWS）、车窗升降装置、刮水/清洗系统和人性化系统。

一、功率调节系统

功率调节系统电控单元包括 ABS、BCM、ECM、REC、SDM（SRS）和 UEC，其电路连接如图 6-99 所示。CIM（柱集成电控单元）接收点火开关的位置信息，并通过 CAN 送往车辆内的所有电控单元，还将传统信号 15（点火装置打开，12V）送给 UEC、BCM/IP-BEC 和 REC。这些电控单元控制继电器，向车辆其他设备提供点火电压。SDM 和 ABS 电控单元直接从 CIM 接收传统的 12V 信号。ECM 从 CIM 接收辅助信号，开始禁用设备通信，接收曲轴申请，控制起动机电磁开关。

二、内部照明系统

内部照明系统电控单元包括BCM（车身电控单元）、DDM（驾驶人侧车门电控单元）和PDM（乘客侧车门电控单元），其电路如图6-100所示。BCM为内部照明的主电控单元，利用来自DDM和PDM的信息，控制车厢内部照明。

三、外部和危险照明系统

外部和危险照明系统电控单元包括BCM、CIM、DDM、REC和UEC，其电路如图6-101所示。

BCM和CIM是外部照明系统中的设备，通过开关（主照明开关、方向指示灯控制杆等）接收驾驶人的大部分输入信息。UEC和REC是完成整个外部照明功能的设备。UEC控制车辆前部的所有照明，REC控制车辆后部的照明。控制照明的大多数信息由发动机罩下和后部的电气中心通过低速CAN接收。另外，还有硬线连接的信号，如制动灯开关和硬线连接的危险警告线路。

BCM、UEC和REC之间为实现危险/指示灯照明的同步化而进行硬线连接。REC和UEC不间断地监控车辆所有外部照明状况（牌照灯除外），若其中一个灯损坏，UEC和REC通过CAN将相应信息传送给其他电控单元。

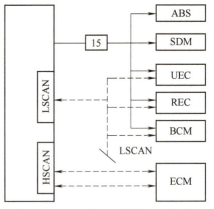

图6-99 功率调节系统电路连接图

ABS—防抱死制动系统　BCM—车身电控单元
ECM—发动机电控单元　SDM—传感器和诊断
电控单元（SRS）　UEC—发动机罩下的电气
中心电控单元　REC—后电气中心电控单元

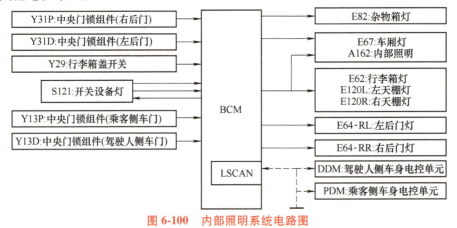

图6-100 内部照明系统电路图

四、刮水/清洗系统

刮水/清洗系统电控单元包括CIM、REC和UEC，其电路如图6-102所示。刮水/清洗

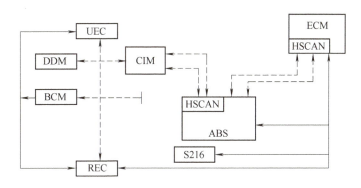

图 6-101 外部和危险照明系统电路图

ABS—防抱死制动系统　BCM—车身电控单元　CIM—柱集成电控单元
DDM—驾驶人侧车门电控单元　ECM—发动机电控单元　REC—后电气中心电控单元
UEC—发动机罩下的电气中心电控单元　S216—制动灯开关

器控制杆在转向柱管上的信号由 CIM 通过 LSCAN 翻译，并传送给 UEC 和 REC（当装有后清洗器系统时）。与信号和远光灯控制杆相同，刮水/清洗器杆只有一个固定工作位置。

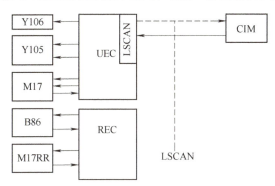

图 6-102 刮水/清洗系统电路图

CIM—柱集成电控单元　REC—后电气中心电控单元　UEC—发动机罩下的电气中心电控单元
B86—雨滴传感器　M17—发动机、刮水器、风窗玻璃　M17RR—发动机、刮水器、后车窗
Y105—泵、清洗器、风窗玻璃　Y106—泵、清洗器、顶灯

五、车窗升降装置

车窗升降装置的电控单元包括 CIM、BCM、PDM、REC 和 DDM，其电路如图 6-103 所示。车窗升降机和天窗有一个夹紧保护装置，便于关闭车窗和天窗。DDM 负责驾驶人侧车门的车窗升降机，PDM 管理乘客侧车门的车窗升降机，后门车窗的舒适开关由 BCM 控制。后车窗升降机的电动机使用 17V 电压。

为防止使用时因改变其中一个车窗升降机位置而发送至某一个相关电控单元的申请通过 CAN 总线被改变，帧内包含一个环境识别码。若该环境识别码不正确，相关的电控单元不会执行该命令而改变车窗升降机的位置。该环境识别码不能通过 Tech2 看到。

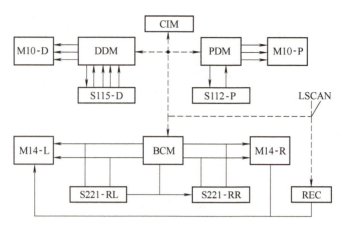

图 6-103　车窗升降装置电路图

BCM—车身电控单元　CIM—柱集成电控单元　DDM—驾驶人侧车门电控单元　PDM—乘客侧车门电控单元　REC—后电气中心电控单元　M10-D—发动机、车窗升降机、驾驶人侧车门　M10-P—发动机、车窗升降机、乘客侧车门　M14-L—发动机、车窗升降机、左后门　M14-R—发动机、车窗升降机、右后门　S112-P—开关、乘客侧车窗升降机　S115-D—开关、驾驶人侧车窗升降机　S221-RL—开关、车窗升降机、左后门　S221-RR—开关、车窗升降机、右后门

六、禁用设备

禁用设备系统电控单元包括 BCM、CIM、DDM、ECM、IPC、PDM 和 REC，用于防止未经授权的人员起动发动机，其电路如图 6-104 所示。禁用设备和车辆 ID 设备之间的串行线路为低速 CAN 总线，禁用系统可以识别遥控钥匙中的脉冲转发器，允许或禁止发动机起动和运转。插入钥匙即开始天线与脉冲转发器之间的通信，在禁用系统中包括很多的车身电气部件，并用车辆识别（ID）设备组成识别链，在 ID 检查之外又增加了一个环境检查。

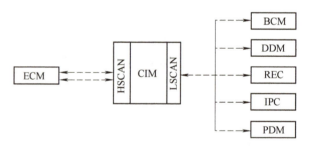

图 6-104　禁用设备电路

BCM—车身电控单元　CIM—柱集成电控单元
DDM—驾驶人侧车门电控单元　ECM—发动机电控单元
IPC—组合仪表　PDM—乘客侧车门电控单元
REC—后电气中心电控单元

CIM 是主禁用电控单元。禁用装置可识别车辆 ID，并在找不到或发现未知的车辆 ID 设备时禁止起动发动机。

1. 环境检查

CIM 设备根据共同代码原理识别 5 个车辆 ID 设备，识别分以下两步进行：

1）CIM 使用禁用识别码将本身加入车辆 ID 设备。

2）车辆 ID 设备发送不同代码和环境识别码给禁用设备。所有的车辆 ID 设备发送同样的环境识别码。只有当 5 个车辆 ID 设备中的 4 个回答都是正确的环境识别码时，禁用系统才允许起动发动机。如果有一个车辆 ID 设备回答的是错误的环境识别码，则不允许使用发动机。

2. 禁用设备工作特性

1）当脉冲转发器预识别成功完成后，开始识别过程。

2）禁用设备开始对所有车辆 ID 设备的申请进行环境识别。

3）申请每隔 200ms 被重复发送给不进行回答或回答错误的车辆 ID 设备。

4）申请被发送给仍有待识别的车辆 ID 设备，最多发送 10 次。

5）禁用识别码包含在申请内。

6）禁用识别码被车辆 ID 设备用于判定是否为正确的车辆。

7）车辆 ID 设备每收到一个有效的申请就进行一次回答，即回答中还有与保存在车辆 ID 设备中的禁用识别码相同的禁用识别码。

8）认可从脉冲转发器和车辆 ID 设备接收的回答，允许运转发动机。

如果车辆 ID 设备不能正确识别禁用设备，则会发出故障码（接收错误的禁用识别码），并将错误申请做出回答，接着 60s 内的所有申请都被忽略。

七、中央门锁系统

中央门锁系统的电控单元包括 BCM、CIM、DDM、DIS（未来）、PDM、REC 和 TMS（未来），其电路如图 6-105 所示。

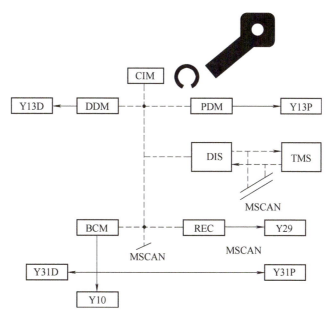

图 6-105　中央门锁系统电路

BCM—车身电控单元　CIM—柱集成电控单元　DIS—显示器　DDM—驾驶人侧车门电控单元
PDM—乘客侧车门电控单元　REC—后电气中心　TMS—电信息电控单元　Y10—传动装置 CDLS，燃油箱盖　Y13D—传动装置 CDLS，驾驶人侧车门　Y13P—传动装置 CDLS，乘客侧车门　Y29—传动装置 CDLS，行李舱　Y31D—传动装置 CDLS，左后门
Y31P—传动装置 CDLS，右后门

BCM 是中央门锁的主控设备，并控制行李舱门和燃油箱盖。行李舱开关由 REC 控制，DDM 和 PDM 控制前门。遥控编程并保存在 CIM 中，中央门锁电控单元之间的所有数据交换都通过 CAN 总线进行。

1. 锁定条件和反应

锁定条件和反应见表 6-58（只列出显示的默认设置）。

表 6-58 锁定条件和反应

启动锁定源	短启动	双启动	长启动
主气缸,驾驶人侧车门	打开驾驶人侧车门	打开所有车门	打开舒适系统
主气缸,驾驶人侧车门	锁上所有车门	锁上所有车门	舒适系统关闭命令
遥控钥匙开锁按钮	打开驾驶人侧车门	打开所有车门	打开舒适车门
遥控钥匙上锁按钮	锁上所有车门	锁上所有车门	舒适系统关闭命令
遥控钥匙上的行李舱开锁按钮	释放行李舱打开按钮	释放行李舱打开按钮	
驾驶人侧车门上锁/开锁按钮（开关板）	在锁上和打开所有车门之间转换	在锁上和打开所有车门之间转换	
乘客侧车门上锁/开锁开关（开关板）	在锁上和打开所有车门之间转换	在锁上和打开所有车门之间转换	
乘客侧车门上锁开关（开关板）	锁上所有车门	锁上所有车门	
驾驶人侧车门窗按钮	推:锁上所有车门		拉:打开所有车门

2. 行李舱的打开

要打开行李舱，必须按一下驾驶人侧或乘客侧开关板或遥控钥匙上的行李舱打开按钮。这将起动一个计时器（默认值为 2min）。在这段时间里，必须按下行李舱上的开锁按钮，并按住 300ms 以上。BCM 通过 CAN 收到按钮已被按下的信号，将 CAN 信息发送给 REC。REC 起动电动机，打开行李舱。

3. 自动上锁

如果上锁的车辆收到开锁命令，但车门没有被打开，在经过可编程的延时后（默认值为 15min），车辆将自动上锁。自动上锁不能锁死车辆。如果编程的延时时间设定为 0，则自动上锁功能被禁止。

4. 撞击时车辆开锁

如果发生撞击，车门锁将打开。命令通过 BCM（中央门锁主控设备）产生，包含有标准的 CAN 总线信息。车辆在 30s（可编程）内将无法上锁。门锁控制信号来自 SRS 电控单元（CAN 信号：所有气囊）和 BCM 内的撞击后开锁传感器。

5. CDLS 的防窃保护

为避免未经授权的系统操纵，CDLS 主控设备的开锁命令必须加以保护。因此，所有与开锁程序相关的 CAN 总线信息都包含有从禁用系统"借用的"识别码。

(1) 攻击设想 车辆停好并上锁（锁死）。若某处电气设备接到低速母线上，要比接触到中央门锁导线容易，因为低速母线遍布整个车辆。假设已经接收到 CIM 的遥控开锁命令或 BCM 打开车门命令。

（2）对抗措施 在一个 CAN 数据帧中，传输禁用识别码（16 位随机数字，每辆车都不同）和开锁申请。BCM 在禁用识别码有效时才对开锁申请进行评定。若识别码无效，则在 60s 内不再接受新的开锁命令。

八、防盗报警系统

防盗报警系统的电控单元包括 CIM、BCM（主控）、DIS（未来）、ECC（未来）、PHS（未来）和 UEC，其电路如图 6-106 所示。

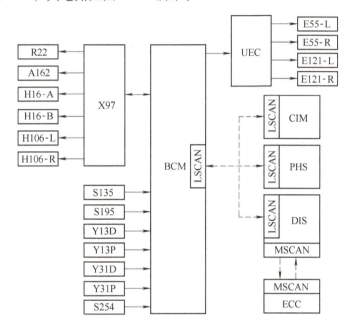

图 6-106 防盗报警系统电路

BCM—车身电控单元　CIM—柱集成电控单元　ECC—空调电控单元　PHS—驻车加热系统（未来）　UEC—发动机罩下的电气中心电控单元　E55-L—转弯信号灯，左侧　E55-R—转弯信号灯，右侧　H106-L—后灯设备，左侧　H106-R—后灯设备，右侧　E121-L—顶灯，左侧　E121-R—顶灯，右侧　H16-A—信号喇叭，防盗报警系统　H16-B—功率发生器，防盗报警系统　A162—后制动灯　R22—加热的后窗　S135—开关（防盗报警系统，发动机罩）　S195—开关（行李舱盖）　S254—开关（防盗报警系统，车厢）　X97—REC　Y13D—传动装置 CDLS，驾驶人侧车门　Y13P—传动装置 CDLS，乘客侧车门　Y31D—传动装置 CDLS，左后车门　Y31P—传动装置 CDLS，右后车门　DIS—显示器

九、个性化系统

个性化系统电控单元包括 BCM、CIM、DDM、DSM（主控）和 PDM，其电路如图 6-107 所示。

个性化系统是一个舒适系统，可以存储最多 5 种不同的电动调节后视镜和驾驶人座椅设置的信息，该系统可分别调节后视镜和驾驶人座椅。

驾驶人座椅的 4 个直流电动机和后视镜的两个电动机使 DSM 能够对座位和后视镜进行个性化设置。当遥控钥匙的信号被 CIM 接收后，DSM 随即在打开车门时对驾驶人座椅和后视镜进行相应调节。每个座椅电动机都有一个位置传感器（霍尔传感器）。后视镜反馈通过两个电位计完成。

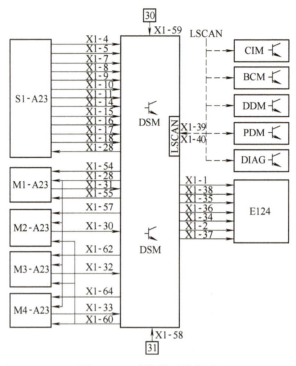

图 6-107　个性化系统电路

BCM—车身电控单元　　CIM—柱集成电控单元　　DDM—驾驶人侧车门电控单元　　PDM—乘客侧车门电控单元
E124—电动后视镜　　M1-A23—发动机、座位高度、驾驶人座椅　　M2-A23—发动机、座椅滑动、驾驶人座椅
M3-A23—发动机、座椅倾斜、驾驶人座椅　　M4-A23—发动机、靠背倾斜、驾驶人座椅　　S1-A23—开关设备、驾驶人
DIAG—诊断装置　　DSM—诊断状态管理　　X1—端子

DSM 通过传统布线与电动机、霍尔传感器、开关和后视镜硬线连接。为使两个后视镜达到所需位置，DSM 通过 LSCAN 与 DDM 和 PDM 通信。BCM 还通过 LSCAN 传输调暗车内光线和车门状态（开/关等）的信息。

第四节　一汽马自达 6 轿车

一、CAN 总线的组成与功能

1. CAN 总线的组成

一汽马自达 6（Mazda6）轿车采用 CAN 总线传输电控单元之间的多路输入/输出信号。PCM 到 ABS（ABS/TCS）HU/CM（带有 ABS 或 TCS 的车辆）或 DSC HU/CM（带有 DSC 的车辆），组合仪表到音响，都采用双绞线连接。CAN 总线可通过车载自诊断系统，借助 SST（WDS）显示故障码。CAN 总线的安装位置如图 6-108 所示，系统电路如图 6-109 所示。

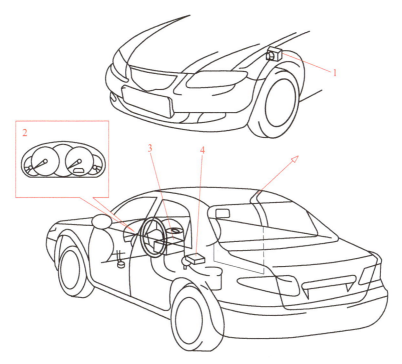

图 6-108 CAN 总线的安装位置

1—ABS（ABS/TCS）HU/CM（带有 ABS 或 ABS/TCS）　2—组合仪表　3—音响装置　4—PCM

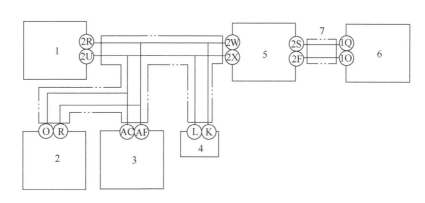

图 6-109 CAN 总线系统电路图

1—PCM　2—ABS（ABS/TCS）HU/CM（带有 ABS 或 ABS/TCS）　3—DSC HU/CM（带有 DSC）
4—诊断接口　5—组合仪表　6—音响　7—双绞线

CAN 电控单元由一个电路、CPU 以及输入/输出接口构成，如图 6-110 所示。取消了传统电控单元的输入/输出接口，缩小了电控单元的尺寸。CPU 控制所有在 CAN 配线上交换的信号。非多路传输部件的数据通信通过传统的输入/输出接口执行。CAN 总线各元件的功能见表 6-59。

CAN 电控单元之间的信息通过多路传输与接收。CAN 总线与传统系统线路的控制比较如图 6-111 所示，CAN 电控单元信息见表 6-60。

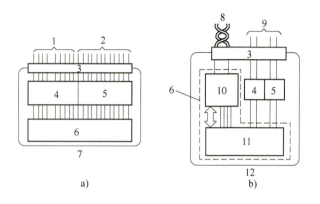

图 6-110 电控单元

a) 不带 CAN b) 带 CAN

1—输入信号 2—输出信号 3—插接器 4—输入接口 5—输出接口 6—CPU 7—传统电控单元
8—CAN 配线 9—传统配线 10—多路区块 11—CPU 12—CAN 电控单元

表 6-59 CAN 总线各元件的功能

元件		功能
CPU	电路	为 CPU 以及邻近输入/输出接口提供电源
	计算处理单元	控制功能被扩展,当传输数据时,数据被存储在一个电控单元中。当一个多路区块接收到一个阅读存储数据的要求时,传输的数据从多路区块中被阅读
	多路体	将总线数据传到计算处理单元。另外,将计算处理单元存储的数据发送到总线
输入/输出接口		将开关信号转换成电信号送入 CPU,再输出给执行器或指示灯

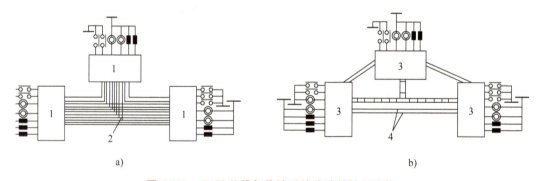

图 6-111 CAN 总线与传统系统线路的控制比较

a) 传统布线 b) CAN 布线

1—电控单元 2—布线 3—CAN 电控单元 4—CAN 总线

表 6-60 CAN 电控单元信息

信息	电控单元			
	PCM	ABS(ABS/TCS) HU/CM 或 DSC HU/CM	组合仪表	音响(信息显示)
发动机工作条件	OUT	IN		
转矩降低抑制	OUT	IN		

（续）

信　　息		电控单元			
		PCM	ABS(ABS/TCS)HU/CM 或 DSC HU/CM	组合仪表	音响（信息显示）
发动机转速		OUT	IN	IN	
轮速（前左/前右/后左/后右）	带 ABS(ABS/TCS) 或 DSC	IN	OUT	IN	
	不带 ABS	OUT		IN	
节气门位置		OUT	IN		
发动机冷却液温度		OUT		IN	
行驶距离	—	IN	OUT		
	手动变速器, 不带 ABS	OUT		IN	
燃油喷射量		OUT	IN		
MIL(故障指示灯)工作条件		OUT		IN	
发动机警告灯工作条件		OUT		IN	
发动机排量		OUT	IN		
气缸数量		OUT	IN		
空气感应类型		OUT	IN		
燃油型号与运输		OUT	IN		
变速驱动桥/轴类型		OUT	IN		
轮胎圆周(前/后)		OUT	IN		
变速器档位/变速杆位置		OUT	IN	IN	
转矩降低要求		IN	OUT		
制动系统类型(EBD/ABS/TCS/DSC)		IN	OUT	IN	
制动系统状态	ABS	IN	OUT		
	EBD/ABS/TCS/DSC		OUT	IN	
制动警告灯工作条件(制动液液位传感器)			IN	OUT	
ABS 设置		IN	IN	OUT	
驾驶信息系统开关运行				IN	OUT
驾驶信息系统显示				OUT	IN

注：IN——输入（接收信号），OUT——输出（发送信号）。

2. 车载自诊断功能

车载自诊断功能包括在 PCM、ABS（ABS/TCS）HU/CM 或 DSC HU/CM 及组合仪表中，此功能可缩小故障查找范围（故障定位）。车载自诊断功能如下：

1）故障检测功能。用于检测 CAN 部件故障。

2）存储功能。存储检测到的故障码。

3）自诊断功能。通过故障码以及警告灯指示系统故障状态。

当故障检测功能确定系统出现故障时，故障安全保护功能点亮故障指示灯提示驾驶人，见表 6-61。

表6-61 故障安全保护功能

电控单元	故障安全保障功能
PCM	MIL点亮
ABS(ABS/TCS)HU/CM 或 DSC HU/CM	1. ABS(ABS/TCS)功能停止 2. DSC功能停止 3. ABS警告灯点亮 4. DSC/TCS指示灯点亮 5. DSC关闭灯点亮 6. TCS关闭灯点亮
组合仪表	1. 车速表、转速表、冷却液温度表:0显示 2. MIL点亮 3. ABS警告灯点亮

自诊断功能确定存在故障,并输出一个信号作为一个故障码输给DLC-2,通过使用SST(WDS)可读出故障码。CAN总线故障码见表6-62。

表6-62 CAN总线故障码

故障码	故障原因	电控单元
U0073	CAN总线与组合仪表信息交换错误	PCM
U0121	到ABS(ABS/TCS)HU/CM或DSC HU/CM的数据交换错误	
U0155	CAN总线数据交换错误	
U1900	CAN总线数据交换错误	1. ABS(ABS/TCS)HU/CM 2. DSC HU/CM 3. 组合仪表
U2516	CAN总线电气配线短路或断路	

4) PID/DATA监控功能。利用PID/DATA的监控功能可选择与读取需要监控的项目,ABS(ABS/TCS)HU/CM或DSC HU/CM及组合仪表的输入/输出信号见表6-63,也可使用SST(WDS)读取PID/DATA监控信息,见表6-64。

表6-63 PID/DATA监控功能

PID名称	条件	技术标准	电控单元	终端
IC-MSG(产生于组合仪表的故障信息)	发出	组合仪表电路正常	ABS(ABS/TCS)HU/CM或DSC HU/CM	1. ABS(ABS/TCS)HU/CM:O、R 2. DSC HU/CM:AF、AG 3. 组合仪表:2W、2X
	不发出	组合仪表电路不正常		
ABS-MSG[产生于ABS(ABS/TCS)HU/CM或DSC HU/CM的故障信息]	发出	ABS(ABS/TCS)HU/CM或DSC HU/CM电路正常	组合仪表	
	不发出	ABS(ABS/TCS)HU/CM或DSC HU/CM电路不正常		
PCM-MSG(产生于PCM的故障信息)	发出	PCM电路正常	1. ABS(ABS/TCS)HU/CM或DSC HU/CM 2. 组合仪表	
	不发出	PCM电路不正常		

用PID/DATA监控功能判断线路通信故障,若在ABS HU/CM与PCM之间存在通信故障,或组合仪表与PCM之间存在通信故障,即使ABS HU/CM与组合仪表之间通信正常,在PCM或PCM的相关电路中也可能存在故障(适用于未装备TCS或DSC的车辆)。

第六章 典型汽车车载网络系统

表6-64 PID/DATA 监控信息表

电控单元	PID 名称	状态	故障原因
ABS HU/CM	PCM MSG（未收到 PCM 信息）	不出现	ABS HU/CM 与 PCM 之间通信故障
	IC MSG（未收到组合仪表信息）	出现	ABS HU/CM 与组合仪表之间通信正常
组合仪表	PCM MSG（未收到 PCM 信息）	不出现	PCM 与组合仪表之间通信故障
	ABS MSG［ABS（ABS/TCS）HU/CM 或 DSC HU/CM］	出现	ABS HU/CM 与组合仪表之间通信正常

二、CAN 总线的故障检修

1. 故障诊断程序

若 CAN 总线发生故障，用专用工具（WDS 等类似设备）读取 PCM（动力控制系统电控单元）、DSC HU/CM（DSC 动力稳定控制）、ABS（ABS/TCS）HU/CM 和 ABS（ABS/TCS）及组合仪表的故障码，并按图 6-112 所示的流程诊断和排除故障。

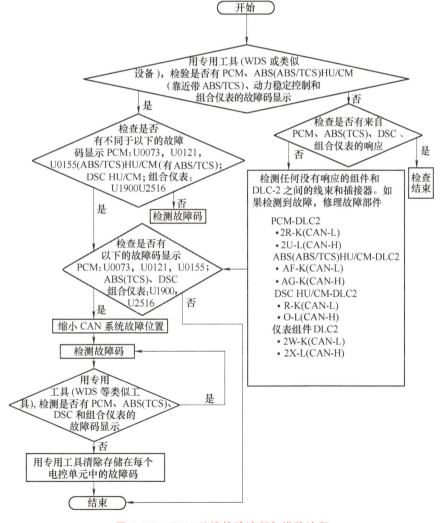

图 6-112 CAN 总线故障诊断与排除流程

2. 故障诊断方法

（1）读取故障码 若无故障码，需检查 PCM、ABS（ABS/TCS）、DSC、组合仪表的响应情况；若有响应，说明 CAN 总线无故障；若无响应，应检测没有响应的组件和 DLC-2 之间的线束和插接器，并进行相应处理。

若存在故障码，通过读取故障码，确定故障的大致部位，逐渐缩小故障范围，根据故障提示进行相应处理。

（2）确定故障位置的程序 马自达 6 轿车 CAN 布线如图 6-113 所示，利用该图可快速地找到故障部位。

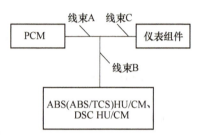

图 6-113 马自达 6 轿车 CAN 布线

如果 PCM 与 ABS（ABS/TCS）HU/CM、DSC HU/CM 和组合仪表的通信都有错误，则故障部位在线束 A 和 PCM。

如果 PCM 与 ABS（ABS/TCS）HU/CM、DSC HU/CM 通信都有错误，而与组合仪表通信正常，则故障部位在线束 B 或 ABS（ABS/TCS）HU/CM、DSC HU/CM。

如果 PCM 与 ABS（ABS/TCS）HU/CM、DSC HU/CM 通信正常，而与组合仪表通信不正常，则线束 C 或组合仪表有故障。

1）PCM 故障位置的确定。利用专用工具（WDS 等类似设备）检查故障码，若出现故障码 U0121 或 U0155，用表 6-65 判定 CAN 总线的故障部位。

表 6-65 PCM 故障部位的确定

电控单元	通信状态		故障部位
	ABS（ABS/TCS）HU/CM、DSC HU/CM	组合仪表	
PCM	通信错误	通信错误	1. 线束 A 2. ABS（ABS/TCS） 3. DSC
	通信错误	正常	1. 线束 B 2. PCM
	正常	通信错误	1. 线束 C 2. 组合仪表

2）ABS（ABS/TCS）HU/CM 和 DSC HU/CM 故障位置的确定。用专用工具（WDS 等类似设备）监视 PID 的"PCM MSG"和"IC MSG"，参照 PID/DATA 监控信息确认的显示状态和表 6-66，判定 CAN 总线的故障部位。

表 6-66 CAN 总线 ABS（ABS/TCS）HU/CM 和 DSC HU/CM 故障部位的确定

电控单元	通信状态		故障部位
	PCM	组合仪表	
ABS（ABS/TCS）HU/CM 和 DSC HU/CM	通信错误	通信错误	1. 线束 B 2. ABS（ABS/TCS） 3. DSC
	通信错误	正常	1. 线束 A 2. PCM
	正常	通信错误	1. 线束 C 2. 组合仪表

3）组合仪表故障部位的确定。用专用工具（WDS 等类似设备）监视 PID 的"PCM MSG"和"IC MSG"，根据 PID/DATA 监控信息确认的显示状态，参照表 6-67 判定 CAN 总线的故障部位。

表 6-67　CAN 总线组合仪表故障部位的确定

组件	通信状态		故障部位
	PCM	ABS（ABS/TCS）HU/CM DSC HU/CM	
组合仪表	通信错误	通信错误	1. 线束 C 2. 组合仪表
	通信错误	正常	1. 线束 A 2. PCM
	正常	通信错误	1. 线束 B 2. ABS(ABS/TCS)

① 检测状态。由于操作错误或系统损坏，如果仅根据检测状态进行检测可能引起事故，所以进行检测时要遵循检测程序。CAN 总线故障与线束、相关组件通信错误有关。

② 故障原因。线束断路或短路，PCM、DSC、ABS（TCS）和仪表之间的插接器故障，PCM 故障，ABS（TCS）故障，DSC 故障或组合仪表故障。

（3）故障码检查方法　故障码 U0073、U1900 和 U2516 的检查方法如下：

1）检查线束 C 和组合仪表是否有故障，如有故障，进行步骤 4），否则进行下一步。

2）检查线束 B、ABS（ABS/TCS）HU/CM 和 DSC HU/CM 是否有故障，如有故障，进行步骤 8），否则进行下一步。

3）检查线束 A 和 PCM 是否有故障，如有故障，进行步骤 12），否则进行下一步。

4）断开蓄电池负极接线及组合仪表插接器，检查组合仪表插接器的连接状况，若不正常，检查维修线束，必要时更换线束，否则进行下一步。

5）检查汽车是否配有 DSC 系统，如果没配，进行步骤 7），否则进行下一步。

6）断开 DSC HU/CM 插接器，检测 DSC HU/CM 端子 AF-2W（CAN-L）与组合仪表端子 AG-2X（CAN-H）之间的线束是否对搭铁短路，或对电源短路、断路。如果线束正常，更换组合仪表，然后转到步骤 10）；否则检查维修线束，必要时更换线束。

7）断开 ABS（ABS/TCS）HU/CM 插接器，检测 ABS（ABS/TCS）HU/CM 端子 R-2W（CAN-L）与组合仪表端子 O-2X（CAN-H）之间的线束是否对搭铁短路，或对电源短路、断路。如果线束正常，更换组合仪表，然后转到步骤 16）；否则检查维修线束，必要时更换线束。

8）断开蓄电池负极接线及 ABS（ABS/TCS）HU/CM 或 DSC HU/CM 插接器，检查组合仪表插接器的连接状况是否完好。如果连接不正常，检查维修线束，必要时更换线束，否则进行下一步。

9）检查汽车是否配有 DSC 系统，如果没配，进行步骤 11），否则进行下一步。

10）断开组合仪表插接器，检测 DSC HU/CM 端子 AF-2W（CAN-L）与组合仪表端子 AG-2X（CAN-H）之间的线束是否对搭铁短路，或对电源短路、断路。如果线束正常，更换 DSC HU/CM，然后转到步骤 16）；否则检查维修线束，必要时更换线束。

11）断开组合仪表插接器，检测 ABS（ABS/TCS）HU/CM 端子 R-2W（CAN-L）与组合仪表端子 O-2X（CAN-H）之间的线束是否对搭铁短路，或对电源短路、断路。如果线束正常，更换组合仪表，然后转到步骤16）；否则检查维修线束，必要时更换线束。

12）断开 PCM 插接器，检查组合仪表插接器的连接状况。如果连接不正常，检查维修线束，必要时更换线束，否则进行下一步。

13）检查汽车是否配有 DSC 系统，如果没配，进行步骤15），否则进行下一步。

14）断开蓄电池负极接线及 DSC HU/CM 插接器，检测 PCM 端子 2R-2F（CAN-L）与 DSC HU/CM 端子 2U-AC（CAN-H）之间的线束是否对搭铁短路，或对电源短路、断路；如果线束正常，更换 PCM，然后转到步骤16），否则检查维修线束，必要时更换线束。

15）断开蓄电池负极接线及 ABS（ABS/TCS）HU/CM 插接器，检测 PCM 端子 2R-R（CAN-L）与 ABS（ABS/TCS）HU/CM 端子 2U-O（CAN-H）之间的线束是否对搭铁短路，或对电源短路、断路。如果线束正常，更换 PCM，然后进行下一步；否则检查维修线束，必要时更换线束。

16）连接 PCM 插接器、ABS（ABS/TCS）HU/CM 或 DSC HU/CM 插接器，以及组合仪表插接器，用专用工具（WDS 等类似设备）清除存储的故障码，运行 KOEO/KOER 自检，检查是否有故障码 U0073、U1900 和 U2516。若有，从步骤1）重新开始检查；否则，说明故障排除。

第五节　奔驰轿车光纤通信系统

一、DDB 光纤传输网络

光纤传输网络分别连接以下元件：

1）COMAND 驾驶座舱管理系统及大型显示器。

2）收音机。

3）音箱功率放大器。

4）CD 控制盒。

5）车载电话系统。

DDB 光纤传输网络通过 COMAND 电控单元与 CAN-B 网络连接，相互交换信息。DDB 光纤传输网络如图 6-114 所示。

例如，在收音机的中央通信控制面板上，按下 CD 的"Play"按钮播放 CD 音响，此时收音机电控单元将此指令转换成光波数据信号，经由 DDB 光纤导线传至各接收电控单元。由于光波传输速率非常快，所以当按下任何命令指令，各接收电控单元会同时

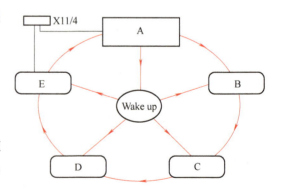

图 6-114　DDB 光纤传输网络
A—收音机　B—CD 控制盒　C—声音控制电控单元
D—车载电话　E—电话接收电控单元
X11/4—诊断插接器

执行此指令。

二、DDB 的传输回路

车载电话、CD 音响和收音机都使用 DDB 光纤电路传送数据。

D2B 光纤传输网络需有两条电源供应线路、两条输入与输出光纤线路（DDB）和一条唤醒信号线（Wake Up）。DDB 光纤传输网络同时可传送许多低频信号，而且信息不会失真。

DDB 光纤传输网络是一种环状连接结构，所有的组件必须以环形连接，其传输方向是固定的，不可变换其位置，当每一次启动系统时，收音机监视其巡回传输状况。将奔驰 W210 汽车与奔驰 W202 汽车的收音机对调时，收音机因巡回传输顺序错误，导致操作功能错误，此时必须使用 HHT 或 Star Diagnosis 进行重新设定。W210 与 W202 传输的方向见表 6-68。

表 6-68　W210 与 W202 传输的方向

W210	收音机	CD	音量放大器	车载电话	导航系统
W202	收音机	CD	行动电话	音量放大器	

奔驰 W220 汽车的 DDB 光纤传输网络及工作流程如图 6-115 所示。

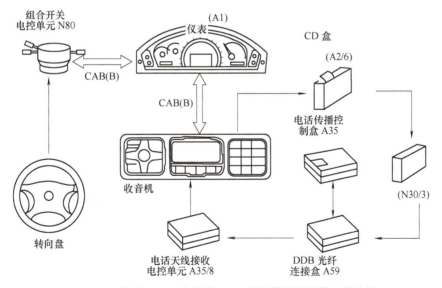

图 6-115　奔驰 W220 汽车的 DDB 光纤传输网络及工作流程

三、DDB 光纤传输的优点

1）高速度。传输速度为 5.6Mbit/s，最大可达 20Mbit/s。

2）不受电磁波及辐射影响，光束波长为 650nm（红色），光纤导线直径为 2.2mm。

3）传输性能强。光纤为直线，被弯曲、被挤压（最小弯曲半径为 25mm）、破损时，信号都能有效地传输。

四、DDB 的工作原理和检测

为了确保环状网络工作正常,光纤主控制器必须检测到网络中的元件号码,不正确的版本编码或元件的工作顺序不合适,可能造成间歇性工作或操作失败。

1. DDB 环状结构

当网络中的光纤不使用时,该光纤将进入休眠状态,可通过发送电子唤醒信号到网络中的所有元件进行激活和唤醒,如图 6-116 所示。

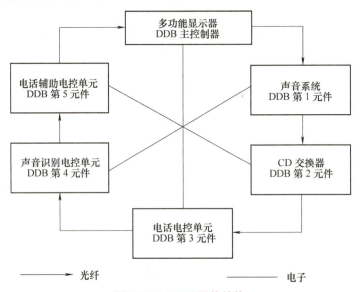

图 6-116　DDB 网络结构

2. 电子唤醒顺序

开始发出电子唤醒脉冲,连接元件唤醒。在电子唤醒信号发出的同时,系统开始准备工作,如图 6-117 和图 6-118 所示。

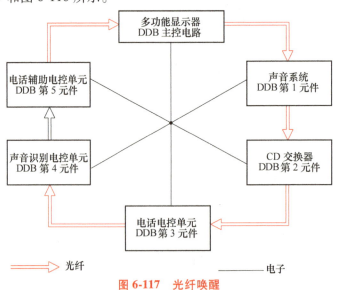

图 6-117　光纤唤醒

3. 电子唤醒（CTEL1）

接听或拨打电话，CTEL1 唤醒整个系统，其工作过程如下：

1）CTEL1 发出唤醒信号。
2）主控制器分析唤醒脉冲。
3）除了 CTEL1 连接元件，其他元件都被唤醒。
4）自此以后 CTEL1 不被唤醒。
5）3 个附加的脉冲信号被发出。
6）每一个唤醒脉冲脉宽都会分析。
7）4 个脉宽被传送，但不传送到 CTEL1。
8）在 4 个脉宽之后，将会回到 COMAND，如图 6-119 和图 6-120 所示。

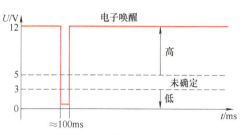

图 6-118　电子唤醒波形

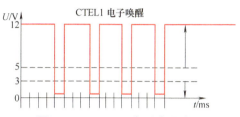

图 6-119　CTEL1 电子唤醒波形

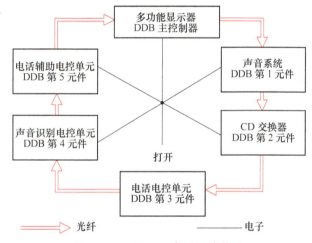

图 6-120　CTEL1 电话系统激活

4. 诊断波形

1）正常的唤醒波形如图 6-121 所示。

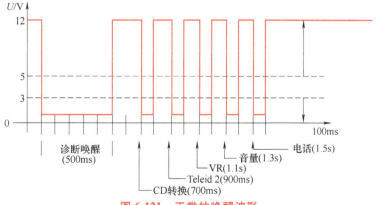

图 6-121　正常的唤醒波形

2）不正常的唤醒波形如图 6-122 所示。

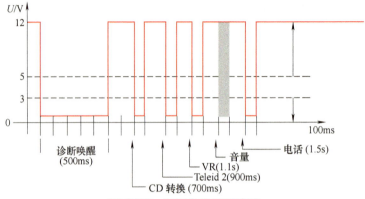

图 6-122　不正常的唤醒波形

5. DDB 测试器

1）DDB 测试器如图 6-123 所示，它可以测量光束的接收，检查光束接收信号，检查元件输出。

图 6-123　DDB 测试器

2）DDB 测试器的使用方法和检查如图 6-124 和图 6-125 所示。

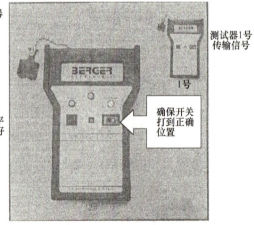

图 6-124　光纤传输能力的检查

图 6-125　DDB 元件通信的检查

本 章 小 结

一汽宝来轿车装用了动力 CAN 和舒适 CAN，奥迪轿车采用了 CAN、LIN、MOST、蓝牙技术等先进的网络技术，2010 款奥迪 A8、2012 款奥迪 A6L 在此基础上增加了 FlexRay 总线。

东风雪铁龙赛纳轿车有 CAN 网、VAN 舒适网、VAN CAR1 网、VAN CAR2 网 4 个多路传输网，多路传输可以使不同电气部件在由两根导线组成的传输通道上相互进行多种数字信息的循环流通，多路传输网由中央电控单元 BSI 管理。

威达轿车 CAN 总线功能包括内部照明、外部和危险照明、功率调节、禁用设备、中央门锁、防盗报警系统、车窗升降装置、刮水器/清洗系统和人性化系统。

复习思考题

1. 简述一汽宝来轿车动力系统 CAN 数据总线的数据传输原理。
2. 简述奥迪 A6 轿车 LIN 总线的工作模式及其特点。
3. 简述奥迪 A6 轿车 MOST 总线的组成和工作原理。
4. 简述奥迪 A6L 轿车车载蓝牙免提系统的基本组成。
5. 简述奥迪 A6L 轿车车载蓝牙免提系统的 SIM 卡访问模式的组成和工作原理。
6. 针对奥迪 A6L 轿车车载蓝牙系统 SIM 卡放置于手持话机中，分析其组成和工作原理。
7. 简述奥迪轿车 FlexRay 总线的构成和工作原理。
8. 简述奥迪轿车电能管理系统的组成和工作原理。
9. 简述奥迪轿车高级钥匙系统的组成和工作原理。
10. 简述东风雪铁龙塞纳轿车多路传输的特点。
11. 简述东风雪铁龙塞纳轿车多路传输 SRS 的信号流程。
12. 简述奔驰光纤通信系统 DDB 光纤传输的优点和工作原理。

第七章

车载网络系统的故障与检修

第一节　车载网络系统故障

一、故障状态

车载网络系统故障有错误激活、错误认可和总线关闭 3 种故障状态。

1. 错误激活状态

错误激活状态是指正常参与总线通信的状态,当错误激活状态单元检测到错误时,输出错误激活标志。

2. 错误认可状态

错误认可状态是指容易出现错误的状态。处于错误认可状态的组件可以参与总线上的通信,但为了不妨碍其组件的通信,接收信息时不能发出出错激活的通知。处于错误认可状态的组件检测到错误,但其余处于错误激活状态的组件若没有检测到错误,即可判断为整个总线没有错误。当处于错误认可状态的组件检测到错误时,输出错误认可标志。

此外,处于错误认可状态的组件在发出信号之后不能立刻再次发信。在开始下次发信之前,在帧间间隔处要插入 8 位的隐性电平,挂起传送(暂停发送)的位场。

3. 总线关闭状态

总线关闭状态是指不能参与总线通信的状态。此时,有关信息发送与接收的所有动作均被禁止。

上述 3 种故障状态由发送出错计数器与接收出错计数器管理,即进行故障界定。根据计数器的值将错误状态进行分门别类,错误状态与计数器数值的关系见表 7-1,并参见图 3-12。发送出错计数器的值与接收出错计数器的数值随条件而变化,见表 7-2。但发送和接收一个数据时,有时多项条件相互重叠。出错计数器计数增加的时间为错误标志的第 1 位。

表 7-1　错误状态与计数器数值的关系

错误状态	发送出错计数器(TEC)	接收出错计数器(REC)
错误激活状态	0~127	0~127①
错误认可状态	128~255	128~255②
总线关闭状态	大于或等于 256	

① TEC、REC 二者同时满足,错误激活。
② TEC、REC 二者满足一条即可。

表 7-2 出错计数器数值的变化条件

条件变化	发送出错计数器（TEC）	接收出错计数器（REC）
当接收单元检测出有错误时（如果在发送错误标志或超载标志期间,接收单元检测到的错误为位错误时,接收出错计数器值不增加）	—	加 1
当接收单元检测到发送错误标志之后的位为显性时	—	加 8
当发送单元输出错误标志时	加 8	—
当发送单元检测出发送错误激活标志或超载标志期间有位错误时	加 8	—
当接收单元检测出发送错误激活标志或超载标志期间有位错误时	—	加 8
当各单元检测出从错误激活标志、超载标志的第 1 位起有连续 14 位的隐性位时,以及此后每当检测出连续的 8 位显性时	发送时加 8	接收时加 8
当检测到错误认可标志后追加有连续的 8 位显性时	发送时加 8	接收时加 8
当发送单元正常发送数据时（直至 ACK 返回 EOF 结束,也没有检测出错误）	减 1；但当 TEC = 0 时,为加/减 0	—
当接收单元正常接收数据时（直至 CRC 序列也没有检测出错误,ACK 可以正常返回）	—	当 1≤REC≤127 时,减 1；当 REC = 0 时,加/减 0；当 REC > 127 时,调整为 REC = 127
当总线组件 128 次检测到有连续的 11 位隐性时	归零,即 TEC = 0	归零,即 REC + 0

二、故障现象

当车载网络系统发生故障时,一般都有一些明显的故障特征。当出现总线系统故障时,其故障现象会很特殊,有时车辆上的系统会"群死群伤";有时众多系统会"瘫痪";车辆上装备的某套数据总线系统内的电控单元不能通过总线相互通信,造成车辆功能异常,甚至诊断仪也不能对该系统进行通信诊断。总体来说,故障现象有下列 3 种：

1) 整个网络失效或多个电控单元不工作或工作不正常。
2) 在不同系统和不同位置,同时表现出多个不同的故障现象,且故障现象之间没有任何关联。
3) 个别电控单元或多个电控单元在接上专用诊断仪后无法与诊断仪通信。

三、故障类型

车载网络系统的故障类型有 3 种,即汽车电源系统引起的故障、车载网络系统的节点故障和车载网络系统的链路故障。

1. 汽车电源系统引起的故障

车载网络系统的核心部分是含有通信 IC 芯片的电控单元,其正常工作电压在 10.5～15.0V 范围内。若汽车电源系统提供的工作电压低于该值,会造成一些对工作电压要求较高的电控单元暂时停止工作,从而使整个车载网络系统暂时无法通信。如同用故障诊断仪在未起动发动机时就已经设定好要检测的传感界面,当发动机起动时,故障诊断仪往往又回到初始界面。

2. 节点故障

节点是车载网络系统的电控单元,因此,节点故障就是电控单元故障。节点故障包括软件故障,即传输协议或软件程序有缺陷或冲突,从而使车载网络系统通信出现混乱或无法工作,该故障通常大量出现,且无法维修;硬件故障,即由于通信芯片或集成电路故障造成车载网络系统无法正常工作。对于采用低版本信息传输协议,即点到点信息传输协议的车载网络系统,如果有节点故障,将使整个车载网络系统无法工作。

节点故障常见的原因如下:

(1) **发送错误指令** 在网络覆盖的电控单元内,某些电控单元由于受到外界干扰,错误地向执行器发出指令,使一些执行器不能按照预先设计的控制机理正确动作。

(2) **电控单元内部短路** 检修时,在网线未损坏的情况下,通常采用排除法查找故障点。

3. 链路故障

当车载网络系统的链路(或通信线路)发生故障时,如通信线路短路、断路,以及由于线路物理性质引起的通信信号衰减或失真,都会引起多个电控单元无法工作或电控系统错误动作。当判断是否为链路故障时,一般采用示波器或汽车专用光纤维修仪来观察通信数据信号是否与标准通信数据信号相符。另外,当车载网络系统工作不稳定时,使用故障诊断仪可以检测出有关总线的故障码。

第二节 车载网络系统的故障检修

当采用车载网络系统的车辆出现故障时,应首先检测汽车多路信息传输系统是否正常。因为车载网络系统有故障,则整个车载网络系统中的信息将无法传输,接收这些信息的电控单元将无法正常工作,从而为故障诊断带来困难。对于车载网络系统故障的检修,应根据车载网络系统的具体结构和控制线路具体分析。

一、检修注意事项

车载网络主要由电控单元、数据链路接口(诊断插接器)和数据总线线路组成。车载网络的检修,实际上只能进行线路检修、插接器检修、电控单元更换或修理。

当线路或插接器需要检修时,一定要按维修手册中指定的方法进行。在确认电控单元有故障之前,一定要仔细检查所有电控单元的电源和搭铁线路。首先根据电路图识别出其电源和搭铁线路,然后用数字万用表进行检查。所有双绞线每2.5cm就要拧绞一次(为防止电磁干扰),并且距所连电控单元25cm以内必须打结。

在修理数据总线时,必须使用正确规格的导线。若数据总线线路的阻抗偏高,将更容易导致网络出现故障。导线修理必须焊接,不得搭接。焊接修理部分用胶带缠绕,如图7-1所示。双绞线去皮小于110mm,但绝对不能打开总线的节点。不要在修理部分使用支线连接,否则,结合线易分开,绞线性能会变差。

进行车载网络系统诊断时，应注意：

1) 使用测试器时，其开放端子电压应为7V或更低。不要在测量端子施加7V以上的电压。

2) 检查电路之前确保关闭点火开关，断开蓄电池负极电缆。禁止在点火开关接通时断开或重新连接动力系统电控单元线束插接器。

3) 由于动力系统电控单元电路具有一定的敏感性，因此有专门的线路修理程序，要严格执行。

4) 动力系统电控单元对电磁干扰极其敏感。执行维修程序时，要确保动力系统电控单元线束布设正确，且牢固装在安装夹上。

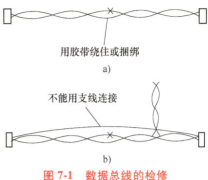

图 7-1 数据总线的检修

5) 为避免损坏线束插接器端子，在对动力系统电控单元线束插接器进行测试时，务必使用合适的线束测试引线。

6) 不要触摸动力系统电控单元插接器端子或动力系统电控单元电路板上的锡焊元件，以防因静电放电造成损坏。

7) 利用电焊设备进行焊接时，必须从动力系统电控单元上拆下线束插接器。

8) 确保所有线束插接器连接可靠。

9) 发动机运行时，不得从车辆电气系统上断开蓄电池电缆。

10) 充电前，务必从车辆电气系统上断开蓄电池电缆。

11) 切勿使用快速充电器起动车辆。

12) 确保蓄电池电缆端子连接牢固。

13) 安装新的动力系统电控单元前，确保类型正确，务必参见最新的备件信息。

14) 插接器需要更换时，只能更换认可的电气插接器，以保证正确配合，并防止线路中电阻过大。在更换新的电控单元后，必须对新的电控单元进行重新编码。电控单元的编码工作可以用厂家专用的诊断仪进行，按菜单提示操作。

二、故障自诊断

带有CAN总线的多路传输系统支持自诊断功能。由于CAN总线不同于普通K线的传递方式，对诊断仪的要求很高，因此，普通的诊断仪不能满足带有CAN数据传输系统的检测要求，但是支持带有CAN数据传输系统的诊断仪却能兼容具有K线传输的系统。

1. 采用CAN的车辆对诊断仪的要求

（1）**能够自动识别汽车电控单元的型号和版本** 能够自动识别当前测试车型电控单元型号和版本，而不用人工选择车款、车型和诊断接口类型等信息。一旦识别出电控单元的型号，相应的故障码、故障码清除方法、数据流内容、执行元件测试及其他特殊功能等便都确定。

（2）**能够完全访问汽车电控单元上开放的存储资源** 在汽车故障自诊断系统的设计过程中，预留了很多供外部诊断设备访问的存储单元，这些存储单元存放了反映汽车运行的非常重要的数据。外部诊断设备要安全访问这些存储资源，必须完全按照该车型的诊断通信协议所规定的通信方式进行访问。

（3）能够不失真地按照原厂要求显示从汽车电控单元上获取的数据 完全按照诊断通信协议获得诊断数据之后，必须按照原厂要求显示这些数据。每一项数据都有一定的显示格式，如对应不同的数据，显示的整数位、小数位、单位以及空白位置等都有明确的规定。

（4）支持以下功能

1）读取故障码。

2）清除故障码。

3）动态数据分析。

4）执行元件测试。

5）对特定的车系/车型支持专业功能，如提供系统基本设定、自适应匹配（含防盗电控单元及钥匙匹配）、编码、单独通道数据、登录系统和传送汽车底盘号等专业功能。

2. 自诊断系统能识别的故障码

1）一条或两条数据线断路。

2）两条数据线同时断路。

3）数据线对搭铁短路或对正极短路。

4）一个或多个电控单元有故障。如果电控单元通信中断的故障码被输出，可能有插接器断开或两条通信总线断路。仅一条通信总线断路，故障码不会检测出来，其故障情况如图7-2~图7-5所示。若两条通信总线在图7-4所示的位置断路，则这两条总线之间的电控单元通信中断，故障码被存储。

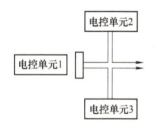

图7-2 电控单元插接器断开
（能检测故障码）

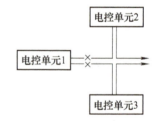

图7-3 两条通信总线断路
（能检测故障码）

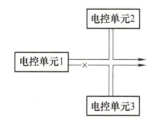

图7-4 仅一条通信总线断路
（不能检测故障码）

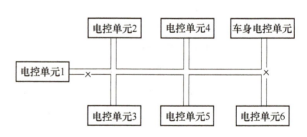

图7-5 3个电控单元通信中断

3. 宝来轿车车载网络系统的故障码检查

（1）进入 CAN 总线系统　CAN 总线自诊断接口 J533 有一个自诊断地址。

1）连接 VAS5051 诊断仪，选择"快速数据传输"，接通点火开关，输入地址码"19"。故障诊断仪显示器显示：

Rapid data transfer	HELP
Enter address word ××	
快速数据传输	帮助
输入地址码××	

2）按"1"和"9"键，选择"网关"，故障诊断仪显示器显示：

Rapid data transfer	Q
19-Gateway	
快速数据传输	Q
19-网关	

3）按"Q"键确认输入，故障诊断仪显示器显示：

Rapid data transfer	Q
Tester sends the address word 19	
快速数据传输	Q
检测仪表发送地址码 19	

4）故障诊断仪显示器显示：

6N0909901	Gateway K
Cording×××××	WSC×××××
6N0909901	网关 K
编码 ×××××	服务站代码 ×××××

上一行表示电控单元、系统名称（网关 K←→CAN）和版本号，下一行表示代号和服务站代码（取决于与数据总线相连的电控单元）。

5）按"→"键，故障诊断仪显示器显示：

Rapid data transfer	HELP
Select function ××	
快速数据传输	帮助
选择功能 ××	

（2）功能选择　选择"HELP"，显示功能选择表，见表 7-3。

表 7-3　功能选择表

代码	功能
02	读取故障码
05	清除故障码
06	结束输出
07	电控单元编码
08	读取测量数据块

（3）读取故障码 显示的故障信息，只有在起动自诊断或用功能"05-清除故障码"后才能不断更新。

1）故障诊断仪显示器显示：

Rapid data transfer	HELP
Select function ××	
快速数据传输	帮助
选择功能 ××	

2）按"0"和"2"键（用02选择功能"读取故障码"），显示器显示：

Rapid data transfer	Q
02 Interrogate fault memory	
快速数据传输	Q
02 读取故障码	

3）按"Q"键确认。显示器显示存储的故障数量或"No fault recognizes（没有识别到故障）"。

X Faults recoginsed！
发现 X 个故障！

4）依次显示并且打印出被存储的故障。按"→"键，当最后一个故障被显示和打印结束后，应根据故障分类表的描述排除故障。按"→"键，显示器显示：

Rapid data transfer	HELP
Select function ××	
快速数据传输	帮助
选择功能 ××	

5）如果显示其他内容，查阅故障诊断仪的使用说明书。
6）用"06"功能结束输出。
7）关闭点火开关，拔下自诊断插接器。

宝来轿车 CAN 总线系统故障自诊断可以输出的故障码见表 7-4。

表 7-4　宝来轿车 CAN 总线系统故障自诊断可以输出的故障码

V. A. G1551 打印信息	故障原因	可能影响	故障诊断与排除
00778-转向角传感器 G85 无法通信	转向角传感器 G85 通过总线接收不正常	与数据总线相连的系统功能不正常	1. 检查数据总线自诊断接口的编码 2. 读取 ABS 故障码，并排除故障 3. 按照电路图检查连接转向角传感器 G85 的数据总线
01044-电控单元编码错误	与数据总线相连的某电控单元编码错误	行驶性能不良（自动变速器换档冲击，负荷变化冲击），无行驶动力控制	1. 读取测量数据块 2. 读取与数据总线相连的所有电控单元存储的故障码，并排除故障 3. 检查并更改电控单元编码，如果需要，更换电控单元

（续）

V.A.G1551 打印信息	故障原因	可能影响	故障诊断与排除
01312-数据总线损坏	数据总线有故障，数据总线在"BUS-OFF"状态	行驶性能不良（自动变速器换档冲击，负荷变化冲击），无行驶动力控制	1. 读取测量数据块 2. 检查电控单元编码 3. 按照电路图检查数据总线 4. 更换损坏的电控单元
01314-发动机电控单元无法通信	发动机电控单元通过数据总线的数据接收不正常	行驶性能不良（自动变速器换档冲击，负荷变化冲击），无行驶动力控制	1. 读取测量数据块 2. 读取发动机故障码，并排除故障 3. 按照电路图检查发动机电控单元数据总线
01315-变速器电控单元无法通信	变速器电控单元通过数据总线的数据接收不正常	行驶性能不良（自动变速器换档冲击，负荷变化冲击），无行驶动力控制	1. 读取测量数据块 2. 读取变速器故障码，并排除故障 3. 按照电路图检查变速器电控单元数据总线
01316-ABS电控单元无法通信	ABS电控单元通过数据总线的数据接收不正常	行驶性能不良（自动变速器换档冲击，负荷变化冲击），无行驶动力控制	1. 读取测量数据块 2. 读取ABS故障码，并排除故障 3. 按照电路图检查ABS电控单元数据总线
01317-组合仪表电控单元J285无法通信	组合仪表电控单元J285数据总线有故障，组合仪表电控单元J285损坏	行驶性能不良（自动变速器换档冲击，负荷变化冲击），无行驶动力控制	1. 读取J553的测量数据块 2. 读取组合仪表故障码，并排除故障 3. 按照电路图检查数据总线
01321-SRS电控单元J234无法通信	SRS电控单元通过数据总线的数据接收不正常	SRS警告灯亮	1. 读取测量数据块 2. 读取SRS故障码，并排除故障 3. 按电控单元电路图检查SRS电控单元数据总线
01324-四轮驱动电控单元J492无法通信	四轮驱动电控单元通过数据总线的数据接收不正常	行驶性能不良（自动变速器换档冲击，负荷变化冲击），无行驶动力控制	1. 读取测量数据块 2. 读取四轮驱动装置故障码，并排除故障 3. 按照电路图检查四轮驱动电控单元数据总线

三、读取测量数据块

使用DSO能直观检测CAN数据总线，但不能显示CAN总线的信息内容和处于通信状态下的所有电控单元，为此需要使用VAS5051汽车诊断仪读取测量数据块。

1. 读取测量数据块中的CAN通信状态

使用VAS5051读取测量数据块，进入数据总线诊断接口，启动读取数据块功能。输入组号125，如图7-6所示。1表示网络电控单元在读取测量数据块125中的数据，该数据为网络电控单元接收从转向柱模块和中央舒适电气系统获得的数据信息；0表示网络电控单元没有从组合仪表和拖车连接系统获得数据信息，可能是由于电气网络电控单元与组合仪表之间的连线断路或没有安装该电控单元。

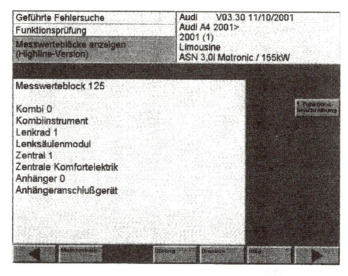

图 7-6　125 组号的测量数据块

2. 读取测量数据块的工作状态

使用 VAS5051 读取测量数据块的工作状态，从而确定 CAN 总线是处于"单线"还是"双线"状态工作。奥迪车系只有舒适/信息 CAN 总线有单线工作能力，驱动 CAN 总线没有单线工作能力。当舒适/信息 CAN 总线单线工作时，CAN 的通信传递仅能通过一条 CAN 总线的电压电位传送数据值。"单线工作"显示区存在 3 种显示状态：①常显示"双线工作"（系统正常）；②常显示"单线工作"；③"单线工作"与"双线工作"显示交替变换。

奥迪车系在 CAN 总线所有系统置于单线工作情况下，始终显示为"单线"；在 CAN 总线局部系统置于单线工作情况下，显示为"单线"和"双线"交替变化。短路和断路故障形式可通过显示和交替变化显示确定。若 CAN 总线显示始终为"单线"，可能原因为 CAN-H 与 CAN-L 之间短路、CAN-H 对正极短路、CAN-H 对搭铁短路、CAN-L 对正极短路或 CAN-L 对搭铁短路。若 CAN 总线通过连接电阻后对搭铁或正极短路，需根据阻值大小确定是否有"单线"显示。若 CAN 总线显示为"单线"和"双线"交替变化，可能由于连接到电控单元的 CAN-H 断路或 CAN-L 断路。

使用 VAS5051 读取测量数据块确定 CAN 总线系统的工作状态后，若总线处于"单线"或"单线"和"双线"交替变化，还需要用 DSO 进一步确定故障位置；使用 VAS5051 读取测量数据块进入数据总线诊断接口后，启动读取数据块功能，输入组号 131，如图 7-7 所示，图中椭圆部分表示舒适 CAN 总线处于单线工作模式。输入组号 141，如图 7-8 所示，图中椭圆部分表示信息 CAN 总线处于单线工作模式。

3. 读取测量数据块通过 CAN 总线的输入信号

使用 VAS5051 读取测量数据块通过 CAN 总线的输入信号。例如，开关设置从一个电控单元经 CAN 总线发送，使用该信息的电控单元通过读取测量数据块进行访问。使用

第七章 车载网络系统的故障与检修

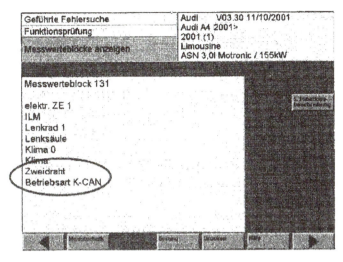

图7-7 131组号的测量数据块

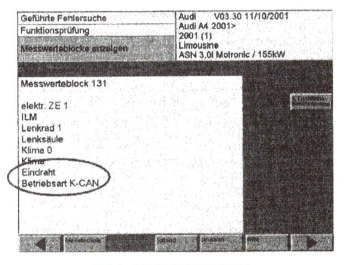

图7-8 141组号的测量数据块

VAS5051读取测量数据块,进入数据总线诊断接口后,启动读取数据块功能,输入组号007,如图7-9所示,读取测量数据块显示网络电控单元从一个电控单元获得的接收信息。在分配功能下,电控单元从其他电控单元获取该信息,并利用该信息执行一个局域的电控单元功能,只要信息接收正确,即可从测量数据块中读取。读取测量数据块功能,可显示所有来自开关的输入信息。

四、数据总数的波形检测

简单的诊断仪和扫描工具对信号的判断具有局限性,对超范围的信号往往会错误地判定为正确,或由于"假信号"发生太快,扫描工具不能同步捕捉信号而无法显示。由于没有使用示波器做进一步的检测和判断,通常是汽车有故障,而扫描工具检测却显示

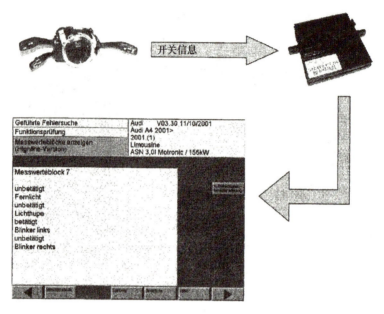

图 7-9　007 组号的测量数据块

系统正常。汽车示波器是针对汽车发生故障检修时,为快速、准确地判断故障及原因而开发的,为适应汽车检测环境而预设了多种测试模式,并配以不同的辅助接头和线缆,能完成对汽车总线、传感器和执行器的在线测试。

数据总线信号状态及其变化过程可用示波器进行检测,方法如下:

(1) **检测前的准备工作**　在检查数据总线系统之前,应确保所有与数据总线相连的电控单元无功能故障。若存在功能故障,先排除故障,并清除故障码。

(2) **CAN 总线系统的波形测量**（以上海波罗轿车为例）　波罗轿车的 CAN 总线具有动力系统 CAN 和舒适系统 CAN,其中动力系统 CAN 的连接方式如图 7-10 所示。使用 V.A.G1552 上的示波器功能（示波器有两个通道,即 D1 和 D2）,可同时测量 CAN-H 和 CAN-L 的波形,在同一显示界面上同时对比 CAN-H 和 CAL-L 的同步波形,能直观地分析 CAN 总线系统波形信号有无异常现象。

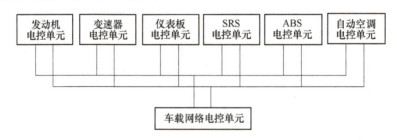

图 7-10　动力系统 CAN 的连接方式

测量接线方法如图 7-11 所示。通道 D1 的红色测量端子（正极）接 CAN-H 线,通道 D2 的红色测量端子接 CAN-L 线,二者的黑色测量端子同时搭铁。

车载网络系统信息传递通过两个二进制逻辑状态 0（显性）和 1（隐性）实现,每个逻辑状态都对应于相应的电压值。电控单元利用两条总线上的电压差来确认数据。CAN 总线上仅有两种工作状态，在隐性电位（1）时，两者电压值很接近；在显性电位（0）时，CAN-H 电压值上升，而 CAN-L 电压值下降，但两者的差值约为 2.5V，并有 100mV 的波动。

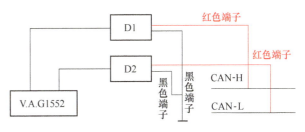

图 7-11　测量接线方法

CAN 动力总线的标准波形如图 7-12 所示。CAN-H 和 CAN-L 电压波形对称，系统通信状态正常，总线处于完好状态。

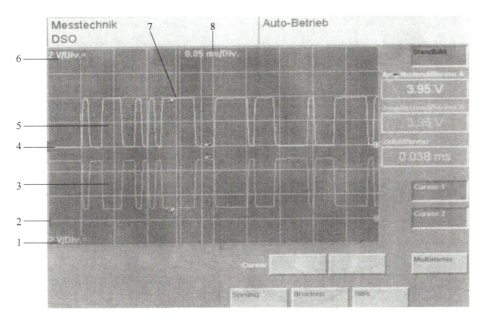

图 7-12　CAN 动力总线的标准波形

1—通道 D2 的电压单位设定　2—通道 D2 的零线　3—通道 D2，测量 CAN-L 信号　4—通道 D1 的零线
5—通道 D1，测量 CAN-H 信号　6—通道 D1 的电压单位设定　7—触发点的设定　8—时间单位设定

CAN 动力总线 CAN-H 与 CAN-L 之间的短路波形如图 7-13 所示。两条总线之间直接连接，示波器显示二者波形相重叠。在检测中，应找出两线的短路部位，并排除故障。

CAN 动力总线 CAN-H 断路波形如图 7-14 所示。CAN-H 电压波形在有信息传输时，出现断开现象，找出 CAN-H 线路的断路故障部位，并排除故障。

CAN 动力总线 CAN-L 断路波形如图 7-15 所示。与 CAN-H 发生断路相似，在 CAN-L 电压波形上存在断开区域，找出断路故障部位，并排除故障。

CAN 动力总线 CAN-L 与搭铁短路波形如图 7-16 所示。CAN-H 电压波形与标准波形相同，但 CAN-L 电压波形与标准波形相比幅值变化极小，说明 CAN-L 上没有信号传递，查找 CAN-L 与搭铁短路部位，并排除故障。

CAN 动力总线 CAN-L 与正极短路波形如图 7-17 所示。此时示波器显示 CAN-H 和

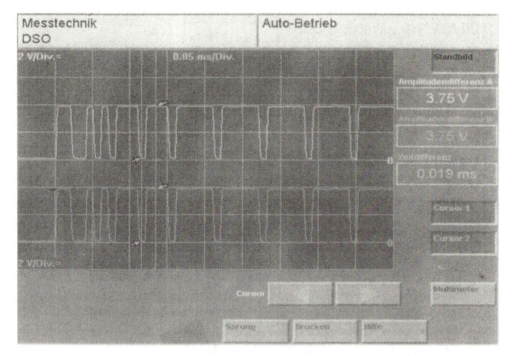

图 7-13　CAN 动力总线 CAN-H 与 CAN-L 之间的短路波形

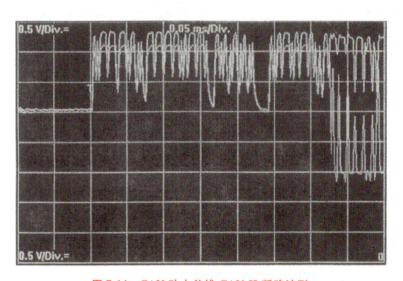

图 7-14　CAN 动力总线 CAN-H 断路波形

CAN-L 波形为最大峰值电压，且为直线。查找故障部位，并排除故障。

五、车载网络主要部件故障的检测

1. 电控单元

在检查数据总线系统之前，应确保所有与数据总线相连的电控单元无功能故障。功能故障是指不会直接影响数据总线系统，但会影响某一系统功能流程的故障，如传感器损

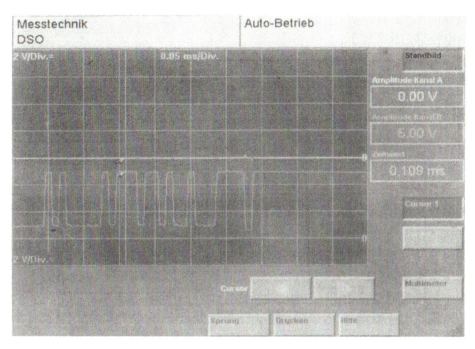

图 7-15　CAN 动力总线 CAN-L 断路波形

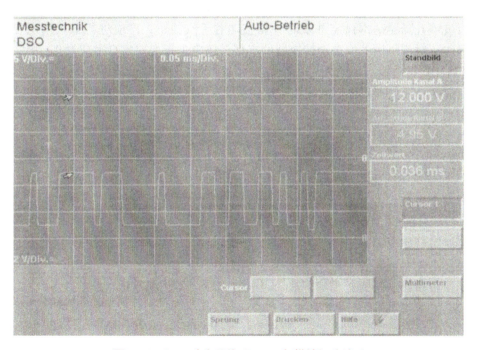

图 7-16　CAN 动力总线 CAN-L 与搭铁短路波形

坏则传感器信号不能通过数据总线传递。这种功能故障对数据总线系统有间接影响，会影响需要该传感器信号的电控单元的通信。如存在功能故障，要先排除该故障。记下该故障，待排除故障后，清除所有电控单元的故障码。若电控单元之间数据传递仍不正常，检查数据总线系统。

检测电控单元故障如下：

（1）了解车载网络系统的输入/输出信号 当网络系统中的某些输出信号没有时，可以怀疑发送这些信号的电控单元可能存在故障。通过 CAN 系统的输入/输出信号表，可确定某个信号的发送流程。诊断故障时，可通过查看相应的数据流缩小故障范围，如在查找车速表无车速显示的故障时，要了解车速是由 ABS（ABS/TCS）HU/CM 或 DSC HU/CM，还是由 PCM 发送到仪表组的。

图 7-17　CAN 动力总线 CAN-L 与正极短路波形

（2）检查汽车电源系统故障 若汽车电源系统提供的工作电压低于 10.5V，会使电控单元暂时停止工作，从而使整个车载网络系统无法通信。此时，除检查蓄电池电压、插接器连接情况、相关的熔丝、发动机与车身的搭铁、相应电控单元的电源供给等情况外，还应检查交流发电机的输出波形是否正常，若不正常将导致信号干扰故障。

大众车系检查方法：断开所有通过 CAN 总线传递数据的电控单元，关闭点火开关，接上其中一个电控单元，连接 VAS5051 汽车诊断仪，接通点火开关，清除刚接上的电控单元的故障码，用功能 06 来结束输出；关闭再接通点火开关，10s 后用故障诊断仪读取刚接上的电控单元故障码。若显示"硬件损坏"，则更换刚接上的电控单元；若未显示"硬件损坏"，再接下一个电控单元，重复上述过程。

断开蓄电池负极电缆，清除故障码后，连接蓄电池电缆，输入汽车音响和防盗系统密码，进行玻璃升降器基本设定并及时钟调整。对于汽油车，还应进行节气门电控单元的自适应操作；对于采用电控自动变速器的车型，还应进行变速器自适应操作。

2. CAN 数据总线

如果数据总线上查不出引起硬件损坏的原因，则应检查是否为某一电控单元引起该故障。检查数据总线系统故障时，需区分两种可能的情况，即 2 个电控单元组成的双线式数据总线系统、3 个或更多电控单元组成的双线式数据总线系统。

1）两个电控单元组成的双线式数据总线系统的检测如图 7-18 所示。检测时，关闭点火开关，断开两个电控单元。将示波器接入数据总线系统的 CAN-H 和 CAN-L，检查总线波形是否正常，检测时可分别断开某一个电控单元，以确定故障点是在电控单元还是线路。若数据总线无故障，则更换较易拆下（或较便宜）的一个电控单元再次测试；若数据总线系统仍不能正常工作，则更换另一个电控单元再次测试。

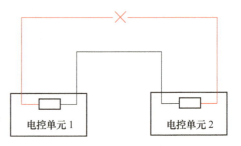

图 7-18　两个电控单元组成的双线式数据总线系统的检测

2）3 个电控单元组成的双线式数据总线系统的检测如图 7-19 所示。检测时，先读取电控单元内的故障码。如果电控单元 1 与电控单元 2 和电控单元 3 之间无通信，关闭点火开关，断开与总线相连的电控单元，用示波器检测。如果数据总线上查不出引起硬件损坏的原因，检查是否某一电控单元引起该故障。

3. 车载网络系统链路

车载网络系统发生故障，会表现出一定的故障现象。常见的网络故障现象如下：

（1）**数据总线的两根导线短路** 若两根导线之间短路，将导致整个网络失效。

（2）**导线对搭铁短路** 若两根导线中的某一根搭铁短路，则接上诊断仪诊断时，无电控单元响应。

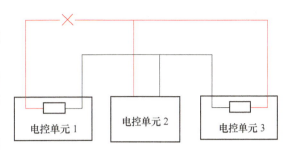

图7-19　3个电控单元组成的双线式数据总线系统的检测

（3）**导线对电源短路** 若两根导线中的某一根对电源短路，将导致整个网络失效。

（4）**一根导线断路** 若一根导线断路，则仍可进入"DATA LINK DIAGNOSTIC（数据链接诊断）"菜单并进行测试。

（5）**两根导线都断路** 若两根导线在靠近数据链接接头（诊断连接器）处发生断路，诊断仪和网络之间将无法通信。但网络的一个分支上两根导线都断路时，只有断点后面的电控单元无法与诊断仪通信。

（6）**两根导线均对搭铁短路** 若两根导线都对搭铁短路，将导致整个网络失效。各电控单元将按"故障模式"工作。汽车可以起动或行驶，但电控单元将只能使用与其直接连接的传感器。

（7）**电控单元内部故障** 若网关彻底损坏，将导致整个网络失效。

当发生故障时，汽车处于故障模式，即PCM的一种默认运行模式，可在发生严重故障时允许发动机和变速器以限定的能力继续工作。

在相应的电控单元上找到CAN总线，然后用多通道示波器检查CAN-H和CAN-L数据线的波形，CAN-H和CAN-L数据线上波形的电位应相反，即当一个为高电位（5V）时，另一个为低电位（0V），两条线的电压和总等于常值。并不需要了解此时CAN数据总线正在传递何种信息，而是观察这两条线上的波形是否均为0~5V的方波，且两者电位相反即可。如果某一条线出现0V，则可能是该线断路或与搭铁短路；如一条线为12V，则该线与正极短路。通常用万用表分别测量CAN-H和CAN-L数据线与搭铁之间的电压。一般CAN-H上电压为2.5~3.5V，CAN-L上电压为1.5~2.5V，且两者之和为5V，如CAN-H上电压为3.3V，则CAN-L上电压应为1.7V，如图7-20所示。

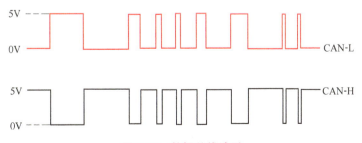

图7-20　数据总线波形

怀疑某两个电控单元之间的 CAN 总线出现故障时,可以用万用表对这两个电控单元之间的 CAN 总线进行检查,并注意检查线束插接器端子和插接器是否损坏、弯曲和松脱(接头侧和线束侧)。

检查 CAN 总线是否与搭铁短路时,若诊断接口也采用了 CAN 总线,则在诊断座处进行检查。

实际检查时,还可充分利用两个数据传递终端电阻进行 CAN 线路故障范围的确定。在系统完全正常的情况下,断开电源,拔下整个 CAN 数据传输系统中除作为 CAN 数据传输系统终端的两个电控单元外的任意一个电控单元,在拔下的电控单元上找到 CAN 总线,用万用表测量线束侧的两条 CAN 总线之间的电阻,都应约为两个数据传递终端电阻并联后的电阻值(高速 CAN 数据传输系统通常为 60Ω 左右),否则说明 CAN 线路或作为 CAN 数据传输系统终端的两个电控单元故障。此时再检查作为 CAN 数据传输系统终端的两个电控单元的数据传递终端电阻,如正常,则为 CAN 线路故障。

4. 车载网络系统节点(电控单元)

节点故障包括软件故障和硬件故障。车载网络系统中每个电控单元的内部都有一个 CAN 处理器、一个 CAN 收发器,作为车载网络系统终端的两个电控单元,其内部还装有一个数据传递终端,即一个电阻器。对于高速数据传输系统,该电阻通常为 120Ω 左右。因此,在检查这两个终端电控单元时,可先对其内部的数据传递终端电阻进行测量。

使用 VAS5051 检测终端电阻的总阻值,如图 7-21 所示。

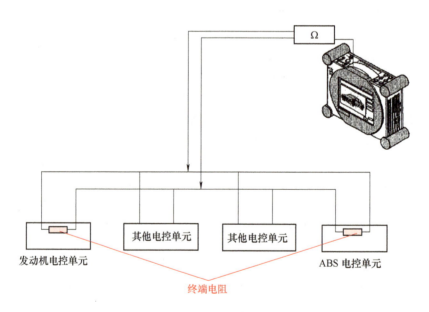

图 7-21 测量两个终端电阻总的阻值

1)拆下蓄电池正、负极电缆。
2)约 5min 后,连接 VAS5051,并使用万用表功能,连接导线测量终端电阻的总阻值。
3)将一个带有终端电阻电控单元(如发动机电控单元)的线束插头拔下来,观察终端电阻的总阻值是否发生变化。

4）将发动机电控单元的线束插头接好，再将第二个电控单元（带有终端电阻，如ABS电控单元）的线束插头拔下来，观察终端电阻的总阻值是否发生变化。

5）针对奥迪A2轿车，带有终端电阻的两个电控单元由CAN导线连接相通，两个终端电阻在总线上处于并联状态。每个终端电阻阻值约为120Ω，总阻值约为60Ω，实际测量值如图7-22所示。可见，驱动CAN总线的终端电阻正常。

6）测量总阻值之后，将一个带有终端电阻的电控单元的线束插头拔下，再进行测量，单个终端电阻阻值实际测量值如图7-23所示。此时，屏幕上显示的阻值应该发生变化。若将一个带有终端电阻的电控单元的线束插头拔下后，测量得到的阻值没有发生变化，说明系统存在问题。可能是被拔除的电控单元的终端电阻损坏或CAN总线出现断路，若在拔除电控单元后显示值变为无穷大，可能为未被拔除的电控单元的终端电阻损坏，或到该大跨度的CAN总线导线出现断路。

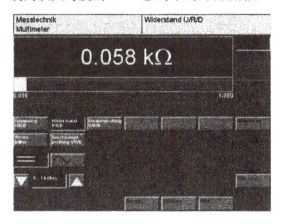

图7-22 驱动CAN总线两个终端电阻总阻值的测量

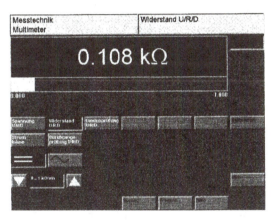

图7-23 驱动CAN总线单个终端电阻阻值实际测量值

5. 静态电流的检测

为降低车辆不运行时的电能消耗，舒适/信息CAN总线处于休眠模式。关闭点火开关，车辆落锁35s后或不锁车，但不进行任何操作10min后，CAN总线进入休眠模式。当处于休眠模式时，CAN-H的电压为0V，CAN-L的电压为蓄电池电压。

CAN总线处于休眠模式时，其静态电流为6~8mA；处于非休眠模式（激活状态）时，其静态电流约为700mA。满足休眠条件时，CAN总线内部的所有电控单元将同步进入休眠模式；出现唤醒条件（如打开车门）时，CAN总线内部的所有电控单元将被同步唤醒，同时进入工作状态。若系统电路或电控单元出现故障，则CAN总线无法进入休眠模式。若故障长时间存在，将使蓄电池亏电，即汽车"漏电"或"跑电"。

汽车出现"漏电"故障、蓄电池亏电时，应先判断"漏电"是由一般性电气故障引起，还是由CAN总线的休眠/唤醒功能出现问题引起的。依次拔除电路熔断器进行判别，若拔出某个电路的熔断器后，故障消失，说明"漏电"由一般性电气故障引起；若"漏电"不是由一般电气故障引起的，则检查CAN总线是否无法进入休眠模式，用VAS5051对CAN总线波形和静态电流进行检测。

连接VAS5051，熄火发动机，关闭所有用电设备，用遥控器锁好车门，10min后，用VAS5051检测静态电流和总线波形。当总线处于激活状态时，其静态电流和总线波形分别如图7-24和图7-25所示。当总线处于非激活状态时，其静态电流和总线波形如图7-26和图7-27所示。若经过检测，断定"漏电"是由于CAN总线系统无法进入休眠模式引起的，用VAS5051的故障引导功能进一步诊断和检查。

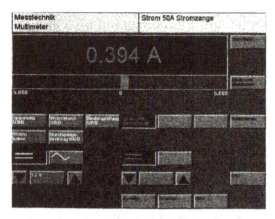
图7-24　总线处于激活状态时的
　　　　静态电流（实测值）

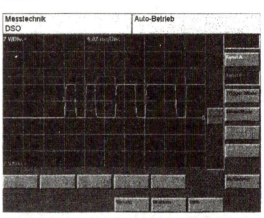
图7-25　总线处于激活状态时的
　　　　总线波形（实测波形）

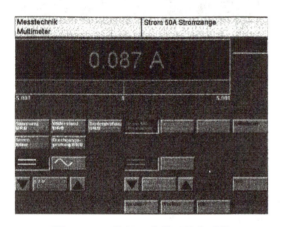
图7-26　总线处于非激活状态时的
　　　　静态电流（实测值）

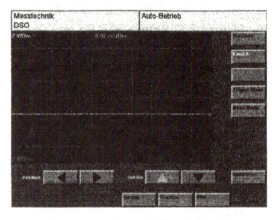
图7-27　总线处于非激活状态时的
　　　　总线波形（实测波形）

第三节　车载网络系统案例分析

1. 上海大众帕萨特（PASSAT）1.8T B5轿车舒适总线故障

（1）故障现象

1）中央门锁和电动玻璃升降器不能正常工作，初步检查时发现点火开关无论开与闭，都只有左前门的中央门锁和左前门的电动玻璃升降器可以正常工作，其他车窗的电动玻璃升降器都不工作。

2）按动其他门窗上的控制开关，各门窗开关均能正常工作。关闭车门，将车钥匙插入左前门的锁孔内，进行开锁和闭锁操作，也只有左前门的门锁能开闭。

3）如果将钥匙保持在开锁或闭锁位置，也只有左前门的电动玻璃升降器可以工作。

(2) **故障诊断与排除** 经过现场实车操作检查，初步认定该车的舒适系统存在故障。用VAS5052车辆诊断仪对舒适系统进行检查，连接好仪器并接通点火开关，进入舒适系统中央电控单元查询故障，诊断仪显示器显示查询到以下故障：

1）与左前门窗电控单元没有通信。
2）与右前门窗电控单元没有通信。
3）与左后门窗电控单元没有通信。
4）与右后门窗电控单元没有通信。
5）与CAN数据总线诊断接口J533没有通信。
6）舒适系统数据总线单线运行模式。
7）电控单元不正确编码。

为了查看舒适系统编码值，重新进入舒适系统电控单元，查看该电控单元的版本信息，显示编码为"00017"，不正确。使用VAS5052对舒适系统进行正确编码（00259），并清除所有故障记录，但其他故障仍然无法排除。说明这些无法清除的故障可能就是造成该车电动玻璃升降器和中央门锁无法工作的主要原因。因为帕萨特B5轿车的4个车门电控单元和中央舒适系统电控单元之间的信号是通过CAN数据总线传递的，舒适系统所有的电控单元都挂接在两根线路上进行数据交换和信号传递。另外，位于组合仪表中的数据总线诊断接口也与数据总线随时保持通信，检测总线的工作状态。如果各个车门电控单元与舒适系统中央电控单元之间CAN无法正常通信，就会导致左前车门电控单元获取的中控开关信号无法正常传递到其他3个车门电控单元，并且所有的车门电控单元只能接收直接输入到该电控单元的电动玻璃升降器开关信号。所以，排除该车故障的关键就是查找各个车门电控单元和中央电控单元CAN无法通信的原因。

为了确定中央电控单元、各个车门电控单元与数据总线的连接情况，通过VAS5052读取测量数据组参数，进入舒适系统中央控制模块（46），选择读取数据流功能（08），观察数据组012的测量值。4组数据用1或0分别代表驾驶人车门、右前车门、左后车门及右后车门电控单元与总线通信确实有故障，但还是无法确定具体的故障点。

为了进一步查找CAN无法通信的根源，首先拆卸舒适系统中央电控单元（位于驾驶人侧座位的地板下）进行检查。在拆卸该电控单元时，发现该车是已经修复过的事故车，地板下舒适系统和左A柱的有关舒适系统的线束曾严重损坏并已修复。对线束进行具体检查，重点对CAN总线进行整理。经过检查，发现线路连接没有问题。为了排除中央电控单元中存在问题的可能，更换新的电控单元。连接好新的中央电控单元，接通点火开关，操作中央门锁开关和电动玻璃升降器开关，发现中央门锁和电动玻璃升降器功能恢复正常，但是左后门玻璃在升降时断断续续地工作。此时再使用VAS5052进行故障查询，发现已经只有两个故障记录为"与左后、右后车门电控单元无法通信"。选择读取数据流功能，查看各电控单元与CAN总线的连接状况数据组的测量值。如果测量值为4个1，说明总线连接正常。为什么还有两个电控单元无法通信，而数据组却都显示正常呢？此时，中央门锁和电动玻璃升降器又无法工作，恢复到进站时的故障状态，检查故障内容又是"无法与各门电控单元进行通信"，查询第12数据组时，全部显示为0，上述故障再次出现。由此证明中央电控单元没有故障，只是在拆装中央电控单元时，故障可以消失。

在上述故障的检查过程中，虽然没有找到具体的故障所在，但至少可以得出这样的结论：

1) 中央电控单元和各个门窗电控单元没有问题。

2) 故障还是在舒适系统总线某个地方，而后门的可能性大。因为各个车门的 CAN 总线从各个车门引出后都在中央电控单元插接器后面的线束内相交，最后再引入至中央电控单元。

为了确定具体是哪一个车门 CAN 通信线路有问题，结合上述得出的结论，只要分别断开各车门 CAN 数据总线的连接，即可确定是哪个车门电控单元到中央电控单元的数据总线存在问题。由此可以缩小故障的范围，直至找到故障为止。加之该车底盘下的线束此前修过，各个车门的数据线极有可能断开。

断开左后车门电控单元的两根数据总线，经过反复操作试验，故障仍然存在。当断开右后车门电控单元时，其他 3 个门锁突然有锁门动作，此时操作电动玻璃升降器和中央门锁开关，除了右后车门不动外，其他车门工作一切正常。使用 VAS5052 查询故障，也只有右后车门有无法通信的故障记录。反复操作中控开关，其他车门均工作正常。然后又把右后车门 CAN 总线连接，反复操作中央门锁和电动玻璃升降器。多次试验之后，以前的故障重新出现，由此确定是右后车门 CAN 总线某处发生故障。

随后对右后车门内衬板的门窗单元做进一步检查时，发现右后门窗电控单元组合插接器后面的 CAN-H 线路（橙色/绿色）有一处已经接近断路，断点接触不良，将断点重新连接并且包扎好，再连接事先断开的 CAN 总线。无论从车外通过车钥匙操作中央门锁和电动玻璃升降器使其工作，还是通过车内中控开关操作，先前的故障不再出现。再用 VAS5052 查询故障，也没有任何故障记录，至此故障彻底排除。

（3）说明分析 由于右后门的车门电控单元到中央电控单元的 CAN-H 线路接触不良，当右后门电动玻璃升降器或闭锁电动机工作振动时，接触不良的断点会使通信中断或产生不规律的信号脉冲，干扰 CAN 总线的正常通信，中央电控单元的信息无法可靠传递给其他电控单元，并记录这些故障，最终停止通信，从而出现该车故障。

如果 CAN-H 线路存在搭铁、与蓄电池正极短路、断路 3 种故障之一，舒适总线会启用单线模式，系统依然能正常工作，但该案例是由于接触不良造成的，尚未达到启用单线模式的条件，所以总线系统不能正常工作。

2. 上海波罗（POLO）轿车电动车窗不工作

（1）故障现象 上海大众 POLO 轿车（配备手动变速器和两前门电动窗，无中央门锁）在某装饰部加装一套防盗器和中央门锁后，电动车窗无法工作。

（2）故障检测与排除 连接 V.A.G1552 故障诊断仪，输入"09"地址码（车载网络管理系统电控单元），利用"02"功能读取故障码，得到两个偶发性故障码，即电源电压太低和 CAN 网络线断路。利用"05"功能清除故障码后，再利用"02"功能读取故障码，没有故障码存在。利用"06"功能结束输出，再输入"19"地址码（数据总线电控

第七章 车载网络系统的故障与检修

单元），利用"02"功能读取故障码，没有故障码。再输入"46"地址码（舒适系统），利用"02"功能读取故障码，读得的故障码是"01330"（舒适系统中央电控单元——T393电源供给太小）。利用"05"功能清除故障码后，再利用"02"功能读取故障码，没有故障码存在。按压车窗开关，没有反应。再输入"09"地址码，读取电控单元版本为

6Q	193	704	9C	00BN-SG
1S32				
Cording 09216		WSC 00000		

6Q	193	704	9C	00BN-SG
1S32				
编码 09216		服务站代码 00000		

发现电控单元编码不对，该车的电控单元编码应该是"17566"，而读取结果为"09216"。利用V.A.G1552故障诊断仪进入"07"（编码），输入"17566"。退出后再进入"19"读版本，发现数据总线编码为"00014"，是正确的。

退出后再输入"46"地址码。读取电控单元版本为

6Q	095	943	3G
3Bkomfortgert		0001	
Cording 01024		WSC 12345	

6Q	095	943	3G
3Bkomfortgert		0001	
编码 01024		服务站代码 12345	

发现该编码也不对，该电控单元编码应该是"00067"，而结果为"01024"。利用V.A.G1552故障诊断仪进入"07"（编码），输入"00067"。退出系统，按压电动车窗开关，电动车窗工作正常。

（3）**故障分析** 该车故障的真正原因是电控单元编码错误。分析造成电控单元编码错误的原因，推断可能是在装饰部安装防盗器和中央门锁，工作人员用试灯测量电控单元插接器端子，查找某个信号或电源时，误把试灯接头插入诊断导线K线或L线。错误地给了电控单元一个编码信号，从而导致此故障。

现在汽车已经进入高科技时代，出现故障时先不要盲目地用试灯测量。因为现在很多汽车都是网络传输，如上海大众POLO轿车装备了14个电控单元，全部电控单元都是网络传输和数据共享，因此，在故障检修时一定要小心。

3. 高尔夫（Golf）1.6L轿车动力总线故障

（1）**故障现象** 发动机不能起动，组合仪表盘上的机油警告灯以及ABS、ASR（驱动防滑转控制系统）、SRS等警告灯均报警。

（2）**故障诊断与排除** 用VAS5051示波器检测发动机电控单元，发现故障码为：发动机电控单元无法通信，SRS无法通信，ABS无法通信，数据总线故障，发动机电控单元锁死。检测仪表电控单元"17"和网关电控单元"19"，查询出类似发动机的故障码。因为各系统的故障码中都包含数据总线故障，用VAS5051示波器测量CAN数据传输总线的

波形，CAN-H 信号为接近 0V 的一条直线，CAN-L 信号正常，即处于单线运行状态。拆下仪表盘，拔开绿色插接器，测量线束端的端子"19"（CAN-H 信号）与搭铁间电阻为 0，测量端子"20"（CAN-L 信号）与搭铁间电阻为 2.6kΩ。

CAN-H 线对搭铁电阻为 0Ω，可能的原因有以下两个：

① 某一个电控单元内部的收发器对搭铁短路。

② CAN-H 线对搭铁短路。网关电控单元的动力总线是以总线型插接到各电控单元，可依次拔开各电控单元插接器，依次测量 CAN-H 线对搭铁电阻是否恢复正常（2.6kΩ），即可判断电控单元的收发器是否存在故障。如果拔开所有电控单元的插接器，测量 CAN-H 线对搭铁电阻仍是 0Ω，说明 CAN-H 线本身对搭铁短路。

按先易后难的原则拆下电控单元插接器。先拔开 ABS 电控单元插接器，测量 CAN-H 线，对搭铁电阻恢复正常。再测量 CAN 总线的波形，CAN-H 信号波形正常。测量损坏的 ABS 电控单元的插接器端子"11"对搭铁电阻为 0Ω，测量电控单元的插接器端子"19"电阻为 2.6kΩ。更换 ABS 电控单元后，清除所有电控单元中的故障码，起动发动机，上述故障排除。

4. 奥迪（Audi）A6 2.8L 轿车 ABS 不工作

（1）故障现象 奥迪 A6 2.8L 轿车采用自动变速器，装备有 ABS 和 ASR。该车 ABS 指示灯常亮，且 ASR 指示灯也同时亮起，但 ABS 不起作用。该车进厂维修前，曾因事故更换过 ABS 液压泵总成。

（2）故障诊断与排除 用专用诊断仪 V.A.G1551 检测时，发现 ABS 有 3 个故障，分别为左前轮速传感器 G45 损坏、CAN 总线故障以及 CAN 总线软件监控信号丢失，用专用诊断仪无法清除故障码。

根据经验，先查线路问题。经检测，ABS 泵的线路连接完好，无断路和搭铁短路现象。接下来检查 CAN 总线。数据按顺序通过 CAN 总线传到与系统相连的电控单元，即 ABS 电控单元、发动机电控单元和变速器电控单元。经检查，CAN 总线在 ABS 电控单元靠近大梁处断路。焊好接上，再用专用诊断仪进入 ABS 检查，CAN 总线故障排除。

用专用诊断仪检测，无法对 ABS 编码。查阅维修资料，发现原先换上的 ABS 液压泵型号不对。进一步检查其零件号，查明换上的 ABS 液压泵只适用于发动机排量为 1.8L 的奥迪 A6 乘用车（装备手动变速器且无 ASR）。重新换上与原车配套的 ABS 液压泵总成后，专用诊断仪显示的所有故障码全部清除。经路试后，发现 ABS 指示灯又亮。用专用诊断仪检测，显示右前轮速传感器尚有问题。拆下右前轮速传感器，发现传感器触头严重脏污。经清洗再安装后，故障码清除，重新路试，ABS 工作正常，故障现象消失。

5. 奥迪（Audi）A6 2.4L 轿车 ASR 指示灯亮，行驶加速困难

（1）故障现象 在行驶中突然出现 ASR 指示灯亮，接着组合仪表上的所有指示灯都熄灭，此时车辆行驶加速困难。驾驶人勉强把车开了一段路程后，组合仪表上的机油指示灯亮，驾驶人只好将发动机熄火，但发动机再也无法起动，而且组合仪表上 ESP（电子稳定程序）指示灯和档位指示灯在点火开关处于"ON"位时都不亮。驾驶人只好把车辆拖至驻地。次日，该乘用车又能正常起动，于是将车开到修理厂进行检修。

（2）故障诊断与排除 检查该车后，发现发动机工作正常，各仪表指示灯指示正确。

用金德 K80 故障诊断仪分别对发动机、自动变速器、ABS 及仪表电控单元进行故障分析，各部分电控单元显示的故障内容如下：

1）发动机电控单元。

① CAN 数据总线缺少 ABS 电控单元信息。

② CAN 电控单元通信网络有故障。

③ 发动机电控单元锁死。

④ 电子节气门故障灯 K132 有故障。

2）自动变速器电控单元。CAN 电控单元通信网络有故障。

3）仪表电控单元。

① 发动机电控单元闭锁。

② CAN 数据总线驱动不良。

③ 发动机电控单元没有通信。

④ 自动变速器电控单元没有通信。

4）ABS 电控单元。CAN 电控单元通信网络有故障。

故障诊断仪的检查还表明上述故障都为偶发故障，清除故障码，进行路试。在正常行驶 20km 后，同样的故障又重复出现，只好将该车又拖至修理厂。又用金德 K80 故障诊断仪对该故障进行分析，结果故障内容相同。综合故障诊断仪显示的所有故障内容，疑点都集中到 CAN 数据总线上。

该车的发动机电控单元上有两条 CAN 数据总线，分别与乘用车的其他 3 个电控单元相连，与电控单元相连的端子号码如下：

1）自动变速器电控单元：58 号及 60 号端子。

2）仪表电控单元：29 号和 30 号端子。

3）ABS 电控单元：18 号和 19 号端子。

正常情况下，各电控单元插接器连接 18 号、60 号及 30 号端子应相通，19 号、58 号和 29 号端子也应相通，但与搭铁不通。

用万用表测量这几个端子的通断情况，发现 18 号、60 号和 30 号端子完全不通，而 19 号、58 号和 29 号端子相通，19 号端子和 29 号端子的电阻约为 130Ω。

用万用表顺线查找，发现在发动机电控单元下后方有一排插接器，找到其中红色 CAN 数据总线的插接器，发现 CAN 数据总线插接器连接松动，将其连接牢固后，用金德 K80 故障诊断仪清除故障码后试车，一切正常，故障排除。

6. 奔驰（Benz）S320 轿车音频系统故障

（1）故障现象　奔驰 S320 轿车当启动 COMMAND 主机使用音频时，只有收音机正常（有声音），电话、CD 以及语音控制系统均不正常（无声音）。

（2）故障诊断与排除　询问驾驶人得知，该故障并不是一直存在，有时也一切正常。根据 DDB（音频）系统的特性进行分析，因为 DDB 系统的光纤数据线呈环路状态，如图 7-28 所示。DDB 系统中如果有光纤中断，或某个电控单元损坏，都能导致在中断的线路或损坏的电控单元之后的某个电控单元无法正常接收数据。

使用 STAE2000 诊断仪对整个音频系统进行检测，显示故障码"N1111"（DDB 主电控单元和某一个DDB组件之间不能进行数据传输）。因为当前显示的是位置2的元件，于是查看数据流，发现是CD。又使用STAR2000尝试进入CD电控单元，发现电控单元有时可以通信，但有时不能通信（可以通信时，音频一切正常；无法通信时，故障依旧）。

拔掉CD上的光纤插接器，将该插接器上的两根光纤对接（使用专用插接器），发现除了没有CD功能之外，DDB的其他功能正常，从而断定CD损坏。

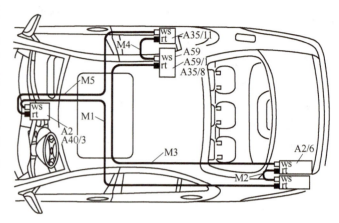

图7-28 DDB系统光纤数据线

更换一个CD，恢复光纤线路后试车，一切工作正常。

7. 上海别克（Buck）GL轿车总线控制系统故障

（1）故障现象

1）组合仪表、发动机转速表、燃油表和温度表同时不工作，并且指示在最低位置；燃油警告灯亮；无档位显示；车辆立即维修（Service Vehicle Soon）灯亮。

2）加速不良。原来轻松通过的坡道，现在需猛踩加速踏板冲坡才能通过。

（2）故障诊断 先对仪表故障进行检修，连接TECH2，进入车身系统，选择仪表电控单元，读取故障码，没有故障码存储。用TECH2的特殊功能，分别驱动发动机转速表、车速表、里程表和温度表，发现都能正常工作，说明组合仪表总线控制电路不良的可能性较大，而仪表自身故障的可能性要小。动力系统电控单元（PCM）和车身电控单元（BCM）都控制仪表的工作，其他电控单元也与仪表有数据交换，所以对组合仪表的正常工作都有影响。

因更换PCM和BCM后要进行防盗读出程序，比较烦琐，所以还是按传统思路先对仪表进行检查。上海别克轿车有多个熔丝控制仪表，经检查各熔丝均正常。试更换一块组合仪表，故障不能排除。检查仪表本身没能发现故障。检测PCM和BCM，用TECH2检测动力系统时，发现PCM不能被访问，不能读取任何数据。用TECH2进入BCM，读取故障码，显示故障码"U1255"（二级通信功能失效）。

上海别克轿车二级数据总线上共有6个电控单元，在开始串行通信后约5s内，如果至少有一个关键操作参数未与识别码关联，则表明通信功能失效。对于遗失的参数，其他电控单元将使用默认值并记忆故障码"U1255"。根据PCM不能被访问及故障码"U1255"的含义，可以判断有以下两种情况：

1）PCM故障，部分（通信）功能失效。

2）PCM正常，但与二级总线的通信中断。

首先检查通信线路。别克轿车的通信线路如图7-29所示。别克轿车维修资料将此通信线路翻译为"二级数据总线"（Class2），指第二代数据总线。相对于先前使用的UART

（异步接收与传递）串行数据总线（数据传输速度是 8192bit/s，总线电压高电平为 5V，低电平为 0V），第二代数据总线的数据传输速度是 10400bit/s，可满足 SAE J1850 的标准要求。数据系统静止时电压为 0V（搭铁），启用时为 7V。

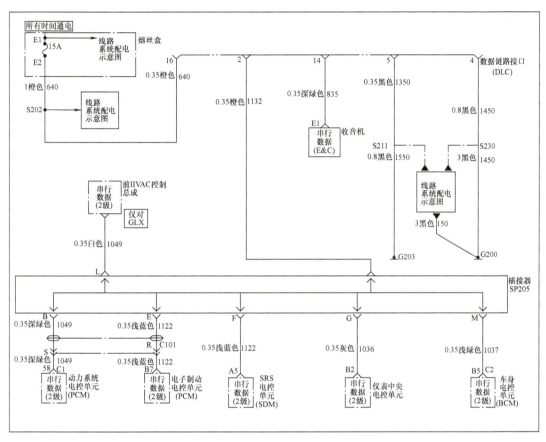

图 7-29　别克轿车的通信线路

PCM 插接器 C1 的端子 58 是数据输出端，通过插接器 SP205 的端子 B 接至二级数据线上；同时，诊断接口 DLC 的端子 2 也接至插接器 SP205 的端子 A（数据线）。检查时，应测量 PCM 的端子 58 与 DLC 的端子 2 是否断路。断开 PCM 插接器，测量插接器 C1 的端子 58 与诊断接口 DLC 的端子 2 之间的电阻为 0Ω，说明与 PCM 相连的数据线正常，本故障有可能是 PCM 损坏。更换 PCM 后，不但各仪表及指示灯工作恢复正常，而且加速不良的故障也同时排除。

（3）故障分析

1）PCM 通过二级数据总线向仪表组件传送数据，再由组合仪表组件驱动发动机转速表指针偏转。当发动机转速数据丢失或 PCM 处于不良状态时，仪表组件将转速表驱动到 0。

2）燃油液面传感器将燃油位置信号传递给 PCM，PCM 通过二级串行数据总线向仪表组件传送燃油液面数据，再由组合仪表驱动燃油表指针偏转。当燃油数据丢失或 PCM 处于不良状态时，仪表组件将燃油表驱动到 E（空）。

3)冷却液温度数据在 PCM 内计算,PCM 通过二级串行数据总线向仪表组件传递冷却液温度数据,再由组合仪表驱动温度表指针偏转。当温度数据丢失或 PCM 处于不良状态时,仪表组件将温度表驱动到 C(冷)。

4)位于变速器外壳上的档位开关将变速杆位置信号送往 PCM,PCM 再将此信号处理翻译后,通过二级数据总线送往组合仪表,在组合仪表上将有正确的变速杆位置显示。如果 PCM 检测到无效的档位组合或二级串行总线有故障,仪表中将无相应的档位显示。

5)发动机起动后,立即维修车辆指示灯,接通约 3s,以便进行灯泡检测。如果在发动机运转时此灯点亮,说明 EBCM(电子制动电控单元)、BCM 和 PCM 存在功能失效故障。

6)故障码"U1255"的说明。在检测仪表组件故障码时,没有故障码。而检测车身控制系统时,则有故障码"U1255"。上海别克轿车以"U"字开头的故障码是通信类故障码(见表 7-5),故障码"U1255"存在于 BCM 中,所以在检测仪表组件时,不会检测到此故障码。

表 7-5 故障码("U"字开头)说明

故障码	故障说明	电控单元
U1000	二级数据连接功能失效	SDM
U1010	失去动力系统电控单元通信	BCM、EBCM、IPC、SDM
U1040	失去电子制动电控单元通信	BCM、IPC、SDM
U1064	失去车身电控单元通信	IPC
U1016	失去安全气囊电控单元通信	IPC
U1016	失去动力系统电控单元通信	SDM
U1255	一级数据连接功能失效	BCM
U1300	二级数据连接低电压	BCM、EBCM、IPC、SDM
U1301	二级数据连接高电压	BCM、EBCM、IPC、SDM

7)造成车辆加速不良故障的原因。在出现仪表故障的同时,驾驶人感觉加速不良,冲坡困难。检修时发现,车辆在原地不挂档空加油时一切正常,在更换 PCM 后故障自然消失,这说明故障原因在 PCM。因发生故障时 PCM 不能被访问,只能对故障原因加以推断。上海别克轿车 PCM 不仅控制发动机运转,还控制自动变速器工作。当 PCM 本身故障或检测到变速器有严重故障时,控制变速器内各电磁阀断电。压力控制(PC)阀断电后电流为 0,主油压保持最大;两个换档电磁阀断电后,都处于"OFF"状态,该组合正好是自动变速器的 3 档,即上海别克轿车变速器应急状态是 3 档起步且不能升降档,这会感觉到明显的动力不足。故障现象说明,动力系统电控单元对发动机运转控制正常,而对自动变速器的控制不正常。

(4)分析说明 上海别克轿车装备有多种电控单元,如 PCM、BCM、EBCM、SRS 电控单元,组合仪表电控单元,空调电控单元,音响(舒适、娱乐)电控单元等,这些电控单元之间要进行数据传输,如果任意两个电控单元之间都用导线连接起来,电路将变得复杂且不可靠。采用总线控制的车辆,无论是总线网络故障,还是挂在总线上的任一电控单元出现故障,都可能对其他电控单元(或部件)产生影响,使其不能正常工作。

所以，排除这类故障时，检修思路不能仅仅局限在故障部件，还要考虑总线上其他部件的影响。

8. 大切诺基（Grand Cherokee）吉普车子局域网系统故障

（1）**故障现象** 一辆大切诺基（V8）ABS警告灯亮，车门遥控器（RKE）不能锁住左前门。

（2）**故障分析与排除** 车门锁电动机得到指令并正常工作，说明乘客侧车门电控单元（PDM）本身能工作，其电源及搭铁线路没问题。左前门不能遥控打开，可能原因是驾驶人侧车门电控单元（DDM）故障；电源及搭铁线路故障；左前门锁电动机故障；车门锁电动机线路故障；左前车门锁机械系统故障；PDM与DDM通信系统故障。正常RKE开锁时系统信息传递如图7-30所示。

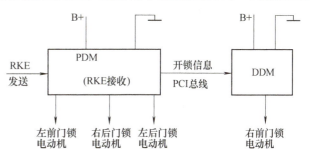

图7-30 正常RKE开锁时系统信息传递

用车门钥匙可锁住（或打开）左前门，说明左DDM及其电源和搭铁线路、左前车门锁电动机、左前车门锁机械系统和左前车门门锁电动机线路等没有故障，但PDM与DDM通信系统可能存在故障。

检查车窗控制系统。发现用驾驶人侧车门主控制台上左前、左后车窗控制开关，不能控制左侧前、后车窗的升降。控制台上其余右前、右后两个车窗开关，也均不能控制其相应车窗的升降。

前一现象可能原因有左前、左后车窗控制开关故障，左前、左后车窗控制开关线路故障，DDM与BCM通信系统故障等（这时DDM需通过PCI总线接收BCM点火开关位置信息才能工作）。后一现象可能原因有右前、右后车窗控制开关故障，右前、右后车窗控制开关线路故障，DDM与PDM通信系统故障等。PDM与DDM及其电源和搭铁线路故障基本可排除，四个开关及其线路同时故障的可能性也较小。从以上两现象分析都可能与通信系统故障有关。正常用驾驶人侧车门控制台上车窗主控开关开窗时，系统信息传递如图7-31所示。

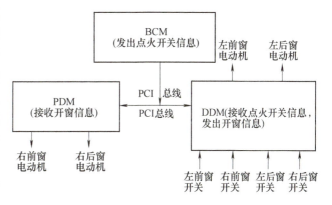

图7-31 正常用车窗主控开关开窗时的系统信息传递

再验证用户所提出的ABS警告灯亮问题。车辆能正常运行，路试进行制动，制动踏板脉动感不明显。这说明ABS警告灯亮的指示与车辆实际状况一致，ABS确实有故障。ABS警告灯亮的原因有很多，如传感器故障、电磁阀故障、ABS电控单元故障、ABS电控单元及各部件电路故障、ABS电控单元通信系统故障等。可见ABS故障也可能与通信系统故障有关。

初步怀疑车辆有通信系统故障。

用专用诊断仪（DRB Ⅲ）进行检测验证，结果如下：①DRB Ⅲ 可进入 PCM、TCM（变速器电控单元）。②DRB Ⅲ 可进入 BCM 菜单，但不能进入 DDM。DRB Ⅲ 不能进入 ABS 电控单元，也不能进入 CVI（车辆信息中心）电控单元。

电控单元诊断仪不能进入某个电控单元，说明两者无法进行通信联系，即电控单元失效。

检查电控系统，如果不能利用控制系统电控单元的诊断功能来找出故障出现的大概区域，而在数个电控单元内盲目地寻找故障，要想找出故障所在则相当困难。某个电控单元失效有可能是电控单元电源电路故障、搭铁电路故障、电控单元本身故障和通信电路故障，也有可能为诊断仪本身故障。

由于从 DRB Ⅲ 可以进入 PCM、TCM 和 BCM，而诊断仪本身无故障，说明诊断仪到这 3 个电控单元的通信系统没问题。由于各电控单元的电源是分别提供的，各电控单元分别搭铁，故 DDM、ABS 及 CVI 电控单元同时断电或同时搭铁不良的可能性极小，这进一步证实车辆通信系统有故障的可能性。

DDM、ABS 及 CVI 等电控单元均属于大切诺基信息通信系统 PCI 局域网络中的信息控制子系统，而 PCM、TCM、PDM 均属于 PCI 局域网络中的动力控制子系统，BCM 则为该通信系统中的独立电控单元。信息控制子系统不能与 PCI 局域网络系统中其他节点（模块）进行数据交换，该子系统总线断路造成与外界联系的通信线路中断。

大切诺基 PCI 局域网络通信系统为单线制。信息控制子系统与局域网络中其他节点（模块）的关系如图 7-32 所示。

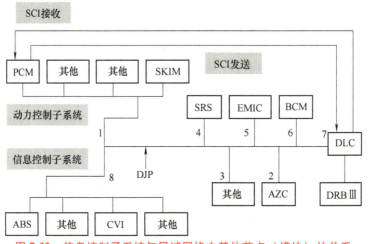

图 7-32　信息控制子系统与局域网络中其他节点（模块）的关系

由于线路易在插接器处形成故障点，找到 PCI 检测诊断接口（DJP）。按压 DJP，关闭点火开关再接通，用 DRB Ⅲ 重新检测，发现上述各电控单元均能与 DRB Ⅲ 进行数据交换，因此，故障点肯定在 DJP 处。松开 DJP，再用万用表测量 DJP 2 号端子两端接线的通断情况，发现有断路。

从线束上拔下 DJP，检查 2 号端子略有倾斜，纠正后安装好线束，进行路试，ABS 警告灯熄灭,制动踏板脉动感明显,各车窗及遥控车门均能正常工作,故障排除。

9. 东风日产天籁(Teana) 230JM 轿车发动机故障

(1) 故障现象 发动机无法起动,接通点火开关后前照灯近光灯常亮。

(2) 故障诊断与排除 使用 CONSULT-Ⅱ 诊断仪进行检测,有故障码 "P1610"(BCM 和 ELM 之间 ID 码通信异常)和故障码 "P1612"(电控单元损坏或使用未注册钥匙);智能钥匙系统、空调一体化仪表系统及智能电源分配系统都出现 "U1000"(CAN 系统通信故障)故障码,且故障码无法清除。

该车装备有 CAN 网络系统,根据故障诊断的优先等级,在 CAN 系统故障码与其他故障码同时出现时,应先对 CAN 系统进行诊断维修。

根据 CAN 系统工作流程,首先通过 CONSULT-Ⅱ 打印出诊断仪 "选择诊断系统"显示器中所有显示的电控单元,然后打印出诊断仪显示的所有电控单元故障自诊断结构数据,最后打印出诊断仪显示的所有电控单元 CAN 系统诊断支持监视器显示内容数据。

根据以上3步所打印的数据,分析认为故障发生在图 7-33 中的 BCM 及其线路(阴影部分)。

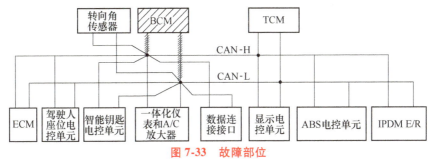

图 7-33 故障部位

对 CAN 系统进行检查,初步判断是 BCM 有故障。检查 BCM 供电电路、搭铁线路及 CAN 通信线路,步骤如下:

1)关闭点火开关。
2)断开 BCM 线束插接器 M3 和 M4。
3)检查 BCM 线束插接器 M3 上的 11 和 38 端子电压,以及 M4 上的 42 和 55 端子电压。

将万用表设在电压档,分别将点火开关设在 ACC 和 ON 位置上测量上述各端子电压。标准电压和测量方法参照表 7-6 和图 7-34,经检查 M3 和 M4 上各端子电压符合要求,说明 BCM 供电线路正常。

表 7-6 BCM 线束插接器电源线与搭铁之间的电压

终端		负极	点火开关位置		
插接器	正极		OFF	ACC	ON
	终端(电线颜色)				
M3	11(V)	搭铁线	0V	蓄电池电压	蓄电池电压
	38(R)		0V	0V	
M4	42(Y/R)		蓄电池电压	蓄电池电压	蓄电池电压
	55(W/B)				

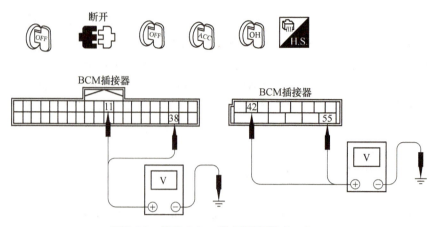

图 7-34 检查 BCM 线束插接器端子电压

检查 BCM 线束插接器 M4 的 52 端子和搭铁线之间是否导通。将万用表设置到电阻档，测量端子 52 与搭铁线之间是否导通，测量方法参照表 7-7 和图 7-35。经过检查端子 52 与搭铁线之间导通情况正常。通过以上检查，排出 BCM 系统供电及搭铁线路故障。

表 7-7 检查 BCM 线束搭铁线

终端			导通情况
插接器	终端（电线颜色）	搭铁线	
M4	52（黑色）		导通

将万用表设置到电阻档位置，测量 BCM 线束插接器 M3 的两个 CAN 线端子 39（L）和 40（P）之间的电阻，测量方法如图 7-36 所示。正常情况下 39（L）和 40（P）之间的电阻为 54~65Ω，经测量 39 和 40 端子之间的电阻符合上述要求。说明 BCM 线束中的 CAN 总线已正确连接到作为数据传递终端的两个电控单元及发动机电控单元（ECM）和智能电源分配电控单元（IPDM/E/R）上，线路正常，从而确定 BCM 损坏。

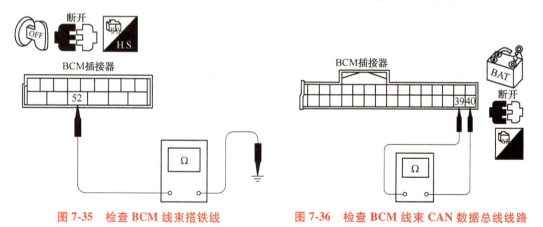

图 7-35 检查 BCM 线束搭铁线   图 7-36 检查 BCM 线束 CAN 数据总线线路

更换一块新的 BCM 后，用诊断仪在 BCM 中写入此车车辆配置，重新注册智能钥匙系统，发动机正常起动，故障排除。

10. 丰田普拉多（PRADO）汽车事故修复后，左后电动车窗工作异常

（1）故障现象 事故车修复后，左后电动车窗控制开关能控制车窗升降，但无自动控制升降和防夹功能，同时驾驶人侧的主开关不能控制左后电动车窗升降，其他车窗自动控制升降和防夹功能正常。

（2）故障诊断与排除 该车装备了车身局域网，电动车窗控制网络由多路传输网络主开关（内置于驾驶人侧车门）、前排乘客侧多路传输网络开关（内置于前排乘客侧车门）、后车门多路传输网络开关（内置于后排左、右侧车门）及 MPX（车身多路控制）电控单元组成，如图 7-37 所示。

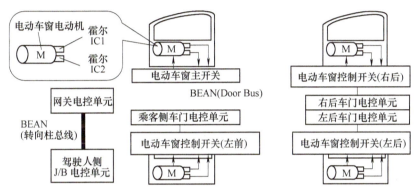

图 7-37 电动车窗网络控制原理

电动车窗电动机总成由霍尔传感器、齿轮部分及电动车窗电动机主体构成，电动机的动作受多路传输网络主开关和相关的各车门多路传输网络开关控制。当按下多路传输网络主开关或各车门多路传输网络开关时，开关将通过 BEAN 通信线路向相应的车门电控单元传送升降信号，然后由车门电控单元控制电动车窗的升降。每个电动车窗电动机上的霍尔传感器输出信号传输至多路传输网络开关内，多路网络传输开关通过脉冲信号计数检测车窗位置，并通过脉冲信号相位差确定车窗的运动方向，从而实现电动车窗的自动升降和防夹功能。

分析后认为，故障在左后门和右后门相关联的线路。检查与电动车窗系统电路及车身网络相关的熔丝，但均正常。进一步仔细检查，发现左后门控制开关上的指示灯在有规律地闪烁（该车的电动车窗是通过控制开关上的指示灯显示故障码）。经查阅维修手册，该故障码指示脉冲传感器电路存在故障。

对电动车窗电动机的脉冲传感器进行检查，发现脉冲传感器的供电电源为 13V，正常；检查两根脉冲传感器信号输出导线，与车身无短路现象。

用示波器对电动车窗电动机的输出信号波形进行分析。用双通道示波器分别测量电动车窗电动机在运转时 PLS1、PLS2 端子输出的信号波形（可测量右后门电动车窗电动机运转时的波形进行参考）。通过对比，发现左后电动车窗电动机运转时输出的信号波形异常，说明电动车窗电动机损坏。

更换电动车窗电动机总成，并进行脉冲传感器的初始化设定。设定方法：接通点火开关，用开关将电动车窗打开到半程（车窗落到 1/2 位置）完全推上开关，直至电动车窗完全关闭，并在电动车窗完全关闭之后将开关继续保持1s或更换长时间。设定完成后，试车，故障排除。

11. 奥迪A6L轿车发动机起动后冷却风扇长转，但空调不工作

（1）故障现象　发动机起动后冷却风扇长转，打开空调，出风口不出风，鼓风机不工作。

（2）故障诊断与排除

1）使用VAS5052进行检测，全车各电控单元无故障码。

2）进行故障现象分析，如图7-38所示。冷却风扇电控单元J293受控于发动机电控单元J263，控制冷却风扇工作；鼓风机控制器J126、制冷剂压力传感器G395与空调控制器J255组成LIN网。空调控制器J255是主控单元，鼓风机控制器J126、制冷剂压力传感器G395是从控单元。发动机电控单元J263在CAN驱动网中，空调控制器J255在CAN舒适网中，两者通过网关交换数据。可见，冷却风扇长转与鼓风机不工作存在联系。

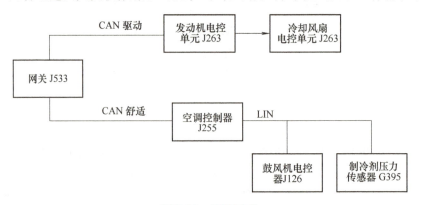

图7-38　网络原理

3）鼓风机不转的原因可能是鼓风机电控单元损坏，从而导致LIN网上的所有数据都不能正确传输，制冷剂压力传感器的信息无法经网络正确传输给发动机电控单元，发动机电控单元将冷却风扇置于应急长转状态，以确保发动机不至于出现温度过高现象，确保系统安全。

4）对空调LIN网进行检测，发现LIN总线对搭铁短路，拔掉鼓风机电控单元J126后，LIN总线信号正常，冷却风扇不再常转。分析为鼓风机电控单元J126故障。

12. 奥迪A6L轿车MMI故障

（1）故障现象　奥迪A6L轿车已行驶39000km，其MMI每次只能工作1min，之后自动关闭。

（2）故障诊断与排除

1）连接VAS5052汽车诊断仪，发现07（操作/显示单元）、OE（CD转换盒）、56（收音机）和57（电视调谐器）四个电控单元无法进入。19（数据总线诊断接口）有两个故障码，即光纤环路断路、J387（前排乘客侧车门电控单元）单线运行。

2）进行故障查询。通过网关19进入，奥迪A6L车载网络系统有两种总线，即MOST和CAN，MOST为环形连接，CAN总线为星形连接。

3）检测CAN总线，测量各电控单元的供电情况，均为蓄电池电压，正常。测量CAN总线星形电路，电压为0.875V，在标准范围0~5V之内。

4）进行MOST总线电路检测。对光路施加诊断电压，仪器显示13.7→12.5→0，说明数据总线诊断接口J533能发出光，即电路正常，问题应出在光纤或相关电控单元。

5）MOST光路的电控单元连接如图7-39所示。光路上每个电控单元有两条光纤，一路为输入，另一路为输出。当光路正常时，只要拔下光纤插头，便能看到1号光纤发出红色的可见光，该光由上一级的电控单元传输过来。按顺序分别拔下J523、R41、R36、J525、R78等电控单元的光纤插头，均能看到可见光。初步判断上述电控单元和光路正常。

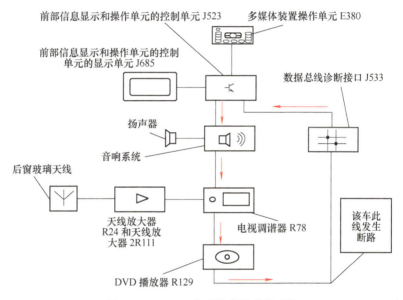

图7-39 MOST光路的电控单元连接

6）检测从R78到J533的光路。由于光源从J533发出，将J533上的光纤2抽出，观察光是否返回，结果没有看到红色的可见光，应该是从R78到J533光纤存在断路。从VAG6223光缆套装维修工具中取一根长度为10m的光纤代替原光纤，MMI所有故障均变成偶发故障，所有电控单元也能正常进入。更换从R78到J533的光纤，清除故障码，系统恢复正常。

13. 雪铁龙毕加索轿车VAN总线故障

（1）故障现象 该雪铁龙毕加索轿车已行驶30000km，组合仪表黑屏无显示，且无转向灯、刮水器、空调、收放机和电动玻璃功能，但发动机可正常起动，前照灯可正常开启。

（2）故障诊断与排除

1）用PROXIA专用诊断仪进行整体测试，除发动机电控单元和ABS电控单元可以进入诊断，其余BSI、组合仪表、显示器、收放机和空调均无法进入诊断。

2）毕加索轿车的BSI、组合仪表、显示器、收放机和空调等电控单元并联在DATA

和 DATAB 两条 VAN 网线上，构成多路传输系统 VAN 网，动力总成和 ABS 并不在其中，如图 7-40 所示。由上述分析可知，该车 VAN 网功能均已丧失，其故障应与各 VAN 网电控单元或 VAN 网连接有关。

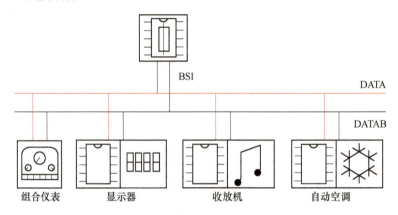

图 7-40　毕加索轿车 VAN 网的结构

3）根据组合仪表电路图，检测 VAN 网连接，用数字万用表检测 VAN 网的供电线"VAN+"（该电源由 BSI 输出）的电压，电压为 0V，正常应为 12V；VAN 网线 DATA 和 DATAB 电压均为 12V，正常应为 0～5V 变化的方波信号；断开"VAN+"供电线以及 VAN 网线 DATA 和 DATAB 两端插头，检查 3 条线均无搭铁短路和断路故障。

4）用驾驶室熔丝盒上 12V 电源人为接入"VAN+"，发现空调、收放机、组合仪表和显示器均开始工作，但工作不正常；检测 DATA 和 DATAB 网线电压，为 0～8.3V 和 0～2.4V 变化的交流信号。拔下 VAN 网线 DATA 和 DATAB 的蓝色插头 26，再检测 VAN 网线 DATA 和 DATAB 的电压，均为 0V。

5）BSI 对 VAN 网无供电输出，而 VAN 网线 DATA 和 DATAB 上的 12V 电压不是来自外部线路，而是由 BSI 内部错误输出的。检查蓄电池对 BSI 的供电为正常。

6）以上分析说明 BSI 发生故障。更换 BSI，故障排除。

本 章 小 结

车载网络系统故障有错误激活、错误认可和总线关闭 3 种故障状态。

车载网络系统故障有汽车电源系统引起的故障、车载网络系统的链路故障和车载网络系统的节点故障 3 种类型。

当进行车载网络系统故障检修时，要严格遵守检修注意事项；进行车载网络系统故障自诊断，通过读取故障码，可确定故障部位加以排除；使用专用汽车诊断仪器读取测量数据块，进行系统运行状态监测，判断故障情况；简单的诊断仪和扫描工具对信号的判断具有局限性，采用汽车示波器对数据总数的波形进行检测，可快速、准确地判断故障及其原因，对汽车总线、传感器和执行器进行在线测试。

复习思考题

1. 简述车载网络系统故障状态的类型及其特点。
2. 简述车载网络系统的故障现象。

3. 简述车载网络系统的故障类型。
4. 简述车载网络系统检修的注意事项。
5. 简述车载网络系统故障自诊断方法。
6. 简述读取测量数据块有何作用。
7. 如何进行车载网络系统测量数据块读取？
8. 简述数据总线的波形检测方法。
9. 举例分析基于数据总线波形进行故障诊断。
10. 简述车载网络系统电控单元的检修方法。
11. 简述车载网络系统 CAN 总线的检修方法。
12. 简述车载网络系统链路的检修方法。
13. 简述车载网络系统节点的检修方法。
14. 简述车载网络系统静态电流的检测方法。
15. 以 CAN、LIN、LAN、VAN、MOST 和 FlexRay 独立故障为例，分别进行案例分析。

参 考 文 献

[1] 刘春晖,杜祥. 汽车车载网络系统及检修 [M]. 北京:化学工业出版社,2016.
[2] 秦贵和,张洪坤. 车载网络及信息技术 [M]. 北京:机械工业出版社,2017.
[3] 刘鸿健. 汽车单片机与车载网络技术 [M]. 北京:化学工业出版社,2017.
[4] 郑易. 汽车车载网络维修必会技能200问 [M]. 北京:机械工业出版社,2015.
[5] 尹力会,李兆生. 汽车总线系统原理与检修 [M]. 北京:机械工业出版社,2015.
[6] 钱强. 汽车网络结构与检修 [M]. 北京:清华大学出版社,2015.
[7] 郑孟冬. 汽车车载网络原理与检修 [M]. 北京:机械工业出版社,2014.
[8] 刘春晖,刘宝君. 汽车车载网络技术详解 [M]. 北京:机械工业出版社,2015.
[9] 孙仁云,付百学. 汽车电器与电子技术 [M]. 2版. 北京:机械工业出版社,2011.
[10] 崔胜民. 智能网联汽车新技术 [M]. 北京:化学工业出版社,2016.